Theo Thielemann

Geschichten der Bibel

Mit Sprüchen, Liederversen und Fragen.

Verlag der Lutherischen Buchhandlung
Heinrich Harms - Groß Oesingen
1997

© 1997 by Verlag der Lutherischen Buchhandlung
Heinrich Harms
Eichenring 18 - 29393 Gr. Oesingen
Telefon 05838/772 - Telefax 05838/702

ISBN 3-86147-161-2

Herstellung:
DRUCKHAUS HARMS
Eichenring 18 - 29393 Gr. Oesingen - Telefon 05838/772 - Telefax 05838/702

Das Alte Testament

I. Die Urzeit.

1. Die Schöpfung der Welt.
(1. Mose 1.)

Am Anfang schuf Gott Himmel und Erde. Und die Erde war wüste und leer, und es war finster auf der Tiefe, und der Geist Gottes schwebte auf dem Wasser.

1. Und Gott sprach: Es werde *Licht!* Und es ward Licht. Da schied Gott das Licht von der Finsternis, und nannte das Licht *Tag* und die Finsternis *Nacht.* Da ward aus Abend und Morgen *der erste Tag.*

2. Und Gott sprach: Es werde eine *Feste* zwischen den Wassern! Und es geschah also. Und Gott nannte die Feste *Himmel.* Da ward aus Abend und Morgen *der andere Tag.*

3. Und Gott sprach: *Es sammle sich das Wasser* unter dem Himmel an besondere Örter, daß man das Trockene sehe! Und es geschah also. Und Gott nannte das Trockene *Erde,* und die Sammlung der Wasser nannte er *Meer.*

Und Gott sprach: Es lasse die Erde aufgehen *Gras* und *Kraut* und *fruchtbare Bäume,* da ein jeglicher nach seiner Art Frucht trage! Und es geschah also. Da ward aus Abend und Morgen *der dritte Tag.*

4. Und Gott sprach: Es werden *Lichter an der Feste des Himmels,* die da scheiden Tag und Nacht, und geben Zeichen, Zeiten, Tage und Jahre! Und es geschah also. Gott machte ein großes Licht, das den Tag regiere, und ein kleines Licht, das die Nacht regiere, dazu auch die Sterne. Da ward aus Abend und Morgen *der vierte Tag.*

5. Und Gott sprach: Es errege sich das *Wasser* mit lebendigen *Tieren,* und *Gevögel* fliege auf Erden unter der Feste des Himmels. Und Gott schuf große Walfische und allerlei Tiere und Gevögel, ein jegliches nach seiner Art. Und Gott sah, daß es gut war. Und Gott segnete sie und sprach: Seid fruchtbar und mehret euch! Da ward aus Abend und Morgen *der fünfte Tag.*

6. Und Gott sprach: Die Erde bringe hervor lebendige Tiere, *Vieh, Gewürm* und *Tiere auf Erden,* ein jegliches nach seiner Art! Und es geschah also.

Und Gott sprach: Lasset uns *Menschen* machen, ein Bild, das uns gleich sei, die da herrschen über die Fische im Meer und über die Vögel unter dem Himmel und über das Vieh und über die ganze Erde und über alles Gewürm, das auf Erden kriecht! *Und Gott schuf den Menschen ihm zum Bilde, zum Bilde Gottes schuf er ihn.*

Und Gott sahe an alles, was er gemacht hatte, und siehe da, es war sehr gut. Da ward aus Abend und Morgen der sechste Tag.

7. Also vollendete Gott den Himmel und die Erde mit ihrem ganzen Heer, und *ruhete am siebenten Tage* von allen seinen Werken. Und Gott *segnete* den siebenten Tag und *heiligte* ihn.

Psalm 111,2: Groß sind die Werke des Herrn, wer ihrer achtet, der hat eitel Lust daran.

Psalm 100,3: Erkennet, daß der Herr Gott ist! Er hat uns gemacht, und nicht wir selbst, zu seinem Volk und zu Schafen seiner Weide.

Himmel, Erde, Luft und Meer
Zeugen von des Schöpfers Ehr;
Meine Seele, singe du
Und bring auch dein Lob herzu!

Katechismusfrage.

56. Was heißt: Gott ist der allmächtige Schöpfer? - Gott hat Himmel und Erde durch sein Wort aus nichts geschaffen.

Fragen.

1. Wann hat Gott Himmel und Erde geschaffen? 2. Wodurch hat Gott Himmel und Erde geschaffen? Hebr. 11,3; Ps. 33,6.9. 3. Wie viel Zeit hat Gott auf die Schöpfung verwendet? 4. Was hat Gott an den einzelnen Tagen geschaffen? 5. Wen zuletzt? 6. Nach wessen Bild hat Gott den Menschen erschaffen? 7. Was sollte der Mensch auf Erden tun? 8. Wie war alles, was Gott gemacht hatte? 9. Was tat Gott am siebenten Tag?

Am *ersten* Schöpfungstag sprach
Gott: Es werde Licht!
Am *zweiten* ward der Bau des
Himmels zugericht't.
Der *dritte* gab der Welt Gras,
Bäume, Laub und Kraut;
Am *vierten* ward sodann das
Firmament gebaut;
Der *fünfte* hat den Fisch- und
Vogelfang gebracht;
Am *sechsten* ward das Vieh - und
auch der Mensch gemacht.

2. Im Paradies.
(1. Mose 2.)

1. Und Gott der Herr machte den Menschen aus einem Erdenkloß und blies ihm ein den lebendigen Odem in seine Nase. Und also ward der Mensch eine lebendige Seele. Und Gott der Herr pflanzte einen Garten in Eden gegen Morgen und ließ aufwachsen aus der Erde allerlei Bäume, lustig anzusehen und gut zu essen, und den Baum des Lebens mitten im Garten und den Baum der Erkenntnis des Guten und Bösen. Und Gott der Herr nahm den Menschen und setzte ihn in den Garten Eden, daß er ihn bauete und bewahrete. Und Gott gebot dem Menschen und sprach: Du sollst essen von allerlei Bäumen im Garten; aber von dem Baume der Erkenntnis des Guten und Bösen sollst du nicht essen, denn welches Tages du davon issest, wirst du des Todes sterben.

2. Als Gott der Herr gemacht hatte allerlei Tiere auf dem Felde und aller-

lei Vögel unter dem Himmel, brachte er sie zu dem Menschen, daß er sähe, wie er sie nennte. Und der Mensch gab einem jeglichen Vieh und Vogel unter dem Himmel und Tier auf dem Felde seinen Namen; aber für den Menschen ward keine Gehilfin gefunden, die um ihn wäre. Und Gott der Herr sprach: Es ist nicht gut, daß der Mensch allein sei; ich will ihm eine Gehilfin machen, die um ihn sei. Da ließ Gott der Herr einen tiefen Schlaf auf den Menschen fallen, und er entschlief. Und er nahm seiner Rippen eine und baute ein Weib daraus und brachte es zu ihm. Da sprach der Mensch: Das ist doch Bein von meinem Bein und Fleisch von meinem Fleisch. Darum wird der Mann seinen Vater und seine Mutter verlassen und an seinem Weibe hangen.

1. Joh. 5,3: Das ist die Liebe zu Gott, daß wir seine Gebote halten, und seine Gebote sind nicht schwer.
Ephes. 1,4: Gott hat uns erwählet durch Christum, ehe der Welt Grund gelegt war, daß wir sollten sein heilig und unsträflich vor ihm in der Liebe.

O Schöpfer, welch ein Ebenbild
Erschufst du dir aus Erde!
Wie stand dein erster Mensch so mild,
Mit himmlischer Gebärde,
Ganz ohne Sünd Ein Gotteskind,
Geschmückt mit deinem Siegel,
Der Liebe reiner Spiegel!

Katechismusfrage.

62. Welches ist das Hauptgeschöpf auf Erden? - Der Mensch, geschaffen nach Gottes Bilde, so daß er Gott erkennen und in seliger Gemeinschaft mit ihm leben konnte.

Fragen.

1. Wie machte Gott den Leib des Menschen? 2. Was blies er ihm ein? 3. Was wurde der Mensch dadurch? 4. Welchen Wohnort wies Gott den Menschen an? 5. Was sollte er dort tun? 6. Welche Bäume standen mitten im Garten? 7. Von welchem derselben verbot Gott zu essen? 8. Was sollte geschehen, wenn der Mensch diesem Verbot nicht gehorchte? 9. Wen hat Gott dem Adam zur Gehilfin gegeben? 10. Wie bildete Gott das Weib? 11. Welchen Stand hat Gott durch die Erschaffung des Weibes eingesetzt?

3. Der Sündenfall
(1. Mose 3.)

1. Und die *Schlange* war listiger denn alle Tiere auf dem Felde, die Gott der Herr gemacht hatte, und sprach zu dem Weibe: Ja, sollte Gott gesagt haben: Ihr sollt nicht essen von allerlei Bäumen im Garten? Da sprach das Weib zu der Schlange: Wir essen von den Früchten der Bäume im Garten; aber von den Früchten des Baumes mitten im Garten hat Gott gesagt: Esset nicht davon, rühret's auch nicht an, daß ihr nicht sterbet. Da sprach die Schlange zum Weib: Ihr werdet mit nichten des Todes sterben; sondern

3. Der Sündenfall

Gott weiß, daß, welches Tages ihr davon esset, so werden eure Augen aufgetan, und werdet sein wie Gott, und wissen, was gut und böse ist.

2. Und das Weib schaute an, daß von dem Baum gut zu essen wäre und lieblich anzusehen, daß es ein lustiger Baum wäre, weil er klug machte; und nahm von der Frucht und aß, und gab ihrem Manne auch davon, und er aß. Da wurden ihrer beider Augen aufgetan und wurden gewahr, daß sie nakkend waren, und flochten Feigenblätter zusammen und machten sich Schürzen. Und sie hörten die Stimme Gottes des Herrn, der im Garten ging, da der Tag kühl geworden war. Und Adam versteckte sich mit seinem Weibe vor dem Angesicht Gottes des Herrn unter die Bäume im Garten. Und Gott der Herr rief Adam und sprach zu ihm: Wo bist du? Und er sprach: Ich hörte deine Stimme im Garten und fürchtete mich, denn ich bin nackend, darum versteckte ich mich. Und er sprach: Hast du nicht gegessen von dem Baume, davon ich dir gebot, du solltest nicht davon essen? Da sprach Adam: Das Weib, das du mir zugesellct hast, gab mir von dem Baum, und ich aß. Da sprach Gott der Herr zum Weibe: Warum hast du das getan? Das Weib sprach: Die Schlange betrog mich also, daß ich aß.

3. Der Sündenfall

3. Da sprach Gott der Herr zur *Schlange*: Weil du solches getan hast, seist du verflucht vor allem Vieh und vor allen Tieren auf dem Felde. Auf deinem Bauche sollst du gehen und Erde essen dein Leben lang. *Und ich will Feindschaft setzen zwischen dir und dem Weibe, und zwischen deinem Samen und ihrem Samen. Derselbe soll dir den Kopf zertreten, und du wirst ihn in die Ferse stechen.* Und zum Weibe sprach er: Dein Wille soll deinem Manne unterworfen sein, und er soll dein Herr sein. Und zu Adam sprach er: Dieweil du hast gehorcht der Stimme deines Weibes und gegessen von dem Baum, davon ich dir gebot und sprach: Du sollst nicht davon essen: verflucht sei der Acker um deinetwillen, mit Kummer sollst du dich darauf nähren dein Leben lang. Dornen und Disteln soll er dir tragen, und du sollst das Kraut auf dem Felde essen. Im Schweiß deines Angesichts sollst du dein Brot essen, bis daß du wieder zu Erde werdest, davon du genommen bist. Denn du bist Erde und sollst zu Erde werden.

Und Adam nannte sein Weib *Eva*, darum, daß sie eine Mutter aller Lebendigen ist. Und Gott der Herr machte Adam und seinem Weibe Röcke von Fellen und kleidete sie. Und Gott der Herr trieb Adam aus dem Garten Eden, daß er das Feld baute, davon er genommen ist, und lagerte vor den Garten Eden die Cherubim mit dem bloßen hauenden Schwert, zu bewahren den Weg zu dem Baum des Lebens.

Röm. 5, 12: Durch einen Menschen ist die Sünde gekommen in die Welt und der Tod durch die Sünde, und ist also der Tod zu allen Menschen hindurchgedrungen, dieweil sie alle gesündigt haben.

Durch Adams Fall ist ganz verderbt
Menschlich Natur und Wesen.
Das Gift hat sich auf uns vererbt;
Wir konnten nicht genesen
Ohn Gottes Trost, Der uns erlöst
Hat von dem großen Schaden,
Darein die Schlang Eva bezwang,
Den Zorn auf sich zu laden.

Katechismusfrage.

63. Ist der Mensch in diesem guten Zustande geblieben? - Nein, sondern die ersten Menschen ließen sich vom Teufel zum Abfall von Gott verführen.

Fragen.

1. Was sagte die Schlange zum Weib? 2. Welche Antwort gab ihr das Weib? 3. Was sagte die Schlange weiter? 4. Was tat hierauf das Weib? 5. Wer hat aus der Schlange gesprochen? 6. Was taten die Menschen, als sie die Stimme Gottes im Garten hörten? 7. Was antwortete Adam, als ihn Gott rief? 8. Was fragte ihn Gott? 9. Auf wen schob Adam die Schuld? 10. Auf wen die Eva? 11. Welchen Fluch sprach Gott über die Schlange aus? 12. Welche Verheißung gab Gott? 13. In wem ist sie erfüllt worden? 14. Was sprach Gott zum Weib und was zu Adam? 15. Was geschah mit den Menschen, nachdem Gott sein Urteil gesprochen hatte? 16. Wen stellte Gott vor den Garten und wozu?

4. Kain und Abel.
(1. Mose 4.)

1. Adam und Eva hatten zwei Söhne, die hießen *Kain und Abel*. Abel ward ein Schäfer, Kain aber ward ein Akkermann. Es begab sich aber, daß Kain dem Herrn Opfer brachte von den Früchten des Feldes, und Abel brachte auch von den Erstlingen seiner Herde. Und der Herr sah Abel und sein Opfer gnädig an, aber Kain und sein Opfer sah er nicht gnädig an. Da ergrimmte Kain sehr und seine Gebärde verstellte sich. Da sprach der Herr zu Kain: Warum ergrimmst du? Und warum verstellt sich deine Gebärde? Ist's nicht also? *Wenn du fromm bist, bist du angenehm; bist du aber nicht fromm, so ruhet die Sünde vor der Tür; und nach dir hat sie Verlangen; du aber herrsche über sie.*

2. Da redete Kain mit seinem Bruder Abel. Und es begab sich, da sie auf dem Felde waren, erhob sich Kain wider seinen Bruder Abel und schlug ihn tot. Da sprach der Herr zu Kain: Wo ist dein Bruder Abel? Er sprach: Ich weiß nicht; soll ich meines Bruders Hüter sein? Der Herr aber sprach: Was hast du getan? Die Stimme deines

4. Kain und Abel.

Bruders Bluts schreiet zu mir von der Erde. Und nun, verflucht seist du auf der Erde, die ihren Mund aufgetan und deines Bruders Blut von deinen Händen empfangen hat. Wenn du den Acker bauen wirst, soll er dir hinfort sein Vermögen nicht geben. Unstät und flüchtig sollst du sein auf Erden. Kain aber sprach zu dem Herrn: Meine Sünde ist größer, denn daß sie mir vergeben werden möge. Siehe, du treibest mich heute aus dem Lande, und ich muß mich vor deinem Angesicht verbergen und muß unstät und flüchtig sein auf Erden. So wird mir's gehen, daß mich totschlage, wer mich findet. Aber der Herr sprach zu ihm: Nein, sondern wer Kain totschlägt, das soll siebenfältig gerächt werden. Und der Herr machte ein Zeichen an Kain, daß ihn niemand erschlüge, wer ihn fände. Also ging Kain von dem Angesicht des Herrn und wohnte im Lande Nod, gegen Morgen von Eden.

3. Gott der Herr gab Adam und Eva abermals einen Sohn und Eva hieß ihn *Seth*. Denn Gott hat mir, sprach sie, einen Ersatz gegeben für Abel, den Kain erwürget hat. Seths Sohn hieß *Enos*. Zu seiner Zeit fing man an zu predigen von des Herrn Namen. Von Seth stammt auch *Henoch* ab. Henoch aber ward 365 Jahre alt, und dieweil er ein göttlich Leben führte, nahm ihn Gott hinweg und ward nicht mehr gesehen. Adam starb, da er 930 Jahre alt war. Henochs Sohn *Methusalah* hat das höchste menschliche Alter erreicht, 969 Jahre. Dessen Sohn hieß *Lamech*, der nannte seinen Sohn *Noah* (Trost) und sprach: Der wird uns trösten in unserer Mühe und Arbeit auf Erden, die der Herr verflucht hat.

Hebr. 11,4: Durch den Glauben hat Abel Gott ein größer Opfer getan denn Kain.

1. Mose 9,6: Wer Menschenblut vergießt, des Blut soll auch durch Menschen vergossen werden, denn Gott hat den Menschen zu seinem Bilde gemacht.

Die Sünde gibt den Tod zum Lohn;
  Das heißt ja schlimm gedient!
Das Leben aber ist im Sohn,
  Der uns mit Gott versühnt.

Katechismusfrage.

19. Wie lautet das fünfte Gebot? - Du sollst nicht töten.

Fragen.

1. Wie hießen die ersten Söhne der ersten Menschen? 2. Was war ihr Beruf? 3. Was haben sie dem Herrn gebracht? 4. Wie hat der Herr die Opfer angesehen? 5. Wie benahm sich Kain? 6. Was sagte Gott zu ihm? 7. Welche schreckliche Tat beging Kain? 8. Mit welchen Worten stellte ihn Gott zur Rede? 9. Was gab Kain zur Antwort? 10. Welchen Fluch sprach Gott über ihn aus? 11. Was antwortete dann Kain? 12. Was machte Gott an Kain? 13. Welchen Sohn bekamen Adam und Eva noch? 14. Wer stammt von ihm ab? 15. Was wird uns von Henoch erzählt? 16. Wie alt wurde Adam? 17. Wer hat das höchste menschliche Alter erreicht, und wie alt wurde er? 18. Wie hieß sein Sohn und sein Enkel? 19. Warum nannte Lamech seinen Sohn Noah?

5. Die Sintflut.
(1. Mose 6. und 7.)

1. Die Menschen begannen sich zu mehren auf Erden. Da aber der Herr sah, daß der Menschen Bosheit groß war auf Erden, und alles Dichten und Trachten ihres Herzens nur böse war immerdar, da sprach er: Die Menschen wollen sich von meinem Geist nicht mehr strafen lassen, denn sie sind Fleisch. Ich will sie vertilgen von der Erde, will ihnen aber noch Frist geben 120 Jahre.

2. *Noah* aber fand Gnade vor dem Herrn, denn er war ein frommer Mann und führte ein göttliches Leben zu seinen Zeiten. Und Gott sprach zu ihm: Alles Fleisches Ende ist vor mich gekommen, denn die Erde ist voll Frevels. Mache dir einen Kasten von Tannenholz und mache Kammern darinnen und verpiche sie mit Pech inwendig und auswendig. Und mache ihn also: 300 Ellen sei die Länge, 50 Ellen sei die Weite und 30 Ellen die Höhe. Ein Fenster und eine Tür sollst du dem Kasten machen. Und er soll drei Boden haben, einen unten, den anderen in der Mitte, den dritten in der Höhe. Denn siehe, ich will eine Sintflut

5. Die Sintflut.

kommen lassen auf Erden, zu verderben alles Fleisch, darinnen ein lebendiger Odem ist, unter dem Himmel. Alles, was auf Erden ist, soll untergehen. Aber mit dir will ich einen Bund aufrichten, und du sollst in den Kasten gehen mit deinen Söhnen, mit deinem Weibe und mit deiner Söhne Weibern. Und du sollst in den Kasten tun allerlei Tiere, Vögel, Vieh und Gewürm, und du sollst allerlei Speise zu dir nehmen. Und Noah tat alles, was ihm Gott gebot.

3. Und der Herr sprach zu Noah: Gehe in den Kasten, du und dein ganzes Haus, denn dich habe ich gerecht ersehen vor mir zu dieser Zeit. Noah war 600 Jahre alt, da das Wasser der Sintflut auf Erden kam. Und er ging in den Kasten mit seinen drei Söhnen: *Sem, Ham* und *Japhet*, seinem Weibe und seiner Söhne Weibern, und allerlei Tiere gingen zu ihm in den Kasten bei Paaren, wie ihm Gott geboten hatte. Und der Herr schloß hinter ihm zu. Da brachen auf alle Brunnen der Tiefe und taten sich auf die Fenster des Himmels und kam ein Regen auf Erden 40 Tage und 40 Nächte. Und das Gewässer nahm überhand, so daß alle hohen Berge bedeckt wurden. Fünfzehn Ellen hoch ging das Gewässer über die Berge. Da ging alles Fleisch unter: Vögel, Vieh, Tiere und alle Menschen. Alles, was einen lebendigen Odem hatte auf dem Trockenen, das starb. Und das Gewässer stand auf Erden 150 Tage.

Psalm 5,5: Du bist nicht ein Gott, dem gottlos Wesen gefällt; wer böse ist, bleibet nicht vor dir.

Spr. Sal. 14,34: Gerechtigkeit erhöhet ein Volk; aber die Sünde ist der Leute Verderben.

Mache dich mein Geist bereit,
Wache, fleh und bete,
Daß dich nicht die böse Zeit
Unverhofft betrete;
Denn es ist Satans List
Über viele Frommen
Zur Versuchung kommen.

Drum so laßt uns immerdar
Wachen, flehen, beten;
Weil die Angst, Not und Gefahr
Immer näher treten;
Denn die Zeit ist nicht weit,
Da uns Gott wird richten
Und die Welt vernichten.

Katechismusfrage.

49. Was heißt: Gott ist gerecht? - Gott ist recht in seinem Wesen und in seinem Tun; er handelt mit einem jeglichen, wie er es bedarf; er belohnt das Gute und straft das Böse.

Fragen.

1. Was beschloß Gott, als die Bosheit der Menschen auf Erden immer größer wurde? 2. Wie lange gab er ihnen noch Frist? 3. Wer fand Gnade vor Gott? 4. Warum hat Noah Gnade gefunden? 5. Was gebot ihm Gott? 6. Wer sollte mit Noah in den Kasten gehen? 7. Wie hießen die Söhne Noahs? 8. Was geschah, als die Gnadenfrist abgelaufen war? 9. Wie lange regnete es? 10. Wie hoch stieg das Wasser? 11. Wie lange stand das Wasser auf Erden?

6. Der Bund Gottes mit Noah.
(1. Mose 8 und 9.)

1. Da gedachte Gott an Noah und an alle Tiere, die mit ihm im Kasten waren, und er ließ einen Wind auf Erden kommen, und die Wasser fielen. Und die Brunnen der Tiefe wurden verstopft samt den Fenstern des Himmels, und dem Regen vom Himmel ward gewehrt. Und das Gewässer verlief sich von der Erde immer hin und nahm ab. Und der Kasten ließ sich auf dem Gebirge Ararat nieder. Nach einiger Zeit tat Noah das Fenster auf und ließ einen Raben ausfliegen; der flog immer hin und wieder her, bis das Gewässer vertrocknete auf Erden. Danach ließ er eine Taube ausfliegen. Da aber die Taube nicht fand, wo ihr Fuß ruhen konnte, kam sie wieder. Da streckte Noah die Hand heraus und nahm sie zu sich in den Kasten. Da harrte er noch andere sieben Tage und ließ abermals eine Taube ausfliegen. Die kam zu ihm um die Abendzeit, und siehe, ein Ölblatt hatte sie abgebrochen und trug's in ihrem Schnabel. Da harrte Noah noch andere sieben Tage und ließ eine Taube ausfliegen, die kam nicht wieder zu ihm. Im 601.

6. Der Bund Gottes mit Noah.

Jahr des Alters Noahs vertrocknete das Gewässer auf Erden. Da tat Noah das Dach von dem Kasten und sah, daß der Erdboden trocken war.

2. Da redete Gott mit Noah und sprach: Gehe aus dem Kasten, du und dein Weib, deine Söhne und deiner Söhne Weiber mit dir und allerlei Tier, das bei dir ist. Also ging Noah heraus und baute dem Herrn einen Altar und opferte Brandopfer auf dem Altar. Und der Herr hatte Wohlgefallen an diesem Opfer und sprach: Ich will hinfort nicht mehr die Erde verfluchen um der Menschen willen, denn *das Dichten des menschlichen Herzens ist böse von Jugend auf. So lange die Erde stehet, soll nicht aufhören Samen und Ernte, Frost und Hitze, Sommer und Winter, Tag und Nacht.* - Und Gott segnete Noah und seine Söhne und sprach: Seid fruchtbar und mehret euch und erfüllet die Erde. Eure Furcht und euer Schrecken sei über alle Tiere auf Erden. Sie seien eure Speise, nur esset das Fleisch nicht, das noch lebt in seinem Blut. Auch ich will eures Leibes Blut rächen. Wer Menschenblut vergießt, des Blut soll auch durch Menschen vergossen werden, denn Gott hat den Menschen zu seinem Bilde gemacht. Siehe, ich richte mit euch einen Bund auf, daß hinfort keine Sintflut mehr kommen soll, die die Erde verderbe. Meinen Bogen habe ich gesetzt in die Wolken, der soll das Zeichen sein des Bundes zwischen mir und der Erde. Und wenn es kommt, daß ich Wolken über die Erde führe, so soll man meinen Bogen sehen in den Wolken. Alsdann will ich an meinen Bund gedenken. - Die Söhne Noahs, die aus dem Kasten gingen, sind diese: Sem, Ham und Japhet.

1. Joh. 2,17: Die Welt vergehet mit ihrer Lust, wer aber den Willen Gottes tut, der bleibet in Ewigkeit.

Psalm 50,14: Opfere Gott Dank und bezahle dem Höchsten deine Gelübde.

Gott hat mir ein Wort versprochen,
　Gott hat einen Bund gemacht,
Der wird nimmermehr gebrochen,
　Bis er alles hat vollbracht;
　Er, die Wahrheit, trüget nicht;
　Was er saget, das geschicht.

Katechismusfrage.

57. Wodurch erweist sich Gott als Schöpfer fortwährend in seiner Schöpfung? - Durch seine väterliche Vorsehung, nach welcher er die geschaffenen Dinge erhält und regiert.

Fragen.

1. Wie erfuhr Noah die Hilfe des Herrn? 2. Wo ließ sich der Kasten nieder? 3. Wen ließ Noah zuerst ausfliegen? 4. Was tat er? 5. Wieviel Tauben ließ Noah ausfliegen? 6. Was brachte die zweite zurück? 7. Was sprach Gott zu Noah? 8. Was tat Noah, als er aus der Arche gegangen war? 9. Was sprach Gott während dieses Opfers? 10. Welches Zeichen seiner Gnade und Treue hat er den Menschen gegeben?

7. Noahs Söhne und der Turmbau zu Babel.
(1. Mose 9,20-29; 11,1-9.)

1. Noah aber fing an und ward ein Ackermann und pflanzte Weinberge. Und da er des Weins trank, ward er trunken, und Ham spottete seines Vaters. Als nun Noah erwachte und das erfuhr, sprach er: Verflucht sei Kanaan und sei ein Knecht aller Knechte unter seinen Brüdern. Und sprach weiter: Gelobet sei der Herr, der Gott Sems, und Kanaan sei sein Knecht. Gott breite Japhet aus und lasse ihn wohnen in den Hütten des Sem, und Kanaan sei sein Knecht. - Und Noah lebte nach der Sintflut noch 350 Jahre, so daß sein ganzes Alter ward 950 Jahre. Von ihm sind alle Menschen auf Erden ausgebreitet. Von Ham stammte Nimrod ab. Der war ein gewaltiger Jäger und gründete das erste Reich. Der Anfang seines Reiches war Babel.

2. Es hatte aber alle Welt einerlei Sprache. Da sie nun zogen gegen Morgen, fanden sie eine Ebene im Lande Sinear und wohnten daselbst und sprachen untereinander: Wohlauf, lasset uns Ziegel streichen und brennen! Und nahmen Ziegel zu Stein

7. Noahs Söhne und der Turmbau zu Babel.

und Erdharz zu Kalk. Und sprachen: Wohlauf, lasset uns eine Stadt und einen Turm bauen, des Spitze bis an den Himmel reiche, daß wir uns einen Namen machen! Denn wir werden sonst zerstreut in alle Länder. Da fuhr der Herr hernieder, daß er sähe die Stadt und den Turm, die die Menschenkinder bauten. Und der Herr sprach: Siehe, es ist einerlei Volk und einerlei Sprache unter ihnen allen, und sie werden nicht ablassen von allem, was sie vorgenommen haben, zu tun. Wohlauf, lasset uns ihre Sprache daselbst verwirren, daß keiner des andern Sprache vernehme! Also zerstreute sie der Herr von dannen in alle Länder, daß sie mußten aufhören, die Stadt zu bauen. Daher heißt ihr Name Babel, daß der Herr daselbst verwirret hatte aller Länder Sprache und sie zerstreuet von dannen in alle Länder.

Jes. 8,10: Beschließet einen Rat und werde nichts daraus; beredet euch und es bestehe nicht; denn hier ist Immanuel.

Psalm 127,1: Wo der Herr nicht das Haus bauet, so arbeiten umsonst, die daran bauen.

1. Petri 5,5: Gott widerstehet den Hoffärtigen.

Wo der Herr das Haus nicht bauet,
Wo man's ihm nicht anvertrauet,
Wo man selbst sich helfen will,
Steht das Werk beizeiten still.

Katechismusfrage.
8. Was verbietet Gott im ersten Gebot? - Die Abgötterei, sie sei grob oder fein.

Fragen.
1. Welchem Beruf widmete sich Noah nach der Sintflut? 2. Warum spottete Ham seines Vaters? 3. Welchen Fluch sprach da Noah aus? 4. Dagegen welchen Segen über Sem und Japhet? 5. Wer gründete das babylonische Reich? 6. Was hatten früher die Menschen gemeinsam? 7. Was wollten sie bauen? 8. Warum? 9. Was tat der Herr? 10. Wie heißt die Stadt? 11. Warum?

II. Die Erzväter oder Patriarchen.

Abrams Berufung.
(1. Mose 12-14.)

1. *Zu Ur* in Chaldäa wohnte *Tharah*, ein Nachkomme Sems. Der hatte drei Söhne: *Abram, Nahor* und *Haran*. Tharah diente andern Göttern (Josua 24,2). Haran starb frühe und hinterließ einen Sohn, den *Lot*. Tharah nahm seinen Sohn Abram und dessen Weib Sarai und seinen Enkel Lot, und führte sie von Ur in Chaldäa, daß sie ins Land Kanaan zögen. Unterwegs starb Tharah in Haran. - Und der Herr sprach zu Abram: Gehe aus deinem Vaterlande und von deiner Freundschaft und aus deines Vaters Hause in ein Land, das ich dir zeigen will. Und ich will dich zum großen Volk machen und will dich segnen und dir einen großen Namen machen, und *in dir sollen gesegnet werden alle Geschlechter auf Erden.* Da zog Abram aus, wie der Herr zu ihm gesagt hatte, und Lot zog mit ihm. Abram aber war 75 Jahre alt, da er aus Haran zog. Und als sie gekommen waren in dasselbige Land, zog Abram durch bis an die Stätte Sichem und an den Hain More. Da erschien der Herr dem Abram und sprach: Deinen Nachkommen will ich dies Land geben. Und er baute daselbst dem Herrn einen Altar, der ihm erschienen war. Danach zog er an einen Berg, nahe bei der Stadt Bethel und richtete hier seine Hütte auf. Daselbst baute er auch dem Herrn einen Altar und predigte von dem Namen des Herrn.

2. Abram aber war sehr reich an Vieh, Silber und Gold. Lot aber hatte auch Schafe, Rinder und Hütten. Und das Land mochte es nicht ertragen, daß sie beieinander wohnten. Und war immer Zank zwischen den Hirten Abrams und Lots. Da sprach Abram zu Lot: Laß doch nicht Zank sein zwi-

Abrams Berufung.

schen mir und dir und zwischen meinen und deinen Hirten, denn wir sind Gebrüder. Stehet dir nicht alles Land offen? Scheide dich doch von mir. Willst du zur Linken, so will ich zur Rechten; oder willst du zur Rechten, so will ich zur Linken. Da hob Lot seine Augen auf und besah die ganze Gegend am Jordan, daß sie wasserreich war, wie ein Garten des Herrn. Da erwählte sich Lot die ganze Gegend am Jordan und setzte seine Hütte gen Sodom. Aber die Leute in Sodom waren böse und sündigten sehr wider den Herrn. - Da nun Lot sich von Abram geschieden hatte, sprach der Herr zu Abram: Hebe deine Augen auf, denn alles Land, das du siehst, will ich dir geben und deinem Samen ewiglich. Und ich will deinen Samen machen wie den Staub auf Erden. Kann ein Mensch den Staub auf Erden zählen, der wird auch deinen Samen zählen. Also erhob Abram seine Hütte, kam und wohnte im Hain Mamre, der zu Hebron ist, und baute daselbst dem Herrn einen Altar.

3. Und es begab sich, daß vier Könige mit den Königen von Sodom und Gomorra und noch drei andern Städten Krieg führten. Aber die Könige von Sodom und Gomorra wurden daselbst in die Flucht geschlagen. Da nahmen die vier Könige alle Habe zu

Abrams Berufung.

Sodom und Gomorra und zogen davon und nahmen auch Lot mit sich. Da kam einer, der entronnen war, und sagte es Abram an. Als nun Abram hörte, daß sein Bruder gefangen war, wappnete er seine 318 Knechte, jagte ihnen nach, fiel des Nachts über sie mit seinen Knechten und schlug sie. Und brachte alle Habe wieder, dazu auch Lot mit seiner Habe und auch die Weiber und das Volk. Als er nun wiederkam von der Könige Schlacht, ging ihm entgegen *Melchisedek*, der König von Salem und ein Priester Gottes des Höchsten, und trug Brot und Wein hervor, und segnete ihn und sprach: Gesegnet seist du dem höchsten Gott, der Himmel und Erde besitzet, und gelobet sei Gott, der Höchste, der deine Feinde in deine Hand beschlossen hat. Und demselben gab Abram den Zehnten von allerlei.

Hebr. 11,8: Durch den Glauben ward gehorsam Abraham, da er berufen ward, auszugehen in das Land, das er ererben sollte, und ging aus und wußte nicht, wo er hin käme.

Matth. 5,9: Selig sind die Friedfertigen, denn sie werden Gottes Kinder heißen.

Röm. 12,18: Ist's möglich, so viel an euch ist, so habt mit allen Menschen Frieden.

Befiehl du deine Wege
Und was dein Herze kränkt
Der allertreusten Pflege
Des, der den Himmel lenkt;

Der Wolken, Luft und Winden
Gibt Wege, Lauf und Bahn,
Der wird auch Wege finden,
Da dein Fuß gehen kann.

Katechismusfrage.

7. Was gebietet Gott im ersten Gebot? - Daß wir ihn über alle Dinge fürchten, lieben und vertrauen.

Fragen.

1. Wie hieß Abrams Vater? 2. Wo wohnten sie anfangs? 3. Wo starb Tharah? 4. Was sprach der Herr zu Abram? 5. Welche Verheißung gab Gott dem Abram mit auf den Weg? 6. Was tat Abram? 7. Wer ging mit ihm? 8. Wie alt war Abram damals? 9. Was sprach Gott zu ihm, als er ins Land Kanaan kam? 10. Was tat Abram alsdann? 11. Welchen Vorschlag machte Abram dem Lot? 12. Welche Gegend erwählte Lot zu seinem Aufenthalt? 13. Was wird uns von den Bewohnern Sodoms erzählt? 14. Was sprach Gott zu Abram nach seiner Trennung von Lot? 15. Wer überfiel Sodom? 16. Wen nahmen sie gefangen? 17. Was tat Abram, als er davon hörte? 18. Mit welchem Erfolg? 19. Wer ging ihm bei seiner Rückkehr entgegen? 20. Was brachte ihm Melchisedek? 21. Wer war Melchisedek? 22. Was tat er und was sprach er?

9. Abrams Glaube.
(1. Mose 15-18.)

1. Nach diesen Geschichten begab sich's, daß zu Abram das Wort des Herrn geschah im Gesicht und sprach: Fürchte dich nicht, Abram! Ich bin dein Schild und dein sehr großer Lohn. Abram sprach aber: Herr, Herr, was willst du mir geben? Ich gehe dahin ohne Kinder und dieser Elieser von Damaskus wird mein Haus besitzen. Und der Herr hieß ihn hinausgehen und sprach: Siehe gen Himmel und zähle die Sterne! Kannst du sie zählen? Und er sprach zu ihm: Also soll dein Same werden. *Abram glaubte dem Herrn, und das rechnete er ihm zur Gerechtigkeit.*

2. Als nun Abram 99 Jahre alt war, erschien ihm der Herr und sprach zu ihm: *Ich bin der allmächtige Gott, wandle vor mir und sei fromm.* Und ich will meinen Bund zwischen mir und dir machen und will dich gar sehr mehren. Da fiel Abram auf sein Angesicht. Und Gott redete weiter mit ihm und sprach: Siehe, ich bin's, und habe meinen Bund mit dir, und du sollst ein Vater vieler Völker werden. Darum sollst du nicht mehr *Abram*

9. Abrams Glaube.

(hoher Vater) heißen, sondern *Abraham* (Vater der Menge) soll dein Name sein. Und Gott sprach abermal zu Abraham: Du sollst dein Weib nicht mehr *Sarai* (meine Herrin) heißen, sondern *Sarah* (Fürstin) soll ihr Name sein. Denn ich will sie segnen, und von ihr will ich dir einen Sohn geben, und Völker sollen aus ihr werden und Könige über viele Völker.

3. Und abermals erschien der Herr dem Abraham im Hain Mamre, da er saß an der Tür seiner Hütte, da der Tag am heißesten war. Und als er seine Augen aufhob und sah, da standen drei Männer vor ihm. Und da er sie sah, lief er ihnen entgegen von der Tür seiner Hütte und bückte sich nieder zur Erde. Und er sprach: Herr, habe ich Gnade gefunden vor deinen Augen, so gehe nicht an deinem Knecht vorüber. Man soll euch ein wenig Wasser bringen und eure Füße waschen und lehnet euch unter den Baum. Und ich will euch einen Bissen Brot bringen, daß ihr euer Herz labet; danach sollt ihr fortgehen. Sie sprachen: Tue, wie du gesagt hast. Abraham eilte in die Hütte zu Sarah und sprach: Eile und menge drei Maß Semmelmehl, knete und backe Kuchen. Er aber lief zu den Rindern und holte ein zart, gut Kalb und gab's dem Knaben; der eilte und bereitete es zu.

Und er trug auf Butter und Milch und von dem Kalbe, das er zubereitet hatte, und setzte es ihnen vor und blieb stehen vor ihnen unter dem Baum, und sie aßen. Da sprachen sie zu ihm: Wo ist dein Weib Sarah? Er antwortete: Drinnen in der Hütte. Da sprach er: Ich will wieder zu dir kommen über ein Jahr, siehe, so soll Sarah, dein Weib, einen Sohn haben. Das hörte Sarah hinter der Tür der Hütte und lachte bei sich selbst. Da sprach der Herr zu Abraham: Warum lacht Sarah? *Sollte dem Herrn etwas unmöglich sein?*

Hebr. 11,1: Es ist der Glaube eine gewisse Zuversicht des, das man hoffet, und nicht zweifelt an dem, das man nicht sieht.

Hebr. 13,2: Gastfrei zu sein, vergesset nicht, denn durch dasselbige haben etliche ohne ihr Willen Engel beherbergt.

Psalm 33,4: Des Herrn Wort ist wahrhaftig, und was er zusagt, hält er gewiß.

Dieser hat Himmel, Meer und die Erden,
Und was darinnen ist, gemacht;
Alles muß pünktlich erfüllet werden,
Was er uns einmal zugedacht.
Er ist's, der Herrscher aller Welt,
Welcher uns ewig Glauben hält.
Halleluja! Halleluja!

Katechismusfrage.

44. Was heißt: Gott ist wahrhaftig? - Gott ist selbst die Wahrheit und erfüllt alle seine Verheißungen und Drohungen gewiß.

Fragen.

1. Welches Wort des Herrn geschah zu Abram am Anfang unserer Geschichte? 2. Was antwortete Abram? 3. Was sollte Abram tun? 4. Wie groß soll sein Same sein? 5. Was tat Abram? 6. Wie alt war Abram, als ihm Gott wieder erschien? 7. Was sprach Gott zu ihm? 8. Was tat Abram? 9. Auf welche Weise erneuerte Gott jetzt seine Verheißung? 10. Auch wessen Name sollte er ändern? 11. Wie? 12. Wo und wie erschien Gott dem Abraham zum dritten Mal? 13. Was veranstaltete Abraham seinen Gästen zu lieb? 14. Welche Verheißung gab der Herr jetzt Abraham? 15. Wo war Sarah und was tat sie bei dieser Ankündigung? 16. Was aber sagte der Herr?

10. Sodom und Gomorra.
(1. Mose 18. und 19.)

1. Und die Männer standen auf von dannen und wandten sich gegen Sodom. Und Abraham ging mit ihnen, daß er sie geleitete. Da sprach der Herr: Wie kann ich Abraham verbergen, was ich tue? Denn ich weiß, er wird befehlen seinen Kindern und seinem Hause nach ihm, daß sie des

Herrn Wege halten, und tun, was recht und gut ist. Es ist ein Geschrei zu Sodom und Gomorra, das ist groß, und ihre Sünden sind gar schwer. Und die Männer gingen gen Sodom; aber Abraham blieb stehen vor dem Herrn und sprach: Willst du denn den Gerechten mit dem Gottlosen umbringen? Es möchten vielleicht fünfzig Gerechte in der Stadt sein; wolltest du dem Ort nicht vergeben um fünfzig Gerechter willen? Das sei ferne von dir, der du aller Welt Richter bist! Du wirst so nicht richten. Der Herr sprach: Finde ich fünfzig Gerechte zu Sodom, so will ich um ihrer willen dem ganzen Ort vergeben. Abraham antwortete und sprach: Ach, siehe, ich habe mich unterwunden, zu reden mit dem Herrn, wiewohl ich Erde und Asche bin. Es möchten vielleicht fünf weniger denn fünfzig Gerechte darinnen sein; wolltest du denn die ganze Stadt verderben um der fünfe willen? Er sprach: Finde ich darinnen fünfundvierzig, so will ich sie nicht verderben. Und Abraham fuhr fort und sprach: Man möchte vielleicht vierzig darinnen finden. Er aber sprach: Ich will ihnen nichts tun um der vierzig willen. Abraham sprach: Zürne nicht, Herr, daß ich noch mehr rede. Man möchte vielleicht dreißig darinnen finden. Und er sprach: Finde ich dreißig darinnen, so will ich ihnen nichts tun. Und er sprach: Ach, siehe, ich habe mich unterwunden, mit dem Herrn zu reden. Man möchte vielleicht zwanzig darinnen finden. Er antwortete: Ich will sie nicht verderben um der zwanzig willen. Und Abraham sprach: Ach, zürne nicht, Herr, daß ich nur noch einmal rede. Man möchte vielleicht zehn darinnen finden. Er aber sprach: Ich will sie nicht verderben um der zehn willen. Und der Herr ging hin, da er mit Abraham ausgeredet hatte, und Abraham kehrte wieder an seinen Ort.

2. Die zwei Engel kamen gen Sodom des Abends. Lot aber saß zu Sodom unter dem Tor. Und da er sie sah, stand er auf und bückte sich mit seinem Angesicht auf die Erde und sprach: Kehret doch ein zum Hause eures Knechts und bleibet über Nacht. Aber sie sprachen: Nein, sondern wir wollen über Nacht auf der Gasse bleiben. Da nötigte er sie sehr, und sie kehrten bei ihm ein. Und er machte ihnen ein Mahl und sie aßen. Aber ehe sie sich legten, kamen die Leute der Stadt Sodom und umgaben das Haus und sprachen: Wo sind die Männer, die zu dir gekommen sind diese Nacht? Führe sie heraus. Lot ging heraus zu ihnen und schloß die Tür hinter sich zu und sprach: Ach, liebe Brüder, tut nicht so übel! Sie aber sprachen: Du bist der einzige Fremdling hier und willst regieren? Und sie drangen hart auf Lot. Und da sie die Türe aufbrechen wollten, griffen die Männer hinaus und zogen Lot hinein zu sich ins Haus und schlossen die Türe zu. Und die Männer vor der Tür wurden mit Blindheit geschlagen, daß sie die Türe nicht finden konnten. - Und die Männer sprachen zu Lot: Hast du noch jemand, der dir angehört in der Stadt, den führe weg aus dieser Stätte, denn der Herr hat uns gesandt, sie zu verderben. Da redete Lot mit seinen Schwiegersöhnen, die seine Töchter nehmen sollten: Machet euch auf und gehet aus diesem Ort, denn der Herr wird diese

10. Sodom und Gomorra.

Stadt verderben. Aber es war ihnen lächerlich. Da nun die Morgenröte aufging, hießen die Engel den Lot eilen. Da er aber verzog, griffen sie ihn, sein Weib und seine zwei Töchter bei der Hand, führten sie vor die Stadt und sprachen: Errette deine Seele und siehe nicht hinter dich; auch stehe nicht in dieser ganzen Gegend. Auf den Berg rette dich, daß du nicht umkommst. Aber Lot sprach zu ihnen: Ach, nein, Herr, siehe, da ist eine Stadt nahe, darein ich fliehen mag, und ist klein; dahin will ich mich retten, daß meine Seele lebendig bleibe. Da sprach er zu ihm: Siehe, ich habe auch in diesem Stück dich angesehen, daß ich die Stadt nicht umkehre, davon du geredet hast. Daher ist diese Stadt genannt Zoar (die Kleine). Und die Sonne war aufgegangen, da Lot gen Zoar einkam. Da ließ der Herr Schwefel und Feuer regnen vom Himmel herab auf Sodom und Gomorra, und kehrte die Stätte um und die ganze Gegend und alle Einwohner der Städte und was auf dem Lande gewachsen war. Und Lots Weib sah hinter sich und ward zur Salzsäule. - Abraham aber machte sich des Morgens frühe auf an den Ort, da er vor dem Herrn gestanden hatte, und wandte sein Angesicht gegen Sodom und Gomorra und alles Land der Gegend, und schaute; und siehe, da ging ein Rauch auf vom Lande, wie ein Rauch vom Ofen.

Jakobus 5,16: Des Gerechten Gebet vermag viel, wenn es ernstlich ist.

Hebr. 1,14: Sind sie nicht allzumal dienstbare Geister, ausgesandt zum Dienst um derer willen, die ererben sollen die Seligkeit?

Nimm mit Furcht ja deiner Seele,
Deines Heils mit Zittern wahr;
Hier in dieser Leibeshöhle
Schwebst du täglich in Gefahr.

Laß dein Auge ja nicht gaffen
Nach der schnöden Eitelkeit;
Bleibe Tag und Nacht in Waffen,
Fliehe Träg- und Sicherheit.

Katechismusfrage.
47. Was heißt: Gott ist heilig? - In seinem Wesen und Willen ist Gott gut und rein, daher er auch nur das Gute und Reine liebt, dagegen das Böse richtet und verdammt.

Fragen.
1. Was sagte der Herr dem Abraham, als sie weitergingen? 2. Für wen legte Abraham Fürbitte ein? 3. Um wessentwillen? 4. Wie oft bat Abraham den lieben Gott? 5. Um wie vieler Gerechter willen sollte schließlich Sodom gerettet werden? 6. In welchen Worten zeigte sich Abrahams Demut? 7. Wer kam unterdessen nach Sodom? 8. Wen fanden sie unter dem Tor? 9. Was tat Lot? 10. Was taten die bösen Leute zu Sodom? 11. Warum waren die Leute dem Lot feind? 12. Wie erretteten die Engel den Lot vor ihrer Mißhandlung? 13. Was offenbarten nun die Engel dem Lot? 14. Wen wollte er noch retten? 15. Welchen Erfolg hatte er damit? 16. Was sagten am andern Morgen die Engel zu Lot und den Seinen? 17. Was geschah mit Sodom und Gomorra? 18. Was geschah mit Lots Weib? 19. Warum? 20. Was tat Abraham? 21. Was sah er?

11. Isaaks Opferung.
(1. Mose 22.)

1. Und Sarah gebar Abraham einen Sohn in seinem Alter, um die Zeit, die ihm Gott geredet hatte, und Abraham hieß seinen Sohn *Isaak*. Hundert Jahre war Abraham alt. - Danach versuchte Gott Abraham und sprach: Nimm Isaak, deinen einigen Sohn, den du lieb hast, und gehe hin in das Land Morija und opfere ihn daselbst zum Brandopfer auf einem Berge, den ich dir sagen werde. Da stand Abraham des Morgens frühe auf und gürtete seinen Esel, und nahm mit sich zwei Knaben und seinen Sohn Isaak, und spaltete Holz zum Brandopfer, und ging hin an den Ort, davon ihm Gott gesagt hatte. Am dritten Tag hob Abraham seine Augen auf und sahe die Stätte von ferne und sprach zu seinen Knaben: Bleibet hier mit dem Esel, ich und der Knabe wollen dorthin gehen, und wenn wir angebetet haben, wollen wir wieder zu euch kommen. Und Abraham nahm das Holz zum Brandopfer und legte es auf seinen Sohn Isaak; er aber nahm das Feuer

11. Isaaks Opferung.

und Messer in seine Hand, und gingen die beiden miteinander. Da sprach Isaak: Mein Vater! Abraham antwortete: Hier bin ich, mein Sohn. Und er sprach: Siehe, hier ist Feuer und Holz; wo ist aber das Schaf zum Brandopfer? Abraham antwortete: Mein Sohn, Gott wird sich ersehen ein Schaf zum Brandopfer. Und gingen die beiden miteinander. Und als sie kamen an die Stätte, die ihm Gott sagte, baute Abraham einen Altar und legte das Holz darauf und band seinen Sohn Isaak, legte ihn auf den Altar oben auf das Holz. Und er reckte seine Hand aus und faßte das Messer, daß er seinen Sohn schlachtete.

2. Da rief ihm der Engel des Herrn vom Himmel und sprach: Abraham! Abraham! Er antwortete: Hier bin ich. Er sprach: Lege deine Hand nicht an den Knaben und tue ihm nichts. Denn nun weiß ich, daß du Gott fürchtest und hast deines einigen Sohnes nicht verschonet um meinetwillen. Da hob Abraham seine Augen auf und sah einen Widder hinter sich in der Hecke mit seinen Hörnern hangen, und ging hin und nahm den Widder und opferte ihn zum Brandopfer an seines Sohnes Statt. Und Abraham hieß die Stätte: Der Herr siehet. Und der Engel des Herrn rief Abraham abermals vom Himmel und sprach: Ich habe bei mir

selbst geschworen, spricht der Herr, dieweil du solches getan hast, und hast deines einigen Sohnes nicht verschonet, daß ich deinen Samen segnen und mehren will wie die Sterne am Himmel und wie den Sand am Ufer des Meeres. *Und durch deinen Samen sollen alle Völker auf Erden gesegnet werden,* darum, daß du meiner Stimme gehorcht hast. Also kehrte Abraham wieder zu seinen Knaben, und sie machten sich auf und zogen miteinander gen Beer-Seba, und er wohnte daselbst.

Sarah war 127 Jahre alt und starb zu Hebron im Lande Kanaan. Und Abraham beweinte sie und begrub sie in der Höhle des Ackers, den er von dem Hethiter Ephron zum Erbbegräbnis gekauft hatte.

1. Kor. 10,13: Gott ist getreu, der euch nicht läßt versuchen über euer Vermögen, sondern macht, daß die Versuchung so ein Ende gewinne, daß ihr es könnt ertragen.

Röm. 8, 32: Gott hat seines eigenen Sohnes nicht verschonet, sondern hat ihn für uns alle dahingegeben; wie sollte er uns mit ihm nicht alles schenken?

Gib uns Abrahams gewisse
Feste Glaubenszuversicht,
Die durch alle Hindernisse,
Alle Zweifel siegend bricht;

Die nicht bloß dem Gnadenbunde
Trauet froh und unbewegt,
Auch das Liebste jede Stunde
Gott zu Füßen niederlegt.

Katechismusfrage.

78. Warum stellt die Heilige Schrift das Wort vom Kreuz als den Mittelpunkt der christlichen Wahrheit dar? - Weil wir verlorene Sünder weder durch Lehre noch durch Vorbild erlöst werden konnten, sondern allein durch das vollgültige Opfer in dem Leiden und Sterben unseres Herrn Jesu Christi.

Fragen.

1. Wie hieß Abrahams Sohn? 2. Was verlangte Gott von Abraham? 3. Was tat Abraham? 4. Was sprachen Abraham und Isaak unterwegs? 5. Was tat Abraham, als sie an dem bestimmten Ort ankamen? 6. Wer rief ihm vom Himmel? 7. Was sagte er? 8. Was opferte Abraham an Isaaks statt? 9. Wie hieß Abraham die Stätte? 10. Welche Verheißung bekam hier Abraham aufs neue? 11. Wovon ist diese wunderbare Geschichte ein Vorbild?

12. Isaaks Heirat.
(1. Mose 24.)

1. Abraham war alt und wohlbetagt, und der Herr hatte ihn gesegnet allenthalben. Und er sprach zu seinem ältesten Knecht *Elieser,* der allen seinen Gütern vorstand: Schwöre mir bei dem Herrn, dem Gott des Himmels und der Erde, daß du meinem Sohne kein Weib nehmest von den Töchtern der Kananiter, unter welchen ich wohne, sondern daß du ziehest in mein Vaterland und zu meiner Freundschaft, und nehmest meinem Sohne

12. Isaaks Heirat.

Isaak ein Weib. Der Herr, der mir geschworen hat: Dies Land will ich deinem Samen geben, der wird seinen Engel vor dir her senden. So aber das Weib dir nicht folgen will, so bist du dieses Eides quitt (los). Allein bringe meinen Sohn nicht wieder dorthin. Da schwur ihm Elieser solches. Und er nahm zehn Kamele und allerlei Güter seines Herrn und machte sich auf und zog gen Mesopotamien zu der Stadt Nahors. Da ließ er die Kamele sich lagern vor der Stadt bei einem Wasserbrunnen des Abends um die Zeit, wenn die Weiber pflegten herauszugehen, um Wasser zu schöpfen. Und er sprach: Herr, du Gott meines Herrn Abraham, begegne mir heute und tue Barmherzigkeit an meinem Herrn Abraham! Siehe, ich stehe hier bei dem Wasserbrunnen und der Leute Töchter in dieser Stadt werden heraus kommen, Wasser zu schöpfen. Wenn nun eine Dirne kommt, zu der ich spreche: Neige deinen Krug und laß mich trinken, und sie sprechen wird: Trinke, ich will deine Kamele auch tränken: das sei die, die du deinem Diener Isaak beschert hast, und daran werde ich erkennen, daß du Barmherzigkeit an meinem Herrn getan hast.

2. Und ehe er ausgeredet hatte, siehe, da kam heraus Rebekka, Bethuels Tochter, der ein Sohn Nahors, des

Bruders Abrahams, war, und trug einen Krug auf ihrer Achsel. Die stieg hinab zum Brunnen und füllte den Krug und stieg herauf. Da lief ihr Elieser entgegen und sprach: Laß mich ein wenig Wasser aus deinem Kruge trinken. Und sie sprach: Trinke, mein Herr! Und eilends ließ sie den Krug hernieder auf ihre Hand, gab ihm zu trinken und sprach: Ich will deinen Kamelen auch schöpfen, und eilte zum Brunnen und schöpfte allen seinen Kamelen. Der Mann aber wunderte sich und schwieg stille, bis er erkennete, ob der Herr zu seiner Reise Gnade gegeben hätte oder nicht. Da nun die Kamele alle getrunken hatten, nahm er eine goldene Spange und zwei Armringe und sprach: Meine Tochter, wem gehörst du an? Haben wir auch Raum, in deines Vaters Hause zu herbergen? Sie sprach zu ihm: Ich bin Bethuels Tochter; es ist auch viel Stroh und Futter bei uns und Raum genug zu herbergen. Da neigte sich der Mann und betete den Herrn an und sprach: Gelobet sei der Herr, der Gott meines Herrn Abraham, der seine Barmherzigkeit und Wahrheit nicht von ihm gewendet hat. Denn er hat mich den Weg geführt zum Hause des Bruders meines Herrn. Und Rebekka lief und sagte solches alles an in ihrer Mutter Hause.

3. Rebekka hatte einen Bruder, der hieß *Laban,* und als er sah die Spangen und Armringe an seiner Schwester Händen und hörte ihre Worte, ging er zu Elieser und sprach: Komm herein, du Gesegneter des Herrn! Warum stehest du draußen? Ich habe das Haus geräumet und für die Kamele auch Raum gemacht. Also führte er den Mann ins Haus und zäumte die Kamele ab und gab ihnen Stroh und Futter, und Elieser und den Männern, die mit ihm waren, gab er Wasser, ihre Füße zu waschen, und setzte ihnen Essen vor. Elieser aber sprach: Ich will nicht essen, bis daß ich zuvor meinen Auftrag ausgerichtet habe. Sie antworteten: Sage an! Da erzählte ihnen Elieser alles, was geschehen war, und sprach: Seid ihr nun die, so an meinem Herrn Freundschaft und Treue beweisen wollt, so sagt mir's. Da antworteten Laban und Bethuel: Das kommt vom Herrn. Da ist Rebekka vor dir, nimm sie und ziehe hin, daß sie deines Herrn Sohnes Weib sei. Des andern Morgens wollte er weiterziehen, aber Rebekkas Bruder und Mutter sprachen: Laß doch die Dirne einen Tag oder zehn bei uns bleiben, danach sollst du ziehen. Da sprach er zu ihnen: Haltet mich nicht auf, denn der Herr hat Gnade zu meiner Reise gegeben. Laßt mich, daß ich zu meinem Herrn ziehe. Und sie riefen die Rebekka und sprachen zu ihr: Willst du mit diesem Manne ziehen? Sie antwortete: Ja, ich will mit ihm. Da segneten sie Rebekka und ließen sie ziehen.

4. Isaak war ausgegangen um den Abend, auf dem Felde zu beten. Da kam Elieser und erzählte ihm alles, was er ausgerichtet hatte. Da führte Isaak Rebekka in die Hütte seiner Mutter Sarah, und sie ward sein Weib. Da ward er getröstet über seiner Mutter Tod. - Abraham starb 175 Jahre alt in einem ruhigen Alter. Und es begruben ihn seine Söhne in der Höhle auf dem Acker Ephrons bei seinem Weibe Sarah.

12. Isaaks Heirat.

Psalm 145,18.19: Der Herr ist nahe allen, die ihn anrufen, allen, die ihn mit Ernst anrufen. Er tut, was die Gottesfürchtigen begehren, und höret ihr Schreien und hilft ihnen.

Kolosser 3,22: Ihr Knechte, seid gehorsam in allen Dingen euern leiblichen Herren, nicht mit Dienst vor Augen, als den Menschen zu gefallen, sondern mit Einfältigkeit des Herzens und mit Gottesfurcht.

Ach ja, wenn ich überlege,
Mit was Lieb und Gütigkeit
Du durch so viel Wunderwege
Mich geführt die Lebenszeit:
So weiß ich kein Ziel zu finden,
Noch die Tiefen zu ergründen.
Tausend-, tausendmal sei dir,
Großer König, Dank dafür!

Katechismusfrage.
13. Was gebietet Gott im zweiten Gebot? - Daß wir seinen Namen in allen Nöten anrufen, beten, loben und danken.

Fragen.
1. Was mußte Elieser dem Abraham schwören? 2. Warum sollte Isaak keine von den Töchtern der Kananiter heiraten? 3. Nach welcher Stadt zog der Knecht? 4. Welches Zeichen erbat er sich von Gott am Brunnen? 5. Wer

kam zum Brunnen, noch ehe er ausgebetet hatte? 6. Was sprach der Knecht zu ihr? 7. Was tat sie? 8. Was machte ihr Elieser zum Geschenk? 9. Wie hieß der Vater und der Bruder der Rebekka? 10. Was sprach Laban zu Elieser? 11. Was erzählte Elieser noch vor dem Essen? 12. Welche Antwort bekam er auf seine Frage? 13. Was taten Bethuel und Laban, ehe Rebekka fortzog? 14. Wie alt war Abraham, als er starb?

13. Isaak und seine Söhne.
(1. Mose 25,27 - Kapitel 26.)

1. Nach dem Tode Abrahams segnete Gott Isaak, seinen Sohn; der hatte zwei Söhne, *Esau und Jakob*. Sechzig Jahre alt war Isaak, da sie geboren wurden. Da nun die Knaben groß wurden, ward Esau ein Jäger und streifte auf dem Felde, Jakob aber war ein frommer Mann und blieb in den Hütten. Und Isaak hatte Esau lieb und aß gern von seinem Weidwerk; Rebekka aber hatte Jakob lieb.

2. Und Jakob kochte ein Gericht. Da kam Esau vom Felde und war müde, und sprach zu Jakob: Laß mich kosten das rote Gericht, denn ich bin müde. Daher heißt er Edom. Aber Jakob sprach: Verkaufe mir heute deine Erstgeburt. Esau antwortete: Siehe, ich muß doch sterben, was soll mir denn die Erstgeburt? Jakob sprach: So schwöre mir heute. Und er schwur ihm und verkaufte also Jakob seine Erstgeburt. Da gab ihm Jakob Brot und das Linsengericht, und er aß und trank und stand auf und ging davon. Also verachtete Esau seine Erstgeburt.

3. Es kam aber eine Teurung ins Land. Und Isaak zog zu Abimelech, der Philister König, gen Gerar. Da erschien ihm der Herr und sprach: Ziehe nicht hinab nach Ägypten, sondern bleibe in dem Lande, das ich dir sage. Sei ein Fremdling in diesem Lande, und ich will mit dir sein und dich segnen, denn dir und deinem Samen will ich alle diese Länder geben und will meinen Eid bestätigen, den ich deinem Vater Abraham geschworen habe, und will deinen Samen mehren wie die Sterne am Himmel. *Und durch deinen Samen sollen alle Völker auf Erden gesegnet werden.* Also wohnte Isaak zu Gerar. Und Isaak säete in dem Lande und erntete desselben Jahres hundertfältig, denn der Herr segnete ihn. Und er ward ein großer Mann, hatte viel Gut an kleinem und großem Vieh und ein großes Gesinde. Darum neideten ihn die Philister und verstopften alle Brunnen, die seines Vaters Knechte gegraben hatten, und füllten sie mit Erde. Da ließ Isaak einen andern Brunnen graben. Aber die Hirten von Gerar zankten mit Isaaks Hirten und sprachen: Das Wasser ist unser! Da gruben diese wieder einen andern Brunnen. Über den zankten jene auch. Da machte sich Isaak von dannen und grub einen dritten Brunnen, über den zankten sie nicht. Da sprach er: Nun hat uns der Herr Raum gemacht und uns wachsen lassen im Lande.

4. Danach zog Isaak gen Beer-Seba. Und der Herr erschien ihm in derselben Nacht und sprach: Ich bin deines Vaters Abrahams Gott. Fürchte dich nicht, denn ich bin mit dir und will dich segnen um meines Knechtes Abrahams willen. Da baute Isaak einen Altar daselbst und predigte von dem Namen des Herrn. Und Abimelech, der König der Philister, ging zu ihm und sprach: Wir sehen mit sehenden Augen, daß der Herr mit dir ist. Du bist der Gesegnete des Herrn. Und Abimelech machte einen Bund mit ihm, daß ihm Isaak keinen Schaden tun solle. Da machte Isaak ein Mahl, und sie schwuren einer dem andern. Danach zog Abimelech mit Frieden von dannen.

Jes. 30,15: So spricht der Herr, Herr, der Heilige in Israel: Wenn ihr stille bliebet, so würde euch geholfen; durch Stillesein und Hoffen würdet ihr stark sein.

Gottes Güt erwäge
Und dich gläubig lege
In des Vaters Schoß;
Lerne ihm vertrauen,
So wirst du bald schauen,

Wie die Ruh so groß,
Die da fleußt aus stillem Geist.
Wer sich weiß in Gott zu schicken,
Den kann er erquicken.

Katechismusfrage.

33. Was verbietet Gott im zehnten Gebot? - Alle böse Lust und Begierde, sei dieselbe gerichtet auf Besitz oder Genuß.

Fragen.

1. Wie hießen Isaaks Söhne? 2. Wer war der ältere? 3. Welchen Beruf ergriffen sie in ihrem späteren Leben? 4. Womit war Jakob eines Tages beschäftigt, als Esau von der Jagd kam? 5. Was wünschte Esau? 6. Was verlangte Jakob dafür? 7. Was sagte Esau? 8. Worin bestand das Erstgeburtsrecht? 9. Was sprach Gott zur Zeit der Teuerung? 10. Welche Verheißung gab er ihm? 11. Worin wurde der Segen Gottes über ihn offenbar? 12. Was taten darum die neidischen Philister? 13. Wohin zog Isaak später? 14. Was sprach dort Gott zu ihm? 15. Und was tat Isaak? 16. Was machte der Philisterkönig Abimelech mit Isaak? 17. Warum?

14. Isaaks Segen.
(1. Mose 27.)

1. Und es begab sich, da Isaak alt geworden war, und seine Augen dunkel wurden zu sehen, rief er Esau und sprach zu ihm: Siehe, ich bin alt geworden und weiß nicht, wann ich sterben soll. So nimm nun Köcher und Bogen und gehe auf das Feld und fange mir ein Wildbret, und mache mir ein Essen, wie ich's gerne habe, und bringe mir's herein, daß ich esse, daß dich meine Seele segne, ehe ich sterbe. Rebekka aber hörte solche Worte. Und Esau ging hin aufs Feld, daß er ein Wildbret jage. Da sprach Rebekka zu Jakob: Siehe, ich habe gehört deinen Vater reden mit Esau, deinem Bruder, und sagen: Bringe mir ein Wildbret und mache mir ein Essen,

14. Isaaks Segen.

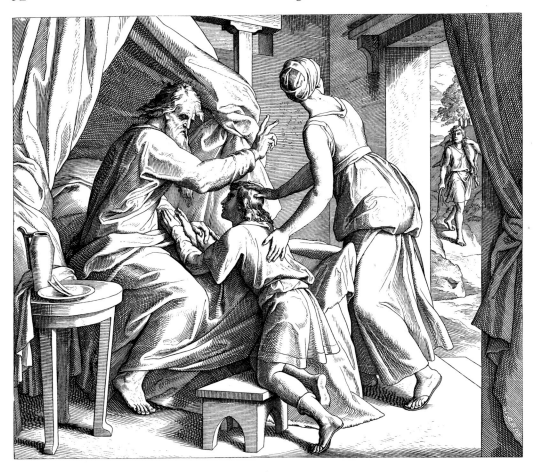

daß ich esse und dich segne vor dem Herrn, ehe ich sterbe. So höre nun, mein Sohn, was ich dich heiße. Gehe hin zu der Herde und hole mir zwei gute Böcklein, daß ich deinem Vater ein Essen davon mache, wie er's gerne hat. Das sollst du deinem Vater hineintragen, daß er esse, auf daß er dich segne vor seinem Tode. Jakob aber sprach zu seiner Mutter Rebekka: Siehe, mein Bruder Esau ist rauh und ich bin glatt. So möchte vielleicht mein Vater mich begreifen, und ich würde vor ihm geachtet, als ob ich ihn betrügen wollte, und brächte über mich einen Fluch und nicht einen Segen. Da sprach seine Mutter zu ihm: Der Fluch sei auf mir, mein Sohn; gehorche nur meiner Stimme, geh und hole mir! Da ging er hin und brachte es seiner Mutter. Da machte seine Mutter ein Essen, wie sein Vater gerne hatte, und nahm Esaus köstliche Kleider und zog sie Jakob an. Aber die Felle von den Böcklein tat sie ihm um seine Hände und wo er glatt war am Halse. Und er ging hinein zu seinem Vater und sprach: Mein Vater! Er antwortete: Wer bist du, mein Sohn? Jakob sprach zu seinem Vater: Ich bin Esau, dein erstgeborner Sohn, ich habe getan, wie du gesagt hast; setze dich und iß von meinem Wildbret, auf daß mich deine Seele segne. Isaak aber sprach

14. Isaaks Segen.

zu seinem Sohn: Mein Sohn, wie hast du so bald gefunden? Er antwortete: Der Herr, dein Gott, bescherte mir's. Da sprach Isaak zu Jakob: Tritt herzu, mein Sohn, daß ich dich betaste, ob du seiest mein Sohn Esau, oder nicht. Also trat Jakob zu seinem Vater, und da er ihn betastet hatte, sprach er: Die Stimme ist Jakobs Stimme, aber die Hände sind Esaus Hände. Und er erkannte ihn nicht, und sprach zu ihm: Bist du mein Sohn Esau? Er antwortete: Ja, ich bin's. Und Isaak aß und trank. Danach segnete er ihn und sprach: Gott gebe dir vom Tau des Himmels und von der Fettigkeit der Erde und Korns und Weins die Fülle. Völker müssen dir dienen und Leute müssen dir zu Fuße fallen. Sei ein Herr über deine Brüder! Verflucht sei, wer dir flucht, gesegnet sei, wer dich segnet.

2. Als nun Isaak den Segen vollendet hatte und Jakob kaum hinausgegangen war, da kam Esau von der Jagd, machte auch ein Essen und trug es hinein zu seinem Vater und sprach zu ihm: Stehe auf, mein Vater, und iß von dem Wildbret deines Sohnes, daß mich deine Seele segne. Da antwortete Isaak: Wer bist du? Er sprach: Ich bin Esau, dein erstgeborner Sohn. Da entsetzte sich Isaak über die Maßen sehr und sprach: Wer? Wo ist denn der Jäger, der mir gebracht hat, ehe du kamst, und ich habe ihn gesegnet? Er wird auch gesegnet bleiben. Als Esau diese Rede seines Vaters hörte, schrie er laut und ward über die Maßen sehr betrübt und sprach: Hast du denn nur *einen* Segen, mein Vater? Segne mich auch, mein Vater! Und er hob seine Stimme auf und weinte. Da antwortete Isaak: Siehe da, du wirst eine Wohnung haben ohne Fettigkeit der Erde und ohne Tau des Himmels von oben her. Deines Schwerts wirst du dich nähren und deinem Bruder dienen.

3. Und Esau ward Jakob gram um des Segens willen und sprach in seinem Herzen: Es wird die Zeit bald kommen, daß man um meinen Vater Leid tragen muß; dann will ich meinen Bruder Jakob erwürgen. Diese Worte wurden Rebekka angesagt, und sie sprach zu Jakob: Mache dich auf und fliehe zu meinem Bruder Laban und bleibe eine Weile bei ihm, bis sich der Grimm deines Bruders wende.

Psalm 133,1: Siehe, wie fein und lieblich ist es, daß Brüder einträchtig beieinander wohnen.

Röm. 9,16: So liegt es nun nicht an jemandes Wollen oder Laufen, sondern an Gottes Erbarmen.

Vater! werde ob mir Armen
Des Erbarmens ja nicht müd;
Lehr mich aber auch Erbarmen,
Wie dein Kind an dir es sieht.

Werd ich irgend ungeduldig,
Halt mein Herz in deiner Zucht,
Daß es Brüder, die mir schuldig,
Nicht im Zorn zu würgen sucht.

Katechismusfrage.

30. Was verbietet Gott im achten Gebot? - Falsches Zeugnis vor Gericht, wie überhaupt Lüge, Verrat, Verleumdung und Falschheit jeder Art.

Fragen.

1. Welchen Auftrag gab Isaak beim Esau? 2. Wozu? 3. Wer hörte das? 4. Was sprach sie zu Jakob? 5. Welche Einwendungen machte er? 6. Mit welchen Worten beschwichtigte seine

Mutter sein Gewissen? 7. Wie wurde Jakob verkleidet? 8. Was sprach er zu seinem Vater? 9. Worüber wunderte sich Isaak? 10. Was antwortete Jakob? 11. Welchen Segen bekam Jakob? 12. Was tat Esau, als er hörte, daß Jakob ihm zuvorgekommen war? 13. Was wollte Esau seinem Bruder tun? 14. Was sagte deswegen Rebekka zu Jakob?

15. Jakobs Flucht und Dienst.
(1. Mose 28 und 29.)

1. Und Jakob zog aus von Beer-Seba und reiste gen Haran und kam an einen Ort, da blieb er über Nacht, denn die Sonne war untergegangen. Und er nahm einen Stein des Orts und legte ihn zu seinen Häupten und legte sich an demselbigen Ort schlafen. Und ihm träumte: Und siehe, eine Leiter stand auf Erden, die rührte mit der Spitze an den Himmel, und siehe, die Engel Gottes stiegen daran auf und nieder. Und der Herr stand oben darauf und sprach: Ich bin der Herr, Abrahams, deines Vaters, Gott und

15. Jakobs Flucht und Dienst.

Isaaks Gott: Das Land, auf dem du liegst, will ich dir und deinem Samen geben. Dein Same soll werden wie der Staub auf Erden, und *durch dich und deinen Samen sollen alle Geschlechter auf Erden gesegnet werden.* Und siehe, ich bin mit dir und will dich behüten, wo du hinziehst, und will dich wieder herbringen in dies Land. Denn ich will dich nicht lassen, bis daß ich tue alles, was ich dir geredet habe. Da nun Jakob von seinem Schlaf aufwachte, sprach er: Gewißlich ist der Herr an diesem Ort, und ich wußte es nicht. Und fürchtete sich und sprach: Wie heilig ist diese Stätte! Hier ist nichts anders, denn Gottes Haus und hier ist die Pforte des Himmels. Und Jakob stand des Morgens frühe auf und nahm den Stein, den er zu seinen Häupten gelegt hatte, und richtete ihn auf zu einem Mal und goß Öl oben drauf. Und hieß die Stätte Beth-El, d.h. Haus Gottes. Und Jakob tat ein Gelübde und sprach: So Gott wird mit mir sein und mich behüten auf dem Wege, den ich reise, und mir Brot zu essen geben und Kleider anzuziehen, und mich mit Frieden wieder heim zu meinem Vater bringen, so soll der Herr mein Gott sein. Und dieser Stein, den ich aufgerichtet habe zu einem Mal, soll ein Gotteshaus wer-

15. Jakobs Flucht und Dienst.

den, und alles, was du mir gibst, des will ich dir den Zehnten geben.

2. Da ging Jakob in das Land, das gegen Morgen liegt, und siehe, da war ein Brunnen auf dem Felde und drei Herden Schafe lagen dabei, denn von dem Brunnen pflegten sie die Herden zu tränken, und ein großer Stein lag vor dem Loch des Brunnens. Und Jakob sprach zu den Hirten: Liebe Brüder, wo seid ihr her? Sie antworteten: Wir sind von Haran. Er sprach zu ihnen: Kennet ihr auch Laban, den Sohn Nahors? Sie antworteten: Wir kennen ihn wohl. Er sprach: Geht es ihm auch wohl? Sie antworteten: Es geht ihm wohl, und siehe, da kommt seine Tochter Rahel mit den Schafen. Da aber Jakob sah Rahel, die Tochter Labans, seiner Mutter Bruders, trat er hinzu und wälzte den Stein von dem Loch des Brunnens und tränkte die Schafe Labans und küßte Rahel und weinte laut und sagte ihr an, daß er Rebekkas Sohn wäre. Da lief sie und sagte es ihrem Vater an. Da aber Laban von Jakob hörte, lief er ihm entgegen, herzte und küßte ihn und führte ihn in sein Haus. Und da er nun einen Monat lang bei ihm gewesen war, sprach Laban: Wiewohl du mein Bruder bist, solltest du mir darum umsonst dienen? Sage an, was soll dein Lohn sein? Laban aber hatte zwei

Töchter: die älteste hieß *Lea* und die jüngste *Rahel.* Und Jakob sprach: Ich will dir sieben Jahre um Rahel, deine jüngste Tochter, dienen. Laban sprach: Es ist besser, ich gebe sie dir, denn einem andern; bleibe bei mir. Also diente Jakob um Rahel sieben Jahre und deuchte ihn, als wären's einzelne Tage, so lieb hatte er sie. Da aber die sieben Jahre um waren, gab Laban ihm die Lea statt der Rahel. Aber Jakob diente noch andere sieben Jahre um Rahel, und Laban gab ihm auch diese zum Weibe. Und der Herr schenkte dem Jakob zwölf Söhne: *Ruben, Simeon, Levi, Juda, Dan, Naphtali, Gad, Asser, Isaschar, Sebulon, Joseph, Benjamin.*

Psalm 23,4: Ob ich schon wanderte im finstern Tal, fürchte ich kein Unglück, denn du bist bei mir, dein Stekken und Stab trösten mich.

O Gott, mein Gott, so wie ich dich
In deinem Worte find,
So bist du recht ein Gott für mich,
Dein armes, schwaches Kind.

Drum ist mir's herzlich lieb und wert,
Daß du bist, der du bist,
Und alles, was mein Herz begehrt,
Bei dir zu finden ist.

Katechismusfrage.

28. Was gebietet Gott im siebenten Gebot? - Daß wir des Nächsten Gut und Nahrung helfen bessern und behüten, und daß wir uns genügen lassen sollen an dem, was Gott uns gibt.

Fragen.

1. Wohin wollte Jakob reisen? 2. Was sah er im Traum? 3. Welche Verheißungen gab ihm Gott? 4. Was sagte Jakob, als er erwachte? 5. Wie nannte er die Stätte? 6. Was gelobte er Gott? 7. Wen fand er am Brunnen bei Haran? 8. Was fragte er sie? 9. Was gaben sie ihm zur Antwort? 10. Wer kam, während er mit den Hirten redete? 11. Bei wem blieb Jakob in Haran? 12. Welchen Lohn verlangte Jakob für seinen Dienst? 13. Wie lang diente er um Rahel? 14. Was tat Laban, als die sieben Jahre um waren? 15. Was tat dann Jakob? 16. Wie viele Söhne hatte Jakob? 17. Wie hießen sie?

16. Jakobs Heimkehr.
(1. Mose 30 und 31.)

1. Und Jakob sprach zu Laban: Laß mich ziehen in mein Land und gib mir meine Weiber und Kinder. Laban sprach: Ich spüre, daß mich der Herr segnet um deinetwillen. Bestimme den Lohn, den ich dir geben soll. Jakob sprach zu ihm: Du weißt, wie ich dir gedient habe, und was du für Vieh hast unter mir. Du hattest wenig, ehe ich herkam, nun aber ist's ausgebreitet in die Menge, und der Herr hat dich gesegnet durch meinen Fuß. Und nun, wann soll ich auch mein Haus versorgen? Er aber sprach: Was soll ich dir denn geben? Jakob sprach: Alles, was von nun an in deinen Herden bunt und

16. Jakobs Heimkehr.

fleckig geboren wird, das soll mein Lohn sein. Da sprach Laban: Es sei, wie du gesagt hast. Also diente Jakob noch sechs weitere Jahre dem Laban. Und Jakob wurde über die Maßen reich, daß er viele Schafe, Mägde und Knechte, Kamele und Esel hatte.

2. Und es kamen vor Jakob die Reden der Kinder Labans, daß sie sprachen: Jakob hat alles Gut unsers Vaters an sich gebracht, und von unsers Vaters Gut hat er solchen Reichtum zuwege gebracht. Und Jakob sahe an das Angesicht Labans, und siehe, es war nicht mehr gegen ihn wie gestern und ehegestern. Und der Herr sprach zu Jakob: Ziehe wieder in deiner Vä-ter Land und zu deiner Freundschaft, ich will mit dir sein. Da sandte Jakob hin und ließ Rahel und Lea aufs Feld zu seiner Herde rufen und sprach zu ihnen: Ich sehe euers Vaters Angesicht, daß es nicht gegen mich ist wie gestern und ehegestern, aber der Gott meines Vaters ist mit mir gewesen. Und ihr wisset, daß ich aus allen meinen Kräften euerm Vater gedient habe. Und er hat mich getäuscht und nun zehnmal meinen Lohn verändert; aber Gott hat ihm nicht gestattet, daß er mir Schaden täte. Und der Engel Gottes sprach zu mir im Traum: Mache dich auf und ziehe aus diesem Land und ziehe wieder in das Land

16. Jakobs Heimkehr.

deiner Freundschaft. Da antworteten Rahel und Lea: Alles, was Gott dir gesagt hat, das tue. Also machte sich Jakob auf und lud seine Kinder und Weiber auf Kamele und führte weg alle seine Habe, daß er käme zu Isaak, seinem Vater, ins Land Kanaan. Am dritten Tage ward es Laban angesagt, daß Jakob flöhe. Und er jagte ihm nach und ereilte ihn auf dem Berge Gilead. Aber Gott kam zu Laban im Traum des Nachts und sprach zu ihm: Hüte dich, daß du mit Jakob nicht anders redest denn freundlich. Und Laban nahte zu Jakob und sprach: Warum bist du heimlich geflohen und hast mich nicht lassen meine Töchter und Kinder küssen? Ich hätte wohl so viel Macht, daß ich euch könnte Übels tun, aber euers Vaters Gott hat gestern zu mir gesagt: Hüte dich, daß du mit Jakob nicht anders denn freundlich redest. Und Jakob und Laban machten einen Bund miteinander. Des Morgens aber stand Laban frühe auf, küßte seine Kinder und segnete sie und zog hin und kam wieder an seinen Ort. Jakob aber zog seinen Weg, und es begegneten ihm die Engel Gottes. Und da er sie sahe, sprach er: Es sind Gottes Heere! Und er hieß dieselbige Stätte: Mahanaim (Doppellager).

Röm. 8,31: Ist Gott für uns, wer mag wider uns sein?

Psalm 91,11: Er hat seinen Engeln befohlen über dir, daß sie dich behüten auf allen deinen Wegen.

Gott ist getreu!
Vergiß, o Seel, es nicht,
Wie zärtlich treu er ist!
Gott treu zu sein, sei deine liebste Pflicht,

Weil du so wert ihm bist.
Halt fest an Gott, sei treu im Glauben;
Laß nichts den starken Trost dir rauben:
Gott ist getreu!

Katechismusfrage.

51. Was heißt: Gott ist gütig? - Gott tut allen seinen Geschöpfen nur Gutes.

Fragen.

1. Was sprach Jakob zu Laban? 2. Was gab ihm Laban zur Antwort? 3. Was verlangte Jakob für seinen weiteren Dienst? 4. Wie lange blieb er noch in Haran? 5. Wie segnete ihn Gott? 6. Was sprach der Herr zu Jakob? 7. Was tat Jakob darauf? 8. Was sprach Jakob zu Rahel und Lea? 9. Wann erfuhr Laban von Jakobs Flucht? 10. Was tat er? 11. Was befahl ihm Gott im Traum? 12. Was tat dann Laban? 13. Wer begegnete Jakob unterwegs? 14. Wie hieß er darum den Ort?

17. Jakobs Kampf.
(1. Mose 32, 33.)

1. Jakob aber schickte Boten vor sich her zu seinem Bruder Esau, daß er Gnade fände vor seinen Augen. Die Boten kamen wieder zu Jakob und sprachen: Wir kamen zu deinem Bruder Esau, und er zieht dir auch entgegen mit 400 Mann. Da fürchtete sich Jakob sehr und ihm ward bange; und er teilte das Volk, das bei ihm war, und die Schafe und die Rinder und die Kamele in zwei Heere und sprach: So Esau kommt auf das eine Heer und schlägt es, so wird das übrige entrinnen. Weiter sprach Jakob: Gott meines Vaters Abraham und Gott meines Vaters Isaak, Herr, der du zu mir gesagt hast: Ziehe wieder in dein Land und zu deiner Freundschaft, ich will dir wohltun! *Ich bin zu geringe aller Barmherzigkeit und aller Treue, die du an deinem Knechte getan hast,* denn ich hatte nicht mehr als diesen Stab, da ich über diesen Jordan ging, und nun bin ich zwei Heere geworden. Errette mich von der Hand meines Bruders, von der Hand Esaus! Und er sandte Esau Geschenke entgegen, um

17. Jakobs Kampf.

ihn zu versöhnen, Schafe, Ziegen, Kamele, Widder, Esel und Kühe.

2. Und Jakob stand auf in der Nacht und nahm seine Weiber und Kinder und führte sie samt allem, das er hatte, über die Furt des Baches Jabbok. Und er blieb allein. Da rang ein Mann mit ihm, bis die Morgenröte anbrach. Und da er sah, daß er ihn nicht übermochte, rührte er das Gelenk seiner Hüfte an, und das Gelenk der Hüfte Jakobs ward über dem Ringen mit ihm verrenkt. Und er sprach: Laß mich gehen, denn die Morgenröte bricht an. Aber er antwortete: *Ich lasse dich nicht, du segnest mich denn!* Er sprach: Wie heißest du? Er antwortete: Jakob. Er sprach: du sollst nicht mehr Jakob heißen, sondern Israel, denn du hast mit Gott und mit Menschen gekämpft und bist obgelegen. Und er segnete ihn daselbst. Und Jakob hieß die Stätte Pniel (Angesicht Gottes) und sprach: Ich habe Gott von Angesicht gesehen und meine Seele ist genesen. Und als er an Pniel vorüber kam, ging ihm die Sonne auf, und er hinkte an seiner Hüfte.

3. Jakob hob seine Augen auf und sah seinen Bruder kommen mit 400 Mann. Und er ging ihm entgegen und neigte sich sieben Mal zur Erde. Esau aber lief ihm entgegen und fiel ihm um den Hals und küßte ihn, und sie

weinten. Und Esau sprach: Wer sind diese bei dir? Er antwortete: Es sind Kinder, die Gott deinem Knecht bescheret hat. Und Esau sprach: Was willst du mit all dem Heer, dem ich begegnet bin? Jakob antwortete: Daß ich Gnade fände vor meinem Herrn. Esau sprach: Ich habe genug, mein Bruder, behalte, was du hast. Jakob antwortete: Ach, nicht! Habe ich Gnade gefunden vor dir, so nimm mein Geschenk von meiner Hand. Denn ich sahe dein Angesicht, als sähe ich Gottes Angesicht, und laß dir's wohlgefallen von mir. Also nötigte er ihn, daß er's nahm. Esau zog wieder heim gen Seir. Und Jakob kam nach Sichem und kaufte ein Stück Ackers und richtete daselbst seine Hütte auf und richtete daselbst einen Altar zu und rief an den Namen des starken Gottes Israels. Und Gott sprach zu Jakob: Mache dich auf und ziehe gen Bethel und mache daselbst einen Altar dem Gott, der dir erschien, da du flohest vor deinem Bruder Esau, wie du gelobt hast. Und Jakob tat also. Danach kam Jakob zu seinem Vater Isaak gen Mamre. Und Isaak war 180 Jahre alt und nahm ab und starb, alt und des Lebens satt. Und seine Söhne Esau und Jakob begruben ihn.

Psalm 36,8: Wie teuer ist deine Güte, Gott, daß Menschenkinder unter dem Schatten deiner Flügel Zuflucht haben.

Psalm 37,5: Befiehl dem Herrn deine Wege und hoffe auf ihn, er wird's wohl machen.

Bei der Hand will er dich fassen;
Scheinst du gleich von ihm verlassen,
Glaube nur, und zweifle nicht;
Bete, kämpfe ohne Wanken!
Bald wirst du voll Freude danken,
Bald umgibt dich Kraft und Licht.

Katechismusfrage.

58. Was ist die Summa deines Glaubens an Gott, den allmächtigen Schöpfer? - Ich glaube, daß Gott mich geschaffen hat, samt allen Kreaturen, mir Leib und Seele, Augen, Ohren und alle Glieder, Vernunft und alle Sinne gegeben hat und noch erhält; dazu Kleider und Schuhe, Essen und Trinken, Haus und Hof, Weib und Kind, Acker, Vieh und alle Güter, mit aller Notdurft und Nahrung des Leibes und Lebens reichlich und täglich versorget, wider alle Fährlichkeit beschirmet und bewahret, und das alles aus lauter väterlicher, göttlicher Güte und Barmherzigkeit, ohne alles mein Verdienst und Würdigkeit; das alles ich ihm zu danken und zu loben und dafür zu dienen und gehorsam zu sein schuldig bin. Das ist gewißlich wahr.

Fragen.

1. Was ließ Jakob seinem Bruder Esau sagen? 2. Was meldeten die Boten, als sie wieder zurück kamen? 3. Welches Gebet sprach da Jakob in seiner Angst? 4. Was schickte er seinem Bruder? 5. Wer rang mit Jakob? 6. Wie lange? 7. Was sprach der Mann? 8. Was antwortete Jakob? 9. Welchen neuen Namen bekam Jakob? 10. Wie hieß Jakob die Stätte? 11. Warum? 12. Wie benahm sich Esau gegen Jakob? 13. Wie alt war Isaak, als er starb? 14. Wer begrub ihn?

18. Joseph wird verkauft.
(1. Mose 37.)

1. Joseph, der zweitjüngste Sohn Jakobs, war 17 Jahre alt, da er ein Hirte des Viehs ward mit seinen Brüdern, und brachte vor ihren Vater, wo ein böses Geschrei wider sie war. Jakob aber hatte Joseph lieber, denn alle seine Kinder und machte ihm einen bunten Rock. Da nun seine Brüder sahen, daß ihn ihr Vater lieber hatte, waren sie ihm feind und konnten ihm kein freundlich Wort zusprechen. Dazu hatte Joseph einmal einen Traum und sagte zu seinen Brüdern: Höret, was mir geträumet hat. Mich deuchte, wir bänden Garben auf dem Felde, und meine Garbe richtete sich auf und stand, und eure Garben umher neigten sich vor meiner Garbe. Da sprachen seine Brüder zu ihm: Solltest du unser König werden und über uns herrschen? Und wurden ihm noch feinder. Und er hatte noch einen andern Traum, den erzählte er seinen Brüdern und sprach: Ich habe noch einen andern Traum gehabt. Mich deuchte, die Sonne, der Mond und elf Sterne neigten sich vor mir. Und da das seinem Vater gesagt ward, strafte er ihn und

sprach: Was ist das für ein Traum? Soll ich und deine Mutter und deine Brüder kommen und vor dir niederfallen? Und seine Brüder neideten ihn. Aber sein Vater behielt diese Worte.

2. Da nun seine Brüder hingingen, zu weiden das Vieh ihres Vaters in Sichem, sprach Israel zu Joseph: Gehe hin und siehe, ob es wohl stehe um deine Brüder und um das Vieh und sage mir wieder Antwort. Da fand ihn ein Mann, daß er irre ging auf dem Felde, der sprach zu ihm: Deine Brüder sind von dannen gezogen, denn ich hörte, daß sie sagten: Laßt uns gen Dothan gehen. Da folgte Joseph seinen Brüdern und fand sie zu Dothan. Als sie ihn nun sahen von ferne, sprachen sie zu einander: Seht, der Träumer kommt daher. So kommt nun und lasset uns ihn erwürgen, und in eine Grube werfen und sagen, ein böses Tier habe ihn gefressen, so wird man sehen, was seine Träume sind. Da das Ruben hörte, wollte er ihn aus ihren Händen erretten und sprach: Laßt uns ihn nicht töten. Vergießet nicht Blut, sondern werfet ihn in die Grube, die in der Wüste ist, und legt die Hand nicht an ihn. Er wollte ihn aber aus ihrer Hand erretten, daß er ihn seinem Vater wiederbrächte. Als nun Joseph zu seinen Brüdern kam, zogen sie ihm seinen bunten Rock aus und warfen ihn in eine Grube; aber dieselbige Grube war leer und kein Wasser darinnen. Und sie setzten sich nieder zu essen. Indessen hoben sie ihre Augen auf und sahen einen Haufen Ismaeliten mit ihren Kamelen kommen, die trugen Würze, Balsam und Myrrhen und zogen hinab gen Ägypten. Da sprach Juda zu seinen Brüdern: Was hilft's uns, daß wir unsern Bruder erwürgen? Kommt, laßt uns ihn den Ismaeliten verkaufen, daß sich unsere Hände nicht an ihm vergreifen, denn er ist unser Bruder, unser Fleisch und Blut. Und sie gehorchten ihm. Sie zogen ihn heraus aus der Grube und verkauften ihn den Ismaeliten um zwanzig Silberlinge. Als nun Ruben wieder zur Grube kam und fand Joseph nicht darinnen, zerriß er sein Kleid und kam wieder zu seinen Brüdern und sprach: Der Knabe ist nicht da, wo soll ich hin? Da nahmen sie Josephs Rock und schlachteten einen Ziegenbock und tunkten ihn ins Blut und schickten ihn ihrem Vater und ließen ihm sagen: Diesen haben wir gefunden, siehe, ob es deines Sohnes Rock sei, oder nicht. Er kannte ihn aber und sprach: Es ist meines Sohnes Rock. Ein böses Tier hat ihn gefressen, ein reißendes Tier hat Joseph zerrissen! Und er trug Leid um seinen Sohn lange Zeit. Seine Söhne und Töchter trösteten ihn, aber er wollte sich nicht trösten lassen und sprach: Ich werde mit Leid hinunterfahren in die Grube zu meinem Sohne.

Jak. 3,16: Wo Neid und Zank ist, da ist Unordnung und eitel böses Ding.
1. Joh. 3,15: Wer seinen Bruder hasset, der ist ein Totschläger.

Gott führt! Drum geh ich ruhig fort
Auf allen meinen Wegen;
Und wenn die Welt bald hier, bald dort
Will ihre Stricke legen,
So pflegt er mich
Zwar wunderlich.
Doch gnädig auch zu führen,
Daß mich kein Fall kann rühren.

Katechismusfrage.

20. Was verbietet Gott im fünften Gebot? - Mord und Totschlag; desgleichen jede Tat und Gesinnung, wodurch das Leben des Nächsten oder das eigne verkürzt und verbittert wird.

Fragen.

1. Welchen seiner Söhne hatte Jakob am liebsten? 2. Warum? 3. Was ließ er ihm machen? 4. Wie wurden darum seine Brüder gegen ihn gesinnt? 5. Welche Träume erzählte Joseph seinen Brüdern? 6. Welchen Eindruck machte das auf sie? 7. Was tat sein Vater, als er von den Träumen hörte? 8. Wohin schickte Jakob den Joseph? 9. Was sagten seine Brüder, als sie ihn von ferne kommen sahen? 10. Wer wollte ihn erretten? 11. Was taten sie, als Joseph zu ihnen kam? 12. Was taten sie nach dieser Schandtat? 13. Welchen Rat gab Juda? 14. Was taten sie, um ihren Vater zu täuschen? 15. Was wird uns von Jakob erzählt, als er den Rock erhielt?

19. Joseph im Gefängnis.
(1. Mose 39 und 40.)

1. Joseph ward hinab nach Ägypten geführt, und Potiphar, des Pharao Kämmerer und Hauptmann, kaufte ihn von den Ismaeliten, die ihn hinabbrachten. Und der Herr war mit Joseph, daß er ein glückseliger Mann ward. Alles, was er tat, dazu gab der Herr Glück durch ihn, also daß er Gnade fand vor seinem Herrn. Der setzte ihn über sein Haus, und alles, was er hatte, tat er unter seine Hände. Von der Zeit an segnete der Herr des Ägypters Haus um Josephs willen, und war lauter Segen des Herrn in allem, was er hatte, zu Hause und auf dem Felde. Darum ließ er alles unter Josephs Händen, was er hatte, und er nahm sich keines Dings an, weil er ihn hatte, denn daß er aß und trank.

2. Und es begab sich, daß ihn Potiphars Weib zur Sünde und zur Untreue gegen seinen Herrn verleiten wollte. Aber Joseph sprach: *Wie sollte ich denn ein solch großes Übel tun und wider Gott sündigen?* Eines Tages wollte sie ihn mit Gewalt verführen und faßte ihn bei seinem Kleide. Joseph floh und ließ das Kleid in ihrer Hand. Da rief sie dem Gesinde und sprach: Sehet, Potiphar hat uns den hebräischen Mann hereingebracht, daß er seinen Mutwillen mit uns treibe. Und als ihr Mann heimkam, sagte sie zu ihm dieselben Worte. Da ward er sehr zornig und legte ihn ins Gefängnis, in welchem des Königs Gefangene lagen. Aber der Herr war mit Joseph und neigte seine Huld zu ihm und ließ ihn Gnade finden vor dem Amtmann über das Gefängnis, daß er ihm unter seine Hand befahl alle Gefangenen im Gefängnis, und was Joseph tat, dazu gab der Herr Glück.

3. Und es begab sich danach, daß sich der Schenke des Königs und der Bäcker versündigten an ihrem Herrn. Und Pharao ließ sie ins Gefängnis werfen, wo Joseph gefangen lag. Und

19. Joseph im Gefängnis.

nach etlichen Tagen träumte es beiden in *einer* Nacht, einem jeglichen ein eigener Traum. Da nun des Morgens Joseph zu ihnen hineinkam und sah, daß sie traurig waren, fragte er sie und sprach: Warum seid ihr heute so traurig? Sie antworteten: Es hat uns geträumet, und haben niemand, der es uns auslege. Joseph sprach: Auslegen gehört Gott zu; doch erzählet mir's. Da erzählte der oberste Schenke seinen Traum und sprach: Mir hat geträumet, daß ein Weinstock vor mir wäre, der hatte drei Reben, und er grünte, wuchs und blühte, und seine Trauben wurden reif. Und ich hatte den Becher Pharaos in meiner Hand und nahm die Beeren und zerdrückte sie in den Becher und gab den Becher Pharao in seine Hand. Joseph sprach zu ihm: Das ist seine Deutung: Drei Reben sind drei Tage. Über drei Tage wird Pharao dein Haupt erheben und dich wieder an dein Amt stellen, daß du ihm den Becher in die Hand gebest nach der vorigen Weise, da du sein Schenke warest. Aber gedenke meiner, wenn dir's wohlgehet, und tue Barmherzigkeit an mir, daß du Pharao erinnerst, daß er mich aus diesem Hause führe. Denn ich bin aus dem Lande der Hebräer heimlich gestohlen, dazu habe ich auch hier nichts getan, daß sie mich eingesetzt haben.

Da der oberste Bäcker sah, daß die Deutung gut war, sprach er zu Joseph: Mir hat auch geträumt, ich trüge drei weiße Körbe auf meinem Haupt, und im obersten Korbe allerlei gebackene Speise für Pharao, und die Vögel aßen aus dem Korbe auf meinem Haupt. Joseph antwortete und sprach: Das ist seine Deutung: Drei Körbe sind drei Tage. Und nach drei Tagen wird Pharao dein Haupt erheben und dich an den Galgen hängen, und die Vögel werden dein Fleisch von dir essen. Und nach drei Tagen beging Pharao seinen Jahrestag, und den obersten Schenke setzte er wieder in sein Amt, aber den obersten Bäcker ließ er henken. Aber der oberste Schenke gedachte nicht an Joseph, sondern vergaß sein.

Psalm 119,9: Wie wird ein Jüngling seinen Weg unsträflich gehen? Wenn er sich hält nach deinen Worten.

Röm. 8,28: Wir wissen aber, daß denen, die Gott lieben, alle Dinge zum Besten dienen.

Sei getreu in deinem Leiden,
Und laß dich kein Ungemach,
Keine Not von Jesu scheiden,
Murre nicht in Weh und Ach!

Denn du machest deine Schuld
Größer nur durch Ungeduld,
Selig ist, wer willig träget,
Was sein Gott ihm auferleget.

Katechismusfrage.

23. Wie lautet das sechste Gebot? - Du sollst nicht ehebrechen.

Fragen.

1. Wer kaufte Joseph in Ägypten? 2. Wie ging es ihm dort? 3. Warum? 4. Was tat darum Potiphar? 5. Wer wollte Joseph zur Sünde verführen? 6. Was antwortete ihr Joseph? 7. Was tat darum Potiphars Weib? 8. Was tat Potiphar mit Joseph? 9. Wie ging es ihm im Gefängnis? 10. Wer war auch gefangen? 11. Welche Träume erzählten sie Joseph? 12. Wie legte ihnen Joseph die Träume aus? 13. Um was bat Joseph den Schenken? 14. Mit welchem Erfolg?

20. Joseph vor Pharao.
(1. Mose 41.)

1. Und nach zwei Jahren hatte Pharao einen Traum, wie er stünde am Nil und sähe aus dem Wasser steigen sieben schöne, fette Kühe, und sie gingen an der Weide im Grase. Nach diesen sah er andere sieben Kühe aus dem Wasser aufsteigen, die waren häßlich und mager, und traten neben die Kühe an das Ufer am Wasser. Und die häßlichen und magern fraßen die sieben schönen, fetten Kühe. Da erwachte Pharao. Und er schlief wieder ein, und ihm träumte abermal, und sah, daß sieben Ähren wuchsen auf *einem* Halm, voll und dick. Danach sah er sieben dünne Ähren aufgehen, und die sieben magern Ähren verschlangen die sieben dicken und vollen Ähren. Da erwachte Pharao und merkte, daß es ein Traum war. Und da es Morgen ward, war sein Geist bekümmert und schickte aus und ließ

20. Joseph vor Pharao.

rufen alle Wahrsager in Ägypten und alle Weisen, und erzählte ihnen seine Träume. Aber da war keiner, der sie dem Pharao deuten konnte. Da redete der oberste Schenke zu Pharao und sprach: Ich gedenke heute an meine Sünden. Da Pharao zornig ward über seine Knechte und mich mit dem obersten Bäcker ins Gefängnis legte, da träumte uns beiden in *einer* Nacht. Da war bei uns ein hebräischer Jüngling, der deutete uns unsere Träume, und wie er uns deutete, so ist's ergangen, denn ich bin wieder in mein Amt gesetzt, und jener ist gehenkt. Da sandte Pharao hin und ließ Joseph rufen, und sie ließen ihn eilend aus dem Gefängnis. Und er ließ sich scheren und zog andere Kleider an und kam hinein zu Pharao. Da sprach Pharao zu ihm: Mir hat ein Traum geträumt und ist niemand, der ihn deuten kann. Ich habe aber gehört von dir sagen, wenn du einen Traum hörest, so kannst du ihn deuten. Joseph antwortete Pharao und sprach: Das steht bei mir nicht; Gott wird doch Pharao Gutes weissagen. Und Pharao erzählte ihm seine Träume. Joseph antwortete: Beide Träume sind einerlei. Gott verkündigt Pharao, was er vorhat. Die sieben schönen Kühe sind sieben Jahre, und die sieben guten Ähren sind auch sieben Jahre. Die sieben mageren, häßli-

20. Joseph vor Pharao.

chen Kühe, die nach jenen aufgestiegen sind, das sind sieben Jahre, und die sieben magern Ähren sind sieben Jahre teure Zeit. Siehe, sieben reiche Jahre werden kommen in ganz Ägyptenland. Und nach denselben werden sieben Jahre teure Zeit kommen, daß man vergessen wird aller solcher Fülle in Ägyptenland, und die teure Zeit wird das Land verzehren. Daß aber dem Pharao zum andern Mal geträumt hat, bedeutet, daß Gott gewißlich und eilend solches tun wird. Nun sehe Pharao nach einem verständigen und weisen Manne, den er über Ägyptenland setze, und schaffe, daß er Amtleute verordne im Land und nehme den Fünften in Ägyptenland in den sieben reichen Jahren und sammle alle Speise der guten Jahre, und daß sie Getreide aufschütten in Pharaos Kornhäuser zum Vorrat für die sieben teuern Jahre, daß nicht das Land vor Hunger verderbe. Die Rede gefiel Pharao und allen seinen Knechten wohl. Und Pharao sprach: Wie können wir einen solchen Mann finden, in dem der Geist Gottes sei? Und sprach zu Joseph: Weil dir Gott solches alles hat kundgetan, ist keiner so verständig und weise als du. Du sollst über mein Haus sein und deinem Worte soll all mein Volk gehorsam sein, allein des königlichen Stuhles will ich höher sein denn du. Und tat seinen Ring von seiner Hand und gab ihn Joseph an seine Hand und kleidete ihn mit köstlicher Leinwand und hing ihm eine goldene Kette an seinen Hals und ließ ihn auf seinem andern Wagen fahren und vor ihm her ausrufen: Der ist des Landes Vater! Und setzte ihn über ganz Ägyptenland und nannte ihn den heimlichen Rat und gab ihm Asnath, die Tochter des Priesters zu On, zum Weibe. Und Joseph war dreißig Jahre alt, da er vor Pharao stand. Und Joseph zog aus durch ganz Ägyptenland und sammelte alle Speise in den sieben reichen Jahren und schüttete Getreide auf über die Maßen viel wie Sand am Meer, also daß er aufhörte zu zählen, denn man konnte es nicht zählen. Und Joseph wurden zwei Söhne geboren, ehe die teure Zeit kam, und er hieß den ersten Manasse und den andern Ephraim. Da nun die sieben reichen Jahre um waren, fingen an die sieben teuern Jahre zu kommen. Und es ward eine Teurung in allen Landen, aber in ganz Ägyptenland war Brot. Da nun das ganze Ägyptenland auch Hunger litt, schrie das Volk zu Pharao um Brot. Aber Pharao sprach zu allen Ägyptern: Geht hin zu Joseph; was euch der sagt, das tut. Und Joseph tat allenthalben Kornhäuser auf und verkaufte den Ägyptern. Und alle Lande kamen nach Ägypten, zu kaufen bei Joseph, denn die Teurung war groß in allen Landen.

Psalm 73,24: Du leitest mich nach deinem Rat und nimmst mich endlich mit Ehren an.
1. Petri 5,6.7: So demütiget euch nun unter die gewaltige Hand Gottes, daß er euch erhöhe zu seiner Zeit. Alle eure Sorgen werfet auf ihn, denn er sorget für euch.

Sollt es gleich bisweilen scheinen,
Als verließe Gott die Seinen,
O, so glaub und weiß ich dies:
Gott hilft endlich doch gewiß.

Katechismusfrage.
46. Was heißt: Gott ist allweise? - Gott ordnet und leitet alles zu seiner Verherrlichung und zum Heile der Menschen.

Fragen.
1. Welche Träume hatte Pharao? 2. Wen fragte er um Auskunft? 3. Was sprach der oberste Schenke? 4. Was sagte Pharao zu Joseph, als er zu ihm kam? 5. Was antwortete Joseph? 6. Wie legte Joseph die Träume aus? 7. Welchen Rat gab er? 8. Was sagte darauf Pharao? 9. Was tat er mit Joseph? 10. Wie lange war Joseph im Elend gewesen? 11. Was tat nun Joseph während der sieben reichen Jahre? 12. Wie hießen seine beiden Söhne? 13. Was taten die Leute aus den umliegenden Ländern, als die Teurung hereinbrach?

21. Erste Reise der Brüder Josephs nach Ägypten.
(1. Mose 42.)

1. Da aber Jakob sah, daß Getreide in Ägyptenland feil war, sprach er zu seinen Söhnen: Ziehet hinab und kaufet uns Getreide, daß wir leben und nicht sterben. Also zogen hinab zehn Brüder Josephs, daß sie in Ägyptenland Getreide kauften. Aber Benjamin, Josephs Bruder, ließ Jakob nicht mit seinen Brüdern ziehen, denn er sprach: Es möchte ihm ein Unfall begegnen. - Aber Joseph war der Regent im Lande. Da nun seine Brüder kamen, fielen sie vor ihm nieder zur Erde auf ihr Antlitz. Und er sahe sie an und kannte sie und stellte sich fremd gegen sie und redete hart mit ihnen und sprach: Woher kommt ihr? Sie sprachen: Aus dem Lande Kanaan, Speise zu kaufen. Aber wiewohl er sie kannte, kannten sie ihn doch nicht. Und Joseph gedachte an die Träume, die ihm von ihnen geträumt hatten, und sprach zu ihnen: Ihr seid Kundschafter und seid gekommen zu sehen, wo das Land offen ist. Sie antworteten: Nein, mein Herr, deine Knechte sind gekommen, Speise zu kaufen. Wir sind alle *eines* Mannes Söhne, wir sind redlich und deine Knechte sind nie Kundschafter gewesen. Er sprach zu ihnen: Nein, ihr seid gekommen zu sehen, wo das Land offen ist. Sie antworteten ihm: Wir, deine Knechte, sind zwölf Brüder, *eines* Mannes Söhne im Lande Kanaan, und der jüngste ist noch bei unserm Vater, aber der eine ist nicht mehr vorhanden. Joseph sprach zu ihnen: Das ist's das ich euch gesagt habe: Kundschafter seid ihr. Daran will ich euch prüfen: Ihr sollt nicht von dannen kommen, es komme denn euer jüngster Bruder her. Sendet einen unter euch hin, der euern Bruder hole; ihr aber sollt gefangen sein. Also will ich eure Rede prüfen, ob ihr mit Wahrheit umgehet, oder nicht. Und er ließ sie beisammen verwahren drei Tage lang. Am dritten Tage aber sprach er zu ihnen: Wollt ihr leben, so tut also, denn ich fürchte Gott: Seid ihr redlich, so lasset eurer Brüder einen gebunden liegen im Gefängnis. Ihr aber ziehet hin und bringet heim, was ihr gekauft habt für den Hunger, und bringt euern jüngsten Bruder zu mir, so will ich euern Worten glauben, daß ihr nicht sterben müsset. Sie aber sprachen untereinander: *Das haben wir an unserm Bruder verschuldet,* daß wir sahen die Angst seiner Seele, da er uns flehete, und wir wollten ihn nicht erhören, darum kommt nun diese Trübsal über uns. Ruben antwortete und sprach: Sagte ich's euch nicht, da ich sprach: Versündiget euch nicht an dem Knaben! und ihr wolltet nicht hören? Nun wird sein Blut gefordert. Sie wußten aber nicht, daß es Joseph verstand, denn er redete mit ihnen durch einen Dolmetscher. Und er wandte sich von ihnen und weinte. Da er nun sich wieder zu ihnen wandte, nahm er aus ihnen Simeon und band ihn vor ihren Augen. Und Joseph tat Befehl, daß man ihre Säcke mit Getreide füllte

und ihr Geld wiedergäbe, einem jeglichen in seinen Sack, dazu auch Zehrung auf den Weg. Und sie luden ihre Ware auf ihre Esel und zogen von dannen. Da aber einer seinen Sack auftat, daß er seinem Esel Futter gäbe in der Herberge, ward er seines Geldes gewahr, das oben im Sack lag. Und er sprach zu seinen Brüdern: Mein Geld ist mir wieder geworden, siehe in meinem Sack ist es. Da entfiel ihnen ihr Herz, sie erschraken und sprachen: Warum hat uns Gott das getan?

2. Da sie nun heimkamen zu ihrem Vater Jakob ins Land Kanaan, sagten sie ihm alles, was ihnen begegnet war. Und da sie die Säcke ausschütteten, fand ein jeglicher sein Bündlein Gelds in seinem Sack. Da erschraken sie samt ihrem Vater. Da sprach Jakob, ihr Vater, zu ihnen: Ihr beraubet mich meiner Kinder! Joseph ist nicht mehr vorhanden, Simeon ist nicht mehr vorhanden, Benjamin wollt ihr hinnehmen; es geht alles über mich! Ruben antwortete seinem Vater und sprach: Gib ihn nur in meine Hand, ich will ihn dir wiederbringen. Jakob sprach: Mein Sohn soll nicht mit euch hinabziehen, denn sein Bruder ist tot und er ist allein übergeblieben. Wenn ihm ein Unfall auf dem Weg begegnete, würdet ihr meine grauen Haare mit Herzeleid in die Grube bringen.

Gal. 6,7: Was der Mensch säet, das wird er ernten.

Psalm 25,7: Gedenke nicht der Sünden meiner Jugend und meiner Übertretungen; gedenke aber mein nach deiner Barmherzigkeit um deiner Güte willen.

Fürwahr, wenn alles mir kommt ein,
Was ich mein Tag begangen,
So fällt mir auf das Herz ein Stein
Und hält mich Furcht umfangen:
Ja, ich weiß weder aus noch ein
Und müßte gar verloren sein,
Wenn ich dein Wort nicht hätte.

Doch durch dein teures Wort erwacht
Mein Herz zu neuem Leben;
Erquickung hat es mir gebracht,
Ich darf nicht trostlos beben,
Dieweil es Gnade dem verheißt,
Der sich mit tief zerknirschtem Geist
Zu dir, o Jesu, wendet.

Katechismusfrage.

49. Was heißt: Gott ist gerecht? - Gott ist recht in seinem Wesen und in seinem Tun; er handelt mit einem jeglichen, wie er es bedarf; er belohnt alles Gute und bestraft alles Böse.

Fragen.

1. Was sagte Jakob zu seinen Söhnen, als er hörte, daß in Ägypten Getreide feil war? 2. Wen ließ er nicht mitziehen? 3. Warum nicht? 4. Was taten die Brüder, als sie vor Joseph kamen? 5. Was ging hier in Erfüllung? 6. Wie stellte sich Joseph gegen seine Brüder? 7. Was hieß er sie? 8. Was sollten sie tun? 9. Wie lange ließ er sie einsperren? 10. Was befahl er ihnen dann? 11. Was sprachen da die Brüder untereinander? 12. Was tat Joseph, als er das hörte? 13. Wer mußte zurückbleiben? 14. Was ließ ihnen Joseph wieder in die Säcke legen? 15. Worüber erschraken sie, als sie wieder nach Hause kamen? 16. Was sprach Jakob zu seinen Söhnen?

22. Zweite Reise der Brüder Josephs nach Ägypten.
(1. Mose 43.)

1. Die Teurung aber drückte das Land. Und da verzehrt war, was sie an Getreide aus Ägypten gebracht hatten, sprach ihr Vater zu ihnen: Ziehet wieder hin und kaufet uns ein wenig Speise! Da antwortete ihm Juda und sprach: Der Mann band uns das hart ein und sprach: Ihr sollt mein Angesicht nicht sehen, es sei denn euer Bruder mit euch. Ist's nun, daß du unsern Bruder mit uns sendest, so wollen wir hinabziehen, und dir zu essen kaufen. Ist's aber, daß du ihn nicht sendest, so ziehen wir nicht hinab. Israel sprach: Warum habt ihr so übel an mir getan, daß ihr dem Mann ansagtet, daß ihr noch einen Bruder habt? Sie antworteten: Der Mann forschte so genau nach uns und unserer Freundschaft und sprach: Lebt euer Vater noch? Habt ihr auch noch einen Bruder? Da sagten wir ihm, wie er uns fragte. Wie konnten wir wissen, daß er sagen würde: Bringet euern Bruder mit hernieder? Da sprach Juda zu seinem Vater: Laß den Knaben mit mir ziehen! Ich will Bürge für ihn sein, von meinen Händen sollst du ihn fordern. Wenn ich dir ihn nicht wiederbringe, so will ich mein Leben lang die Schuld tragen. Da sprach Israel: Muß es denn ja also sein, so tut's! Nehmt von den besten Früchten des Landes und bringet dem Mann Geschenke hinab: ein wenig Balsam und Honig, Würze und Myrrhe, Datteln und Mandeln. Nehmt auch ander Geld mit euch, und das Geld, das euch oben in euern Säcken wieder geworden ist, bringet auch wieder mit euch. Vielleicht ist ein Irrtum da geschehen. Dazu nehmt euern Bruder, macht euch auf und kommt wieder zu dem Manne. Aber der allmächtige Gott gebe euch Barmherzigkeit vor dem Manne, daß er euch lasse euern andern Bruder und Benjamin. Ich aber muß sein wie einer, der seiner Kinder gar beraubet ist. Da nahmen sie diese Geschenke und das Geld zwiefältig mit sich und Benjamin, machten sich auf, zogen nach Ägypten und traten vor Joseph.

2. Da sah sie Joseph mit Benjamin und sprach zu seinem Haushalter: Führe diese Männer ins Haus, schlachte und richte zu, denn sie sollen zu Mittag mit mir essen. Sie fürchteten sich aber und sprachen: Wir sind hereingeführt um des Geldes willen, das wir in unsern Säcken wieder gefunden haben, daß er ein Urteil über uns fälle, damit er uns nehme zu eignen Knechten samt unsern Eseln. Darum traten sie zu Josephs Haushalter und redeten mit ihm vor der Haustüre. Dieser aber sprach: Fürchtet euch nicht! Euer Gott und euers Vaters Gott hat euch einen Schatz in eure Säcke gegeben. Euer Geld ist mir geworden. Und er führte Simeon zu ihnen heraus und gab ihnen Wasser, die Füße zu waschen und gab ihren Eseln Futter. Sie aber bereiteten das Geschenk zu, bis daß Joseph kam auf den Mittag. Da nun Joseph zum Hause einging, brachten sie ihm das Geschenk und

fielen vor ihm nieder. Er aber grüßte sie freundlich und sprach: Gehet es euerm Vater wohl? Lebt er noch? Sie antworteten: Es geht deinem Knecht, unserm Vater, wohl. Und sie neigten sich und fielen vor ihm nieder. Und er hob seine Augen auf und sah seinen Bruder Benjamin und sprach: Ist das euer jüngster Bruder, von dem ihr mir sagtet? Und sprach weiter: Gott sei dir gnädig, mein Sohn! Und Joseph eilte, denn sein Herz entbrannte ihm gegen seinen Bruder und ging in seine Kammer und weinte daselbst. Und da er sein Angesicht gewaschen hatte, ging er heraus und hielt sich fest und sprach: Leget Brot auf! Und man trug ihm besonders auf und jenen auch besonders und den Ägyptern, die mit ihm aßen, auch besonders. Denn die Ägypter durften nicht mit den Hebräern essen. Und man setzte sie nach ihrem Alter. Des verwunderten sie sich untereinander. Und man trug ihnen Essen vor von seinem Tisch, aber dem Benjamin ward fünfmal mehr denn den andern.

Apostelgesch. 24,16: Ich übe mich, zu haben ein unverletzt Gewissen allenthalben, beides gegen Gott und den Menschen.

Psalm 139,25: Erforsche mich, Gott, und erfahre mein Herz; prüfe mich und erfahre, wie ich's meine.

Mir ist der eine groß und teuer,
Der aller Lüg und Sünde flucht.
Erprobe mich im glühnden Feuer,
Ob ich das Wahre, Gott, gesucht!
Nie will ich gehn der Götzen Pfade,
Die Pfade lockend, voll und breit;
Führ du mich, Herr, den Weg der Gnade,
Den Weg der selgen Ewigkeit!

Katechismusfrage.

34. Was gebietet Gott im zehnten Gebot? - Daß wir unsre Lust und Freude haben an ihm und seiner heiligen Fügung.

Fragen.

1. Was sprach Juda zu seinem Vater, als er sie zum zweitenmal nach Ägypten schicken wollte? 2. Was sagte da Israel? 3. Welche Antwort gaben ihm seine Söhne? 4. Welchen Vorschlag machte dann Juda seinem Vater? 5. Was antwortete Israel darauf? 6. Was sollten sie mitnehmen? 7. Welchen Wunsch sprach Jakob zum Abschied aus? 8. Wohin ließ Joseph seine Brüder bei ihrer Ankunft führen? 9. Wozu? 10. Was aber fürchteten sie? 11. Mit wem redeten sie deshalb? 12. Was sagte der? 13. Wen brachte er auch wieder zu ihnen? 14. Was taten sie, als Joseph kam? 15. Was aber tat und sprach Joseph? 16. Was wird uns von Joseph erzählt, als er Benjamin sah? 17. Worüber wunderten sich die Brüder beim Beginn der Mahlzeit wohl am meisten? 18. Wodurch wurde Benjamin bevorzugt?

23. Joseph gibt sich zu erkennen.
(1. Mose 44 und 45.)

1. Und Joseph befahl seinem Haushalter und sprach: Fülle den Männern ihre Säcke mit Speise und lege jeglichem sein Geld oben in seinen Sack, und meinen silbernen Becher lege oben in des Jüngsten Sack. Der tat, wie ihm Joseph gesagt hatte. Des Morgens ließen sie die Männer ziehen mit ihren Eseln. Da sie aber zur Stadt hinaus waren, sprach Joseph zu seinem Haushalter: Auf, und jage den Männern nach, und wenn du sie ereilest, so sprich zu ihnen: Warum habt ihr Gutes mit Bösem vergolten? Ihr habt übel getan. Und als er sie ereilte, redete er mit ihnen solche Worte. Sie antworteten ihm: Warum redet mein Herr solche Worte? Es sei ferne von deinen Knechten, solches zu tun. Siehe, das Geld, das wir oben in unsern Säcken fanden, haben wir wieder gebracht. Und wie sollten wir denn aus deines Herrn Hause Silber oder Gold gestohlen haben? Bei welchem der Becher gefunden wird, der sei des Todes, dazu wollen auch wir meines Herrn Knechte sein. Er sprach: Ja, es sei, wie ihr geredet habt. Bei welchem er gefunden wird, der sei mein Knecht, ihr aber sollt ledig sein. Und ein jeglicher legte seinen Sack auf die Erde und tat ihn auf. Und er suchte und hob an am Größten bis auf den Jüngsten. Da fand sich der Becher in Benjamins Sack. Da zerrissen sie ihre Kleider und zogen wieder in die Stadt. Und Juda ging mit seinen Brüdern in Josephs Haus, und sie fielen vor ihm nieder auf die Erde. Joseph aber sprach zu ihnen: Wie habt ihr das tun dürfen? Juda sprach: Was sollen wir sagen meinem Herrn, oder wie sollen wir reden und womit können wir uns rechtfertigen? Gott hat die Missetat deiner Knechte gefunden. Siehe da, wir und der, bei dem der Becher gefunden ist, sind meines Herrn Knechte. Er aber sprach: Das sei ferne von mir! Der Mann, bei dem der Becher gefunden ist, soll mein Knecht sein; ihr aber ziehet hinauf mit Frieden zu euerm Vater. Da trat Juda zu ihm und sprach: Mein Herr, laß deinen Knecht ein Wort reden vor deinen Ohren, und dein Zorn ergrimme nicht über deinen Knecht. So ich heimkäme zu meinem Vater, und der Knabe wäre nicht mit uns, an des Seele seine Seele hanget, so wird's geschehen, wenn er sieht, daß der Knabe nicht da ist, daß er stirbt, so würden wir, deine Knechte, die grauen Haare unsers Vaters mit Herzeleid in die Grube bringen. Denn ich, dein Knecht, bin Bürge geworden für den Knaben gegen meinen Vater und sprach: Bringe ich ihn dir nicht wieder, so will ich mein Leben lang die Schuld tragen. Darum laß deinen Knecht hier bleiben an des Knaben Statt zum Knecht meines Herrn und den Knaben mit seinen Brüdern hinaufziehen. Denn wie soll ich hinaufziehen zu meinem Vater, wenn der Knabe nicht mit mir ist? Ich würde den Jammer sehen müssen, der meinem Vater begegnen würde.

2. Da konnte sich Joseph nicht länger enthalten, und er rief: Laßt jedermann von mir hinausgehen! Und es stand kein Mensch bei ihm, da sich Joseph

23. Joseph gibt sich zu erkennen.

seinen Brüdern zu erkennen gab. Und er weinte laut und sprach zu seinen Brüdern: Ich bin Joseph. Lebt mein Vater noch? Und seine Brüder konnten ihm nicht antworten, so erschraken sie vor seinem Angesicht. Er aber sprach zu seinen Brüdern: Tretet doch her zu mir! Und sie traten herzu. Und er sprach: Ich bin Joseph, euer Bruder, den ihr nach Ägypten verkauft habt. Und nun bekümmert euch nicht und denkt nicht, daß ich darum zürne, daß ihr mich hierher verkauft habt, denn um eures Lebens willen hat mich Gott vor euch hergesandt. Denn es sind noch fünf Jahre, daß kein Pflügen noch Ernten sein wird. Denn ihr habt mich nicht hergesandt, sondern Gott hat es getan, daß er euer Leben errette durch eine große Errettung. Eilet nun, und ziehet hinauf zu meinem Vater und sagt ihm: Das läßt dir Joseph, dein Sohn sagen: Gott hat mich zum Herrn in ganz Ägypten gesetzt, komm herab zu mir, ich will dich versorgen, denn es sind noch fünf Jahre der Teurung. - Und er fiel seinem Bruder Benjamin um den Hals und weinte, und Benjamin weinte auch an seinem Halse. Und er küßte alle seine Brüder und weinte über ihnen. Danach redeten seine Brüder mit ihm.

1. Petri 3,9: Vergeltet nicht Böses mit Bösem, oder Scheltwort mit Scheltwort, sondern dagegen segnet, und wisset, daß ihr dazu berufen seid, daß ihr den Segen beerbet.

Sei getreu in deiner Liebe
Gegen Gott, der dich geliebt;
Auch die Lieb am Nächsten übe,
Wenn er dich auch oft betrübt.
Denke, was dein Heiland tat,
Als er für die Feinde bat!
Du mußt, soll dir Gott vergeben,
Auch verzeihn und liebreich leben.

Katechismusfrage.

120. Was heißt: "Vergib uns unsere Schulden, wie wir vergeben unsern Schuldigern?" - Wir bitten in diesem Gebet, daß der Vater im Himmel nicht ansehen wolle unsere Sündigkeit und um derselben willen uns die Vergebung aller unserer einzelnen Sünden nicht versagen; denn wir sind deren keines wert, daß wir bitten, haben's auch nicht verdient, sondern er wolle es uns alles aus Gnaden geben, denn wir täglich viel sündigen und wohl eitel Strafe verdienen; so wollen wir hinwiederum auch herzlich vergeben und gerne wohltun denen, die sich an uns versündigen.

Fragen.

1. Was befahl Joseph seinem Haushalter? 2. Was sprach Joseph zu seinem Haushalter, als die Brüder abgezogen waren? 3. Was antworteten die Brüder dem Haushalter? 4. Was fand sich bei der Untersuchung? 5. Was taten die Brüder dann? 6. Was fragte sie Joseph? 7. Was antwortete Juda? 8. Was sagte dagegen Joseph? 9. Was sagte darauf Juda? 10. Was wird uns nach dieser Rede des Juda von Joseph erzählt? 11. Was tat er jetzt? 12. Was sprach er zu ihnen? 13. Welchen Eindruck machte das auf die Brüder? 14. Warum wohl? 15. Aber mit welchen Worten beruhigte sie Joseph? 16. Was sollten sie dem Vater sagen?

24. Jakob zieht nach Ägypten.
(1. Mose 45-47.)

1. Joseph gab seinen Brüdern Wagen und Zehrung auf den Weg und einem jeglichen ein Feierkleid, aber Benjamin gab er 200 Silberlinge und fünf Feierkleider. Und seinem Vater sandte er viel Gut aus Ägyptenland. Also ließ er seine Brüder ziehen und sprach zu ihnen: *Zanket nicht auf dem Wege!* Und sie kamen ins Land Kanaan zu ihrem Vater Jakob und verkündigten ihm: Joseph lebt noch und ist ein Herr im ganzen Ägyptenland. Aber sein Herz dachte gar viel anders, denn er glaubte ihnen nicht. Da sagten sie ihm alle Worte Josephs. Und da er sah die Wagen, die ihm Joseph gesandt hatte, ward der Geist Jakobs lebendig. Und Israel sprach: Ich habe genug, daß mein Sohn Joseph noch lebt; ich will hin und ihn sehen, ehe ich sterbe.

2. Israel zog hin mit allem, das er hatte. Und da er gen Beer-Seba kam, opferte er Opfer dem Gott seines Vaters Isaak. Und Gott sprach zu ihm des Nachts im Gesicht: Jakob! Jakob! Er sprach: Hier bin ich! Und er sprach:

24. Jakob zieht nach Ägypten.

Ich bin Gott, der Gott deines Vaters; fürchte dich nicht, gen Ägypten hinabzuziehen, denn daselbst will ich dich zum großen Volke machen. Ich will mit dir hinab gen Ägypten ziehen und will dich auch herauf führen. Da machte sich Jakob auf von Beer-Seba, und die Söhne fuhren ihn samt ihren Weibern und Kindern auf den Wagen, die Pharao gesandt hatte. Ihr Vieh und alle ihre Habe nahmen sie mit. Alle Seelen, die mit Jakob nach Ägypten kamen, waren sechsundsechzig; mit Josephs Familie war das ganze Haus Jakobs siebzig Seelen. Und Jakob sandte Juda vor sich hin zu Joseph. Da spannte Joseph seinen Wagen an und zog seinem Vater entgegen gen Gosen. Und da er ihn sah, fiel er ihm um den Hals und weinte lange an seinem Halse. Da sprach Israel zu Joseph: Ich will nun gern sterben, nachdem ich dein Angesicht gesehen habe, daß du noch lebest. Da kam Joseph und sagte es Pharao an. Pharao sprach zu Joseph: Es ist dein Vater und sind deine Brüder. Das Land Ägypten steht dir offen, daß sie am besten Ort des Landes wohnen, laß sie im Lande Gosen wohnen. Joseph brachte auch seinen Vater Jakob hinein und stellte ihn vor Pharao. Und Jakob segnete den Pharao. Pharao aber fragte Jakob: Wie alt bist du? Jakob sprach zu Pharao: Die

Zeit meiner Wallfahrt ist 130 Jahre. Wenig und böse ist die Zeit meines Lebens und langet nicht an die Zeit meiner Väter in ihrer Wallfahrt. - Aber Joseph verschaffte seinem Vater und seinen Brüdern Wohnungen und gab ihnen Besitz im Ägyptenland, am besten Ort des Landes, wie Pharao geboten hatte.

Jes. 28,29: Des Herrn Rat ist wunderbarlich und führet es herrlich hinaus.

Gott hat noch niemals was versehn
In seinem Regiment;
Nein, was er tut und läßt geschehn,
Das nimmt ein selges End.

Ei nun, so laß ihn ferner tun
Und red ihm nicht darein,
So wirst auch du im Frieden ruhn
Und ewig fröhlich sein.

Katechismusfrage.
17. Wie lautet das vierte Gebot? - Du sollst deinen Vater und deine Mutter ehren, auf daß du lange lebest im Lande, das dir der Herr, dein Gott, gibt.

Fragen.
1. Was gab Joseph seinen Brüdern mit auf den Weg? 2. Wie viel bekam Benjamin? 3. Welche Ermahnung gab er ihnen beim Abschied mit? 4. Was sagten sie zu Jakob, als sie heimkamen? 5. Wie verhielt sich Jakob zuerst dem Bericht seiner Söhne gegenüber? 6. Erst wann glaubte er ihnen? 7. Was rief er da aus? 8. Was tat nun Jakob? 9. Was tat er in Beer-Seba? 10. Warum? 11. Was sprach Gott zu ihm? 12. Welchen Trost und welche Verheißung gab er ihm? 13. Wo sollten sie in Ägypten wohnen? 14. Was tat Joseph? 15. Was sprach Israel zu Joseph? 16. Was sagte Joseph zu seinen Brüdern? 17. Wem stellte Joseph seinen Vater vor? 18. Was fragte Pharao den Jakob? 19. Was antwortete Jakob?

25. Jakobs Segen und Tod.
(1. Mose 48-50.)

1. Und Jakob lebte siebzehn Jahre in Ägyptenland, daß sein ganzes Alter ward 147 Jahre. Da nun die Zeit herbeikam, daß Israel sterben sollte, rief er Joseph und sprach zu ihm: Schwöre mir, daß du die Liebe und Treue an mir tust und begrabest mich nicht in Ägypten, sondern in meiner Väter Begräbnis. Und Joseph schwur es ihm. Danach ward Joseph gesagt: Siehe, dein Vater ist krank. Und er nahm mit sich seine beiden Söhne, Manasse und Ephraim. Da ward's Jakob angesagt: Siehe, dein Sohn Joseph kommt zu dir. Und Israel machte sich stark und setzte sich im Bett. Und Israel sahe die Söhne Josephs und sprach: Wer sind die? Joseph antwortete seinem Vater: Es sind meine Söhne, die mir Gott hier gegeben hat. Er sprach: Bringe sie her zu mir, daß ich sie segne. Denn die Augen Israels waren dunkel geworden vor Alter. Und er brachte sie zu ihm. Er aber küßte und herzte sie und sprach: Der Gott, vor dem meine Väter, Abraham und Isaak, gewandelt

25. Jakobs Segen und Tod.

sind, der Herr, der mein Hirte gewesen ist mein Leben lang bis auf diesen Tag, der segne die Knaben, daß sie wachsen und viel werden auf Erden. Und Israel sprach zu Joseph: Siehe, ich sterbe, und Gott wird mit euch sein und euch wiederbringen in das Land eurer Väter.

2. Und Jakob berief alle seine Söhne und segnete sie, einen jeglichen mit einem besondern Segen. Da er aber Juda segnete, sprach er: Juda, du bist es; dich werden deine Brüder loben; vor dir werden deines Vaters Kinder sich neigen. Juda ist ein junger Löwe. Du bist hoch gekommen, mein Sohn, durch große Siege. *Es wird das Zepter von Juda nicht entwendet werden, noch der Stab des Herrschers von seinen Füßen, bis daß der Held komme, und demselben werden die Völker anhangen.* Da er einem jeglichen seiner Söhne einen besonderen Segen gab, sprach er: *Herr, ich warte auf dein Heil!* Und da Jakob vollendet hatte die Gebote an seine Kinder, tat er seine Füße zusammen aufs Bett und verschied und ward versammelt zu seinem Volke. Da fiel Joseph auf seines Vaters Angesicht und weinte über ihm und küßte ihn. Und er befahl den Ärzten, daß sie seinen Vater salbten. Und die Ägypter beweinten ihn siebzig Tage. Danach zog Joseph mit seinen Brüdern ins Land Kanaan und begruben ihn in der Höhle, die Abraham gekauft hatte zum Erbbegräbnis.

3. Aber die Brüder Josephs fürchteten sich, da ihr Vater gestorben war, und sprachen: Joseph möchte uns gram sein und vergelten alle Bosheit, die wir an ihm getan haben. Darum ließen sie ihm sagen: Dein Vater befahl vor seinem Tode und sprach: Also sollt ihr Joseph sagen: Vergib doch deinen Brüdern die Missetat und ihre Sünde, daß sie so übel an dir getan haben. So vergib doch nun diese Missetat uns, den Dienern des Gottes deines Vaters. Und seine Brüder gingen hin und fielen vor ihm nieder und sprachen: Siehe, wir sind deine Knechte. Aber Joseph weinte, da sie solches mit ihm redeten und sprach zu ihnen: Fürchtet euch nicht, denn ich bin unter Gott. *Ihr gedachtet es böse mit mir zu machen, aber Gott gedachte es gut zu machen, daß er täte, wie es jetzt am Tage ist, zu erhalten viel Volks.* So fürchtet euch nun nicht, ich will euch versorgen und eure Kinder. Und er tröstete sie und redete freundlich mit ihnen. Und Joseph sprach zu seinen Brüdern: Ich sterbe, und Gott wird euch heimsuchen und aus diesem Lande führen in das Land, das er Abraham, Isaak und Jakob geschworen hat. Darum nahm er einen Eid von den Kindern Israels und sprach: Wenn euch Gott heimsuchen wird, so führet meine Gebeine von dannen. Also starb Joseph, da er 110 Jahre alt war. Und sie salbten ihn und legten ihn in eine Lade in Ägypten.

Eph. 6, 3: Ehre Vater und Mutter! Das ist das erste Gebot, das Verheißung hat.

Luk. 6, 37: Vergebet, so wird euch vergeben.

So führst du doch recht selig, Herr,
die Deinen,
Ja, selig und doch meistens
wunderlich;
Wie könntest du es böse mit uns
meinen,
Da deine Treu nicht kann
verleugnen sich?
Die Wege sind oft krumm und doch
gerad,
Darauf du läßt die Kinder zu dir
gehn,
Da pflegt es wunderseltsam
auszusehn;
Doch triumphiert zuletzt dein hoher
Rat.

Katechismusfrage.

122. Was heißt: "Sondern erlöse uns von dem Übel?" - Wir bitten in diesem Gebet, als in der Summa, daß uns der Vater im Himmel von allerlei Übel Leibes und der Seele erlöse, und zuletzt, wenn unser Stündlein kommt, uns ein seliges Ende beschere und mit Gnaden von diesem Jammertal zu sich nehme in den Himmel.

Fragen.

1. Wie lange lebte Jakob noch in Ägypten? 2. Was mußte ihm Joseph schwören, als die Zeit herbeikam, daß er sterben sollte? 3. Was tat Joseph, als er von seines Vaters Krankheit benachrichtigt wurde? 4. Was sprach Israel zu Joseph? 5. Wen rief Jakob dann zu sich? 6. Wozu? 7. Wie heißt der Segen Jakobs über Juda? 8. Wer wird da verheißen? 9. Mit welchen Worten drückte Jakob seine Sehnsucht nach der Erfüllung dieser Weissagung aus? 10. Wie lange beweinten ihn die Ägypter, nachdem er gestorben war? 11. Wo wurde er begraben? 12. Was fürchteten die Brüder Josephs nach ihres Vaters Tod? 13. Was ließen sie ihm darum sagen? 14. Welche Antwort gab ihnen Joseph? 15. Was sagte Joseph weiter zu seinen Brüdern? 16. Wie alt wurde Joseph?

26. Hiob.
(Das Buch Hiob.)

1. Es war ein Mann im Lande Uz, der hieß *Hiob*. Derselbe war gottesfürchtig und mied das Böse und hatte sieben Söhne und drei Töchter, und seines Viehes waren 7.000 Schafe, 3.000 Kamele, 500 Joch Rinder und 500 Eselinnen, und er war herrlicher als alle, die gegen Morgen wohnten. Und seine Söhne machten ein Mahl, ein jeglicher in seinem Hause auf seinen Tag und luden ihre drei Schwestern, mit ihnen zu essen und zu trinken. Und wenn die Tage des Mahles um waren, sandte Hiob hin und heiligte sie, und machte sich des Morgens frühe auf und opferte Brandopfer nach ihrer aller Zahl, denn er gedachte: Meine Söhne möchten gesündigt und Gott abgesagt haben in ihrem Herzen. Also tat Hiob alle Zeit.

2. Eines Tages aber, da seine Söhne und Töchter aßen und Wein tranken in ihres Bruders Hause, des Erstgeborenen, kam ein Bote zu Hiob und sprach: Die Rinder pflügten und die Eselinnen gingen neben ihnen an der

26. Hiob.

Weide, da fielen die aus Saba herein und nahmen sie und schlugen die Knaben mit der Schärfe des Schwerts, und ich bin allein entronnen, daß ich dir's ansagte. Da der noch redete, kam ein anderer und sprach: Das Feuer Gottes fiel vom Himmel und verbrannte Schafe und Knaben, und verzehrte sie, und ich bin allein entronnen, daß ich dir's ansagte. Da der noch redete, kam einer und sprach: Die Chaldäer machten drei Rotten und überfielen die Kamele und nahmen sie und schlugen die Knaben mit der Schärfe des Schwerts, und ich bin allein entronnen, daß ich dir's ansagte. Da der noch redete, kam einer und sprach: Deine Söhne und Töchter aßen und tranken im Hause ihres Bruders, des Erstgeborenen, und siehe, da kam ein großer Wind von der Wüste her und stieß auf die vier Ecken des Hauses und warf's auf die Knaben, daß sie starben, und ich bin allein entronnen, daß ich dir's ansagte. Da stand Hiob auf und zerriß sein Kleid und raufte sein Haupt und fiel auf die Erde und betete an und sprach: *Der Herr hat's gegeben, der Herr hat's genommen, der Name des Herrn sei gelobt!* In diesem allen sündigte Hiob nicht und tat nichts Törichtes wider Gott.

3. Da fuhr der Satan aus vom Ange-

26. Hiob.

sicht des Herrn und schlug Hiob mit bösen Schwären von der Fußsohle an bis auf seinen Scheitel. Und er nahm einen Scherben und schabte sich und saß in der Asche. Und sein Weib sprach zu ihm: Hältst du noch fest an deiner Frömmigkeit? Ja, sage Gott ab und stirb! Er aber sprach: Haben wir Gutes empfangen von Gott, und sollten das Böse nicht auch annehmen? In diesem allen versündigte sich Hiob nicht mit seinen Lippen.

4. Und die drei Freunde Hiobs: Eliphas, Bildad und Zophar, kamen ihn zu trösten. Und da sie ihre Augen aufhoben von ferne, kannten sie ihn nicht und weinten und saßen mit ihm auf der Erde sieben Tage und sieben Nächte und redeten nichts mit ihm, denn sie sahen, daß der Schmerz sehr groß war. Danach tat Hiob seinen Mund auf und verfluchte den Tag seiner Geburt. Da beschuldigten ihn seine Freunde, daß er sein Leiden und sein Unglück durch sein sündiges Leben sich zugezogen habe. Hiob rechtfertigte sich dagegen und wollte mit Gott rechten. Und Gott antwortete Hiob aus einem Wetter und sprach: Wo warest du, da ich die Erde gründete, da mich die Morgensterne miteinander lobten und jauchzten alle Kinder Gottes? Willst du mit dem Allmächtigen rechten? Hiob antwortete:

Ich bekenne, daß ich unweislich geredet habe, das mir zu hoch ist und ich nicht verstehe. Darum schuldige ich mich und tue Buße in Staub und Asche. Und der Herr sahe Hiob an und segnete ihn mehr als vorhin und gab ihm 14.000 Schafe, 6.000 Kamele und 1.000 Joch Rinder und 1.000 Eselinnen. Sieben Söhne und drei Töchter gab ihm der Herr. Und Hiob lebte nach diesem noch 140 Jahre, daß er sahe Kinder und Kindeskinder und starb alt und lebenssatt.

Röm. 5, 3-5: Wir rühmen uns auch der Trübsale, dieweil wir wissen, daß Trübsal Geduld bringet, Geduld aber bringet Erfahrung, Erfahrung aber bringet Hoffnung, Hoffnung aber läßt nicht zu Schanden werden.

Klagel. Jer. 3, 31.32: Der Herr verstößt nicht ewiglich, sondern er betrübet wohl und erbarmet sich wieder nach seiner großen Güte.

Endlich, endlich muß es doch
Mit der Not ein Ende nehmen.
Endlich bricht das harte Joch,
Endlich schwindet Angst
und Grämen.
Endlich wird der Sorgenstein
Doch einmal gehoben sein.

Katechismusfrage.

121. Was heißt: "Und führe uns nicht in Versuchung?" - Gott versucht zwar niemand, aber wir bitten in diesem Gebet, daß uns Gott wolle behüten und erhalten, auf daß uns der Teufel, die Welt und unser Fleisch nicht betrüge noch verführe in Sünden, Schanden und Laster, Mißtrauen, Unglaube und Verzweiflung, und ob wir damit angefochten würden, daß wir doch endlich gewinnen und den Sieg behalten.

Fragen.

1. Wer war Hiob? 2. Wo wohnte er? 3. Welches Zeugnis gibt ihm die Heilige Schrift? 4. Was tat er jeden Tag für seine Kinder? 5. Welche Trauernachrichten erhielt er an *einem* Tag? 6. Was tat Hiob da? 7. Was sagte er? 8. Womit schlug ihn Satan an seinem Leib? 9. Was sprach sein Weib zu ihm? 10. Was antwortete er? 11. Wer besuchte ihn? 12. Warum? 13. Was taten sie, als sie ihn sahen? 14. Was tat Hiob endlich? 15. Was warfen ihm seine Freunde vor? 16. Wer sprach aus dem Wetter zu Hiob? 17. Was bekannte Hiob dann? 18. Was bekam Hiob wieder? 19. Wie lang lebte Hiob von da an noch?

III. Mose, der Mittler des Alten Bundes.

27. Moses Geburt und Flucht.
(2. Mose 1 und 2.)

1. Da nun Joseph gestorben war und alle seine Brüder und alle, die zu der Zeit gelebt hatten, mehrten sich die Kinder Israels, daß ihrer das Land voll ward. Da kam ein neuer König auf in Ägypten, der wußte nichts von Joseph und sprach zu seinem Volk: Siehe, der Kinder Israels ist mehr, denn wir. Wohlan, wir wollen sie mit List dämpfen, daß ihrer nicht so viel werden. Denn wo sich ein Krieg erhöbe, möchten sie sich zu unsern Feinden schlagen und wider uns streiten. Und man setzte Frohnvögte über sie, die sie mit schweren Diensten drücken sollten. Aber je mehr sie das Volk drückten, je mehr es sich mehrte und ausbreitete. Und die Ägypter zwangen die Kinder Israels zu Dienst mit Unbarmherzigkeit, und machten ihnen ihr Leben sauer mit schwerer Arbeit in Ton und Ziegeln und mit aller-

27. Moses Geburt und Flucht.

lei Frönen auf dem Felde und mit allerlei Arbeit, die sie ihnen auflegten mit Unbarmherzigkeit. Da gebot Pharao seinem Volk und sprach: Alle Söhne, die geboren werden, werft ins Wasser, und alle Töchter lasset leben.

2. Und es ging hin ein Mann vom Hause Levis, der hieß *Amram,* und nahm eine Tochter Levis, die hieß *Jochebed,* und sie bekam einen Sohn. Und da sie sah, daß es ein fein Kind war, verbarg sie ihn drei Monate. Und da sie ihn nicht länger verbergen konnte, machte sie ein Kästlein von Rohr und verklebte es mit Erdharz und Pech, und legte das Kind darein und legte es in das Schilf am Ufer des Wassers. Aber seine Schwester stand von ferne, daß sie erfahren wollte, wie es ihm gehen würde. Und die Tochter Pharaos ging hernieder und wollte baden im Wasser, und ihre Jungfrauen gingen an dem Rande des Wassers. Und da sie das Kästlein im Schilf sah, sandte sie ihre Magd hin und ließ es holen. Und da sie es auftat, sah sie das Kind; und siehe, das Knäblein weinte. Da jammerte es sie und sprach: Es ist der hebräischen Kindlein eins. Da sprach seine Schwester zu der Tochter Pharaos: Soll ich hingehen und der hebräischen Weiber eine rufen, daß sie dir das Kindlein säuge? Die Tochter Pharaos sprach zu ihr: Gehe hin!

27. Moses Geburt und Flucht.

Die Jungfrau ging hin und rief des Kindes Mutter. Da sprach Pharaos Tochter zu ihr: Nimm hin das Kindlein und säuge mir's, ich will dir lohnen. Und das Weib tat also. Und da das Kind groß war, brachte sie es der Tochter Pharaos, und es ward ihr Sohn und hieß ihn *Mose,* denn sie sprach: Ich habe ihn aus dem Wasser gezogen. - Und Mose ward gelehret in aller Weisheit der Ägypter und ward mächtig in Werken und Worten. (Apg. 7, 22).

3. Und da Mose vierzig Jahre alt war, ging er aus zu seinen Brüdern und sah ihre Last, und ward gewahr, daß ein Ägypter seiner Brüder, der Ebräischen, einen schlug. Und er wandte sich hin und her, und da er sah, daß kein Mensch da war, erschlug er den Ägypter und verscharrte ihn in den Sand. Auf einen andern Tag ging er auch aus und sah zwei hebräische Männer sich mit einander zanken, und sprach zu dem Ungerechten: Warum schlägst du deinen Nächsten? Er aber sprach: Wer hat dich zum Richter über uns gesetzt? Willst du mich auch erwürgen, wie du den Ägypter erwürgt hast? Da fürchtete sich Mose und sprach: Wie ist das laut geworden? Und es kam vor Pharao, der trachtete nach Mose, daß er ihn erwürgte. Aber Mose floh vor Pharao und hielt sich

im Lande Midian und wohnte bei einem Priester mit Namen Jethro. Der gab ihm seine Tochter Zippora zu Weibe.

Hiob 10, 12: Leben und Wohltat hast du an mir getan, und dein Aufsehen bewahret meinen Odem.

Hebr. 11, 24.25: Durch den Glauben wollte Mose, da er groß ward, nicht mehr ein Sohn heißen der Tochter Pharaos, und erwählte viel lieber, mit dem Volk Gottes Ungemach zu leiden, denn die zeitliche Ergötzung der Sünde zu haben.

In allen meinen Taten
Laß ich den Höchsten raten,
Der alles kann und hat;
Er muß zu allen Dingen,
Soll's anders wohl gelingen,
Selbst geben Segen, Rat und Tat.

Katechismusfrage.
48. Was heißt: Gott ist allmächtig? - Durch ihn ist alles und besteht alles; er kann tun und schaffen, was er will.

Fragen.
1. Was wird uns über das Wachstum der Kinder Israels in Ägypten erzählt? 2. Wem war das nicht lieb? 3. Warum nicht? 4. Was sagte er deswegen? 5. Womit plagten sie das Volk? 6. Welchen Befehl erließ Pharao? 7. Wer wurde um diese Zeit geboren? 8. Was tat seine Mutter mit ihm? 9. Warum? 10. Was tat sie, als sie das Kind nicht länger verbergen konnte? 11. Wer fand das Kind? 12. Wie kam's, daß ihn seine Mutter doch aufziehen durfte? 13. Was geschah mit Mose, als er größer wurde? 14. Was tat er in seinem 40. Jahre? 15. Mit welchem Erfolg? 16. Was erfuhr er bald darauf? 17. Was tat er deshalb? 18. Wo ging er hin? 19. Bei wem blieb er dort?

28. Moses Berufung.
(2. Mose 3 und 4.)

1. Mose aber hütete die Schafe Jethros, des Priesters in Midian, und kam an den Berg Gottes *Horeb*. Und der Engel des Herrn erschien ihm in einer feurigen Flamme aus dem Busch. Und er sah, daß der Busch mit Feuer brannte und ward doch nicht verzehret. Da aber der Herr sah, daß er hinging, zu sehen, rief ihm Gott aus dem Busch und sprach: Mose, Mose! Er antwortete: Hier bin ich. Der Herr sprach: Tritt nicht herzu, ziehe deine Schuhe aus von deinen Füßen, denn der Ort, darauf du stehest, ist ein heiliges Land. Und sprach weiter: Ich bin der Gott deines Vaters, der Gott Abrahams, der Gott Isaaks und der Gott Jakobs. Und Mose verhüllte sein Angesicht, denn er fürchtete sich, Gott anzuschauen. Und der Herr sprach: Ich habe gesehen das Elend meines Volkes in Ägypten und bin herniedergefahren, daß ich sie errette von der Ägypter Hand und sie ausführe aus diesem Land in ein gut und weit Land, in ein Land, darinnen Milch und Honig fließt. So gehe nun hin, ich will dich zu Pharao senden, daß du mein Volk, die Kinder Israels, aus Ägypten führest. Mose sprach zu Gott: Wer bin

28. Moses Berufung.

ich, daß ich zu Pharao gehe und führe die Kinder Israels aus Ägypten? Der Herr sprach: Ich will mit dir sein. Und das soll dir das Zeichen sein, daß ich dich gesandt habe: Wenn du mein Volk aus Ägypten geführet hast, werdet ihr Gott opfern auf diesem Berge. Mose sprach zu Gott: Siehe, wenn ich zu den Kindern Israels komme und spreche zu ihnen: Der Gott eurer Väter hat mich zu euch gesandt, und sie mir sagen werden: Wie heißt sein Name? was soll ich ihnen sagen? Gott sprach zu Mose: *"Ich werde sein, der ich sein werde"* (Jehova). Und Gott sprach weiter zu Mose: Also sollst du zu den Kindern Israels sagen: *Der Herr,* eurer Väter Gott, hat mich zu euch gesandt. Das ist mein Name ewiglich, dabei soll man mein gedenken für und für. Mose antwortete und sprach: Siehe, sie werden mir nicht glauben, sondern werden sagen: Der Herr ist dir nicht erschienen. Der Herr sprach: Was ist's, das du in deiner Hand hast? Er sprach: Ein Stab. Er sprach: Wirf ihn von dir auf die Erde. Und er warf ihn von sich, da ward er zur Schlange. Und Mose floh vor ihr. Aber der Herr sprach zu ihm: Strecke deine Hand aus und erhasche sie beim Schwanz. Da streckte er seine Hand aus und hielt sie, und sie ward zum Stab in seiner Hand. Und der Herr sprach weiter zu ihm: Stecke deine Hand in deinen Busen. Und er steckte sie in seinen Busen und zog sie heraus: siehe, da war sie aussätzig wie Schnee. Und er sprach: Tue sie wieder in deinen Busen. Und er tat sie wieder in den Busen und zog sie heraus: siehe, da ward sie wieder wie sein anderes Fleisch. Und der Herr sprach: Wenn sie aber diesen zwei Zeichen nicht glauben werden, so nimm Wasser aus dem Strom (Nil) und gieße es auf das trockene Land, so wird es Blut werden.

2. Mose aber sprach zu dem Herrn: Ach, mein Herr, ich bin je und je nicht wohl beredt gewesen, denn ich habe eine schwere Sprache und eine schwere Zunge. Der Herr sprach zu ihm: Wer hat dem Menschen den Mund geschaffen? Oder wer hat den Stummen oder Tauben oder Sehenden oder Blinden gemacht? Habe ich es nicht getan, der Herr? So gehe nun hin: Ich will mit deinem Munde sein und dich lehren, was du sagen sollst. Mose sprach aber: Mein Herr, sende, welchen du senden willst. Da ward der Herr sehr zornig und sprach: Weiß ich denn nicht, daß dein Bruder Aaron beredt ist? Und siehe, er wird herausgehen, dir entgegen. Er soll für dich zum Volk reden. Und diesen Stab nimm in deine Hand, mit dem du Zeichen tun sollst.

3. Mose ging hin und kam zu Jethro und sprach zu ihm: Laß mich doch gehen, daß ich wieder zu meinen Brüdern komme, die in Ägypten sind, und sehe, ob sie noch leben. Jethro sprach zu ihm: Gehe hin mit Frieden. Also nahm Mose sein Weib und seine Söhne und zog wieder in Ägyptenland und nahm den Stab Gottes in seine Hand. Und der Herr sprach zu Aaron: Gehe hin Mose entgegen in die Wüste! Und er ging hin und begegnete ihm am Berg Gottes und küßte ihn. Und Mose sagte Aaron alle Worte des Herrn, der ihn gesandt hatte, und alle Zeichen, die er ihm befohlen hatte. Und sie gingen hin und versammelten alle Ältesten von den Kindern Israels. Und Aaron redete alle Worte, die der Herr mit Mose geredet hatte, und er tat die Zeichen vor dem Volk. Und das Volk glaubte. Und da sie hörten, daß der Herr die Kinder Israels heimgesucht und ihr Elend angesehen hätte, neigten sie sich und beteten an.

2. Kor. 12,9: Laß dir an meiner Gnade genügen, denn meine Kraft ist in den Schwachen mächtig.

Phil. 4,13: Ich vermag alles durch den, der mich mächtig macht, Christus.

Bald mit Lieben, bald mit Leiden
Kamst du, Herr, mein Gott, zu mir,
Nur mein Herze zu bereiten,
Sich ganz zu ergeben dir,
Daß mein gänzliches Verlangen
Möcht an deinem Willen hangen.
Tausend-, tausendmal sei dir,
Großer König, Dank dafür!

Katechismusfrage.

92. Was ist die Berufung? - Es gibt eine allgemeine Berufung und eine besondere. Durch die allgemeine Berufung fordert der Heilige Geist die Menschen insgesamt auf, ins Reich Gottes einzugehen. Durch die besondere Berufung bringt der Heilige Geist die allgemeine Berufung so wirksam an den einzelnen Menschen, daß derselbe nicht anders kann, als sie entweder annehmen oder verwerfen.

Fragen.

1. Welche wunderbare Erscheinung sah Mose am Horeb? 2. Was sagte der Herr zu ihm? 3. Was sprach Gott weiter zu Mose? 4. Welche Verheißung gab ihm Gott bei seiner Berufung? 5. Womit entschuldigte sich Mose? 6. Mit welcher Gabe rüstete Gott Mose aus? 7. Welche zwei Wunder werden hier erzählt? 8. Auch aus welchem andern Grunde hielt sich Mose für untauglich? 9. Was antwortete ihm Gott darauf? 10. Wer soll für ihn reden? 11. Was tat dann Mose? 12. Wer begegnete ihm unterwegs? 13. Was taten die Kinder Israels, als Mose und Aaron ihnen die Botschaft Gottes ausgerichtet hatten?

29. Mose vor Pharao und die Plagen.
(2. Mose 5-11.)

1. Danach gingen Mose und Aaron zu Pharao und sprachen: So sagt der Herr, der Gott Israels: Laß mein Volk ziehen! Pharao antwortete: Wer ist der Herr, des Stimme ich hören müsse? Ich weiß nichts von dem Herrn, will auch Israel nicht ziehen lassen. Warum wollt ihr das Volk von seiner Arbeit frei machen? Gehet hin an eure Dienste! Pharao befahl desselben Tages den Vögten des Volks und ihren Amtleuten: Man drücke die Leute mit Arbeit, daß sie zu schaffen haben und sich nicht kehren an falsche Rede. Da sprachen die Vögte zum Volk: So spricht Pharao: Man wird euch kein Stroh geben. Gehet ihr selbst hin und sammelt euch Stroh, aber von eurer Arbeit soll nichts gemindert werden. Da zerstreute sich das Volk, daß es Stoppeln sammelte, damit es Stroh hätte. Und die Vögte trieben sie und sprachen: Erfüllet euer Tagewerk! Da gingen die Amtleute der Kinder Israels hinein und schrien zu Pharao. Pharao sprach: Ihr seid müßig, darum sprechet ihr: Wir wollen hingehen und dem Herrn opfern. Gehet hin und frönet! - Mose aber kam wieder zu dem Herrn und sprach: Herr, warum tust du so übel an diesem Volk? Warum hast du mich hergesandt? Denn seitdem ich zu Pharao hineingegangen bin, mit ihm zu reden in deinem Namen, hat er das Volk noch härter geplagt, und du hast dein Volk nicht errettet. Der Herr sprach zu Mose: Nun sollst du sehen, was ich Pharao tun werde; denn durch eine starke Hand muß er sie ziehen lassen. Sage den Kindern Israels: Ich bin der Herr, ich will euch erretten und will euch annehmen zum Volk und will euer Gott sein, daß ihr erfahren sollt, daß ich der Herr bin. Mose sagte solches den Kindern Israels, aber sie hörten nicht vor Seufzen und Angst und vor harter Arbeit.

2. Und Mose und Aaron gingen zu Pharao. Und Aaron warf seinen Stab vor Pharao, und er ward zur Schlange. Da forderte Pharao die Weisen und Zauberer, und die ägyptischen Zauberer taten auch also, aber Aarons Stab verschlang ihre Stäbe. Also ward das Herz Pharaos verstockt und hörte sie nicht. - Und Aaron hob auf Gottes Befehl den Stab auf und schlug ins Wasser, und das Wasser ward in Blut

29. Mose vor Pharao und die Plagen.

verwandelt sieben Tage lang. Und die Frösche im Strom starben und der Strom ward stinkend, daß die Ägypter das Wasser nicht trinken konnten, und war Blut in ganz Ägyptenland. Und die ägyptischen Zauberer taten auch also, und das Herz Pharaos ward verstockt und nahm's nicht zu Herzen. - Und Aaron reckte seine Hand über die Wasser in Ägypten, und es kamen *Frösche* herauf, daß Ägypten bedeckt war. Und Pharao sprach zu Mose und Aaron: Bittet den Herrn für mich, daß er die Frösche von uns nehme, so will ich euer Volk ziehen lassen. Als aber Pharao sah, daß er Luft gekriegt hatte, verhärtete er sein Herz und hörte sie nicht. - Und Aaron reckte seinen Stab aus und schlug den Staub auf Erden, und es wurden *Mücken* an Menschen und an Vieh. Und die Zauberer vermochten das nicht und sprachen: Das ist Gottes Finger! Aber das Herz Pharaos ward verstockt und hörte sie nicht. - Und der Herr sandte noch andere schwere Plagen: *Ungeziefer* über Pharao und sein Volk; *Pestilenz* über alles Vieh; *Blatterngeschwüre* an Menschen und Vieh; einen *Hagel* über das ganze Land, der schlug alles, was auf dem Felde war, Menschen und Vieh, Kraut und Bäume, nur im Lande Gosen, da die Kinder Israels waren, hagelte es nicht; ferner *Heuschrecken*, die alles Getreide fraßen, und danach ward eine dicke Finsternis in ganz Ägyptenland drei Tage, daß niemand den andern sah, noch aufstand von dem Ort, da er war. Aber bei allen Kindern Israels war es licht in ihren Wohnungen. Aber der Herr verstockte das Herz Pharaos, daß er die Kinder Israels nicht aus seinem Lande lassen wollte. Und der Herr sprach zu Mose: Ich will noch *eine* Plage kommen lassen, danach wird er euch von hinnen lassen. Ich will zu Mitternacht ausgehen in Ägyptenland und alle Erstgeburt soll sterben, vom ersten Sohn Pharaos bis an den ersten Sohn der Magd und alle Erstgeburt unter dem Vieh, aber bei allen Kindern Israels soll nicht ein Hund mucken, auf daß ihr erfahret, wie der Herr Ägypten und Israel scheide.

Psalm 95,7.8: Heute, so ihr seine Stimme höret, so verstocket euer Herz nicht.

Röm. 8,31: Ist Gott für uns, wer mag wider uns sein?

Ja, Herr, lauter Gnad und Wahrheit
Ist vor deinem Angesicht;
Du, du trittst hervor in Klarheit,
In Gerechtigkeit, Gericht,

Daß man soll aus deinen Werken
Deine Güt und Allmacht merken.
Tausend-, tausendmal sei dir,
Großer König, Dank dafür!

Katechismusfrage.

99. Was ist die Bekehrung? - Die Bekehrung ist das gläubige Ergreifen des von Gott gewirkten neuen Lebens, und darum ein Verlassen des breiten Weges und ein Wandeln auf dem schmalen Wege.

Fragen.

1. Was sagten Mose und Aaron auf Gottes Befehl dem Pharao? 2. Was antwortete Pharao? 3. Was befahl er seinen Vögten? 4. Was ließ Gott über Ägypten kommen? 5. Welches sind die neun ersten Plagen? 6. Welchen Eindruck machten sie auf Pharao? 7. Welche Plage drohte Gott Pharao und seinem Volk noch?

30. Das Osterlamm.
(2. Mose 12,1-28.)

1. Der Herr aber sprach zu Mose und Aaron: Saget der ganzen Gemeinde Israels: Am zehnten Tage dieses Monats nehme ein jeglicher Hausvater ein Lamm, an dem kein Fehler ist, eines Jahres alt, und soll es schlachten zwischen abends. Und soll das Blut nehmen und beide Pfosten an der Tür und die oberste Schwelle damit bestreichen an den Häusern, darinnen sie es essen. Und sollt also Fleisch essen in derselben Nacht und ungesäuertes Brot und sollt nichts übrig lassen bis morgen. Um eure Lenden sollt ihr gegürtet sein und eure Schuhe an euern Füßen haben und Stäbe in euern Händen, und sollt es essen, als die hinwegeilen, denn es ist des Herrn Passah. Denn ich will in derselben Nacht durch Ägyptenland gehen und alle Erstgeburt schlagen, beides unter Menschen und Vieh. Und das Blut soll

74 30. Das Osterlamm.

euer Zeichen sein an den Häusern, darin ihr seid, daß, wenn ich das Blut sehe, ich an euch *vorübergehe,* und euch nicht die Plage verderbe, wenn ich Ägyptenland schlage. Und ihr sollt diesen Tag feiern zum Feste, ihr und alle eure Nachkommen. Und wenn ihr ins Land kommt, das euch der Herr geben wird, und wenn eure Kinder zu euch sagen werden: Was habt ihr da für einen Dienst? sollt ihr sagen: Es ist das *Passah* des Herrn, der an den Kindern Israels *vorüberging,* da er die Ägypter plagte und unsere Häuser errettete. - Da neigte sich das Volk und betete an. Und die Kinder Israels gingen hin und taten, wie der Herr Mose und Aaron geboten hatte.

1. Kor. 5,7.8: Wir haben auch ein Osterlamm, das ist Christus für uns geopfert. Darum lasset uns Ostern halten, nicht im alten Sauerteig, auch nicht im Sauerteig der Bosheit und Schalkheit, sondern in dem Süßteig der Lauterkeit und der Wahrheit.

Wir danken dir, Herr Jesu Christ,
Daß du für uns gestorben bist
Und hast uns durch dein teures Blut
Gemacht vor Gott gerecht und gut.

Katechismusfrage.
70. Wodurch hat Gott die Erlösung vorbereitet? - Durch die Verheißung

im Paradiese, durch die Verkündigung der Propheten und durch mannigfaltige vorbildliche Einrichtungen und Führungen im Alten Bunde.

Fragen.

1. Was befahl Gott dem Volk Israels durch Mose und Aaron? 2. Wie mußte das Lamm beschaffen sein? 3. Was sollten sie mit dem Blut des Lammes tun? 4. Wie sollten sie die Mahlzeit halten? 5. Was wollte Gott in dieser Nacht tun? 6. Wer sollte verschont bleiben? 7. Wer ist unser Passahlamm? 8. Welchen Wert hat für uns das Blut Jesu Christi? 1. Joh. 1,7; 1. Petri 1,18.19. 9. Wovon ist die Passahmahlzeit ein Vorbild?

31. Der Auszug aus Ägypten.
(2. Mose 12,29 bis Kapitel 15.)

1. Und zur Mitternacht schlug der Herr alle Erstgeburt in Ägyptenland. Da war ein großes Geschrei in Ägypten, denn es war kein Haus, in dem nicht ein Toter war. Und Pharao forderte Mose und Aaron in der Nacht

und sprach: Machet euch auf und ziehet aus von meinem Volk, gehet hin und dienet dem Herrn, wie ihr gesagt habt. Nehmet auch mit euch eure Schafe und Rinder, gehet hin und segnet mich auch. - Und die Ägypter drangen das Volk, daß sie es eilend aus dem Lande trieben, denn sie sprachen: Wir sind alle des Todes! Und das Volk trug den rohen Teig, ehe denn er versäuert war, gebunden in ihren Kleidern, auf ihren Achseln. Also zogen aus die Kinder Israels 600.000 Mann zu Fuß, ohne die Kinder. Die Zeit aber, die die Kinder Israels in Ägypten gewohnt haben, ist 430 Jahre. Und Mose nahm mit sich die Gebeine Josephs. Und der Herr führte das Volk auf die Straße durch die Wüste am Schilfmeer und zog vor ihnen her, des Tags in einer Wolkensäule, daß er sie den rechten Weg führte, und des Nachts in einer Feuersäule, daß er ihnen leuchtete, zu reisen Tag und Nacht. Die Wolkensäule wich nimmer von dem Volk des Tags, noch die Feuersäule des Nachts.

2. Und da es dem König in Ägypten ward angesagt, daß das Volk geflohen war, ward sein Herz und seiner Knechte Herz verwandelt gegen das Volk und sprachen: Warum haben wir das getan, daß wir Israel gelassen haben, daß sie uns nicht mehr dienten? Und Pharao nahm 600 auserlesene Wagen und die Hauptleute über all sein Heer und jagte den Kindern Israels nach und ereilte sie, da sie sich am Meer gelagert hatten. Und da Pharao nahe zu ihnen kam, hoben die Kinder Israels ihre Augen auf, und siehe, die Ägypter zogen hinter ihnen her, und sie fürchteten sich sehr und schrien zu dem Herrn und sprachen zu Mose: Waren nicht Gräber in Ägypten, daß du uns mußtest wegführen, daß wir in der Wüste sterben? Mose sprach zum Volk: Fürchtet euch nicht, stehet fest und sehet zu, was für ein Heil der Herr heute an euch tun wird. Denn diese Ägypter, die ihr heute sehet, werdet ihr nimmermehr sehen ewiglich. Der Herr wird für euch streiten, und ihr werdet stille sein. Der Herr sprach zu Mose: Was schreiest du zu mir? Sage den Kindern Israels, daß sie ziehen! Du aber hebe deinen Stab auf und recke deine Hand über das Meer und teile es von einander, daß die Kinder Israels hineingehen, mitten hindurch auf dem Trockenen. Und die Ägypter sollen es inne werden, daß ich der Herr bin. Da erhob sich der Engel Gottes, der vor dem Heere Israels herzog, und machte sich hinter sie, und die Wolkensäule trat auch hinter sie und kam zwischen das Heer der Ägypter und das Heer Israels und erleuchtete die Nacht, daß sie die ganze Nacht nicht zusammenkommen konnten. Da nun Mose seine Hand über das Meer reckte, ließ es der Herr hinwegfahren durch einen starken Ostwind die ganze Nacht und machte das Meer trocken, und die Wasser teilten sich von einander. Und die Kinder Israels gingen hinein mitten ins Meer auf dem Trockenen, und das Wasser war ihnen für Mauern zur Rechten und zur Linken. Und die Ägypter folgten ihnen nach mitten ins Meer. Als nun die Morgenwache kam, machte der Herr einen Schrecken in ihrem Heer und stieß die Räder von ihren Wagen und stürzte sie mit Ungestüm. Da sprachen die Ägypter: Lasset uns fliehen

31. Der Auszug aus Ägypten.

vor Israel, der Herr streitet für sie! Aber der Herr sprach zu Mose: Recke deine Hand aus über das Meer! Da reckte Mose seine Hand aus, und das Meer kam wieder vor morgens in seinen Strom und die Ägypter flohen ihm entgegen. Also stürzte sie der Herr mitten ins Meer und bedeckte Wagen und Reiter und alle Macht des Pharao, daß nicht *einer* aus ihnen übrig blieb. Also half der Herr Israel an dem Tage von der Ägypter Hand. Und sie sahen die Ägypter tot am Ufer des Meeres. Und das Volk fürchtete den Herrn und glaubte ihm und seinem Knecht Mose. Und Mose und die Kinder Israels sangen dem Herrn dies Loblied:

Ich will dem Herrn singen, denn er hat eine herrliche Tat getan, Roß und Wagen hat er ins Meer gestürzt. Der Herr ist meine Stärke und Lobgesang und ist mein Heil. Das ist mein Gott, ich will ihn preisen; er ist meines Vaters Gott, ich will ihn erheben.

Psalm 50,15: Rufe mich an in der Not, so will ich dich erretten, so sollst du mich preisen.

Psalm 34,2: Ich will den Herrn loben allezeit, sein Lob soll immerdar in meinem Munde sein.

Mich hast du auf Adlersflügeln
Oft getragen väterlich,
In den Tälern, auf den Hügeln
Wunderbar errettet mich.

Schien gleich alles zu zerrinnen,
Ward doch deiner Hilf ich innen.
Tausend-, tausendmal sei dir,
Großer König, Dank dafür!

Katechismusfrage.

37. Was droht und verheißt Gott? - Gott droht zu strafen alle, die seine Gebote übertreten, darum sollen wir uns fürchten vor seinem Zorn und nicht wider solche Gebote tun. Er verheißt aber Gnade und alles Gute allen, die solche Gebote halten, darum sollen wir ihn auch lieben, ihm vertrauen und gerne tun nach seinen Geboten.

Fragen.

1. Welches war die letzte Plage, die Gott über die Ägypter schickte? 2. Was tat Pharao jetzt? 3. Was taten die Ägypter? 4. Was nahm Mose mit? 5. Warum? (Vergleiche Biblische Geschichte 25 am Schluß.) 6. Wie geleitete sie der Herr? 7. Was tat Pharao, als er von dem Auszug Israels Kunde erhielt? 8. Wo holte er sie ein? 9. Wie benahm sich das Volk, als sie die Ägypter sahen? 10. Was sprach Mose zum Volk? 11. Was sprach der Herr zu Mose? 12. Wo befand sich die Wolkensäule, während sie durchs Meer zogen? 13. Wie ging es den Ägyptern? 14. Welchen Erfolg hatte diese Wundertat bei dem Volk? 15. Was tat nun das Volk nach dieser Befreiung?

32. Israels Murren und Hilfe.
(2. Mose 15 bis 17.)

1. Mose ließ die Kinder Israels vom Schilfmeer hinaus nach der Wüste Sur ziehen. Und sie wanderten drei Tage in der Wüste, daß sie kein Wasser fanden. Da kamen sie gen *Mara,* aber sie konnten das Wasser zu Mara nicht trinken, denn es war sehr bitter. Da murrte das Volk wider Mose und sprach: Was sollen wir trinken? Er schrie zu dem Herrn, und der Herr wies ihm einen Baum, den tat er ins Wasser, da wurde es süß. Und sie kamen gen *Elim,* da waren zwölf Wasserbrunnen und siebzig Palmbäume, und sie lagerten sich daselbst ans Wasser.

2. Von Elim kamen sie in die Wüste *Sin.* Und es murrte die ganze Gemeinde der Kinder Israels wider Mose und Aaron und sprachen: Wollte Gott, wir wären in Ägypten gestorben durch des Herrn Hand, da wir bei den Fleischtöpfen saßen und hatten die Fülle Brots zu essen, denn ihr habt uns darum ausgeführt in diese Wüste, daß ihr diese ganze Gemeinde Hungers sterben lasset. Da sprach der Herr zu Mose: Siehe, ich will euch Brot vom Himmel regnen lassen, und das Volk soll hinausgehen und sammeln täglich, was es des Tags bedarf. Ich habe der Kinder Israels Murren gehöret. Am Abend sollt ihr Fleisch zu essen haben und am Morgen Brots satt werden. Und ihr sollt inne werden, daß ich, der Herr, euer Gott bin. Und am Abend kamen *Wachteln* herauf und bedeckten das Heer. Und am Morgen

32. Israels Murren und Hilfe.

lag der Tau um das Heer her. Und als der Tau weg war, siehe, da lag's in der Wüste rund und klein wie der Reif auf dem Lande. Und da es die Kinder Israels sahen, sprachen sie untereinander: Man hu (d. h. was ist das?) Denn sie wußten nicht, was es war. Mose aber sprach zu ihnen: Es ist das Brot, das euch der Herr zu essen gegeben hat. Ein jeglicher sammle des, so viel er für sich essen mag. Und die Kinder Israels taten also und sammelten, einer viel, der andere wenig. Und Mose sprach: Niemand lasse etwas davon übrig bis morgen. Aber sie gehorchten Mose nicht. Und etliche ließen davon übrig bis morgen; da wuchsen Würmer darinnen und ward stinkend. Und des sechsten Tages sammelten sie des Brotes zwiefältig. Denn Mose sprach: Morgen ist der Sabbat der heiligen Ruhe des Herrn. Und was sie da bis zum andern Tag behielten, das ward nicht stinkend, es war auch kein Wurm darin. Da sprach Mose: Esset das heute, denn es ist heute der Sabbat des Herrn, ihr werdet's heute nicht finden auf dem Felde. Aber am siebenten Tag gingen etliche vom Volk hinaus zu sammeln, aber fanden nichts. Und die Kinder Israels hießen es *Man*. Und es war wie Koriandersamen und weiß und hatte einen Geschmack wie Semmel mit

32. Israels Murren und Hilfe.

Honig. Und Mose sprach zu Aaron: Nimm ein Krüglein voll Man und laß es vor dem Herrn, daß es behalten werde auf eure Nachkommen. Und die Kinder Israels aßen Man vierzig Jahre, bis an die Grenze des Landes Kanaan.

3. Und Israel zog aus der Wüste Sin und lagerte sich in *Raphidim*. Da hatte das Volk kein Wasser zu trinken. Und sie zankten mit Mose und sprachen: Gebt uns Wasser, daß wir trinken! Mose sprach zu ihnen: Warum versuchet ihr den Herrn? Mose schrie zum Herrn und sprach: Wie soll ich mit dem Volk tun? Es fehlt nicht viel, sie werden mich noch steinigen! Der Herr sprach zu ihm: Nimm deinen Stab in deine Hand, damit du den Strom schlugst, und gehe hin. Siehe, ich will daselbst vor dir stehen auf einem Felsen in Horeb. Da sollst du den Fels schlagen, so wird Wasser herauslaufen. Und Mose tat also. Da hieß man den Ort Massa und Meriba, um des Zankes willen der Kinder Israels, und daß sie den Herrn versucht und gefragt hatten: Ist der Herr unter uns, oder nicht?

4. Da kam Amalek und stritt wider Israel. Und Mose sprach zu Josua: Erwähle uns Männer und ziehe aus und streite wider Amalek. Morgen will ich auf des Hügels Spitze stehen

und den Stab Gottes in meiner Hand haben. Und Josua tat, wie Mose ihm sagte, daß er wider Amalek stritte. Mose aber und Aaron und Hur gingen auf die Spitze des Hügels. Und dieweil Mose seine Hand emporhielt, siegte Israel, wenn er aber seine Hand niederließ, siegte Amalek. Aber die Hände Moses waren schwer, darum nahmen sie einen Stein und legten ihn unter ihn, daß er sich darauf setzte. Aaron aber und Hur unterhielten ihm seine Hände, auf jeglicher Seite einer. Also blieben seine Hände fest, bis die Sonne unterging. Und Josua dämpfte den Amalek und sein Volk durch des Schwertes Schärfe.

Matth. 6,31.32: Ihr sollt nicht sorgen und sagen: Was werden wir essen? Was werden wir trinken? Womit werden wir uns kleiden? Nach solchem allen trachten die Heiden. Denn euer himmlischer Vater weiß, daß ihr des alles bedürfet.

Psalm 145,15.16: Aller Augen warten auf dich und du gibst ihnen ihre Speise zu seiner Zeit. Du tust deine Hand auf und erfüllest alles, was lebet, mit Wohlgefallen.

Gott gibt! Und wär ich noch so arm,
    Doch soll ich nicht verderben.
Was hilft mir denn mein steter Harm,
    Als müßt ich Hungers sterben?
Er hat ja Brot,
Und wenn die Not
Uns nach der Wüste weiset,
So werden wir gespeiset.

Katechismusfrage.

119. Was heißt: "Unser täglich Brot gib uns heute?" - Gott gibt das tägliche Brot auch wohl ohne unsere Bitte, auch allen bösen Menschen; aber wir bitten in diesem Gebet, daß er solches uns erkennen lasse, und daß wir mit Danksagung empfangen alles, was wir täglich für Leib und Seele nötig haben.

Fragen.

1. Was fehlte den Kindern Israels in der Wüste? 2. Wodurch wurde das bittere Wasser trinkbar gemacht? 3. Was fanden sie in Elim? 4. Worüber murrte das Volk in der Wüste Sin? 5. Wie half der Herr diesem Mangel ab? 6. Wie viel Manna sollten sie jeden Tag sammeln? 7. An welchem Tag sollten sie nicht sammeln? 8. Warum nicht? 9. Wo fehlte es wieder an Wasser? 10. Wie mußte Mose auf Gottes Befehl Wasser verschaffen? 11. Welches Volk stritt wider Israel? 12. Wer führte den Streit? 13. Was tat Mose? 14. Wer unterstützte ihn? 15. Wodurch wurde der Sieg errungen?

33. Die Gesetzgebung auf dem Berge Sinai.
(2. Mose 19 und 20.)

1. Im dritten Monat nach dem Auszug der Kinder Israels aus Ägypten kamen sie in die Wüste *Sinai* und lagerten sich in der Wüste daselbst gegenüber dem Berg. Und Mose stieg hinauf zu Gott. Und der Herr rief ihm vom Berge und sprach: So sollst du den Kindern Israels sagen: Ihr habt

33. Die Gesetzgebung auf dem Berge Sinai.

gesehen, was ich den Ägyptern getan habe, und wie ich euch getragen habe auf Adlersflügeln und habe euch zu mir gebracht. Werdet ihr meiner Stimme gehorchen und meinen Bund halten, so sollt ihr mein Eigentum sein vor allen Völkern, denn die ganze Erde ist mein. Und ihr sollt mir ein priesterlich Königreich und ein heiliges Volk sein. Mose kam und forderte die Ältesten im Volk und legte ihnen alle diese Worte vor, die der Herr geboten hatte. Und alles Volk antwortete zugleich: Alles, was der Herr geredet hat, wollen wir tun. Und Mose sagte die Rede des Volks dem Herrn wieder. Und der Herr sprach zu Mose: Heilige das Volk heute und morgen, daß sie ihre Kleider waschen und bereit seien auf den dritten Tag, denn am dritten Tag wird der Herr herabfahren vor allem Volk auf den Berg Sinai. Und mache ein Gehege umher und sprich: Hütet euch, daß ihr nicht auf den Berg steiget, denn wer den Berg anrühret, soll des Todes sterben.

2. Als nun der dritte Tag kam, da erhob sich ein Donnern und Blitzen und eine dicke Wolke auf dem Berg und ein Ton einer sehr starken Posaune. Das ganze Volk aber, das im Lager war, erschrak. Und Mose führte das Volk aus dem Lager Gott entgegen, und sie traten unten an den Berg. Der

33. Die Gesetzgebung auf dem Berge Sinai.

ganze Berg Sinai aber rauchte, darum daß der Herr herabfuhr mit Feuer. Und der Posaune Ton ward immer stärker. Mose redete, und Gott antwortete ihm laut. Und Gott redete alle diese Worte:

Ich bin der Herr, dein Gott, der ich dich aus Ägyptenland, aus dem Diensthause, geführet habe. Du sollst keine andern Götter neben mir haben.

Du sollst dir kein Bildnis noch irgend ein Gleichnis machen, weder des, das oben im Himmel, noch des, das unten auf Erden, oder des, das im Wasser unter der Erde ist. Bete sie nicht an und diene ihnen nicht. Denn ich der Herr, dein Gott, bin ein eifriger Gott, der da heimsuchet der Väter Missetat an den Kindern, bis in das dritte und vierte Glied, die mich hassen, und tue Barmherzigkeit an vielen Tausenden, die mich lieb haben und meine Gebote halten.

Du sollst den Namen des Herrn, deines Gottes, nicht mißbrauchen, denn der Herr wird den nicht ungestraft lassen, der seinen Namen mißbraucht.

Gedenke des Sabbattages, daß du ihn heiligest. Sechs Tage sollst du arbeiten und alle deine Dinge beschicken, aber am siebenten Tag ist der Sabbat des Herrn, deines Gottes. Da sollst du kein Werk tun, noch dein Sohn, noch deine Tochter, noch dein Knecht, noch deine Magd, noch dein Vieh, noch dein Fremdling, der in deinen Toren ist. Denn in sechs Tagen hat der Herr Himmel und Erde gemacht und das Meer und alles, was darinnen ist, und ruhete am siebenten Tag. Darum segnete der Herr den Sabbattag und heiligte ihn.

Du sollst deinen Vater und deine Mutter ehren, auf daß du lange lebest im Lande, das dir der Herr, dein Gott, gibt.

Du sollst nicht töten.

Du sollst nicht ehebrechen.

Du sollst nicht stehlen.

Du sollst kein falsch Zeugnis reden wider deinen Nächsten.

Laß dich nicht gelüsten deines Nächsten Hauses. Laß dich nicht gelüsten deines Nächsten Weibes, noch seines Knechts, noch seiner Magd, noch seines Ochsen, noch seines Esels, noch alles, das dein Nächster hat.

Und Mose kam und erzählte dem Volk alle Worte des Herrn und seine Rechte. Da antwortete alles Volk mit *einer* Stimme: Alle Worte, die der Herr gesagt hat, wollen wir tun. Und Mose ging mitten in die Wolke und stieg auf den Berg und blieb auf dem Berge vierzig Tage und vierzig Nächte.

Micha 6,8: Es ist dir gesagt, Mensch, was gut ist und was der Herr von dir fordert, nämlich Gottes Wort halten und Liebe üben und demütig sein vor deinem Gott.

Matth. 22, 37-40: Du sollst lieben Gott, deinen Herrn, von ganzem Herzen, von ganzer Seele und von ganzem Gemüte. Dies ist das vornehmste und größte Gebot. Das andere aber ist dem gleich: Du sollst deinen Nächsten lieben als dich selbst. In diesen zweien Geboten hanget das ganze Gesetz und die Propheten.

Die Gebot all uns gegeben sind,
Daß du dein Sünd, o Menschenkind,
Erkennen sollst und lernen wohl,
Wie man vor Gott stets leben soll.

Katechismusfrage.

36. Was sagt Gott von diesen Gebo-

ten allen? - Gott sagt also: Verflucht sei, wer nicht alle Worte dieses Gesetzes erfüllet, daß er danach tue. 5. Mose 27,26 (Gal. 3,10). Darum sollt ihr meine Satzungen halten und meine Rechte. Denn welcher Mensch dieselben tut, der wird dadurch leben, denn ich bin der Herr. 3. Mose 18,5 (Luk. 10,28).

Fragen.

1. Wohin kamen die Kinder Israels im dritten Monat nach dem Auszug aus Ägypten? 2. Was tat dort Mose? 3. Was sprach der Herr zu ihm? 4. Was sprach das Volk, als Mose ihnen die Worte Gottes gesagt hatte? 5. Was sprach Gott weiter zu Mose? 6. Warum sollte sich das Volk heiligen? 7. Was sollte Mose um den Berg machen? 8. Warum? 9. Was geschah am Morgen des dritten Tages? 10. Welchen Eindruck machte das auf das Volk? 11. Wohin führte Mose das Volk? 12. Welche Worte redete dann Gott? 13. Wie heißen die zehn Gebote? 14. Was antwortete das Volk auf Gottes Gebote? 15. Wohin ging dann Mose und wie lange blieb er dort?

34. Das goldene Kalb.
(2. Mose 32-34.)

1. Da aber das Volk sah, daß Mose verzog, von dem Berge zu kommen, sprach es zu Aaron: Auf, und mache uns Götter, die vor uns hergehen. Denn wir wissen nicht, was diesem Mose widerfahren ist, der uns aus Ägyptenland geführt hat. Aaron sprach zu ihnen: Reißet ab die goldenen Ohrringe eurer Weiber, Söhne und Töchter, und bringet sie zu mir. Und er nahm sie und machte ein gegossenes Kalb. Und sie sprachen: Das sind deine Götter, Israel, die dich aus Ägypten geführt haben! Aaron baute einen Altar und ließ ausrufen: Morgen ist des Herrn Fest! Und sie standen des Morgens frühe auf und opferten Brandopfer und brachten Dankopfer. Danach setzte sich das Volk, zu essen und zu trinken, und stand auf, zu spielen. Der Herr aber sprach zu Mose: Gehe, steige hinab, denn dein Volk hat's verderbet. Sie sind schnell von dem Wege getreten, den ich ihnen geboten habe. Ich sehe, daß dies ein halsstarriges Volk ist, und nun laß mich, daß mein Zorn über sie ergrimme und sie verzehre, so will ich *dich* zum großen Volke machen. Mose aber flehte vor dem Herrn und sprach: Gedenke an deine Diener Abraham, Isaak und Israel, denen du verheißen hast: Ich will euern Samen mehren wie die Sterne am Himmel, und alles Land, das ich verheißen habe, will ich euerm Samen geben. Da gereute den Herrn das Übel, das er seinem Volk zu tun drohte.

2. Mose stieg vom Berg herab und hatte zwei Tafeln des Zeugnisses in seiner Hand, die waren beschrieben auf beiden Seiten, und Gott hatte sie selbst gemacht und die Schrift darein gegraben. Als Mose nahe zum Lager kam und das Kalb und den Reigen sah, ergrimmte er und warf die Tafeln aus seiner Hand und zerbrach sie unten am Berge, und nahm das Kalb und

34. Das goldene Kalb.

verbrannte es mit Feuer und zermalmte es zu Pulver und stäubte es aufs Wasser und gab es den Kindern Israels zu trinken. - Und Mose trat in das Tor des Lagers und sprach: Her zu mir, wer dem Herrn angehöret! Da sammelten sich zu ihm alle Kinder Levi. Und er sprach zu ihnen: So spricht der Herr: Gürte ein jeglicher sein Schwert auf seine Lenden und durchgehet hin und wieder von einem Tor zum andern das Lager und erwürge ein jeglicher seinen Bruder, Freund und Nächsten. Und die Kinder Levis taten, wie ihnen Mose gesagt hatte, und fielen des Tages bei 3000 Mann. - Der Herr aber redete mit Mose von Angesicht zu Angesicht, wie ein Mann mit seinem Freunde redet. Und der Herr sprach zu Mose: Haue dir zwei steinerne Tafeln, wie die ersten waren, daß ich die Worte darauf schreibe, die auf den ersten Tafeln waren, die du zerbrochen hast. Und Mose hieb zwei steinerne Tafeln, wie die ersten waren, und stand des Morgens frühe auf und stieg auf den Berg Sinai, wie ihm der Herr geboten hatte, und nahm die zwei steinernen Tafeln in seine Hand. Da kam der Herr hernieder in einer Wolke und rief: Herr, Herr, Gott, barmherzig und gnädig, geduldig und von großer Gnade und Treue! Der da bewahret Gnade in tausend Gliedern und vergibt Misse-

34. Das goldene Kalb.

tat, Übertretung und Sünde, und vor welchem niemand unschuldig ist. - Und Mose war allda bei dem Herrn vierzig Tage und vierzig Nächte, und aß kein Brot und trank kein Wasser. Und Mose gebot dem Volk alles, was ihm der Herr gesagt hatte.

3. Gott gebot Mose, daß er eine Stiftshütte bauen sollte. Diese bestand aus dem Allerheiligsten und aus dem Heiligtum. Im Allerheiligsten stand die Bundeslade mit den Gesetzestafeln, in dem Heiligtum stand der Rauchopferaltar. Im Vorhof, der die Stiftshütte umgab, stand der Brandopferaltar. Das Volk Israels feierte den Sabbat, das Passah, Pfingsten, den Versöhnungstag und das Laubhüttenfest; auch brachten sie Opfer dar und hatten einen Hohenpriester, Priester und Leviten. Aaron wurde zum Hohenpriester und seine Söhne zu Priestern geweiht. Die Kinder Levis (die Leviten) wurden zu Dienern der Stiftshütte bestellt.

4. Und der Herr redete mit Mose und sprach: Sage Aaron und seinen Söhnen und sprich: Also sollt ihr sagen zu den Kindern Israels, wenn ihr sie segnet: *Der Herr segne dich und behüte dich; der Herr lasse sein Angesicht leuchten über dir und sei dir gnädig; der Herr hebe sein Angesicht über dich und gebe dir Frieden.* (4. Mose

6,22-26). Denn ihr sollt meinen Namen auf die Kinder Israels legen, daß ich sie segne.

Psalm 78,10: Sie hielten den Bund Gottes nicht und wollten nicht in seinem Gesetz wandeln.

Matth. 4,10: Du sollst anbeten Gott, deinen Herrn, und ihm allein dienen.

Laß mich dein sein und bleiben,
Du treuer Gott und Herr!
Von dir laß mich nicht treiben,
Halt mich bei deiner Lehr.

Herr, laß mich nur nicht wanken,
Gib mir Beständigkeit;
Dafür will ich dir danken
In alle Ewigkeit!

Katechismusfrage.

10. Was sagt Gott im ersten Gebot? - Daß wir ihn unter keinem Bilde anbeten sollen, sondern so, wie er in seinem Worte gelehrt und in seinem Sohne Jesus Christus sich geoffenbaret hat.

Fragen.

1. Was verlangte das Volk von Aaron, als Mose so lange nicht vom Berge herabkam? 2. Was tat Aaron? 3. Wie feierten sie die Einweihung des Bildes? 4. Was sprach der Herr zu Mose? 5. Was tat hierauf Mose? 6. Mit welchem Erfolg? 7. Was tat Mose, als er sah, was das Volk angerichtet hatte? 8. Wie strafte er das Volk? 9. Welcher Stamm war treu geblieben? 10. Was mußten die Leviten tun? 11. Was befahl Gott darauf dem Mose? 12. Was rief der Herr, als er zu Mose auf den Berg kam? 13. Was mußte Mose bauen? 14. Aus welchen Teilen bestand dieselbe? 15. Welche Feste feierte das Volk Israels? 16. Worin bestand der Gottesdienst hauptsächlich? 17. Wer war der erste Hohepriester? 18. Welchen Dienst bekamen die Leviten? 19. Wie heißt der Segen?

35. Die Kundschafter.
(4. Mose 13 und 14.)

1. Die Kinder Israels zogen aus der Wüste Sinai, nachdem sie sich ein Jahr lang daselbst gelagert hatten, und lagerten sich in der Wüste Paran. Und der Herr redete mit Mose: Sende Männer aus, die das Land Kanaan erkundigen, und nimm aus jedem einen vornehmen Mann. Mose sprach zu den Männern: Ziehet hinauf und besehet das Land, wie es ist, und das Volk, das drinnen wohnt, ob es stark oder schwach, wenig oder viel ist. Und sie gingen hin und erkundeten das Land. Und sie kamen bis an den Bach Eskol und schnitten daselbst eine Rebe ab mit einer Weintraube und ließen sie zwei auf einem Stecken tragen, dazu auch Granatäpfel und Feigen. Und sie kehrten um nach vierzig Tagen und erzählten: Wir sind ins Land gekommen, darinnen Milch und Honig fließt, und dies ist seine Frucht. Wir vermögen aber nicht zu ziehen gegen das Volk, denn sie sind uns zu stark, und es sind auch sehr feste Städte darin. Wir sahen auch Riesen daselbst und wir waren vor ihren Augen wie Heuschrecken.

35. Die Kundschafter.

2. Da fuhr die ganze Gemeinde auf und schrie und murrte wider Mose und Aaron und sprach: Ach, daß wir in Ägypten gestorben wären oder noch stürben in dieser Wüste! Und einer sprach zu dem andern: Lasset uns einen Hauptmann aufwerfen und wieder nach Ägypten ziehen! Mose aber und Aaron fielen auf ihr Angesicht vor der ganzen Versammlung der Gemeinde der Kinder Israels. Und *Josua* und *Kaleb*, die auch das Land erkundet hatten, sprachen: Das Land, das wir durchwandelt haben, zu erkunden, ist sehr gut. Wenn der Herr uns gnädig ist, so wird er uns in dasselbe Land bringen. Fallet nicht ab vom Herrn und fürchtet euch vor dem Volk dieses Landes nicht, der Herr ist mit uns. Da sprach das ganze Volk, man sollte sie steinigen. Da erschien die Herrlichkeit des Herrn in der Hütte des Stifts allen Kindern Israels. Und der Herr sprach zu Mose: Wie lange lästert mich dies Volk? Wie lange wollen sie nicht an mich glauben durch allerlei Zeichen, die ich unter ihnen getan habe? Ich will sie vertilgen und will dich zum größern und mächtigern Volk machen. Mose aber sprach zum Herrn: Wenn das die Ägypter hören, werden sie sagen: Der Herr *konnte* das Volk nicht in das Land bringen, das er ihnen geschworen hatte. So sei nun

35. Die Kundschafter.

gnädig der Missetat dieses Volkes nach deiner großen Barmherzigkeit, wie du auch vergeben hast diesem Volk aus Ägypten bis hierher. Und der Herr sprach: Ich habe es vergeben, wie du gesagt hast. Aber so wahr, als ich lebe, so soll alle Welt der Herrlichkeit des Herrn voll werden. Denn alle die Männer, die meine Zeichen gesehen haben, die ich getan habe in Ägypten und in der Wüste, und mich nun zehnmal versucht und meiner Stimme nicht gehorcht haben, deren soll keiner das Land sehen, das ich ihren Vätern geschworen habe, von zwanzig Jahren und darüber, außer Kaleb und Josua, dieweil ein anderer Geist in ihnen ist. Darum sprich zu ihnen: Ich will euch tun, wie ihr gesagt habt, eure Leiber sollen in dieser Wüste verfallen. Eure Kinder will ich hineinbringen, daß sie erkennen sollen das Land, das ihr verwerfet. Eure Kinder sollen Hirten sein in der Wüste vierzig Jahre, nach der Zahl der vierzig Tage, darin ihr das Land erkundet habt, daß ihr inne werdet, was es sei, wenn ich die Hand abziehe. Ich, der Herr, habe es gesagt, ich will es auch tun. - Da trauerte das Volk sehr und sprach: Wir haben gesündigt und wollen hinaufziehen. Aber Mose sprach: Ziehet nicht hinauf, denn der Herr ist nicht unter euch, daß ihr nicht vor euern Feinden geschlagen werdet. Aber sie waren störrig hinaufzuziehen. Da kamen die Amalekiter und Kananiter und schlugen sie.

Psalm 95, 10.11: Vierzig Jahre hatte ich Mühe mit diesem Volk und sprach: Es sind Leute, deren Herz immer den Irrweg will und die meine Wege nicht lernen wollen, daß ich schwur in meinem Zorn: Sie sollen nicht zu meiner Ruhe kommen.

Hebr. 4,11: So lasset uns nun Fleiß tun, einzukommen zu dieser Ruhe, auf daß nicht jemand falle in dasselbige Exempel des Unglaubens.

Laß überall gewissenhaft
Nach deinem Wort mich handeln;
Und stärke mich dann auch mit Kraft,
Vor dir getrost zu wandeln.
Daß du, o Gott, stets um mich seist,
Dies tröst und bessre meinen Geist.

Katechismusfrage.
118. Was heißt: "Dein Wille geschehe auf Erden wie im Himmel?" - Gottes guter gnädiger Wille geschieht wohl ohne unser Gebet; wir bitten aber in diesem Gebet, daß er auch bei uns und allenthalben geschehe, und daß jeder Mensch auf der ganzen Erde den Willen Gottes ebenso freudig vollbringe, wie die heiligen Engel im Himmel.

Fragen.
1. Wohin zogen die Kinder Israels von Sinai aus? 2. Was tat dort Mose auf Gottes Befehl? 3. Was sollten sie im Lande Kanaan tun? 4. Wie lange waren sie abwesend? 5. Was berichteten sie bei ihrer Heimkehr? 6. Was tat das Volk, als es das hörte? 7. Nur wer ermunterte das Volk zum Festhalten an Gott? 8. Was drohte ihnen das Volk dafür? 9. Was wollte der Herr tun? 10. Warum vergab er dem Volk? 11. Womit begründete Mose seine

Fürbitte? 12. Welche Strafe legte Gott dem Volk für seinen Unglauben auf? 13. Wie lange mußten sie noch in der Wüste wandern? 14. Wie nahm das Volk das Urteil Gottes auf? 15. Was sprachen sie? 16. Aber was sagte Mose? 17. Was taten sie dennoch? 18. Aber was geschah dann?

36. Aufruhr der Rotte Korahs.
(4. Mose 16.)

1. Korah, ein Levit, samt Dathan und Abiram aus dem Stamm Ruben und 250 Vornehmste in der Gemeinde empörten sich wider Mose, versammelten sich und sprachen zu Mose und Aaron: Ihr machet es zu viel! Denn die ganze Gemeine ist überall heilig und der Herr ist unter ihnen. Warum erhebt ihr euch über die Gemeine des Herrn? Da das Mose hörte, fiel er auf sein Angesicht und sprach zu Korah und seiner ganzen Rotte: Morgen wird der Herr kund tun, wer sein und heilig sei. Du und deine Rotte machet einen Aufruhr wider den Herrn. Und Mose schickte hin und ließ Dathan und Ab-

36. Aufruhr der Rotte Korahs.

iram rufen. Sie aber sprachen: Wir kommen nicht hinauf. Ist's nicht genug, daß du uns aus dem Lande geführet hast, da Milch und Honig fließt, daß du uns tötest in der Wüste, mußt du noch über uns herrschen? Wie fein hast du uns gebracht in ein Land, da Milch und Honig fließt und hast uns Äcker und Weinberge zum Erbteil gegeben, willst du den Leuten auch die Augen ausreißen? Wir kommen nicht hinauf. Und der Herr redete mit Mose und Aaron und sprach: Scheidet euch von dieser Gemeine, daß ich sie plötzlich vertilge. Sie fielen aber auf ihr Angesicht und sprachen: Ach, Gott, ob *ein* Mann gesündigt hat, willst du darum über die ganze Gemeine wüten? Und der Herr redete mit Mose und sprach: Sage der Gemeine und sprich: Weichet ringsum von der Wohnung Korahs und Dathans und Abirams. Und Mose stand auf und redete mit der Gemeine und sprach: Weichet von den Hütten dieser gottlosen Menschen und rühret nichts an, was ihnen ist, daß ihr nicht vielleicht umkommt in ihrer Sünden einer. Und Mose sprach: Dabei sollt ihr erkennen, daß mich der Herr gesandt hat: Werden sie sterben, wie alle Menschen sterben, so hat mich der Herr nicht gesandt. Wird aber der Herr etwas Neues schaffen, daß die Erde ihren Mund auftut und sie verschlingt, mit allem, das sie haben, daß sie lebendig hinunter in die Hölle fahren, so werdet ihr erkennen, daß diese Leute den Herrn gelästert haben. Und als er diese Worte alle ausgeredet hatte, zerriß die Erde unter ihnen und tat ihren Mund auf und verschlang sie mit ihren Häusern, mit allen Menschen, die bei Korah waren, mit aller ihrer Habe. Und ganz Israel, das um sie her war, floh vor ihrem Geschrei, denn sie sprachen: Daß uns die Erde nicht auch verschlinge! Dazu fuhr das Feuer aus von dem Herrn und fraß die 250 Männer, die sich empört hatten.

Röm. 13, 1.2: Jedermann sei untertan der Obrigkeit, die Gewalt über ihn hat. Denn es ist keine Obrigkeit, ohne von Gott; wo aber Obrigkeit ist, die ist von Gott verordnet. Wer sich nun wider die Obrigkeit setzet, der widerstrebet Gottes Ordnung, die aber widerstreben, werden über sich ein Urteil empfangen.

Mitten wir im Leben sind
Mit dem Tod umfangen.
Wer ist's, der uns Hilfe tut,
Daß wir Gnad erlangen?
Uns reuet unsre Missetat
Die dich, Herr, erzürnet hat.

Heiliger Herre Gott!
Heiliger, starker Gott!
Heiliger, barmherziger Heiland!
Du ewiger Gott!
Laß uns nicht versinken
In des bittern Todes Not!
Erbarm dich unser!

Katechismusfrage.
18. Was fordert Gott im vierten Gebot? Daß ich mein Leben lang Vater und Mutter in Ehren halte durch wahre Liebe, rechten Gehorsam und kindlichen Dienst. - Desgleichen soll ich auch die ehren, die nach Gottes Ordnung mir vorgesetzt sind.

Fragen.
1. Wer empörte sich wider Mose?
2. Wie viele hielten sich noch zu ihm?

3. Worin hatte diese Empörung ihren Ursprung? 4. Was antwortete ihnen Mose? 5. Was sagten Dathan und Abiram, als sie Mose rufen ließ? 6. Was sagte Gott? 7. Warum führte Gott seine Absicht nicht aus? 8. Welches Schicksal wurde Korah und seiner Rotte zu teil?

37. Das Haderwasser und die eherne Schlange.
(4. Mose 20 und 21.)

1. Und die Kinder Israels kamen, da die vierzig Jahre ihrer Wanderung um waren, in die Wüste *Zin* im ersten Monat, und das Volk lag zu *Kades*. Und Mirjam starb daselbst und ward daselbst begraben. - Und die Gemeine hatte kein Wasser, und sie haderten mit Mose und sprachen: Ach, daß wir umgekommen wären, da unsere Brüder umkamen vor dem Herrn! Warum habt ihr die Gemeine des Herrn in die Wüste gebracht, daß wir hier sterben mit unserm Vieh? Mose und Aaron fielen auf ihr Angesicht. Und der Herr

37. Das Haderwasser und die eherne Schlange.

redete mit Mose und sprach: Nimm den Stab und versammle die Gemeine, du und dein Bruder Aaron, und redet mit dem Fels vor ihren Augen, der wird sein Wasser geben. Da nahm Mose den Stab, wie der Herr geboten hatte. Und Mose und Aaron versammelten die Gemeine vor dem Fels, und Mose sprach zu ihnen: Höret, ihr Ungehorsamen, werden wir euch auch Wasser bringen aus diesem Fels? Und Mose hob seine Hand auf und schlug den Fels mit dem Stab zweimal. Da ging viel Wasser heraus, daß die Gemeine trank und ihr Vieh. Der Herr aber sprach zu Mose und Aaron: Darum, daß ihr nicht an mich geglaubt habt, sollt ihr diese Gemeine nicht in das Land bringen, das ich ihnen geben werde. - Von Kades zogen die Kinder Israels an den Berg Hor an der Edomiter Grenze. Und der Herr sprach zu Mose: Aaron soll nicht in das Land kommen, das ich den Kindern Israels gegeben habe, darum, daß ihr meinem Munde ungehorsam gewesen seid bei dem Haderwasser. Nimm aber Aaron und seinen Sohn Eleaser und führe sie auf den Berg Hor. Dort ziehe Aaron die hohepriesterlichen Kleider aus und ziehe sie seinem Sohne an. Und Aaron soll daselbst sterben. Da tat Mose, wie ihm der Herr geboten hatte, und sie stiegen auf den Berg Hor vor der ganzen Gemeine. Und Aaron starb daselbst oben auf dem Berge. Und die ganze Gemeine beweinte ihn dreißig Tage.

2. Da zogen die Kinder Israels von dem Berge Hor auf dem Weg gegen das Schilfmeer, daß sie um der Edomiter Land herumzögen. Und das Volk ward verdrossen auf dem Wege und redete wider Gott und wider Mose: Warum hast du uns aus Ägypten geführt, daß wir sterben in der Wüste? Denn es ist kein Brot noch Wasser hier, und unsere Seele ekelt über dieser magern Speise. Da sandte der Herr feurige Schlangen unter sie, die bissen das Volk, daß viele starben. Da kamen sie zu Mose und sprachen: Wir haben gesündigt, daß wir wider den Herrn und wider dich geredet haben; bitte den Herrn, daß er die Schlangen von uns nehme. Mose bat für das Volk. Da sprach der Herr zu Mose: Mache dir eine *eherne Schlange* und richte sie zum Zeichen auf: wer gebissen ist und siehet sie an, der soll leben. Mose tat also, und wenn nun jemand von einer Schlange gebissen wurde, so sah er die eherne Schlange an und blieb leben.

Joh. 3,14.15: Und wie Mose in der Wüste eine Schlange erhöhet hat, also muß des Menschen Sohn erhöhet werden, auf daß alle, die an ihn glauben, nicht verloren werden, sondern das ewige Leben haben.

Ein Glaubensblick auf Jesu Leiden
Gibt auch dem blödsten Herzen Mut;
Die Quelle wahrer Geistesfreuden
Ist sein vergoßnes teures Blut.
Wenn seine Kraft das Herz
durchfließet,

Sein Lieben unsern Geist
durchdringt,
Wenn seine Huld die Seel
umschließet
Und ihr sein Trostwort Frieden
bringt.

Katechismusfrage.
52. Was heißt: Gott ist gnädig und

barmherzig? - Gott läßt sich zu uns, seinen armen Geschöpfen, herab; vergibt uns auch um Jesu Christi willen alle unsere Sünden; trägt uns mit Geduld und Langmut, obschon wir täglich viel sündigen und ist allezeit willig uns zu hören, wenn wir im Glauben zu ihm kommen.

Fragen.

1. In welche Wüste kamen die Kinder Israels am Ende der 40jährigen Wanderung? 2. Wer starb daselbst? 3. Worüber zankte das Volk mit Mose? 4. Was befahl ihm Gott? 5. Was tat Mose? 6. Womit bestrafte Gott diesen Ungehorsam? 7. Wo starb Aaron? 8. Wer wurde sein Nachfolger im Hohepriesteramt? 9. Worüber murrten die Kinder Israels abermals in der Wüste? 10. Was schickte Gott deswegen unter sie? 11. Was geschah infolge dessen? 12. Was tat das Volk? 13. Was machte Mose auf Gottes Befehl? 14. Was war die Folge davon? 15. Auf wen weist die eherne Schlange hin?

38. Bileam.
(4. Mose 21 bis 24.)

1. Und die Kinder Israels zogen von da nach dem östlich vom Jordan gelegenen Teile des gelobten Landes und kamen an das Land der *Amoriter*. Da ihnen aber ihr König *Sihon* den Durchzug wehrte und ihnen zum Kampf entgegenzog, schlugen die Kinder Israels die Amoriter und nahmen ihr Land ein. Von dannen zogen sie nordwärts hinauf in das Land *Basan*. Da zog ihnen der König *Og* von Basan entgegen. Aber der Herr sprach zu Mose: Fürchte dich nicht, ich habe ihn mit Land und Leuten in deine Hand gegeben. Und sie schlugen ihn und sein Volk und nahmen sein Land ein.

2. Von dannen zogen sie weiter nordwärts nach den Gefilden der *Moabiter*, Jericho gegenüber. Da die Moabiter sahen, daß Israel über die andern Völkerschaften Herr geworden war, fürchteten sie sich sehr und den Moabitern graute vor den Kindern Israels. Deshalb sandte ihr König *Balak* die Ältesten der Moabiter samt den Ältesten der Midianiter zu *Bileam* in Mesopotamien. Den sollten sie für großen Lohn dingen, *daß er käme und das Volk Israels verfluchte*. Gott aber sprach zu Bileam des Nachts: Gehe nicht mit ihnen, verfluche das Volk auch nicht, *denn es ist gesegnet*. Da sprach Bileam zu den Fürsten Balaks: Der Herr will's nicht gestatten, daß ich mit euch ziehe. Da sandte Balak noch größere und herrlichere Fürsten mit noch glänzenderen Versprechungen. Da kam Gott des Nachts zu Bileam und sprach zu ihm: Sind die Männer gekommen, dich zu rufen, so ziehe mit ihnen. Doch was ich dir sagen werde, sollst du tun. Da zog Bileam mit den Fürsten der Moabiter. Aber der Zorn Gottes ergrimmte, daß er hinzog. Und der Engel des Herrn trat in den Weg, daß er ihm widerstünde. Und die Eselin, auf der Bileam ritt, sah den Engel des Herrn im Wege stehen und ein bloß Schwert in seiner

38. Bileam.

Hand. Und die Eselin wich aus dem Wege und ging auf dem Felde. Bileam aber schlug sie, daß sie in den Weg gehen sollte. Da trat der Engel des Herrn in den Pfad bei den Weinbergen, da auf beiden Seiten Wände waren. Und da die Eselin den Engel des Herrn sah, drängte sie sich an die Wand, und Bileam schlug sie noch mehr. Da ging der Engel des Herrn weiter und trat an einen engen Ort, da kein Weg war zu weichen, weder zur Rechten noch zur Linken. Und da die Eselin den Engel des Herrn sah, fiel sie auf ihre Knie unter dem Bileam. Da ergrimmte der Zorn Bileams, und er schlug die Eselin mit dem Stabe.

Da tat der Herr der Eselin den Mund auf, und sie sprach zu Bileam: Was habe ich getan, daß du mich geschlagen hast nun dreimal? Das stumme, lastbare Tier redete mit Menschenstimme und wehrte des Propheten Torheit. 2. Petri 2,16. Da öffnete der Herr Bileam die Augen, daß er den Engel des Herrn sah und neigte und bückte sich mit seinem Angesicht. Und der Engel des Herrn sprach zu ihm: Ich bin ausgegangen, daß ich dir widerstehe, denn dein Weg ist vor mir verkehrt. Da sprach Bileam zu dem Engel des Herrn: Ich habe gesündigt, denn ich habe es nicht gewußt, daß du mir entgegenstündest im Wege, und

nun, so dir's gefällt, will ich wieder umkehren. Der Engel des Herrn sprach zu ihm: Ziehe hin mit den Männern, aber nichts anderes, denn was ich zu dir sagen werde, sollst du reden. Also zog Bileam mit den Fürsten Balaks.

3. Als Bileam zu Balak kam, führte ihn dieser auf die Höhe *Pisga*, daß er das Volk Israels sehen konnte, wie es gelagert war, von einem Ende bis zum andern. Nachdem sie geopfert hatten, sprach Bileam: Wie soll ich fluchen, dem Gott nicht fluchet? Wie soll ich schelten, den der Herr nicht schilt? Und statt ihnen zu fluchen, segnete er sie und sprach: *Gott ist nicht ein Mensch, daß er lüge, noch ein Menschenkind, daß ihn etwas gereue. Sollte er etwas sagen und nicht tun? Sollte er etwas reden und nicht halten?* Siehe, zu segnen bin ich hergebracht. Er segnet, und ich kann's nicht wenden. Der Herr, sein Gott, ist bei Israel, und sein König ist unter ihm. - Balak erschrak, daß Bileam seine Feinde segnete und führte ihn auf eine andere, und danach noch auf eine andere Höhe, daß er dort dem Volk fluche. Aber der Geist Gottes kam über Bileam, daß er von zukünftigen Zeiten weissagte. Und er sprach: Wie fein sind deine Hütten, Jakob, und deine Wohnungen, Israel! Gesegnet sei, wer dich segnet; verflucht sei, wer dir flucht. Ich sehe ihn, aber nicht jetzt, ich schaue ihn, aber nicht von nahe. *Es wird ein Stern aus Jakob aufgehen und ein Zepter aus Israel aufkommen und wird zerschmettern die Fürsten der Moabiter und verstören alle Kinder des Getümmels.* Danach zog Bileam wieder hin an seinen Ort.

1. Tim. 6,6.9.10: Es ist aber ein großer Gewinn, wer gottselig ist und lässet sich genügen. Denn die da reich werden wollen, die fallen in Versuchung und Stricke und viel törichter und schädlicher Lüste, welche versenken die Menschen ins Verderben und Verdammnis. Denn Geiz ist eine Wurzel alles Übels, des hat etliche gelüstet und sind vom Glauben irre gegangen und machen ihnen selbst viele Schmerzen.

Laß, Vater, deinen guten Geist
Mich innerlich regieren,
Daß ich allzeit tu, was du heißt,
Und mich nicht laß verführen,

Daß ich dem Argen widersteh
Und nicht von deinem Weg abgeh
Zur Rechten oder Linken.

Katechismusfrage.

12. Was verbietet Gott im zweiten Gebot? - Wir sollen bei seinem Namen nicht fluchen, schwören, zaubern, lügen oder trügen, nicht böswillig und auch nicht leichtfertig.

Fragen.

1. Welcher König wehrte den Israeliten den Durchzug durch sein Land? 2. Was taten deswegen die Kinder Israels? 3. Wer trat ihnen auch noch entgegen? 4. Was sprach der Herr zu Mose? 5. Warum fürchteten sich die Moabiter vor Israel? 6. Zu wem sandte Balak? 7. In welcher Absicht? 8. Was befahl Gott dem Bileam bei Nacht? 9. Warum zog Bileam doch mit der zweiten Gesandtschaft? 10. Wer trat ihm unterwegs entgegen? 11. Wer sah den Engel, den Bileam nicht sah? 12. Was wird uns von dieser Eselin erzählt? 13. Was sprach der Engel zu Bileam, als er ihn endlich

sah? 14. Was sprach Bileam? 15. Aber was antwortete ihm der Engel? 16. Was mußte Bileam anstatt eines Fluches über das Volk aussprechen? 17. Wie heißt die Weissagung von dem Stern aus Jakob?

39. Moses Abschied und Tod.
(5. Mose 1 bis 34.)

1. Der Herr sprach zu Mose: Steige auf die Höhe des Berges Pisga und schaue das Land Kanaan, das ich den Kindern Israels geben werde. Und wenn du es gesehen hast, sollst du dich sammeln zu deinem Volk, wie Aaron, dieweil ihr meinem Worte ungehorsam gewesen seid in der Wüste. Und Mose redete mit dem Herrn und sprach: Der Herr wolle einen Mann setzen über die Gemeine, der sie leite, daß die Gemeine nicht sei wie die Schafe ohne Hirten. Und der Herr sprach: Nimm *Josua* zu dir, der ein Mann ist, in dem der Geist ist, und lege deine Hände auf ihn, daß ihm die ganze Gemeine der Kinder Israels gehorche. Und Mose tat also.

39. Moses Abschied und Tod.

2. Und im vierzigsten Jahr nach dem Auszug redete Mose mit den Kindern Israels alles, was ihm der Herr an sie geboten hatte, und sprach: Höre, Israel, der Herr, unser Gott, ist ein einiger Herr, und du sollst den Herrn, deinen Gott, lieb haben von ganzem Herzen, von ganzer Seele, von allem Vermögen. Und die Worte, die ich dir heute gebiete, sollst du zu Herzen nehmen und sollst sie deinen Kindern einschärfen und davon reden, wenn du in deinem Hause sitzest oder auf dem Wege gehest, wenn du dich niederlegst oder aufstehst. Und wenn du der Stimme des Herrn, deines Gottes, gehorchen wirst, daß du hältst und tust alle seine Gebote, wird der Segen über dich kommen. Gesegnet wirst du sein in der Stadt, gesegnet auf dem Acker; gesegnet wirst du sein, wenn du eingehst, gesegnet, wenn du ausgehst, und der Herr wird machen, daß du Überfluß an Gütern haben wirst und wird auftun den Himmel, daß er deinem Lande Segen gebe zu seiner Zeit, und daß er segne alle Werke deiner Hände. Wenn du aber der Stimme des Herrn, deines Gottes, nicht gehorchen wirst, wird dich der Fluch treffen. Verflucht wirst du sein auf dem Acker, verflucht wirst du sein, wenn du eingehst, verflucht, wenn du ausgehst, und der Herr wird dich zerstreuen un-

ter alle Völker, von einem Ende der Welt bis ans andere, Tag und Nacht wirst du dich fürchten und deines Lebens nicht sicher sein. Siehe, ich habe euch heute vorgelegt das Leben und das Gute, den Tod und das Böse. *Einen Propheten wie mich wird der Herr, dein Gott, dir erwecken aus dir und deinen Brüdern, dem sollt ihr gehorchen.* Und nachdem Mose, der Mann Gottes, dieses alles geredet hatte, segnete er die zwölf Stämme Israels, jeden Stamm mit einem besonderen Segen.

3. Und Mose ging auf den Berg Nebo, Jericho gegenüber. Und der Herr zeigte ihm das gelobte Land bis an das äußerste Meer und sprach zu ihm: Dies ist das Land, das ich Abraham, Isaak und Jakob geschworen habe und gesagt: Ich will es deinem Samen geben. Du hast es mit deinen Augen gesehen, aber du sollst nicht hinübergehen. Also starb Mose, der Knecht des Herrn, nach dem Wort des Herrn. Und der Herr begrub ihn im Tal im Lande der Moabiter und hat niemand sein Grab erfahren bis auf den heutigen Tag. Und Mose war 120 Jahre alt, da er starb. Seine Augen waren nicht dunkel geworden, und seine Kraft war nicht verfallen. Und die Kinder Israels beweinten ihn dreißig Tage. Josua aber, der Sohn Nuns, ward erfüllt mit dem Geist der Weisheit, denn Mose hatte seine Hände auf ihn gelegt. Und die Kinder Israels gehorchten ihm. Und es stand hinfort kein Prophet in Israel auf wie Mose, den der Herr erkannt hätte von Angesicht zu Angesicht.

Spr. Sal. 10,7: Das Gedächtnis des Gerechten bleibet im Segen.

Offb. Joh. 14, 13: Selig sind die Toten, die in dem Herrn sterben, von nun an. Ja, der Geist spricht, daß sie ruhen von ihrer Arbeit, denn ihre Werke folgen ihnen nach.

Himmelan, nur himmelan
Soll der Wandel gehn!
Was die Frommen wünschen, kann
Dort erst ganz geschehn;
Auf Erden nicht;
Freude wechselt hier mit Leid
Richt hinauf zur Herrlichkeit
Dein Angesicht!

Katechismusfrage.

111. Was bekennen wir mit den Worten: Ich glaube "ein ewiges Leben?" - Die in Christo Gerechten und Vollendeten, nachdem sie in der Auferstehung der Toten nach Leib und Seele die Klarheit Christi empfangen haben, werden eingehen in die ewige Seligkeit und Herrlichkeit.

Fragen.

1. Wohin sollte Mose gehen? 2. Wozu? 3. Um was bat Mose zuvor? 4. Wen bestimmte Gott dazu? 5. Was sollte Mose mit ihm tun? 6. Was ist der Hauptinhalt des Gesetzes? 7. Wann sollte der Segen über das Volk kommen? 8. Wann der Fluch? 9. Welche Verheißung sprach Mose aus? 10. Was zeigte Gott dem Mose von Nebo aus? 11. Warum durfte er das Land Kanaan nicht betreten? 12. Was geschah auf dem Berge Nebo mit Mose? 13. Wie alt wurde er? 14. Was ist uns von seinen Augen und von seiner Kraft gesagt? 15. Wie lange beweinte ihn das Volk? 16. Wer wurde nun mit dem Geist der Weisheit erfüllt?

IV. Josua und die Richter.

40. Einzug der Kinder Israels in Kanaan.
(Josua 1 bis 7.)

1. Nach dem Tode Moses sprach der Herr zu Josua: Mein Knecht Mose ist gestorben, so mache dich nun auf und ziehe über diesen Jordan in das Land, das ich den Kindern Israels gegeben habe. Es soll dir niemand widerstehen dein Leben lang. Wie ich mit Mose gewesen bin, also will ich auch mit dir sein. Ich will dich nicht verlassen, noch von dir weichen. Sei nur getrost und sehr freudig, daß du tust allerdinge nach dem Gesetze, das dir Mose geboten hat. Und laß das Buch dieses Gesetzes nicht von deinem Munde kommen, sondern betrachte es Tag und Nacht, auf daß du haltest und tust allerdinge nach dem, das darinnen geschrieben steht. Alsdann wird dir's gelingen in allem, das du tust, und wirst weislich handeln können. Da gebot Josua den Hauptleuten des Volkes und sprach: Über drei Tage werdet ihr

40. Einzug der Kinder Israels in Kanaan.

über diesen Jordan gehen, daß ihr das Land einnehmet, das euch der Herr geben wird. Und sie sprachen: Wie wir Mose gehorsam gewesen sind, so wollen wir auch dir gehorsam sein.

2. Josua aber hatte zwei Kundschafter heimlich ausgesandt. Die gingen hin und kamen nach Jericho in das Haus der Rahab und kehrten bei ihr ein. Da ward dem Könige von Jericho gesagt: Siehe, es sind Männer hereingekommen von den Kindern Israels, das Land zu erkunden. Da sandte der König zu Rahab und ließ ihr sagen: Gib die Männer heraus! Aber das Weib verbarg sie und sprach: Ich wußte nicht, von wannen sie waren. Da es finster war, gingen sie hinaus. Jaget ihnen eilend nach, denn ihr werdet sie ergreifen. Und die Männer jagten ihnen nach. Aber das Weib stieg auf das Dach zu den Männern und sprach: Ich weiß, daß der Herr euch das Land gegeben hat. So schwöret mir nun, daß ihr an meines Vaters Hause Barmherzigkeit tut, daß ihr leben lasset meinen Vater, meine Mutter, meine Brüder und meine Schwestern und alles, was wir haben. Und die Männer taten also. Da ließ sie dieselben am Seil durchs Fenster hernieder, denn ihr Haus war an der Stadtmauer.

3. Also kehrten die zwei Männer wieder zu Josua und erzählten ihm

40. Einzug der Kinder Israels in Kanaan.

alles, wie sie es gefunden hatten, und sprachen: Der Herr hat uns alles Land in unsere Hände gegeben, auch sind alle Einwohner feige vor uns. Und Josua machte sich frühe auf, und sie kamen an den Jordan. Und Josua sprach zu den Kindern Israels: Heiliget euch, denn morgen wird der Herr ein Wunder tun. Dabei sollt ihr merken, daß ein lebendiger Gott unter euch ist, der die Völker Kanaans vor euch austreiben wird. Die Priester werden die Lade des Herrschers über alle Welt vor euch hertragen. Wenn sie dann ihre Füße in den Jordan tunken, so wird das Wasser, das von oben herabfließt, abreißen und aufgerichtet stehen bleiben; aber das Wasser, das zum Salzmeer hinunterläuft, wird verfließen. Und es geschah so. Die Priester mit der Lade des Bundes standen im Trockenen, mitten im Jordan, und das ganze Volk Israels ging trocken hindurch. Und Josua richtete auf zwölf Steine, die sie aus dem Jordan genommen hatten. Danach hielten die Kinder Israels Passah auf dem Gefilde Jerichos, und sie aßen vom Getreide des Landes. Des andern Tages hörte das Manna auf.

4. Jericho aber war verschlossen vor den Kindern Israels, daß niemand aus- und einkommen konnte. Aber der Herr sprach zu Josua: Siehe da, ich

40. Einzug der Kinder Israels in Kanaan.

habe Jericho in deine Hände gegeben. Laß alle Kriegsmänner rings um die Stadt hergehen einmal, und tue es sechs Tage also. Am siebenten Tag laß die Priester sieben Posaunen nehmen vor der Lade her, und gehet desselben siebenten Tages siebenmal um die Stadt und laß die Priester die Posaunen blasen. Und wenn ihr die Posaunen höret, so soll das Volk ein großes Feldgeschrei machen, so werden der Stadt Mauern umfallen. Da Josua solches dem Volk gesagt hatte, trugen die sieben Priester die sieben Posaunen vor der Lade des Herrn her. Also taten sie sechs Tage. Am siebenten Tage aber, da die Morgenröte aufging, machten sie sich frühe auf und gingen nach derselben Weise siebenmal um die Stadt. Und beim siebenten Mal, da die Priester die Posaunen bliesen, sprach Josua zu dem Volk: Machet ein Feldgeschrei, denn der Herr hat euch die Stadt gegeben. Aber diese Stadt und alles, was darinnen ist, soll dem Herrn verbannt sein. Da machte das Volk ein Feldgeschrei. Und die Mauern fielen um, und das Volk erstieg die Stadt und gewann sie.

5. Achan aber nahm etwas von dem Verbannten. Da ergrimmte der Zorn des Herrn über die Kinder Israels und sprach: Israel hat sich versündigt. Da brachte Josua Israel herzu, einen Stamm nach dem andern, und es ward getroffen Achan aus dem Stamm Juda. Josua sprach: Mein Sohn, gib dem Herrn die Ehre und sage mir an: was hast du getan? und leugne mir nichts. Da antwortete Achan: Wahrlich, ich habe mich versündigt an dem Herrn. Ich sah unter dem Raub einen köstlichen babylonischen Mantel und 200 Silberlinge und eine goldene Spange, des gelüstete mich und ich nahm es. Und siehe, es ist verscharret in die Erde in meiner Hütte. Da sandte Josua Boten hin, und sie brachten es zu Josua. Und Josua sprach: Weil du uns betrübt hast, so betrübe dich der Herr. Und das ganze Israel steinigte ihn und verbrannten alles mit Feuer und machten einen großen Steinhaufen.

Psalm 60, 14: Mit Gott wollen wir Taten tun.

Hebr. 11, 30: Durch den Glauben fielen die Mauern Jerichos.

Lobe den Herren, der deinen Stand
   sichtbar gesegnet,
Der aus dem Himmel mit Strömen
   der Liebe geregnet;
Denke daran, Was der Allmächtige
   kann,
Der dir mit Liebe begegnet!

Katechismusfrage.

27. Was verbietet Gott im siebenten Gebot? Raub und Diebstahl; desgleichen Lug und Trug im Handel und Wandel, sowie auch Geiz, Habsucht, Neid, Verschwendung, Müßiggang und dergleichen.

Fragen.

1. Was sprach der Herr zu Josua nach Moses Tod? 2. Was sagte Josua den Hauptleuten und was antworteten sie ihm? 3. Wen sandte Josua nach Jericho? 4. Bei wem waren sie dort? 5. Unter welcher Bedingung half sie ihnen? 6. Wie kam Israel über den Jordan? 7. Auf welche Weise gewannen sie Jericho? 8. Was sollten sie mit der Stadt und allem, was darinnen war, tun? 9. Wer versündigte sich da-

gegen? 10. Was hatte er genommen? 11. Worin bestand seine Strafe? 12. Mit welchen Worten kündigte ihm Josua seine Strafe an?

41. Josuas letzte Tage und Tod.
(Josua 23 und 24.)

1. Josua besiegte alle Könige des Landes, denn der Herr war mit ihm. Da er nun alt und wohlbetagt war, teilte er das Land unter die Stämme durch das Los, wie der Herr auch Mose geboten hatte. Aber dem Stamm Levi gab er kein Erbteil, denn das Opfer des Herrn, des Gottes Israels, ist ihr Erbteil, wie er ihnen geredet hat, sondern man gab den Leviten achtundvierzig Städte in allen Stämmen Israels. Also gab der Herr Israel alles Land, das er geschworen hatte, ihren Vätern zu geben, und sie nahmen's ein und wohnten darinnen. Und der Herr gab ihnen Ruhe von allen Feinden umher. Es fehlte nichts an allem Guten, das der Herr dem Hause Israels verheißen hatte. Es kam alles.

2. Da nun der Herr Israel hatte zur

Ruhe gebracht vor allen Feinden, berief Josua das ganze Volk und sprach: Ich bin nun alt und wohlbetagt, und ihr habt gesehen, was der Herr, euer Gott, getan hat an allen diesen Völkern, denn er selbst hat für euch gestritten. Darum so behütet aufs fleißigste eure Seelen, daß ihr den Herrn, euern Gott, lieb habt. Wo ihr euch aber umwendet und diesen übrigen Völkern anhanget, so wisset, daß der Herr nicht mehr alle diese Völker vor euch vertreiben wird, sondern sie werden euch zum Strick und Netz und zur Geißel werden. Siehe, ich gehe heute dahin und ihr sollt wissen, daß nicht *ein* Wort gefehlet hat von all dem Guten, das der Herr euch geredet hat, es ist alles gekommen und keins verblieben. Gleichwie nun alles Gute gekommen ist, also wird der Herr auch über euch kommen lassen alles Böse, wenn ihr den Bund eures Gottes übertretet. So fürchtet nun den Herrn und dient ihm treulich und rechtschaffen. Gefällt es euch aber nicht, daß ihr dem Herrn dienet, so erwählet heute, welchem ihr dienen wollt. *Ich aber und mein Haus wollen dem Herrn dienen.* Da antwortete das Volk und sprach: Das sei ferne von uns, daß wir den Herrn verlassen und andern Göttern dienen. Wir wollen dem Herrn dienen, denn er ist unser Gott. Also machte Josua desselben Tages einen Bund mit dem Volk und legte ihm die Gesetze und Rechte vor zu Sichem. Und Josua, der Knecht des Herrn, starb, da er 110 Jahre alt war, und man begrub ihn auf dem Gebirge Ephraim.

Psalm 33,4: Des Herrn Wort ist wahrhaftig, und was er zusagt, das hält er gewiß.

Matth. 6,24: Niemand kann zwei Herren dienen.

So mach ich denn zu dieser Stund
Samt meinem Hause diesen Bund:
Trät alles Volk von Jesu fern,
Ich und mein Haus stehn zu dem Herrn!

Katechismusfrage.

6. Wie lautet das erste Gebot? - Ich bin der Herr, dein Gott, der ich dich aus Ägyptenland, aus dem Diensthause, geführet habe. Du sollst keine andern Götter neben mir haben.

Fragen.

1. Was wird uns am Anfang dieser Geschichte von Josua erzählt? 2. Wer sollte kein Erbe bekommen? 3. Warum nicht? 4. Wie viele Städte bekamen die Leviten? 5. Woran erinnert Josua das Volk, als er von ihm Abschied nahm? 6. Wozu ermahnte er sie? 7. Welche Wahl legte er ihnen vor? 8. Welches Bekenntnis legte er ab? 9. Was antwortete das Volk? 10. Wie alt wurde Josua?

42. Gideon.
(Richter 2 bis 8.)

1. Da nun Josua, der Knecht des Herrn, gestorben war, da auch alle, die zu der Zeit gelebt hatten, zu ihren Vätern versammelt worden waren, kam nach ihnen ein ander Geschlecht auf, das den Herrn nicht kannte, noch die Werke, die er an Israel getan hatte. Da taten die Kinder Israels übel vor dem Herrn und folgten andern Göttern nach. Der Herr aber gab sie in die Hand ihrer Feinde. Wenn aber der Herr ihnen Richter erweckte, so war er mit dem Richter und half ihnen aus ihrer Feinde Hand.

2. Als aber die Kinder Israels zum Herrn schrien um der *Midianiter* willen, erschien der Engel des Herrn dem *Gideon*. Und Gideon drosch Weizen in der Kelter, daß er's flüchtete vor den Midianitern. Und der Engel sprach: Der Herr mit dir, du streitbarer Held! Gehe hin, du sollst Israel erlösen aus der Midianiter Händen. Und Gideon sprach: Willst du Israel durch meine Hand erlösen, so will ich ein Fell mit der Wolle auf die Tenne legen. Wird der Tau auf dem Fell allein sein und auf der ganzen Erde trocken,

42. Gideon.

so will ich merken, daß du Israel durch meine Hand erlösen willst. Und es geschah also. Und da er des andern Tages früh aufstand, drückte er den Tau aus und füllte eine Schale voll des Wassers. Und Gideon sprach zu Gott: Ich will's nur noch einmal versuchen, es sei allein auf dem Fell trocken und Tau auf der ganzen Erde. Und Gott tat also dieselbe Nacht, daß trocken war allein auf dem Fell und Tau auf der ganzen Erde.

3. Da machte sich Gideon frühe auf und alles Volk, das mit ihm war. Der Herr aber sprach zu Gideon: Des Volks ist zu viel, das mit dir ist, daß ich sollte Midian in ihre Hände geben. Israel möchte sich rühmen wider mich und sagen: Meine Hand hat mich erlöset. So laß nun ausschreien vor den Ohren des Volkes: Wer verzagt ist, der kehre um! Da kehrten von dem Volk um 22.000, daß nur 10.000 übrig blieben. Und der Herr sprach zu Gideon: des Volks ist noch zu viel. Führe sie hinab ans Wasser, daselbst will ich sie dir prüfen. Welcher mit seiner Zunge des Wassers lecket, wie ein Hund lekket, den stelle besonders, desselbengleichen, welcher auf seine Knie fällt, um zu trinken. Da war die Zahl derer, die geleckt hatten aus der Hand zum Munde, 300 Mann. Und der Herr sprach zu Gideon: Durch die 300

Mann will ich euch erlösen, aber das andere Volk laß alles gehen an seinen Ort.

4. Und der Herr sprach in derselben Nacht zu Gideon: Gehe hinab zum Lager der Midianiter, daß du hörest, was sie reden. Da ging Gideon mit seinem Knaben hinab. Und die Midianiter und Amalekiter hatten sich niedergelegt im Grunde wie eine Menge Heuschrecken, und ihre Kamele waren nicht zu zählen vor der Menge, wie der Sand am Ufer des Meeres. Da nun Gideon kam, siehe, da erzählte einer dem andern einen Traum und sprach: Siehe, mir hat geträumt, ein geröstet Gerstenbrot wälzte sich zum Heer der Midianiter, und da es kam an die Gezelte, warf es sie nieder und kehrte das oberste zu unterst. Da antwortete der andere: Das ist nichts anderes, denn das Schwert Gideons. Gott hat die Midianiter in seine Hände gegeben. Und Gideon kam wieder in das Heer Israels und sprach: Machet euch auf, denn der Herr hat das Heer der Midianiter in eure Hände gegeben. Und er teilte die 300 Mann in drei Haufen und gab einem jeglichen eine Posaune in seine Hand und leere Krüge und Fackeln darinnen. Und er sprach zu ihnen: Sehet auf mich und tut auch also, und siehe, wenn ich an den Ort des Heeres komme, wie ich tue, so tut ihr auch. Wenn ich die Posaune blase und alle, die mit mir sind, so sollt ihr auch die Posaunen blasen und sprechen: Hier Herr und Gideon! Also kam Gideon und hundert Mann mit ihm an die ersten Wächter, und weckten sie auf und bliesen die Posaunen und zerschlugen die Krüge mit ihren Händen. Also bliesen alle drei Haufen mit Posaunen und zerbrachen die Krüge und riefen: Hier Schwert des Herrn und Gideons! Da floh das ganze Heer und die Midianiter wurden gedemütigt. Da sprachen etliche in Israel zu Gideon: Sei Herr über uns! Aber Gideon sprach: Ich will nicht Herr sein über euch, sondern der Herr soll Herr über euch sein. Und das Land war stille vierzig Jahre, so lange Gideon lebte.

1. Sam. 14,6: Es ist dem Herrn nicht schwer, durch viel oder wenig helfen.

Psalm 121,2: Meine Hilfe kommt von dem Herrn, der Himmel und Erde gemacht hat.

Es sind ja Gott sehr leichte Sachen,
Und ist dem Höchsten alles gleich,
Den Reichen klein und arm zu machen,
Den Armen aber groß und reich;
Gott ist der rechte Wundermann,
Der bald erhöhn, bald stürzen kann.

Katechismusfrage.

37. Was droht und verheißt Gott? - Gott drohet zu strafen alle, die diese Gebote übertreten; darum sollen wir uns fürchten vor seinem Zorn und nicht wider solche Gebote tun. Er verheißt aber Gnade und alles Gute allen, die solche Gebote halten, darum sollen wir ihn auch lieben, ihm vertrauen und gerne tun nach seinen Geboten.

Fragen.

1. Was wird uns von dem Geschlecht nach Josuas Tod erzählt? 2. Was taten deswegen die Kinder Israels? 3. Was tat Gott dann? 4. Wen erweckte er zu ihrer Hilfe? 5. Wie heißt der Richter in unserer Geschichte? 6. Wer er-

schien ihm? 7. Von wem sollte er sein Volk erlösen? 8. Welches Zeichen verlangte Gideon? 9. Auf welche Weise prüfte Gott das große Heer? 10. Wie viele bestanden die Probe? 11. Wohin schickte Gott den Gideon in der Nacht? 12. Welchen Traum hörte er erzählen? 13. Welchen Wert hatte für ihn dieser Traum? 14. Auf welche Weise gewann er mit seinen Männern den Sieg? 15. Wozu wollten sie Gideon machen? 16. Was antwortete er? 17. Wie lange hatte jetzt das Volk Frieden?

43. Simson.
(Richter 14 bis 16.)

1. Und die Kinder Israels taten fürder übel vor dem Herrn. Da gab sie der Herr in die Hände der Philister vierzig Jahre. Es war aber ein Mann mit Namen Manoah aus dem Stamm Dan. Und der Engel des Herrn erschien ihm und seinem Weibe und sprach: Euch wird ein Sohn geboren werden, der wird ein Verlobter Gottes sein. Wein und starke Getränke soll er nicht trin-

43. Simson.

ken, und kein Schermesser soll auf sein Haupt kommen und er wird anfangen, Israel zu erlösen aus der Philister Hand. Als das Knäblein geboren wurde, hießen sie es Simson (kleine Sonne). Der Knabe wuchs und der Herr segnete ihn und der Geist des Herrn fing an ihn zu treiben. Und Simson ging hin zu den Philistern, um sich ein Weib zu nehmen. Und als er mit seinem Vater und seiner Mutter hinabzog, siehe, da kam ihm ein junger Löwe brüllend entgegen. Und der Geist des Herrn geriet über Simson, und er zerriß den Löwen, wie man ein Böcklein zerreißt, und hatte doch gar nichts in seiner Hand. Und als er nach etlichen Tagen wieder des Weges kam, siehe, da war ein Bienenschwarm in dem Leibe des Löwen. Und er nahm von seinem Honig und aß. Und Simson machte eine Hochzeit und sprach zu den Gästen: Ich will euch ein Rätsel aufgeben; wenn ihr's erratet, gebe ich euch dreißig Feierkleider, wo aber nicht, so sollt ihr mir dreißig Feierkleider geben. Sie sprachen: Laß hören! Er sprach zu ihnen: Speise ging von dem Fresser und Süßigkeit von dem Starken. Und sie konnten das Rätsel nicht erraten und sprachen zu Simsons Weib: Überrede deinen Mann, daß er uns das Rätsel sage, oder wir werden dich und deines

43. Simson.

Vaters Haus verbrennen. Da weinte sie vor ihm und er ließ sich überreden. Sie aber sagte es wieder ihres Volkes Kindern. Da sprachen diese zu Simson: Was ist süßer denn Honig? Was ist stärker denn der Löwe? Da geriet der Geist des Herrn über Simson, und er ging aus und schlug dreißig Philister, nahm ihnen die Feierkleider und gab sie den Jünglingen.

2. Der Schwiegervater Simsons hatte danach dessen Weib einem andern gegeben, so hatte er nun eine gerechte Ursache wider die Philister, und er tat ihnen Schaden. Weil er in einer Steinkluft im Stamme Juda wohnte, darum zogen die Philister aus gegen diesen Stamm. Da kamen 3000 Mann von Juda, um ihn zu fangen und den Philistern auszuliefern. Und er ließ sich binden mit zwei neuen Stricken. Und da er kam, jauchzten ihm die Philister entgegen. Aber der Geist des Herrn geriet über ihn und er zerriß die Stricke wie versengte Faden. Und er fand daselbst einen Eselskinnbacken, mit dem schlug er 1000 Mann. - Und Simson ging gen Gaza. Und die Männer von Gaza ließen auf ihn lauern die ganze Nacht am Stadttor, daß sie ihn erwürgeten, wenn er herausginge. Aber zur Mitternacht hob er das Stadttor samt den Pfosten aus den Riegeln und trug sie auf die Höhe des Berges.

43. Simson.

3. Danach nahm Simson Delila zum Weibe. Zu dieser sprachen der Philister Fürsten: Überrede ihn und siehe, worinnen er solche große Kraft hat, so wollen wir dir ein jeglicher elfhundert Silberlinge geben. Er sagte es ihr aber nicht. Da sie aber alle Tage mit ihren Worten in ihn drang, ward seine Seele matt, und er sagte ihr sein ganzes Herz und sprach zu ihr: Es ist nie ein Schermesser auf mein Haupt gekommen, denn ich bin ein Verlobter Gottes. Wenn du mich bescheren würdest, so wiche meine Kraft von mir. Da ließ Delila der Philister Fürsten rufen, die brachten ihr das Geld. Und als er schlief, schnitt ihm einer derselben die sieben Locken seines Hauptes ab. Da war seine Kraft von ihm gewichen. Und die Philister griffen ihn und stachen ihm die Augen aus und banden ihn mit zwei ehernen Ketten, und er mußte mahlen im Gefängnis.

4. Aber das Haar seines Hauptes fing wieder an zu wachsen. Und da der Philister Fürsten sich versammelten, ihrem Gott Dagon ein großes Opfer zu bringen, holten sie Simson aus dem Gefängnis, stellten ihn zwischen zwei Säulen, und er mußte vor ihnen spielen. Simson aber sprach zu dem Knaben, der ihn bei der Hand leitete: Laß mich, daß ich die Säulen taste, auf welchen das Haus steht, daß ich mich

daran lehne. Das Haus aber war voll Männer und Weiber. Es waren auch der Philister Fürsten alle da und auf dem Dach bei 3000 Mann. Simson aber rief den Herrn an und sprach: Herr, Herr, gedenke mein und stärke mich doch diesmal! Und er faßte die zwei Mittelsäulen, auf welche das Haus gesetzt war, und sprach: Meine Seele sterbe mit den Philistern! und neigte sich kräftiglich. Da fiel das Haus auf die Fürsten und auf alles Volk, das darinnen war, daß der Toten mehr waren, die in seinem Tode starben, denn die bei seinem Leben starben.

Jer. 9, 23.24: Ein Weiser rühme sich nicht seiner Weisheit, ein Starker rühme sich nicht seiner Stärke, ein Reicher rühme sich nicht seines Reichtums, sondern wer sich rühmen will, der rühme sich des, daß er mich wisse und kenne, daß ich der Herr bin, der Barmherzigkeit, Recht und Gerechtigkeit übet auf Erden, denn solches gefällt mir, spricht der Herr.

Ach sei mit deiner Gnade
Bei uns, Herr Jesu Christ,
Auf daß uns nimmer schade
Des bösen Feindes List!

Katechismusfrage.

67. Welches ist die Strafe der Sünde? - Der Tod, wie geschrieben steht, Röm. 6,23: Der Tod ist der Sünde Sold.

Fragen.

1. Wer unterjochte in unserer Geschichte die Israeliten? 2. Worin bestand die Aufgabe Simsons? 3. Was sollte er darum nicht tun? 4. Wie lautet das Rätsel Simsons? 5. Welche Veranlassung hatte es? 6. Wie erfuhren die Gäste die Lösung? 7. Woher bekam Simson die Feierkleider? 8. Wer wollte Simson den Feinden in die Hände geben? 9. Wie befreite und rächte er sich? 10. Was tat er in Gaza? 11. Durch wen erfuhren die Philister die Quelle seiner Kraft? 12. Was taten sie mit Simson? 13. Was sollte er bei ihrem Fest tun? 14. Was aber tat Simson?

44. Ruth.
(Das Buch Ruth, Kapitel 1 bis 4.)

1. Zu der Zeit, da die Richter regierten, ward eine Teurung im Lande. Und *Elimelech* von Bethlehem zog in der Moabiter Land mit seinem Weibe *Naemi* und zwei Knaben. Und Elimelech starb, und Naemi blieb übrig mit ihren zwei Söhnen. Die nahmen moabitische Weiber, die eine hieß *Orpa* (Arpa), die andere *Ruth*. Und da sie daselbst zehn Jahre gewohnt hatten, starben die beiden Söhne. Da machte sich Naemi mit ihren zwei Schwiegertöchtern auf und zog wieder aus der Moabiter Land. Und auf dem Wege sprach sie: Kehret um! Der Herr tue an euch Barmherzigkeit, wie ihr an den Toten und an mir getan habt. Und sie küßte sie. Da weinten sie, und Orpa küßte ihre Schwiegermutter und kehrte um. Ruth aber blieb bei ihr. Naemi aber sprach: Kehre du auch um! Ruth antwortete: *Rede mir nicht*

darein, daß ich dich verlassen und von dir umkehren sollte. Wo du hingehst, da will ich auch hingehen; wo du bleibst, da bleibe ich auch. Dein Volk ist mein Volk, und dein Gott ist mein Gott. Wo du stirbst, da sterbe ich auch, da will ich auch begraben werden. Der Tod muß mich und dich scheiden.

2. Und da sie zu Bethlehem einkamen, erregte sich die ganze Stadt über ihnen und sprach: Ist das die Naemi? Sie aber sprach zu ihnen: Heißet mich nicht Naemi (die Fröhliche), sondern Mara (die Betrübte), denn der Allmächtige hat mich sehr betrübt. Voll zog ich aus, aber leer hat mich der Herr wieder heimgebracht. Es war aber um die Zeit, daß die Gerstenernte anging. Und Ruth ging hin und las Ähren, und das Feld, auf dem sie las, war des *Boas.* Der war ein Verwandter der Naemi. Und Boas kam eben von Bethlehem und sprach zu den Schnittern: Der Herr sei mit euch! Sie antworteten: Der Herr segne dich! Und Boas sprach: Wes ist die Dirne? Der Knabe, der über die Schnitter gesetzt war, sprach: Es ist die Moabitin, die mit Naemi wiedergekommen ist, sie ist dagestanden von Morgen an bisher. Da sprach Boas zu Ruth: Meine Tochter, du sollst nicht auf einen andern Acker gehen, aufzulesen, sondern

44. Ruth.

halte dich zu meinen Dirnen; wo sie schneiden, da gehe ihnen nach. Ich habe meinen Knaben geboten, daß dich niemand antaste, und so dich dürstet, so gehe hin zu dem Gefäß und trinke. Da fiel sie auf ihr Angesicht und sprach: Womit habe ich die Gnade gefunden vor deinen Augen, die ich doch fremd bin? Boas sprach: Es ist mir angesagt alles, was du an deiner Schwiegermutter getan hast nach deines Mannes Tod, daß du deinen Vater und deine Mutter und dein Vaterland verlassen hast und bist zu einem Volke gezogen, das du zuvor nicht kanntest. Der Herr vergelte dir deine Tat, und dein Lohn müsse vollkommen sein bei dem Herrn, dem Gott Israels, zu welchem du gekommen bist, daß du unter seinen Flügeln Zuversicht hättest. Ruth sprach: Laß mich Gnade vor deinen Augen finden, mein Herr! Boas sprach: Wenn es Essenszeit ist, so mache dich hier herzu und iß des Brotes und tunke deinen Bissen in den Essig. Und da sie sich aufmachte zu lesen, gebot Boas seinen Knaben: Lasset sie auch zwischen den Garben lesen und beschämet sie nicht.

3. Also las sie auf dem Felde bis zum Abend, und sie kam zu ihrer Schwiegermutter und gab ihr, was übrig geblieben war, davon sie war satt gewor-

den. Da sprach ihre Schwiegermutter: Wo hast du heute gelesen? Sie aber sprach: Der Mann heißt Boas. Naemi aber sprach: Gesegnet sei er dem Herrn! Der Mann gehört uns zu und ist unser Erbe. Also las sie, bis die Ernte aus war, und kam wieder zu ihrer Schwiegermutter. Naemi sprach: Boas worfelt heute Gerste auf seiner Tenne, so lege dein Kleid an und gehe hinab auf die Tenne. Sie ging hinab und tat, wie ihre Schwiegermutter geboten hatte und sprach zu Boas: Breite deine Flügel über deine Magd, denn du bist der Erbe. Boas aber sprach: Es ist wahr, daß ich der Erbe bin, aber es ist einer näher denn ich. So er dich nicht nimmt, so will ich dich nehmen, so wahr der Herr lebt!

4. Sie kam zu ihrer Schwiegermutter und sagte ihr alles und sprach: Diese sechs Maß Gerste gab er mir, denn er sprach: Du sollst nicht leer zu deiner Schwiegermutter kommen. Sie aber sprach: Sei stille, meine Tochter, bis du erfährst, wo es hinaus will, denn der Mann wird nicht ruhen, er bringe es denn heute zu Ende. Und Boas ging hin und sprach zu dem Erben: Willst du das Stück Feld Elimelechs beerben? Da sprach er: Ich mag es nicht beerben, kaufe du es. Also kaufte Boas das Feld und nahm Ruth zum Weibe. Und der Herr gab ihr einen Sohn, den nannte sie *Obed*. Dieser war der Vater Isais, der war der Vater Davids, von welchem der Heiland Jesus abstammt.

Eph. 6, 2.3: "Ehre Vater und Mutter!" Das ist das erste Gebot, das Verheißung hat: "Auf daß dir's wohlgehe und du lange lebest auf Erden."

Wer nur den lieben Gott läßt walten
Und hoffet auf ihn allezeit,
Den wird er wunderbar erhalten
In aller Not und Traurigkeit;
Wer Gott, dem Allerhöchsten, traut,
Der hat auf keinen Sand gebaut.

Katechismusfrage.

17. Wie lautet das vierte Gebot? - Du sollst deinen Vater und deine Mutter ehren, auf daß du lange lebest im Lande, das dir der Herr, dein Gott, gibt.

Fragen.

1. Wo zog Elimelech während der Teurung hin? 2. Wie hieß sein Weib? 3. Wie hießen die Frauen seiner Söhne? 4. Was tat Naemi nach dem Tode ihres Mannes und ihrer Söhne? 5. Welche von ihren Schwiegertöchtern kehrte wieder um? 6. Was aber sagte Ruth? 7. Was sagten die Leute zu Bethlehem, als sie ankamen? 8. Was gab ihnen Naemi zur Antwort? 9. Was tat Ruth während der Ernte? 10. Auf wessen Acker? 11. Was sagte Boas zu Ruth? 12. Was erwiderte Ruth? 13. Wessen Weib wurde die Ruth? 14. Wessen Stammmutter ist sie geworden?

45. Eli und Samuel.
(1. Samuel 1 bis 6.)

1. Zur Zeit des Hohepriesters *Eli* lebte ein Mann zu Ramath, der hieß *Elkana*. Sein Weib *Hanna* hatte keine Kinder. Elkana zog mit ihr hinauf

45. Eli und Samuel.

nach *Silo*, wo die Hütte des Stifts stand, zu opfern dem Herrn Zebaoth. Und Hanna war von Herzen betrübt, betete zum Herrn, tat ein Gelübde und sprach: Herr Zebaoth, wirst du deiner Magd einen Sohn geben, so will ich ihn dir geben sein Leben lang und soll kein Schermesser auf sein Haupt kommen. Und da sie lange betete, hatte Eli, der Hohepriester, acht auf ihren Mund, denn Hanna betete in ihrem Herzen, ihre Lippen regten sich, aber ihre Stimme hörte man nicht. Da meinte Eli, sie wäre trunken, und sprach zu ihr: Wie lange willst du trunken sein? Hanna aber antwortete und sprach: Nein, mein Herr, ich bin ein betrübtes Weib. Ich habe mein Herz vor dem Herrn ausgeschüttet. Eli antwortete und sprach: Gehe hin mit Frieden! Der Gott Israels wird dir deine Bitte geben, die du von ihm gebeten hast. Also ging Hanna ihres Weges und sah nicht mehr so traurig.

2. Und Hanna bekam einen Sohn und hieß ihn *Samuel* (Gott hört), denn sie sprach: Ich habe ihn vom Herrn erbeten. Als das Kind entwöhnt war, brachte sie es in das Haus des Herrn zu Silo und sprach zu Eli: Mein Herr, ich bin das Weib, das hier den Herrn um diesen Knaben bat. Nun hat der Herr meine Bitte gegeben, darum gebe ich ihn dem Herrn wieder sein

45. Eli und Samuel.

Leben lang. Und Hanna lobte den Herrn Zebaoth. Der Knabe aber war des Herrn Diener am Hause des Herrn vor dem Priester Eli.

3. Aber die Söhne Elis waren böse Buben, die fragten nicht nach dem Herrn und machten, daß die Leute das Opfer des Herrn lästerten. Eli aber war sehr alt und erfuhr alles, was seine Söhne taten. Und er sprach zu ihnen: Warum tut ihr solches? Nicht, meine Kinder, das ist nicht ein gutes Gerücht, das ich höre. Ihr macht des Herrn Volk übertreten. Aber sie gehorchten ihres Vaters Stimme nicht. Aber der Knabe Samuel nahm immermehr zu und war angenehm bei dem Herrn und den Menschen. Zu derselbigen Zeit war des Herrn Wort teuer und war wenig Weissagung. Und Eli lag an seinem Ort und seine Augen fingen an dunkel zu werden. Und Samuel hatte sich gelegt im Tempel des Herrn, da die Lade Gottes war. Und der Herr rief Samuel. Er aber antwortete: Siehe, hier bin ich! und lief zu Eli und sprach: Siehe, hier bin ich, du hast mir gerufen. Eli sprach: Ich habe dir nicht gerufen; gehe wieder hin und lege dich schlafen. Und er ging hin. Der Herr rief abermal: Samuel! Und Samuel stand auf und ging zu Eli und sprach: Siehe, hier bin ich! du hast mir gerufen. Eli sprach: Ich habe dir nicht

45. Eli und Samuel.

gerufen, mein Sohn; gehe wieder hin und lege dich schlafen. Und der Herr rief Samuel zum dritten Male. Und er stand auf und ging zu Eli und sprach: Siehe, hier bin ich! du hast mir gerufen. Da merkte Eli, daß der Herr den Knaben rief und sprach: Gehe wieder hin und lege dich schlafen, und wenn du gerufen wirst, so sprich: Rede, Herr, dein Knecht höret! Samuel ging hin und legte sich an seinen Ort. Da rief der Herr wie vormals: Samuel, Samuel! Und Samuel sprach: Rede, Herr, dein Knecht höret! Und der Herr sprach: Siehe, ich will erwecken über Eli, was ich wider sein Haus geredet habe. Denn ich habe es ihm angesagt, daß ich Richter sein will über sein Haus ewiglich um der Missetat willen, daß er wußte, wie seine Kinder sich schändlich hielten und hat ihnen nicht gewehret. Samuel aber fürchtete sich, das Gesicht Eli anzusagen. Da rief ihm Eli und sprach: Was ist das Wort, das dir gesagt ist? Verschweige mir nichts! Da sagte ihm Samuel alles an. Eli aber sprach: *Es ist der Herr, er tue, was ihm wohlgefällt!*

4. Israel aber zog aus, den Philistern entgegen in den Streit. Und es waren dabei die zwei Söhne Elis mit der Lade des Bundes Gottes. Und Israel ward geschlagen von den Philistern, und die Lade Gottes ward genommen,

und die beiden Söhne Elis starben. Da lief einer aus dem Heer und kam gen Silo und hatte seine Kleider zerrissen und hatte Erde auf sein Haupt gestreut. Eli aber saß am Tor, daß er auf den Weg sähe, denn sein Herz war zaghaft wegen der Lade Gottes. Der Mann sprach zu Eli: Israel ist geflohen, deine Söhne sind gestorben, dazu ist auch die Lade Gottes genommen. Da er aber der Lade Gottes gedachte, fiel Eli zurück vom Stuhl und brach seinen Hals und starb. Er war 98 Jahre alt und hatte Israel vierzig Jahre gerichtet.

5. Und der Herr suchte die Philister heim mit vielen Plagen um der Bundeslade willen, da sandten sie dieselbe den Kindern Israels wieder zu. Samuel aber sprach zu dem ganzen Israel: So ihr euch von ganzem Herzen bekehret zu dem Herrn, so tut von euch die fremden Götter und richtet euer Herz zu dem Herrn und dient ihm allein, so wird er euch erretten von den Philistern. Da taten sie die fremden Götter von sich und dienten dem Herrn allein. Und Samuel versammelte das ganze Israel gen Mizpa, und sie fasteten und bekannten ihre Sünden, und Samuel schrie zum Herrn für Israel und der Herr erhörte ihn. Darum gab ihnen der Herr Sieg, und die Philister wurden hinausgetrieben und kamen nicht mehr in die Grenzen Israels, so lange Samuel lebte. Da richtete Samuel einen Stein auf und hieß ihn *Eben - Ezer* und sprach: *Bis hierher hat uns der Herr geholfen.* Und Samuel richtete Israel sein Leben lang.

Spr. Sal. 9, 17: Die mich frühe suchen, finden mich.

1. Sam. 2, 30: Wer mich ehret, den will ich auch ehren; wer aber mich verachtet, der soll wieder verachtet werden.

Ich will von meiner Missetat
Mich zu dem Herrn bekehren;
Du wollest selbst mir Hilf und Rat
Hiezu, o Gott, bescheren.
Und deines guten Geistes Kraft,
Der neue Herzen in uns schafft,
Aus Gnaden mir gewähren.

Katechismusfrage.

8. Was verbietet Gott im ersten Gebot? - Die Abgötterei, sie sei grob oder fein.

Fragen.

1. Wie heißt der Hohepriester, von dem in unserer Geschichte die Rede ist? 2. Welches Gelübde tat Hanna? 3. Was meinte Eli, als er Hanna beten sah? 4. Warum? 5. Was antwortete sie? 6. Welchen Namen gab Hanna ihrem Sohn? 7. Warum brachte sie ihn zu Eli? 8. Was wird uns von Elis Söhnen erzählt? 9. Was dagegen von Samuel? 10. Wann und wo hörte Samuel seinen Namen rufen? 11. Was meinte er? 12. Wie oft wiederholte sich das? 13. Was sagte Eli beim dritten Mal zu Samuel? 14. Was kündigte Gott dem Samuel an? 15. Was sprach Eli, als ihm Samuel es am andern Morgen auf seine Frage erzählte? 16. Was geschah, als Israel gegen die Philister in den Kampf zog? 17. Welchen Eindruck machte die Nachricht davon auf Eli? 18. Wie lange war er Richter über Israel gewesen? 19. Wie hieß Samuel den Stein, den er zu Mizpa aufrichtete? 20. Warum gab er dem Stein diesen Namen?

V. Die drei ersten Könige Israels.

46. Saul, der erste König über Israel.
(1. Sam. 8 bis 15.)

1. Da aber Samuel alt ward, setzte er seine Söhne zu Richtern über Israel. Aber seine Söhne wandelten nicht in seinen Wegen, sondern neigten sich zum Geiz und nahmen Geschenke und beugten das Recht. Da versammelten sich alle Ältesten in Israel und sprachen zu Samuel: Siehe, du bist alt geworden und deine Söhne wandeln nicht in deinen Wegen, so setze nun einen König über uns, der uns richte, wie alle Heiden haben. Das gefiel Samuel übel, und er betete vor dem Herrn. Der Herr aber sprach zu Samuel: Gehorche der Stimme des Volks in allem, das sie zu dir gesagt haben, denn sie haben nicht dich, sondern mich verworfen, daß ich nicht soll König über sie sein.

2. Es war aber ein Mann von Benjamin, mit Namen *Kis*, der hatte einen Sohn mit Namen *Saul*. Der war ein

junger, schöner Mann, eines Hauptes länger denn alles Volk. Es hatte aber Kis seine Eselinnen verloren und sprach zu seinem Sohne Saul: Nimm der Knaben einen mit dir, gehe hin und suche die Eselinnen. Und sie gingen durch das Gebirge Ephraim und fanden sie nicht. Da sie aber gen Rama kamen, sprach der Knabe: Siehe, es ist ein berühmter Mann Gottes in dieser Stadt; alles, was er sagt, das geschieht. Laß uns zu ihm gehen; vielleicht sagt er uns unsern Weg, den wir gehen sollen. Und da sie zur Stadt kamen, siehe, da ging Samuel heraus ihnen entgegen. Aber der Herr hatte Samuel einen Tag zuvor, ehe Saul kam, gesagt: Morgen um diese Zeit will ich einen Mann aus dem Lande Benjamin zu dir senden, den sollst du zum Fürsten über mein Volk Israel salben. Da nun Samuel Saul ansah, *antwortete* ihm der Herr: Siehe, das ist der Mann, davon ich dir gesagt habe, daß er über mein Volk herrsche. Und Saul trat zu Samuel und sprach: Sage mir, wo ist hier des Sehers Haus? Samuel antwortete Saul und sprach: Ich bin der Seher! Ihr sollt heute mit mir essen, morgen will ich dich gehen lassen. Um die Eselinnen, die du vor drei Tagen verloren hast, bekümmere dich nicht, sie sind gefunden. Und das Beste in Israel wird dein und deines Vaters ganzen Hauses sein. - Des andern Tages standen sie frühe auf und gingen beide miteinander hinaus. Und da sie an das Ende der Stadt kamen, nahm Samuel ein Ölglas und goß es auf Sauls Haupt, küßte ihn und sprach: Siehst du, daß dich der Herr zum Fürsten über sein Erbteil gesalbt hat? Und da Saul seine Schultern wandte, daß er von Samuel ginge, *gab ihm Gott ein anderes Herz.*

3. Samuel aber berief das Volk zum Herrn gen Mizpa und sprach zu den Kindern Israels: Ihr habt heute euern Gott verworfen, der euch aus all euerm Unglück und aus eurer Trübsal geholfen hat, und sprecht zu ihm: Setze einen König über uns! Wohlan, so tretet nun vor den Herrn nach euern Stämmen und Freundschaften. Da nun Samuel alle Stämme Israels herzubrachte, ward getroffen der Stamm Benjamin. Und da er den Stamm Benjamin herzubrachte mit seinen Geschlechtern, ward getroffen Saul, der Sohn Kis. Und sie suchten ihn. Saul aber hatte sich bei dem Geräte versteckt. Da liefen sie hin und holten ihn. Und da er unter das Volk trat, war er eines Hauptes länger denn alles Volk. Und Samuel sprach: Da sehet ihr, welchen der Herr erwählet hat, denn ihm ist keiner gleich in allem Volk. Da jauchzte alles Volk und sprach: Glück zu dem Könige! Aber etliche lose Leute sprachen: Was sollte uns dieser helfen? und verachteten ihn und brachten ihm kein Geschenk. Aber er tat, als hörte er's nicht.

4. Es zog aber herauf Nahas, der Ammoniter, und belagerte Jabes in Gilead. Und alle Männer zu Jabes sprachen zu Nahas: Mache einen Bund mit uns, so wollen wir dir dienen. Aber Nahas antwortete ihnen: Darin will ich mit euch einen Bund machen, daß ich euch allen das rechte Auge aussteche. Da sandten die Ältesten Boten gen Gibea zu Saul. Dieser aber kam vom Felde hinter den Rindern her, und da sie ihm die Sache von Jabes erzählten, geriet der Geist Got-

46. Saul, der erste König über Israel.

tes über ihn, und er nahm ein paar Ochsen, zerstückte sie, sandte sie in alle Grenzen Israels und ließ sagen: Wer nicht auszieht, Saul und Samuel nach, des Rindern soll man also tun. Da fiel die Furcht des Herrn auf das Volk, daß sie auszogen, gleich als ein einiger Mann, und sie schlugen die Ammoniter, daß ihrer nicht zwei bei einander blieben. Da sprach alles Volk zu Samuel: Wer sind die, die da sagten: Sollte Saul über uns herrschen? Gebt sie her, daß wir sie töten! Saul aber sprach: Es soll auf diesen Tag niemand sterben, denn der Herr hat heute Heil gegeben in Israel. Samuel sprach zum Volk: Laßt uns gen Gilgal gehen und das Königreich daselbst erneuen! Da ging alles Volk gen Gilgal, und sie machten daselbst Saul zum Könige vor dem Herrn und opferten Dankopfer vor dem Herrn.

5. Da Saul das Reich über Israel eingenommen hatte, stritt er wider alle seine Feinde umher. Und er hatte Sieg und errettete Israel von der Hand aller, die sie plagten. - Samuel aber sprach zu Saul: Ziehe hin und schlage die Amalekiter und verbanne sie mit allem, das sie haben. Da schlug Saul die Amalekiter und ergriff Agag, der Amalekiter König, lebendig. Aber Saul und das Volk schonte des Agag und was gute Schafe und Rinder und

gemästet war, und wollten es nicht verbannen, was aber schnöde und untüchtig war, das verbannten sie. Da geschah des Herrn Wort zu Samuel und sprach: Es reuet mich, daß ich Saul zum König gemacht habe, denn er hat meine Worte nicht erfüllt. Samuel kam zu Saul und sprach: Was ist das für ein Blöcken der Schafe und Brüllen der Rinder? Saul sprach: Das Volk verschonte der besten Schafe und Rinder, um des Opfers willen des Herrn, deines Gottes. Das andere haben wir verbannt. Samuel aber sprach: Warum hast du nicht gehorcht des Herrn Stimme, sondern hast dich zum Raube gewendet und übel gehandelt vor den Augen des Herrn? Siehe, *Gehorsam ist besser denn Opfer! Weil du nun des Herrn Wort verworfen hast, hat er dich auch verworfen, daß du nicht König seiest.* Da sprach Saul zu Samuel: Ich habe gesündigt, daß ich des Herrn Befehl und deine Worte übertreten habe, denn ich fürchtete das Volk und gehorchte seiner Stimme. Und nun vergib mir die Sünde und kehre mit mir um, daß ich den Herrn anbete. Samuel sprach zu Saul: Ich will nicht mit dir umkehren, denn du hast des Herrn Wort verworfen, und der Herr hat dich auch verworfen, daß du nicht König seiest über Israel. Als Samuel weggehen wollte, sprach Saul: Ich habe gesündigt, aber ehre mich doch jetzt vor den Ältesten meines Volkes und vor Israel und kehre mit mir um, daß ich den Herrn, deinen Gott, anbete. Also kehrte Samuel um und folgte Saul nach, daß Saul den Herrn anbetete. - Und Samuel ging hin gen Rama und sah Saul nicht mehr bis an den Tag seines Todes. Aber doch trug Samuel Leid um Saul, daß den Herrn gereuet hatte, daß er Saul zum König über Israel gemacht hatte.

2. Chronika 16, 9: Des Herrn Augen schauen alle Lande, daß er stärke die, so von ganzem Herzen an ihm sind.

1. Petri 1, 17: Sintemal ihr den zum Vater anrufet, der ohne Ansehen der Person richtet nach eines jeglichen Werk, so führet euern Wandel, so lange ihr hier wallet, mit Furcht.

O Gott, du frommer Gott,
Du Brunnquell guter Gaben,
Ohn den nichts ist, was ist,
Von dem wir alles haben!

Gesunden Leib gib mir,
Und daß in solchem Leib
Ein unverletzte Seel
Und rein Gewissen bleib.

Katechismusfrage.

33. Was verbietet Gott im zehnten Gebot? - Alle böse Lust und Begierde, sei dieselbe gerichtet auf Besitz oder Genuß.

Fragen.

1. Was wird uns von Samuels Söhnen erzählt? 2. Was verlangte deswegen das Volk von Samuel? 3. Was sprach Gott zu Samuel? 4. Wie hieß der Vater Sauls? 5. Was mußte Saul auf seines Vaters Befehl tun? 6. Wen wollte er auf seines Knechtes Rat um Auskunft fragen? 7. Was hatte Gott am Tage vorher dem Samuel geoffenbart? 8. Was sprach der Herr zu Samuel, als dieser Saul sah? 9. Was fragte Saul den Samuel? 10. Was antwortete Samuel? 11. Was tat Samuel am andern Morgen, als er Saul das Geleit gab? 12. Was gab Gott dem Saul?

13. Wohin berief Samuel das Volk? 14. Wozu? 15. Wie befreite Saul die Bürger von Jabes? 16. Bei welcher Gelegenheit wurde Saul dem Herrn ungehorsam? 17. Womit wollte er sich rechtfertigen? 18. Aber welches Urteil sprach Samuel im Namen Gottes über ihn aus?

47. Samuel salbt David zum Könige.
(1. Sam. 16.)

1. Und der Herr sprach zu Samuel: Wie lange trägst du Leid um Saul, den ich verworfen habe, daß er nicht König sei über Israel? Fülle dein Horn mit Öl und gehe hin, ich will dich zu dem Bethlehemiter *Isai* senden, denn unter seinen Söhnen habe ich mir einen König ersehen. Nimm ein Kalb von den Rindern und lade Isai zum Opfer, da will ich dir weisen, was du tun sollst. Samuel tat, wie ihm der Herr gesagt hatte, und kam gen Bethlehem. Da entsetzten sich die Ältesten der Stadt, gingen ihm entgegen und sprachen: Ist's Friede, daß du kommst? Er sprach: Ja, ich bin ge-

kommen, dem Herrn zu opfern. Heiliget euch und kommt mit mir zum Opfer. Da sie nun hereinkamen, sah er den *Eliab* an und gedachte, der sei vor dem Herrn sein Gesalbter. Aber der Herr sprach zu Samuel: Siehe nicht an seine Gestalt, noch seine große Person, ich habe ihn verworfen, denn es geht nicht, wie ein Mensch sieht. *Ein Mensch siehet, was vor Augen ist, der Herr aber siehet das Herz an.* Da ließ Isai seine sieben Söhne vor Samuel vorübergehen. Aber Samuel sprach zu Isai: Der Herr hat deren keinen erwählet. Sind das die Knaben alle? Er aber sprach: Es ist noch übrig der jüngste, und siehe, er hütet der Schafe. Da sprach Samuel zu Isai: Sende hin und laß ihn holen. Da sandte er hin und ließ ihn holen. Und er war bräunlich, mit schönen Augen und guter Gestalt. Und der Herr sprach: Auf! und salbe ihn, denn der ist's. Da nahm Samuel sein Ölhorn und salbte ihn mitten unter seinen Brüdern. Und der Geist des Herrn geriet über David von dem Tage an und fürder. Samuel aber machte sich auf und ging gen Rama.

2. Der Geist aber des Herrn wich von Saul, und ein böser Geist vom Herrn machte ihn sehr unruhig. Da sprach Saul zu seinen Knechten: Sehet nach einem Mann, der es wohl kann auf Saitenspiel und bringet ihn zu mir. Da antwortete der Knaben einer: Siehe, ich habe einen Sohn des Isai gesehen, der kann's wohl auf Saitenspiel. Da sandte Saul Boten zu Isai und ließ ihm sagen: Sende deinen Sohn David zu mir. Also kam David zu Saul und diente vor ihm, und er gewann ihn sehr lieb und ward sein Waffenträger.

Wenn nun der Geist von Gott über Saul kam, nahm David die Harfe und spielte, so erquickte sich Saul und ward besser mit ihm, und der böse Geist wich von ihm.

1. Chron. 29, 9: Wirst du den Herrn suchen, so wirst du ihn finden; wirst du ihn aber verlassen, so wird er dich verlassen ewiglich.

1. Chron. 30, 17: Ich weiß, mein Gott, daß du das Herz prüfest und Aufrichtigkeit ist dir angenehm.

Zeuch mich, o Vater, zu dem Sohne,
Damit dein Sohn
mich wieder zieh zu dir;
Dein Geist in meinem Herzen wohne
Und meine Sinnen und Verstand
regier,
Daß ich den Frieden Gottes
schmeck und fühl
Und dir darob im Herzen sing und
spiel.

Katechismusfrage.

7. Was gebietet Gott im ersten Gebot? - Daß wir ihn über alle Dinge fürchten, lieben und vertrauen.

Fragen.

1. Welchen Auftrag gab der Herr dem Samuel? 2. Was dachte Samuel, als Eliab an ihm vorüberging? 3. Aber was sprach der Herr zu Samuel? 4. Was fragte Samuel den Isai, als seine sieben Söhne an ihm vorübergegangen waren? 5. Was antwortete Isai? 6. Was verlangte da Samuel? 7. Was sprach der Herr zu Samuel, als David erschien? 8. Was tat dann Samuel? 9. Warum ließ Saul den David zu sich rufen? 10. Welchen Einfluß hatte Davids Harfenspiel auf Saul?

48. David und Goliath.
(1. Samuel 17.)

1. Die Philister sammelten ihre Heere zum Streit und standen auf einem Berge jenseits, und die Israeliten auf einem Berge diesseits, daß ein Tal zwischen ihnen war. Da trat hervor aus den Lagern der Philister ein Riese mit Namen Goliath, sechs Ellen und eine Hand breit hoch. Und er hatte einen ehernen Helm auf seinem Haupt und einen schuppigen Panzer an. Und er hatte eherne Beinharnische an seinen Schenkeln und einen ehernen Schild auf seinen Schultern. Der Schaft seines Spießes war wie ein Weberbaum. Und Goliath stand und rief zu dem Heer Israels und sprach: Erwählet einen unter euch, der zu mir herab komme. Schlägt er mich, so wollen wir eure Knechte sein; schlage ich ihn, so sollt ihr unsere Knechte sein. Da Saul und ganz Israel diese Rede des Philisters hörten, fürchteten sie sich sehr.

2. Die drei ältesten Söhne Isais waren mit Saul in den Streit gezogen. David aber ging wiederum von Saul, daß er die Schafe seines Vaters hütete. Da sandte ihn sein Vater zum Heer, daß er sehe, ob es seinen Brüdern wohlgehe, und ihnen etwas Speise bringe. Und da er noch mit ihnen redete, da trat der Riese herauf und redete wie vorhin. Aber jedermann in Israel, wenn er den Mann sah, floh vor ihm und fürchtete sich sehr. Da sprach David zu den Männern, die bei ihm standen: Was wird man dem tun, der diesen Philister schlägt und die Schande von Israel wendet? Da sagte ihm das Volk: Wer ihn schlägt, den will der König sehr reich machen und ihm seine Tochter geben. Und da sie die Worte hörten, die David sagte, verkündigten sie es Saul, und er ließ ihn holen. Und David sprach zu Saul: Es entfalle keinem Menschen das Herz um deswillen, dein Knecht soll hingehen und mit dem Philister streiten. Saul aber sprach zu David: Du kannst nicht hingehen und mit ihm streiten, denn du bist ein Knabe; dieser aber ist ein Kriegsmann von seiner Jugend auf. David aber sprach zu Saul: Dein Knecht hütete der Schafe seines Vaters, und es kam ein Löwe und ein Bär und trug ein Schaf weg von der Herde. Und ich lief ihm nach und schlug ihn und tötete ihn. Also hat dein Knecht geschlagen beide, den Löwen und den Bären. Der Herr, der mich von dem Löwen und Bären errettet hat, der wird mich auch von diesem Philister erretten. Und Saul sprach zu David: Gehe hin, der Herr sei mit dir! Und Saul zog dem David seine Kleider an und setzte ihm einen ehernen Helm auf sein Haupt und legte ihm einen Panzer an. Und David gürtete sein Schwert über seine Kleider und fing an zu gehen. Da sprach David zu Saul: Ich kann nicht also gehen, denn ich bin es nicht gewohnt. Und er legte es von sich.

3. Und David nahm seinen Stab in seine Hand und tat fünf glatte Steine aus dem Bach in seine Hirtentasche und nahm die Schleuder und machte sich zu dem Philister. Da nun der Philister David sah, verachtete er ihn und sprach: Bin ich denn ein Hund, daß du

48. David und Goliath.

mit Stecken zu mir kommst? Und er fluchte dem David bei seinem Gott und sprach: Komm her zu mir, ich will dein Fleisch den Vögeln unter dem Himmel und den Tieren auf dem Felde geben. David aber sprach zu dem Philister: Du kommst zu mir mit Schwert, Spieß und Schild, ich aber komme zu dir im Namen des Herrn Zebaoth, den du gehöhnet hast. Heute wird dich der Herr in meine Hand überantworten, daß ich dich schlage und nehme dein Haupt von dir und gebe deinen Leichnam den Vögeln unter dem Himmel und dem Wild auf Erden, daß alles Land inne werde, daß Israel einen Gott hat. Da sich nun der Philister nahete, eilte David gegen den Philister und tat seine Hand in die Tasche und nahm einen Stein daraus und schleuderte und traf den Philister an seine Stirn, daß der Stein in seine Stirn fuhr und er zur Erde fiel auf sein Angesicht. Und da David kein Schwert in der Hand hatte, lief er und trat zu dem Philister und nahm sein Schwert, zog es aus der Scheide und hieb ihm den Kopf damit ab. Da aber die Philister sahen, daß ihr Stärkster tot war, flohen sie. Und die Männer Israels und Judas machten sich auf und jagten den Philistern nach und schlugen sie.

Psalm 56, 12: Auf Gott hoffe ich und fürchte mich nicht, was können mir Menschen tun?

1. Petri 5, 5: Gott widerstehet den Hoffärtigen, aber den Demütigen gibt er Gnade.

Ein feste Burg ist unser Gott,
Ein gute Wehr und Waffen.
Er hilft uns frei aus aller Not,
Die uns jetzt hat betroffen.
Der alte böse Feind

Mit Ernst er es jetzt meint,
Groß Macht und viele List
Sein grausam Rüstung ist,
Auf Erd ist nicht seinsgleichen.

Katechismusfrage.
11. Wie lautet das zweite Gebot? - Du sollst den Namen des Herrn, deines Gottes, nicht mißbrauchen; denn der Herr wird den nicht ungestraft lassen, der seinen Namen mißbraucht.

Fragen.
1. Wie hatten sich die Heere Israels und der Philister aufgestellt? 2. Welchen Vorschlag machte der Riese Goliath den Israeliten? 3. Welchen Eindruck machte diese Rede des Riesen auf Saul und das Volk? 4. Wer kam zu der Zeit auch in das Lager? 5. Was tat er dort? 6. Was sprach David zu Saul? 7. Welche Antwort gab ihm der König? 8. Was erzählte ihm dann David? 9. Was zog Saul dem David an? 10. Warum legte er sie wieder ab? 11. Mit welchen Waffen ging David dem Riesen entgegen? 12. Mit welchen Worten empfing ihn Goliath? 13. Was antwortete ihm David? 14. Auf welche Weise überwand er den Riesen? 15. Was taten die Philister, als sie sahen, daß ihr Stärkster tot war? 16. Was tat das Volk Israels?

49. David und Jonathan.
(1. Sam. 18 bis 20.)

1. Da nun David wiederkam von der Schlacht der Philister, verband sich das Herz *Jonathans*, des Sohnes Sauls, mit dem Herzen Davids, und Jonathan gewann ihn lieb wie sein eigen Herz. Und David zog aus, wohin ihn Saul sandte und hielt sich klüglich. Und Saul setzte ihn über die Kriegsknechte, und er gefiel wohl allem Volk, auch den Knechten Sauls. - Es begab sich aber, daß die Weiber aus allen Städten Israels waren gegangen mit Gesang und Pauken dem König Saul entgegen und sangen: Saul hat tausend geschlagen, aber David zehntausend! Da ergrimmte Saul sehr und das Wort gefiel ihm übel und sprach: Sie haben David zehntausend gegeben und mir tausend; das Königreich will noch sein werden. Und Saul sah David sauer an von dem Tage an. Des andern Tages geriet der böse Geist von Gott über Saul; David aber spielte auf den Saiten. Und Saul hatte einen Spieß in der Hand und schoß ihn und gedachte: Ich will David an die Wand spießen. David aber wandte sich zweimal von ihm. Und Saul fürchtete sich vor David, denn der Herr war mit ihm und war von Saul gewichen. Da tat ihn Saul von sich und setzte ihn zum Fürsten über tausend Mann. Und

David hielt sich klüglich in all seinem Tun, und der Herr war mit ihm. Da gab Saul David seine Tochter *Michal* zum Weibe, um ihn zu Fall zu bringen. Denn er forderte von ihm, daß er hundert Philister erschlage, gedachte aber, er werde fallen durch der Philister Hand. David zog in den Streit und schlug unter den Philistern zweihundert Mann. Saul aber fürchtete sich noch mehr vor David und ward sein Feind sein Leben lang.

2. Saul aber redete mit seinem Sohn Jonathan und mit all seinen Knechten, daß sie David töten sollten. Und Jonathan redete das Beste von David mit seinem Vater und sprach: Es versündige sich nicht der König an seinem Knecht David, denn er hat keine Sünde wider dich getan und sein Tun ist dir sehr nütze, er hat sein Leben in seine Hand gesetzt und schlug den Philister und der Herr tat ein groß Heil dem ganzen Israel. Das hast du gesehen und dich des gefreut. Warum willst du dich denn an unschuldigem Blut versündigen, daß du David ohne Ursach tötest? Da schwur Saul: So wahr der Herr lebt, er soll nicht sterben. Aber der böse Geist kam wieder über Saul, und David spielte auf den Saiten. Und Saul trachtete David an die Wand zu spießen. David aber floh und entrann dieselbige Nacht. Und er kam zu Jonathan und redete mit ihm: Was habe ich gesündigt vor deinem Vater, daß er nach meinem Leben steht? Wahrlich, so wahr der Herr lebt, es ist nur ein Schritt zwischen mir und dem Tode. Siehe, morgen ist Neumond, da ich mit dem König zu Tisch sitzen sollte. Wird dein Vater nach mir fragen, so sprich: David bat mich, daß er gen Bethlehem laufen möchte, denn es ist ein jährlich Opfer daselbst dem ganzen Geschlecht. Wird er sagen: Es ist gut, so steht es wohl um deinen Knecht, wird er aber ergrimmen, so kannst du merken, daß Böses bei ihm beschlossen ist. Jonathan sprach: Ich will erforschen meinen Vater, ob es wohl oder übel mit dir steht. Nach drei Tagen komm und verbirg dich. So will ich drei Pfeile schießen, als ob ich nach dem Ziele schösse. Werde ich nun zu dem Knaben sagen: Gehe hin, suche die Pfeile, siehe, sie liegen hierwärts hinter dir, so komm, denn es ist Friede; sage ich aber: Siehe, die Pfeile liegen dortwärts vor dir, so gehe hin, denn der Herr hat dich lassen gehen. Was aber du und ich miteinander geredet haben, da ist der Herr zwischen mir und dir ewiglich. Und David verbarg sich im Felde. Da aber der Neumond kam, setzte sich der König zu Tische. Und er vermißte David an seinem Ort. Da sprach er zu seinem Sohne Jonathan: Warum ist der Sohn Isais nicht zu Tisch gekommen? Da Jonathan den David entschuldigen wollte, ergrimmte Saul und sprach: Du ungehorsamer Bösewicht! Ich weiß wohl, daß du den Sohn Isais auserkoren hast, dir zur Schande. Denn so lange der Sohn Isais lebt auf Erden, wirst du, dazu auch dein Königreich nicht bestehen. So sende nun hin und laß ihn herholen zu mir, denn er muß sterben. Jonathan antwortete seinem Vater Saul: Warum soll er sterben? Was hat er getan? Da schoß Saul den Spieß nach ihm, daß er ihn spießte. Da merkte Jonathan, daß bei seinem Vater gänzlich beschlossen war, David zu

49. David und Jonathan.

töten, und er stand auf vom Tisch und aß desselbigen Tages kein Brot, denn er war bekümmert um David, daß ihn sein Vater also verdammte. - Des Morgens ging Jonathan hinaus aufs Feld, dahin er David bestimmt hatte, und ein kleiner Knabe mit ihm. Und er schoß einen Pfeil über ihn hin und sprach: Der Pfeil liegt dortwärts vor dir, und rief abermal ihm nach: Eile, und stehe nicht stille. Da las der Knabe die Pfeile auf und brachte sie zu seinem Herrn. Da gab Jonathan dem Knaben seine Waffen und sprach zu ihm: Gehe hin und trage sie in die Stadt. Da stand David auf von seinem Ort und kam zu Jonathan. Und sie küßten einander und weinten, David aber am allermeisten. Und Jonathan sprach zu David: Gehe hin mit Frieden. Was wir beide geschworen haben im Namen des Herrn, das bleibe ewiglich. Und Jonathan machte sich auf und kam in die Stadt.

Spr. Sal. 17, 17: Ein Freund liebet allezeit, und als ein Bruder wird er in der Not erfunden.

Joh. 15, 12.13: Das ist mein Gebot, daß ihr euch untereinander liebet, gleichwie ich euch liebe. Niemand hat größere Liebe, denn die, daß er sein Leben lässet für seine Freunde.

Kommt, ach kommt, ihr
Gotteskinder,
Und erneuert euern Bund!
Schwöret unserm Überwinder
Lieb und Treu von Herzensgrund.
Und wenn eurer Liebeskette
Festigkeit und Stärke fehlt,
O, so flehet um die Wette,
Bis sie Jesus wieder stählt.

Katechismusfrage.

108. Was ist zu verstehen unter der Gemeinschaft der Heiligen? - Daß alle Christen, als Glieder eines Leibes, in der Liebe zusammenhangen, alle geistigen Güter gemein haben und einander Handreichung tun und fördern sollen zum völligen Wachstum in der Heiligung.

Fragen.

1. Wer wurde Davids Freund? 2. Was sangen die Weiber nach dem Sieg über die Philister? 3. Welches Gefühl erweckte das in Saul? 4. Was tat er deshalb, als der böse Geist über ihn geriet? 5. Was verlangte Saul von Jonathan und seinen Knechten? 6. Was antwortete Jonathan? 7. Was schwur Saul? 8. Aber was tat er dennoch bald darauf? 9. Was tat David? 10. Was sprach er zu Jonathan? 11. Was versprach ihm Jonathan? 12. Welches Zeichen verabredeten sie miteinander? 13. Was fragte Saul bei Tisch? 14. Was wollte Jonathan tun? 15. Was antwortete da Saul? 16. Was tat er? 17. Was merkte da Jonathan? 18. Was sprach Jonathan zu David, als sie voneinander Abschied nahmen?

50. David wird von Saul verfolgt.
(1. Sam. 21 und 22; 24 bis 27.)

1. David aber kam gen Nobe zum Priester Ahimelech. David bat ihn um Brot. Und der Priester gab ihm die Schaubrote aus der Stiftshütte zu essen, weil kein anderes Brot da war. Dort sah ihn der Edomiter Doeg, ein Oberhirte Sauls. Und David sprach: Ist nicht hier unter deiner Hand ein Spieß oder Schwert? Der Priester sprach: Das Schwert des Philisters Goliath, den du schlugest, ist hier. Willst du dasselbe, so nimm es hin. David sprach: Es ist seinesgleichen nicht, gib es mir. Und David machte sich auf und floh vor Saul.

2. Und Saul saß zu Gibea unter dem Baum auf der Höhe und hatte seinen Spieß in der Hand, und alle seine Knechte standen neben ihm. Da sprach Saul zu seinen Knechten: Ihr habt euch alle wider mich verbunden, und es ist niemand, der es mir offenbarte, weil auch mein Sohn mit dem Sohne Isais einen Bund gemacht hat. Da antwortete Doeg, der Edomiter: Ich sah den Sohn Isais, daß er kam zu Ahimelech, der gab ihm Speise und das Schwert Goliaths. Da sandte der König hin und ließ Ahimelech und die Priester, die mit ihm waren, rufen. Und der König gebot seinen Knechten, die Priester zu töten. Aber sie wollten ihre Hand nicht an die Priester des Herrn legen. Da sprach der König zu Doeg: Wende du dich und erschlage die Priester. Da erschlug Doeg die

50. David wird von Saul verfolgt.

Priester, 85 an der Zahl, samt ihren Weibern und Kindern. Nur *Abjathar*, ein Sohn Ahimelechs, entkam und floh zu David und blieb bei ihm.

3. Und David verbarg sich auf den Berghöhen zu *Engedi*. Da ward Saul angesagt: Siehe, David ist in der Wüste Engedi. Und Saul nahm 3000 junger Mannschaft und zog hin, David zu suchen. Und es war daselbst eine Höhle, und Saul ging hinein; David aber und seine Männer saßen hinten in der Höhle. Da sprachen die Männer Davids: Das ist der Tag, da der Herr dir deinen Feind in die Hände geben will. Und David stand auf und schnitt leise einen Zipfel vom Rocke Sauls.

Aber danach schlug ihm sein Herz und sprach zu seinen Männern: Das lasse der Herr ferne von mir sein, daß ich sollte meine Hand an meinen Herrn legen, denn er ist der Gesalbte des Herrn. Da aber Saul sich aufmachte aus der Höhle, machte sich David auch auf und rief Saul hinten nach: Mein Herr König! Saul sah hinter sich. Und David neigte sein Antlitz zur Erde und sprach: Siehe, heutigen Tages sehen deine Augen, daß dich der Herr heute in meine Hand gegeben hat. Mein Vater, siehe doch den Zipfel von deinem Rock in meiner Hand, daß ich dich nicht erwürgen wollte, da ich den Zipfel von deinem Rock schnitt.

Erkenne und siehe, daß nichts Böses in meiner Hand ist. Ich habe auch an dir nicht gesündigt, und du jagest meine Seele, daß du sie wegnehmest. Der Herr wird Richter sein zwischen mir und dir, aber meine Hand soll nicht über dir sein. Da sprach Saul: Ist das nicht deine Stimme, mein Sohn David? Und Saul weinte und sprach zu David: Du bist gerechter, denn ich. Der Herr vergelte dir Gutes für diesen Tag, das du an mir getan hast. Und Saul zog wieder heim. - Zu der Zeit starb *Samuel*, und das ganze Israel trug Leid um ihn und begruben ihn in seinem Hause zu Rama.

4. Da Saul hörte, daß David in der Wüste Siph war, machte er sich auf mit 3000 Mann, daß er David suchte. Und David kam an den Ort, wo Saul sein Lager hielt. Und siehe, Saul lag und schlief in der Wagenburg, und sein Spieß steckte in der Erde zu seinen Häupten. Abner aber, sein Feldhauptmann, und das Volk lagen um ihn her. Da sprach Abisai zu David: Gott hat deinen Feind heute in deine Hand beschlossen, so will ich ihn nun mit dem Spieß erstechen. David aber sprach: Verderbe ihn nicht! Denn wer will die Hand an den Gesalbten des Herrn legen und ungestraft bleiben? Nimm den Spieß und seinen Wasserbecher und laß uns gehen. Sie taten so und niemand merkte es, denn es war ein tiefer Schlaf vom Herrn auf sie gefallen. Da nun David hinüber auf den andern Berg gekommen war, trat er auf des Berges Spitze und schrie: Hörst du nicht, Abner? Warum hast du deinen Herrn, den König, nicht behütet? Siehe, hier ist der Spieß des Königs und sein Wasserbecher!

Da erkannte Saul die Stimme Davids und sprach: Ich habe gesündigt, komm wieder, mein Sohn David, ich will dir fürder kein Leid tun, darum, daß meine Seele teuer gewesen ist in deinen Augen. David antwortete: Der Herr wird einem jeglichen vergelten nach seiner Gerechtigkeit und Glauben. Und wie heute deine Seele in meinen Augen großgeachtet gewesen ist, so werde meine Seele groß geachtet vor den Augen des Herrn, und er rette mich von aller Trübsal. Sende einen der Jünglinge, daß er den Spieß hole! - Und David machte sich auf und ging in das Land der Philister und blieb bei *Achis*, dem König zu Gath, ein Jahr und vier Monate. Und da Saul angesagt ward, daß David gen Gath geflohen wäre, suchte er ihn nicht mehr.

Psalm 23, 4: Ob ich schon wanderte im finstern Tal, fürchte ich kein Unglück, denn du bist bei mir, dein Stekken und Stab trösten mich.

Matth. 5, 44.45: Liebet eure Feinde, segnet, die euch fluchen, tut wohl denen, die euch hassen, bittet für die, die euch beleidigen und verfolgen, auf daß ihr Kinder seid eures Vaters im Himmel.

Soll's uns hart ergehn,
Laß uns feste stehn,
Und auch in den schwersten Tagen
Niemals über Lasten klagen,
Denn durch Trübsal hier
Geht der Weg zu dir.

Katechismusfrage.

20. Was verbietet Gott im fünften Gebot? - Mord und Totschlag; desgleichen jede Tat und Gesinnung, wo-

durch das Leben des Nächsten oder das eigene verkürzt und verbittert wird.

Fragen.

1. Zu welchem Priester kam David? 2. Was gab ihm derselbe? 3. Wer sagte das Saul? 4. Was geschah mit Ahimelech und den andern Priestern? 5. Wo suchte Saul den David? 6. Wie geriet Saul in Davids Hand? 7. Wozu wollten die Männer David überreden? 8. Aber was tat David? 9. Was sprach David zu seinen Männern? 10. Was sprach er zu Saul? 11. Was antwortete Saul? 12. Wo und wie geriet Saul nochmals in Davids Hand? 13. Was tat da David? 14. Was sprach Saul? 15. Zu wem floh jetzt David? 16. Wie lang blieb er dort? 17. Was hörte von da an auf?

51. Sauls und Jonathans Tod.
(1. Sam. 28 bis 2. Sam. 1.)

1. Und es begab sich, daß die Philister ihr Heer versammelten, in den Streit zu ziehen wider Israel. Da versammelte auch Saul sein Heer, und das ganze Israel lagerte sich zu *Gilboa*. Da aber Saul der Philister Heer sah, fürchtete er sich, und sein Herz verzagte sehr. Und er ratfragte den Herrn; aber der Herr antwortete ihm nicht. Da sprach Saul zu seinen Knechten: Sucht mir ein Weib, die einen Wahrsagergeist hat, daß ich sie frage. Seine Knechte sprachen zu ihm: Siehe, zu *Endor* ist ein Weib, die hat einen Wahrsagergeist. Da zog Saul andere Kleider an, kam mit zwei Männern in der Nacht zu dem Weibe und sprach: Weissage mir und bringe mir herauf, den ich dir sage! Da sprach das Weib: Wen soll ich dir heraufbringen? Er antwortete: Bringe mir Samuel herauf! Da nun das Weib Samuel sah, schrie sie laut und sprach zu Saul: Warum hast du mich betrogen? Du bist Saul! Aber der König sprach zu ihr: Fürchte dich nicht! Samuel aber sprach zu Saul: Warum hast du mich unruhig gemacht, daß du mich heraufbringen lässest? Saul antwortete: Ich bin sehr geängstet, denn die Philister streiten wider mich, und Gott ist von mir gewichen und antwortet mir nicht. Darum habe ich dich rufen lassen, daß du mir weisest, was ich tun soll. Samuel sprach: Der Herr ist von dir gewichen und dein Feind geworden, weil du der Stimme des Herrn nicht gehorcht hast. Darum wird er das Reich von dir reißen und David geben. Dazu wird der Herr Israel mit dir in der Philister Hand geben, und morgen wirst du und deine Söhne mit mir sein! - Da erschrak Saul und fiel zur Erde, und es war keine Kraft in ihm, denn er hatte den ganzen Tag und die Nacht nichts gegessen. Aber seine Knechte nötigten ihn, daß er aß. Dann standen sie auf und gingen die Nacht.

2. Die Philister aber stritten wider Israel; und die Männer Israels flohen vor den Philistern und fielen erschlagen auf dem Gebirge Gilboa. Und die Philister schlugen die drei Söhne Sauls. Und der Streit war hart wider

51. Sauls und Jonathans Tod.

Saul, und die Schützen trafen auf ihn mit Bogen und er ward schwer verwundet. Da sprach Saul zu seinem Waffenträger: Zieh dein Schwert aus und erstich mich damit, daß nicht die Philister kommen und mich erstechen und treiben ihren Spott mit mir. Aber sein Waffenträger wollte nicht, denn er fürchtete sich sehr. Da nahm Saul das Schwert und fiel drein. Da nun sein Waffenträger sah, daß Saul tot war, fiel er auch in sein Schwert. Also starben Saul, seine drei Söhne, sein Waffenträger und alle seine Männer zugleich auf diesen Tag. Des andern Tages kamen die Philister und fanden Saul und seine drei Söhne liegen auf dem Gebirge Gilboa und hieben ihm sein Haupt ab und zogen ihm seine Waffen ab und hingen seinen Leichnam auf die Mauer zu Beth-San. Da die zu Jabes in Gilead hörten, was die Philister Saul getan hatten, machten sie sich auf und nahmen die Leichname Sauls und seiner Söhne von der Mauer von Beth-San und brachten sie gen Jabes und verbrannten sie daselbst. Und nahmen ihre Gebeine und begruben sie und fasteten sieben Tage.

3. Am dritten Tag danach kam ein Mann aus Sauls Heer nach *Ziklag* und verkündete David: Das Volk ist geflohen und viel Volks ist gefallen, dazu

51. Sauls und Jonathans Tod.

ist auch Saul tot und sein Sohn Jonathan. Da zerriß David seine Kleider, weinte und trug Leid und fastete bis an den Abend, und die Männer, die bei ihm waren, taten gleich also. Und David klagte diese Klage über Saul und Jonathan: Die Edelsten in Israel sind auf deiner Höhe erschlagen. Wie sind die Helden gefallen! Saul und Jonathan, holdselig und lieblich in ihrem Leben, sind auch im Tode nicht geschieden; schneller waren sie denn die Adler und stärker denn die Löwen. Ihr Töchter Israels, weinet über Saul. Wie sind die Helden gefallen im Streit! Jonathan ist auf deinen Höhen erschlagen. Es ist mir leid um dich, mein Bruder Jonathan, ich habe große Freude und Wonne an dir gehabt!

Spr. 14, 34: Gerechtigkeit erhöhet ein Volk; aber die Sünde ist der Leute Verderben.

Gal. 6, 7.8: Was der Mensch säet, das wird er ernten. Wer auf sein Fleisch säet, der wird von dem Fleisch das Verderben ernten.

Ich gehe oder stehe,
Ich jauchze oder flehe,
Ich sei auch, wo ich sei:
Wenn du nicht in mir bleibest,
Nicht durch den Geist mich treibest,
Sinkt alles zu dem Tode hin.

Katechismusfrage.

67. Welches ist die Strafe der Sünde? - Der Tod, wie geschrieben steht Röm. 6, 23: Der Tod ist der Sünden Sold.

68. Wie vielfach ist dieser Tod? - Dreifach: Der leibliche, geistliche und ewige Tod.

Fragen.

1. Wer versammelte sich wider Israel? 2. Warum fürchtete sich Saul? 3. Zu wem nahm jetzt Saul seine Zuflucht? 4. Was mußte er von Samuel hören? 5. Wie ging es den Israeliten in der Philisterschlacht? 6. Was verlangte Saul von seinem Waffenträger? 7. Warum verweigerte er das? 8. Was tat dann Saul? 9. Was tat dann sein Waffenträger? 10. Wer fiel außer Saul auch noch in der Schlacht? 11. Was taten die Philister mit Sauls Leichnam? 12. Wer begrub Saul? 13. Wie trauerte David über Saul und Jonathan?

52. Davids Regierungsantritt.
(2. Sam. 2 bis 9.)

1. Nach dieser Geschichte fragte David den Herrn: Soll ich hinaufziehen in eine Stadt Judas? Und der Herr sprach zu ihm: Ziehe nach *Hebron.* David zog hin mit den Männern, die bei ihm waren. Und die Männer Judas kamen und salbten ihn daselbst zum König über den Stamm Juda, da David dreißig Jahre alt war. Abner aber, Sauls Feldhauptmann, machte Sauls Sohn *Isboseth* zum König über die andern Stämme Israels. Und es war ein langer Streit zwischen dem Hause Sauls und dem Hause Davids. David aber nahm immer mehr zu, das Haus Sauls aber nahm immer mehr ab. Zuletzt erstachen zwei Männer aus dem Stamm Benjamin den Isboseth und brachten sein Haupt zu David. David aber sprach: Die gottlosen Leute haben einen gerechten Mann erwürgt. Und er ließ sie mit dem Tode bestrafen. Sieben Jahre und sechs Monate war David König zu Hebron gewesen. Nun kamen alle Ältesten in Israel und machten David zum König über Israel.

2. Der König zog hin mit seinen Männern gen Jerusalem wider die Jebusiter, gewann die Burg Zion und wohnte auf der Burg und nannte sie Davids Stadt. Er regierte daselbst 33 Jahre lang über ganz Israel und Juda. Und da die Philister hörten, daß man David zum König über Israel gesalbt hatte, zogen sie herauf, David zu suchen. David zog ihnen entgegen und schlug sie, denn der Herr gab sie in seine Hand. Auch besiegte David die Moabiter, die Syrer, die Edomiter und andere Völker, daß sie ihm untertänig wurden. Denn der Herr half ihm, wo er hinzog. Danach sammelte er alle junge Mannschaft, 30.000 Mann, daß er die Lade Gottes von Kiriath Jearim heraufholte. Da führten sie die Lade des Herrn herauf mit Jauchzen und Posaunen, und stellten sie an ihren Ort, mitten in der Hütte, die David für sie aufgeschlagen hatte. Und David

52. Davids Regierungsantritt.

opferte Brandopfer und Dankopfer vor dem Herrn.

3. Da nun der Herr dem König Ruhe gegeben hatte von allen seinen Feinden, sprach er zu dem Propheten *Nathan*: Siehe, ich wohne in einem Cedernhause und die Lade Gottes wohnt unter den Teppichen. Der Herr sprach zu Nathan: Sage zu meinem Knecht David: "Solltest du mir ein Haus bauen, daß ich darinnen wohnte? Der Herr verkündigt dir, daß der Herr *dir* ein Haus machen wird. Wenn deine Zeit hin ist, daß du mit deinen Vätern schlafen liegest, will ich deinen Samen nach dir erwecken, der soll meinem Namen ein Haus bauen, und ich will ihm sein Königreich bestätigen ewiglich. Ich will sein Vater sein und er soll mein Sohn sein." Da Nathan solches geredet hatte, blieb der König vor dem Herrn und sprach: Wer bin ich, Herr, Herr, und was ist mein Haus, daß du mich bis hieher gebracht hast? Dazu hast du deinem Knecht noch von fernem Zukünftigem geredet. Wo ist ein Volk auf Erden, wie dein Volk Israel, um welches willen Gott hingegangen ist, es zu erlösen und du bist sein Gott geworden? So bekräftige nun, Herr, Gott, das Wort in Ewigkeit, das du über deinen Knecht und über sein Haus geredet hast. Nun, Herr, Herr, du bist Gott,

und deine Worte werden Wahrheit sein. Segne, Herr, das Haus deines Knechtes, daß es ewiglich vor dir sei!

4. Und David sprach: Ist jemand übrig geblieben vom Hause Sauls, daß ich Barmherzigkeit an ihm tue um Jonathans willen? Da wurde ihm gesagt: Es ist noch ein Sohn Jonathans da, lahm an den Füßen. Da sandte der König hin und ließ ihn holen. Als nun Mephiboseth, der Sohn Jonathans, zu David kam, fiel er auf sein Angesicht. David aber sprach zu ihm: Fürchte dich nicht! Denn ich will Barmherzigkeit an dir tun um Jonathans, deines Vaters, willen, und will dir alle Äcker deines Vaters Saul wiedergeben; du aber sollst täglich an meinem Tisch essen.

Hebr. 1, 1.2: Nachdem vor Zeiten Gott manchmal und mancherlei Weise geredet hat zu den Vätern durch die Propheten, hat er am letzten in diesen Tagen zu uns geredet durch den Sohn.

Schenke, Herr, auf meine Bitte
Mir ein göttliches Gemüte,
Einen königlichen Geist,
Mich als dir verlobt zu tragen,
Allem freudig abzusagen,
Was nur Welt und irdisch heißt.

Katechismusfrage.

113. Was ist das Gebet? - Es ist das Gespräch des Herzens mit Gott, zu Preis und Lob, zu Bitte und Dank.

Fragen.

1. Über welchen Teil des Königreichs wurde David zuerst König? 2. Wer wurde König über das übrige Israel? 3. Was taten alle Stämme in Israel nach Isboseths Tod? 4. Welche Stadt eroberte David zuerst? 5. Wie lang regierte er dort über ganz Israel und Juda? 6. Welche Völker machte er sich sonst noch untertänig? 7. Was tat David mit der Bundeslade? 8. Was sprach David zu dem Propheten Nathan? 9. Was ließ ihm Gott durch den Propheten sagen? 10. Welches Gebet sprach David nach dieser göttlichen Verheißung? 11. Wonach erkundigte sich David noch? 12. Welche Wohltat erwies er dem Mephiboseth? 13. Warum?

53. Davids Sünde und Buße.
(2. Sam. 11 und 12.)

1. David sandte Joab, seinen Feldhauptmann, und sein ganzes Heer gegen die Ammoniter. Er aber blieb zu Jerusalem. Und es begab sich, daß David auf dem Dach des Königshauses ging und sah Bathseba, das Weib Urias, und er wollte sie zu seinem Weibe haben. Da schrieb David einen Brief an Joab also: Stellet Uria an den Streit, da er am härtesten ist, und wendet euch hinter ihm ab, daß er erschlagen werde und sterbe. Joab tat also. Und da die Männer der Stadt herausbrachen, fielen etliche des Volks, und Uria starb auch. Da sandte Joab hin und ließ es David ansagen. - Nachdem

53. Davids Sünde und Buße.

Urias Weib um ihren Mann ausgetrauert hatte, ließ sie David holen, und sie ward sein Weib. *Aber die Tat gefiel dem Herrn übel.*

2. Und der Herr sandte *Nathan* zu David. Da der zu ihm kam, sprach er zu ihm: Es waren zwei Männer in *einer* Stadt, einer reich, der andere arm. Der Reiche hatte sehr viele Schafe und Rinder. Aber der Arme hatte nichts, denn ein einziges kleines Schäflein, das er gekauft hatte, und er nährte es, daß es groß ward bei ihm und bei seinen Kindern zugleich; es aß von seinem Bissen und trank von seinem Becher und schlief in seinem Schoß, und er hielt es wie seine Tochter. Da aber dem reichen Mann ein Gast kam, schonte er zu nehmen von seinen Schafen und Rindern, und nahm das Schaf des armen Mannes und richtete es zu. Da ergrimmte David und sprach: So wahr der Herr lebt, der Mann ist ein Kind des Todes, der das getan hat! Da sprach Nathan zu David: *Du bist der Mann*! So spricht der Herr, der Gott Israels: Ich habe dich zum König gesalbt über Israel und habe dich errettet aus der Hand Sauls. Warum hast du denn das Wort des Herrn verachtet, daß du solches Übel vor meinen Augen tätest? Urias Weib hast du dir zum Weibe genommen, ihn aber hast du erwürgt mit

53. Davids Sünde und Buße.

dem Schwert der Kinder Ammons. Siehe, ich will Unglück über dich erwecken aus deinem eigenen Hause. Da sprach David zu Nathan: *Ich habe gesündigt wider den Herrn.* Nathan sprach zu David: *So hat auch der Herr deine Sünde weggenommen*, du wirst nicht sterben. Aber weil du die Feinde des Herrn durch diese Geschichte lästern gemacht hast, wird der Sohn, der dir geboren ist, sterben. Und Nathan ging heim. Und der Herr schlug das Kind, daß es starb. Und Bathseba gebar noch einen Sohn, den hieß er *Salomo*. Und der Herr liebte ihn. Den tat David unter die Hand Nathans, des Propheten.

Spr. Sal. 28, 13: Wer seine Missetat leugnet, dem wird es nicht gelingen; wer sie aber bekennt und lässet, der wird Barmherzigkeit erlangen.

1. Kor. 10,12: Wer sich läßt dünken, er stehe, mag wohl zusehen, daß er nicht falle.

Rein voll Wonne Wie die Sonne,
Ist, o Seelenfreund, dein Herz;
Ich nur finde Noch der Sünde
Tötend Gift in mir mit Schmerz,
Laß dich finden! Laß dich finden!
Schaff in mir ein reines Herz!

Katechismusfrage.
94. Was ist Buße? - Wahre Buße besteht in folgenden Stücken: Erkennt-

nis und Bekenntnis der Sünde, Reue über die Sünde, Lossagen von derselben und Verlangen nach Gnade.

Fragen.

1. Wozu sandte David Joab aus? 2. Wen sah David, als er auf dem Dach ging? 3. Was begehrte er, als er sie sah? 4. Was schrieb er deshalb an Joab? 5. Wem gefiel diese Tat Davids nicht? 6. Wen sandte er deswegen zu David? 7. Welche Geschichte erzählte Nathan dem David? 8. Was sprach da der König? 9. Was antwortete ihm Nathan? 10. Welches Bekenntnis legte David ab? 11. Welche Zusicherung erhielt er darauf von dem Propheten? 12. Was wird von dem zweiten Sohn der Bathseba gesagt? 13. Wessen Erziehung und Unterricht wurde er anvertraut?

54. Absaloms Empörung.
(2. Sam. 14 bis 18.)

1. David hatte einen Sohn, der hieß *Absalom*. Es war aber in ganz Israel kein Mann so schön wie er. Von der Fußsohle an bis auf seinen Scheitel war nicht ein Fehler an ihm. Absalom ließ sich Wagen machen, hatte Rosse und fünfzig Mann, die seine Trabanten waren. Und des Morgens frühe trat er an den Weg beim Tor. Und wenn jemand einen Handel hatte, daß er zum König vor Gericht kommen sollte, rief ihn Absalom zu sich und sprach: Siehe, deine Sache ist wohl recht, aber du hast keinen, der dich hört, beim Könige. O, wer setzt mich zum Richter im Lande, daß jedermann zu mir käme, daß ich ihm zum Rechten hülfe! Und wenn jemand vor ihm niederfallen wollte, so reckte er seine Hand aus und ergriff ihn und küßte ihn. Auf diese Weise stahl Absalom das Herz der Männer Israels.

2. Und Absalom ging nach *Hebron* und hatte Kundschafter ausgesandt in alle Stämme Israels und sagen lassen: Wenn ihr den Schall der Posaunen höret, dann sprecht: Absalom ist König geworden! Und der Bund (die Verschwörung) ward stark, das Volk lief zu und hing Absalom an. *Ahitophel*, Davids Rat, hing ihm auch an. Da kam einer und sagte es David an und sprach: Das Herz jedermanns in Israel folgt Absalom nach. David aber sprach zu seinen Knechten: Auf, laßt uns fliehen! Denn hier wird kein Entrinnen sein vor Absalom. Und der König ging zu Fuß hinaus mit seinem ganzen Hause. Und das ganze Land weinte und alles Volk ging mit. Und der König ging über den Bach Kidron den Ölberg hinan und weinte, und sein Haupt war verhüllet und ging barfuß. Die Priester *Zadok* und *Abjathar* und die Leviten trugen die Lade Gottes mit. Aber der König sprach: Bringet die Lade Gottes wieder in die Stadt! Werde ich Gnade finden vor dem Herrn, so wird er mich wieder holen und das Heiligtum wieder sehen lassen. Spricht er aber: "Ich habe nicht Lust zu dir," - siehe, hier bin ich. Er mache es mit mir, wie es ihm wohlgefällt! - Aber Absalom und alle Stäm-

54. Absaloms Empörung.

me Israels kamen nach Jerusalem, und Ahitophel mit ihm. Wenn aber Ahitophel einen Rat gab, dann war's, als wenn man Gott um etwas gefragt hätte.

3. Auf seiner Flucht begegnete David ein Mann vom Geschlechte Sauls, der hieß *Simei*. Der fluchte dem König, warf ihn mit Steinen und sprach: Heraus, du Bluthund, du heilloser Mann! Der Herr hat dir vergolten, daß du an Sauls Statt König geworden bist! Doch David sprach: Laßt ihn fluchen; denn der Herr hat's ihn geheißen. Vielleicht wird der Herr mein Elend ansehen und mir sein Fluchen mit Gutem vergelten.

4. Ahitophel hatte Absalom geraten: Ich will mit 12.000 Mann den König in der Nacht überfallen, weil er matt und laß ist. Wenn ich ihn dann erschrecke, daß alles Volk, so bei ihm ist, flieht, will ich den König allein schlagen. Aber *Husai*, Davids Freund, stellte sich, als ob er's auch mit Absalom hielte, und sprach zu ihm: Versammle ganz Israel von Dan bis Beersaba, und ziehe du selbst unter ihnen aus zu einer großen Schlacht, so wollen wir David und allen seinen Anhang vertilgen, daß nicht einer übrig bleibe. Solcher Rat gefiel Absalom besser. Da Ahitophel sah, daß sein Rat verworfen ward, zog er heim in seine

54. Absaloms Empörung.

Stadt und erhenkte sich. Husai aber ließ David ansagen: Bleibe nicht über Nacht auf dem blachen Felde der Wüste! Da machte sich David und alles Volk, das bei ihm war, auf, und sie gingen über den Jordan.

5. Absalom und Israel zogen auch über den Jordan und lagerten sich in Gilead. David ordnete das Volk, das bei ihm war, und setzte über sie Hauptleute. Und er gebot ihnen: Fahret mir säuberlich mit dem Knaben Absalom! Und da das Volk hinaus kam aufs Feld, Israel entgegen, erhob sich der Streit im Walde Ephraim. Und das Volk Israels ward daselbst geschlagen von den Knechten Davids.

Und Absalom begegnete den Knechten Davids und ritt auf einem Maultier. Und da das Maultier unter eine große dicke Eiche kam, blieb er mit seinem Haupthaar an einem Ast hängen und schwebte zwischen Himmel und Erde, aber sein Maultier lief unter ihm weg. Da kam ein Mann und sagte es Joab an. Dieser nahm drei Spieße in seine Hand, ging hin und stieß sie Absalom ins Herz. Dann blies er die Posaune und brachte das Volk wieder, daß es nicht weiter Israel nachjagte, denn er wollte das Volk schonen. Und sie nahmen Absalom und warfen ihn in dem Wald in eine große Grube und legten einen sehr großen Haufen Steine auf ihn. - David aber saß zwischen den beiden Toren der Stadt. Da kam ein Bote aus der Schlacht und rief: Gute Botschaft, mein Herr König! Der Herr hat dir heute Recht verschafft von der Hand aller, die sich wider dich auflehnten. Der König aber sprach: Gehet es dem Knaben Absalom auch wohl? Der Bote antwortete: Es müsse allen Feinden meines Herrn gehen, wie es dem Knaben geht. Da ward der König traurig, verhüllte sein Angesicht, weinte und sprach: Mein Sohn Absalom, mein Sohn, mein Sohn Absalom! Wollte Gott, ich wäre für dich gestorben! O Absalom, mein Sohn, mein Sohn!

Spr. Sal. 19, 26: Wer Vater verstöret und Mutter verjaget, der ist ein schändliches und verfluchtes Kind.

Spr. Sal. 30, 17: Ein Auge, das den Vater verspottet, und verachtet, der Mutter zu gehorchen, das müssen die Raben am Bach aushacken und die jungen Adler fressen.

Ein Kind, das seinen Vater schmäht
Und trotzig von der Mutter geht,
Wird gleich dem Baume früh entlaubt
Und ruft sich Not und Tod aufs Haupt.

Katechismusfrage.

17. Wie lautet das vierte Gebot? - Du sollst deinen Vater und deine Mutter ehren, auf daß du lange lebest im Lande, das dir der Herr, dein Gott, gibt.

Fragen.

1. Wer empörte sich gegen David? 2. Wie fing er das an? 3. Wo ließ Absalom sich zum König ausrufen? 4. Was tat David, als er diese Nachricht erhielt? 5. Wohin begab sich David? 6. Wer fluchte ihm unterwegs? 7. Was sprach da David? 8. Welchen Rat hatte Ahitophel Absalom erteilt? 9. Was riet Husai? 10. Was tat Ahitophel, weil sein Rat nicht befolgt wurde? 11. Wo fand die Schlacht statt? 12. Wer wurde geschlagen? 13. Wie fand Absalom seinen Tod? 14. Was rief David aus, als ihm diese Nachricht überbracht wurde?

55. Davids letzte Jahre und sein Ende.
(2. Sam. 24 und 1. Könige 1 und 2.)

1. Nach vielen Siegen sprach David zu Joab: Zähle das Volk, daß ich wisse, wie viel sein ist. Joab sprach: Warum fragt denn mein Herr danach? Warum soll eine Schuld auf Israel kommen? Aber des Königs Wort stand fest wider Joab. Und Joab zog aus und die Hauptleute des Heeres durch das ganze Land. Nach beinahe zehn Monaten kamen sie wieder nach Jerusalem. Und Joab gab dem König die Summe des Volkes, das gezählt war. Und es waren in Israel 800.000 starker Männer, die das Schwert auszogen, und in Juda 500.000 Mann. Und das Herz schlug David, nachdem

55. Davids letzte Jahre und sein Ende.

das Volk gezählt war. Und David sprach zum Herrn: Ich habe schwer gesündigt, daß ich das getan habe, und nun, Herr, nimm weg die Missetat deines Knechts, denn ich habe sehr töricht getan. Des andern Morgens sandte der Herr den Propheten *Gad* zu David und ließ ihm sagen: So spricht der Herr: Dreierlei bringe ich zu dir, erwähle dir der eines, daß ich es dir tue. Willst du, daß sieben Jahre Teurung in dein Land komme? Oder daß du drei Monate vor deinen Widersachern fliehen müssest? Oder daß drei Tage Pestilenz in deinem Lande sei? David sprach zu Gad: Es ist mir sehr angst, aber laß uns in die Hand des Herrn fallen, denn seine Barmherzigkeit ist groß; ich will nicht in der Menschen Hand fallen. Also ließ der Herr Pestilenz in Israel kommen, daß 70.000 Mann starben. Und Gott sandte den Engel gen Jerusalem, sie zu verderben. Da sprach David zu dem Herrn: Siehe, *ich* habe gesündigt, *ich* habe die Missetat getan; was haben diese Schafe getan? Laß deine Hand wider mich und meines Vaters Haus sein! Und David baute dem Herrn einen Altar und opferte Brandopfer und Dankopfer. Und der Herr ward versöhnt und die Plage hörte auf.

2. Da der König David alt war, ließ er seinen Sohn *Salomo* durch den

Priester Zadok und den Propheten Nathan zum Könige über Israel salben. Und sie bliesen mit der Posaune und alles Volk sprach: Glück dem Könige Salomo!

3. Als nun die Zeit herbeikam, daß David sterben sollte, gebot er seinem Sohn Salomo und sprach: Ich gehe hin den Weg aller Welt, so sei getrost und sei ein Mann, und warte der Hut des Herrn, deines Gottes, daß du wandelst in seinen Wegen, und haltest seine Sitten, Gebote und Rechte und Zeugnisse, auf daß du klug seiest in allem, das du tust, und Gott sein Wort an dir erfülle, das er über mich geredet hat. Der Herr hat dich erwählet, daß du ein Haus baust zum Heiligtum. So mache dich auf und richte es aus, der Herr wird mit dir sein. — Und David gab Salomo ein Vorbild des Tempels und der Gemächer. David aber und die Fürsten Israels gaben zum Hause Gottes Gold, Silber, Erz, Eisen und Stein von ganzem Herzen dem Herrn freiwillig aus Wohlgefallen am Hause Gottes. Und der König samt dem Volk freute sich hoch und lobte Gott, daß sie willig waren, denn sie gaben's von ganzem Herzen dem Herrn freiwillig. — Also entschlief David und ward begraben in der Stadt Davids. Die Zeit aber, die er König gewesen ist über Israel, ist vierzig Jahre.

Psalm 94, 11.12: Der Herr weiß die Gedanken der Menschen, daß sie eitel sind. Wohl dem, den du, Herr, züchtigest, und lehrest ihn durch dein Gesetz.
2. Kor. 9, 7: Einen fröhlichen Geber hat Gott lieb.

Mache dich, mein Geist, bereit,
Wache, fleh und bete,
Daß dich nicht die böse Zeit
Unverhofft betrete;
Denn es ist Satans List
Über viele Frommen
Zur Versuchung kommen.

Katechismusfrage.

121. Was heißt: "Und führe uns nicht in Versuchung?" - Gott versucht zwar niemand, aber wir bitten in diesem Gebet, daß uns Gott wolle behüten und erhalten, auf daß uns der Teufel, die Welt und unser Fleisch nicht betrüge noch verführe in Sünden, Schande und Laster; Mißtrauen, Unglaube und Verzweiflung, und ob wir damit angefochten würden, daß wir doch endlich gewinnen und den Sieg behalten.

Fragen.

1. Was gebot David seinem Feldhauptmann? 2. Welche Einwendung machte Joab dagegen? 3. Was wird uns von David erzählt, nachdem sein Befehl ausgeführt war? 4. Was sprach er zu Gott? 5. Welche dreifache Wahl mußte ihm der Prophet Gad im Namen Gottes vorlegen? 6. Welche Antwort gab darauf David? 7. Womit suchte dann der Herr Israel heim? 8. Wodurch wurde der Herr versöhnt und die weitere Ausbreitung der Seuche gehemmt? 9. Welche Mahnung und welchen Auftrag gab David seinem Sohn kurz vor seinem Tod? 10. In welcher Weise hatte David für den Bau vorgearbeitet? 11. Wie beteiligte sich das Volk daran? 12. Warum und wie gaben sie ihre reichen Beisteuern?

56. Der König Salomo.
(1. Könige 3 und 4.)

1. Und Salomo saß auf dem Stuhl seines Vaters David, und sein Königreich ward sehr beständig. Salomo aber hatte den Herrn lieb und wandelte nach den Sitten seines Vaters David. Und er ging hin nach Gibeon, um daselbst zu opfern. Und der Herr erschien ihm im Traum und sprach: Bitte, was ich dir geben soll! Salomo sprach: Herr, mein Gott, du hast deinen Knecht zum König gemacht an meines Vaters David Statt. Nun bin ich ein junger Knabe, weiß weder meinen Ausgang noch Eingang. So wollest du deinem Knecht *ein gehorsames Herz* geben, daß er dein Volk richten möge und verstehen, was gut und böse ist. Denn wer vermag dies dein mächtiges Volk zu richten? Das gefiel dem Herrn wohl, daß Salomo um ein solches bat. Und Gott sprach zu ihm: Weil du nicht bittest um langes Leben, noch um Reichtum, noch um deiner Feinde Seele, sondern um

56. Der König Salomo.

Verstand, Gericht zu hören, siehe, so habe ich dir ein weises und verständiges Herz gegeben, daß deinesgleichen vor dir nicht gewesen ist und nach dir nicht aufkommen wird. Dazu, das du nicht gebeten hast, habe ich dir auch gegeben, sowohl Reichtum als Ehre, daß deinesgleichen keiner unter den Königen ist zu deinen Zeiten. Und so du wirst in meinen Wegen wandeln, wie dein Vater David, so will ich dir ein langes Leben geben.

2. Zu der Zeit traten zwei Weiber vor den König. Das eine Weib sprach: Ach, mein Herr, ich und das Weib wohnten in *einem* Hause, und jede von uns hatte einen jungen Sohn. Und dieses Weibes Sohn starb in der Nacht, denn sie hatte ihn im Schlaf erdrückt. Und sie stand auf und nahm meinen Sohn von meiner Seite, da ich schlief, und legte ihn an ihren Arm, und ihren toten Sohn legte sie an meinen Arm. Und da ich des Morgens aufstand, siehe, da war mein Sohn tot. Aber als ich ihn genau ansah, sahe ich, daß es nicht mein Sohn war. Das andere Weib sprach: Nicht also, mein Sohn lebt und dein Sohn ist tot! Der König sprach: Holet mir ein Schwert her! Und da das Schwert gebracht ward, sprach er: Teilet das lebendige Kind in zwei Teile, und gebt dieser die Hälfte und jener die Hälfte! Da sprach

das Weib, des Sohn lebte, (denn ihr mütterlich Herz entbrannte über ihren Sohn): Ach, mein Herr, gebt ihr das Kind lebendig und tötet es nicht! Jene aber sprach: Es sei weder mein noch dein, laßt es teilen! Da antwortete der König: Gebt dieser das Kind lebendig und tötet es nicht, die ist seine Mutter! - Und das Urteil erscholl vor dem ganzen Israel. Und sie fürchteten sich vor dem König, denn sie sahen, daß die Weisheit Gottes in ihm war, Gericht zu halten.

3. Also war Salomo ein Herr über alle Königreiche, von dem Strom (Euphrat) an bis zu der Philister Lande und bis an die Grenzen Ägyptens, die ihm Geschenke zubrachten und ihm dienten. Und er hatte Frieden von allen seinen Untertanen umher, daß Juda und Israel sicher wohnten, ein jeglicher unter seinem Weinstock und unter seinem Feigenbaum, von Dan bis gen Beer-Seba, so lange Salomo lebte.

Matth. 6, 33: Trachtet am ersten nach dem Reich Gottes und seiner Gerechtigkeit, so wird euch solches alles zufallen.

Jak. 1, 5: So jemand unter euch Weisheit mangelt, der bitte von Gott.

Befördre dein Erkenntnis
In mir, mein Seelenhort,
Und öffne mein Verständnis
Durch dein lebendig Wort,

Damit ich an dich gläube
Und in der Wahrheit bleibe,
Ja wachse fort und fort.

Katechismusfrage.

1. Was soll eines jeden Menschen vornehmste Sorge sein? - Die Sorge für das ewige Heil seiner Seele.

Fragen.

1. Was sprach der Herr zu Salomo im Traum? 2. Was antwortete der junge König? 3. Gewährte ihm Gott diese Bitte? 4. Und was gab er ihm außerdem noch? 5. Warum verklagten zwei Weiber einander bei Salomo? 6. Was sollte Salomo entscheiden? 7. Was befahl er darum? 8. Woran erkannte Salomo die Mutter des Kindes? 9. Was erkannte das ganze Volk aus diesem Urteil? 10. Wodurch zeichnete sich Salomos Herrschaft aus?

57. Der Tempelbau und Salomos Ende.
(1. Könige 5 bis 8; 10 und 11.)

1. Und Salomo sandte zu *Hiram*, dem König von Thyrus, und ließ ihm sagen: Du weißt, daß mein Vater David nicht bauen konnte ein Haus dem Namen des Herrn, seines Gottes, um des Krieges willen, der um ihn her war. Nun aber hat mir der Herr, mein Gott, Ruhe gegeben. Siehe, so habe ich gedacht, ein Haus zu bauen dem Namen des Herrn, meines Gottes. So befiehl nun, daß man mir Cedern vom Libanon haue. Und Salomo machte einen Bund mit Hiram. Hiram gab dem Salomo Cedern und Tannenholz vom Berge Libanon, so viel er brauchte, während Salomo Hirams Knechte mit Speise versehen mußte. Und Salomos und Hirams Bauleute fingen an

57. Der Tempelbau und Salomos Ende.

Holz und Steine zu hauen und zuzubereiten, zu bauen das Haus. Im vierten Jahr des Königreichs Salomos wurde der Grund gelegt zum Hause des Herrn. Der Tempel war sechzig Ellen lang, zwanzig Ellen breit und dreißig Ellen hoch. Die Steine waren zuvor zugerichtet, daß man keinen Hammer und kein Beil, noch irgend ein eisern Werkzeug im Bauen hörte. Inwendig war das ganze Haus mit geschnitztem Cedernholz getäfelt, und Salomo überzog alles mit lauterem Gold. An allen Wänden ließ er Schnitzwerk machen von Cherubim, Palmen und Blumenwerk, inwendig und auswendig; den Boden des Hauses überzog er mit goldenen Blechen. Und ein Vorhang teilte den Tempel in das *Heilige* und *Allerheiligste*. Im *Heiligen* stand der goldene Altar, der goldene Tisch für die Schaubrote und auf jeder Seite fünf Leuchter von lauterem Gold. Ins *Allerheiligste* setzte Salomo zwei *Cherubim*, die breiteten ihre Flügel aus, daß eines Flügel rührte an diese Wand, und des andern Flügel an die andere Wand, aber in der Mitte rührte ein Flügel an den andern. Und er überzog sie mit Gold. Und er baute um den Tempel den Vorhof mit dem *Brandopferaltar*. In sieben Jahren ward der Tempel vollendet.

2. Da versammelte der König Salo-

57. Der Tempelbau und Salomos Ende.

mo zu sich alle Ältesten und Fürsten in Israel nach Jerusalem, um die Bundeslade aus der Stadt Davids heraufzubringen nach dem Tempel. Als die Priester und Leviten die Lade des Bundes und die Geräte des Heiligtums aus der Stadt Davids herauftrugen, ging der König vor der Lade her, und mit ihm die ganze Gemeine. Und sie brachten die Lade des Bundes in das Allerheiligste unter die Flügel der Cherubim. In der Lade waren die zwei steinernen Tafeln Moses. Da aber die Priester aus dem Heiligtum gingen, erfüllte eine Wolke das Haus, daß die Priester nicht konnten stehen und Amts pflegen vor dem Volk, denn die Herrlichkeit des Herrn erfüllte das Haus des Herrn. Und der König trat vor den Altar des Herrn, breitete seine Hände aus gen Himmel und sprach: Herr, Gott Israels, es ist kein Gott dir gleich. Siehe, der Himmel und aller Himmel Himmel mögen dich nicht fassen. Wie sollte es denn dies Haus tun, das ich gebaut habe? Wende dich aber zum Gebet deines Knechts und laß deine Augen offen stehen über dies Haus Nacht und Tag. Du wollest erhören das Flehen deines Knechts und deines Volkes Israels, das sie tun werden an dieser Stätte. Wenn dein Volk Israel vor seinen Feinden geschlagen wird, weil sie an dir gesün-

57. Der Tempelbau und Salomos Ende.

digt haben, und bekehren sich zu dir und flehen zu dir in diesem Hause; wenn der Himmel verschlossen wird, daß es nicht regnet, weil sie an dir gesündigt haben; wenn eine Teurung oder Pestilenz, oder Dürre, oder Brand, oder Heuschrecken oder Raupen im Lande sein werden, oder irgend eine Plage, oder Krankheit, so wollest du hören im Himmel und gnädig sein. Wenn auch ein *Fremder* kommt aus fernem Lande, daß er bete vor diesem Hause, so wollest du hören im Himmel und tun alles, darum der Fremde dich anruft, auf daß alle Völker auf Erden deinen Namen erkennen, daß sie auch dich fürchten wie dein Volk Israel. - Und da Salomo all dies Flehen vor dem Herrn ausgebetet hatte, stand er auf und segnete die ganze Gemeine Israels mit lauter Stimme. - Und der König samt dem ganzen Israel opferten vor dem Herrn Opfer, und Salomo machte dem Volk ein Fest, vierzehn Tage lang. Des achten Tages ließ Salomo das Volk gehen. Sie segneten den König und gingen hin zu ihren Hütten fröhlich und gutes Muts über all dem Guten, das der Herr an David und an seinem Volk getan hatte.

3. Und Gott gab Salomo sehr große Weisheit, und er war berühmt unter den Heiden umher. Und er redete

57. Der Tempelbau und Salomos Ende.

3000 Sprüche, und seiner Lieder waren 1005. Und es kamen aus allen Völkern, zu hören die Weisheit Salomos. Und das Gerücht von Salomo kam auch vor die Königin von Reicharabien. Und sie kam gen Jerusalem mit sehr vielem Volk, mit Kamelen, die Spezerei trugen und viel Golds und Edelsteine. Da aber die Königin sah alle Weisheit Salomos und alle seine Herrlichkeit, sprach sie zu ihm: Es ist wahr, was ich in meinem Lande gehört habe von deinem Wesen und von deiner Weisheit. Und ich habe es nicht glauben wollen, bis ich gekommen bin und habe es mit meinen Augen gesehen. Und siehe, es ist mir nicht die Hälfte gesagt. Du hast mehr Weisheit und Gutes, denn das Gerücht ist, das ich gehört habe. Selig sind deine Leute und deine Knechte, die allzeit vor dir stehen und deine Weisheit hören. Und sie gab dem Könige große Geschenke und zog wieder in ihr Land.

4. Salomo aber hatte viele ausländische Weiber, die neigten sein Herz fremden Göttern nach, daß sein Herz nicht ganz war mit dem Herrn, seinem Gott, wie das Herz seines Vaters David. Der Herr aber ward zornig über Salomo und sprach: Weil du meinen Bund und meine Gebote nicht gehalten hast, so will ich auch das Königreich von dir reißen. Doch bei deiner Zeit will ich's nicht tun um deines Vaters David willen, sondern von der Hand deines Sohnes will ich's reißen; doch will ich *einen* Stamm deinem Sohn geben um Davids willen. - Die Zeit aber, die Salomo König war über Israel, ist 40 Jahre. Und sein Sohn *Rehabeam* ward König an seiner Statt.

Psalm 26, 8: Herr, ich habe lieb die Stätte deines Hauses und den Ort, da deine Ehre wohnt.

Matth. 24, 13: Wer beharret bis ans Ende, der wird selig.

Herr! komm in mich wohnen;
Laß mein Herz auf Erden
Dir ein Heiligtum noch werden.
Komm, du nahes Wesen!
Dich in mir verkläre,
Daß ich dich stets lieb und ehre;
Wo ich geh,
Sitz und steh,
Laß mich dich erblicken
Und vor dir mich bücken!

Katechismusfrage.

15. Wodurch wird der Sabbattag geheiligt? - Durch Ruhe von irdischer Arbeit, durch andächtigen Gebrauch des Wortes Gottes in Kirche und Haus und durch Verwendung des ganzen Sonntags zu unserm und des Nächsten Heil und also zur Ehre Gottes.

Fragen.

1. Was ließ Salomo dem Hiram sagen? 2. Wie groß war der Tempel? 3. Wie war er eingeteilt? 4. Wie lange wurde am Tempel gebaut? 5. Um was flehte Salomo in seinem Weihegebet? 6. Wer hörte auch von Salomos Weisheit? 7. Was rief sie aus, als sie alles gesehen und gehört hatte? 8. Durch wen ließ sich Salomo verführen? 9. Wozu? 10. Was sprach deswegen Gott zu ihm? 11. Wie lange hat Salomo regiert?

VI. Von der Teilung des Reiches bis zur babylonischen Gefangenschaft.

58. Die Teilung des Reiches.
(1. Könige 12 bis 14.)

1. Rehabeam, der Sohn Salomos, zog gen Sichem, denn das ganze Israel war gen Sichem gekommen, um ihn zum Könige zu machen. Und Jerobeam samt der ganzen Gemeine Israels kamen, redeten mit Rehabeam und sprachen: Dein Vater hat unser Joch zu hart gemacht, so mache du nun das schwere Joch leichter, so wollen wir dir untertänig sein. Und Rehabeam hielt einen Rat mit den Ältesten und sprach: Wie ratet ihr, daß wir diesem Volk eine Antwort geben? Sie sprachen zu ihm: Wirst du heute diesem Volk zu Willen sein und ihnen gute Worte geben, so werden sie dir untertänig sein dein Leben lang. Aber er verließ der Ältesten Rat und hielt ei-

nen Rat mit den Jungen, die mit ihm aufgewachsen waren. Und die Jungen sprachen: Du sollst zu dem Volk also sagen: Mein Vater hat ein schweres Joch auf euch geladen, ich aber will des noch mehr über euch machen; mein Vater hat euch mit Peitschen gezüchtigt, ich will euch mit Skorpionen züchtigen. Und Rehabeam gab dem Volk eine harte Antwort nach dem Rat der Jungen. Da sprach das Volk: Was haben wir denn Teils an David? Israel hebe dich zu deinen Hütten! Also fiel Israel ab vom Hause Davids, und sie machten *Jerobeam* zum König über Israel, und folgte niemand dem Hause Davids, ohne der Stamm *Juda* und *Benjamin*.

2. *Jerobeam* aber gedachte in seinem Herzen: Das Königreich wird wieder zum Hause Davids fallen, wenn dies Volk soll hinaufgehen, Opfer zu tun in des Herrn Hause zu Jerusalem. Und er machte zwei *goldene Kälber*, eins zu *Beth-El*, das andere zu *Dan* und sprach zum Volk: Ihr seid jetzt genug nach Jerusalem hinauf gegangen; siehe, da sind deine Götter, Israel, die dich aus Ägyptenland geführt haben! Und das geriet zur Sünde, denn das Volk ging hin vor das eine bis gen Dan. Er machte auch ein Haus der Höhen und machte Priester aus allem Volk, die nicht von den Kindern Levis waren, und opferte und feierte ein Fest, wie zu Jerusalem.

3. Zu der Zeit war Abia, der Sohn Jerobeams, krank. Und Jerobeam sprach zu seinem Weibe: Mache dich auf, verstelle dich, daß niemand merke, daß du Jerobeams Weib bist, und gehe hin gen Silo zu dem Propheten *Ahia*, daß er dir sage, wie es dem Knaben gehen wird. Und das Weib Jerobeams tat also, und machte sich auf und ging hin gen Silo und kam ins Haus Ahias. Ahia aber konnte nicht sehen vor Alter. Aber der Herr sprach zu Ahia: Siehe, das Weib Jerobeams kommt. So rede nun mit ihr so und so. Als Ahia hörte das Rauschen ihrer Füße zur Tür hineingehen, sprach er: Komm herein, du Weib Jerobeams, warum stellest du dich so fremd? Ich bin zu dir gesandt ein harter Bote. Gehe hin und sage Jerobeam: So spricht der Herr, der Gott Israels: Ich habe dich erhoben aus dem Volk und zum Fürsten über mein Volk gesetzt. Du aber hast übel getan über alle, die vor dir gewesen sind, bist hingegangen und hast dir andere Götter gemacht. Darum siehe, ich will Unglück über das Haus Jerobeams führen und will es ganz ausrotten. Gehe heim, und wenn dein Fuß zur Stadt eintritt, wird das Kind sterben. - Und das Weib Jerobeams machte sich auf und ging hin, und da sie auf die Schwelle ihres Hauses kam, starb der Knabe.

Spr. Sal. 15, 1: Eine gelinde Antwort stillet den Zorn, aber ein hartes Wort richtet Grimm an.

Spr. Sal. 3, 7: Dünke dich nicht weise zu sein, sondern fürchte den Herrn und weiche vom Bösen.

Eins ist not; ach Herr, dies Eine
Lehre mich erkennen doch!
Alles andre, wie's auch scheine,
Ist ja nur ein schweres Joch,

Darunter das Herze sich naget und plaget
Und dennoch kein wahres Vergnügen erjaget.
Erlang ich dies Eine, das alles ersetzt,
So werd ich mit Einem in allem ergötzt.

Katechismusfrage.

9. Wie lautet das erste Gebot? - Du sollst dir kein Bildnis noch irgend ein Gleichnis machen, weder des, das oben im Himmel, noch des, das unten auf Erden, oder des, das im Wasser unter der Erde ist. Bete sie nicht an und diene ihnen nicht. Denn ich der Herr, dein Gott, bin ein eifriger Gott, der da heimsuchet der Väter Missetat an den Kindern bis ins dritte und vierte Glied, die mich hassen. Und tue Barmherzigkeit an vielen Tausenden, die mich lieb haben und meine Gebote halten.

Fragen.

1. Wie hieß Salomos Sohn und Nachfolger? 2. Was verlangte das Volk von ihm? 3. Was rieten ihm die Ältesten? 4. Welchen Rat gaben ihm die Jungen? 5. Wem folgte er? 6. Was war die Folge davon? 7. Wer wurde König über Israel? 8. Wodurch versündigte sich Jerobeam schwer? 9. Was bewog ihn zur Einrichtung des heidnischen Gottesdienstes? 10. Wer wurde um diese Zeit krank? 11. Welchen Auftrag gab Jerobeam seinem Weibe? 12. Aber durch wen war der Prophet von allem unterrichtet worden? 13. Was kündigte der Prophet dem Weib im Auftrag Gottes an?

59. Der Prophet Elia.
(1. Könige 16 bis 19.)

1. *Ahab* war König über Israel und tat, das dem Herrn übel gefiel über alle, die vor ihm gewesen waren. Und nahm dazu *Isebel*, die Tochter des Königs zu Sidon, zum Weibe, und diente Baal und betete ihn an. Und es sprach *Elia, der Thisbiter*, der Prophet, zu Ahab: So wahr der Herr, der Gott Israels, lebt, vor dem ich stehe, es soll diese Jahre weder Tau noch Regen kommen, ich sage es denn! Und das Wort des Herrn kam zu ihm und sprach: Gehe weg von hinnen und verbirg dich am Bache Krith, der gegen den Jordan fließt. Ich habe den Raben geboten, daß sie dich daselbst versorgen sollen! Elia tat nach dem Wort des Herrn, und die Raben brachten ihm Brot und Fleisch des Morgens und des Abends, und er trank aus dem Bach. Und es geschah nach etlicher Zeit, daß der Bach vertrocknete, denn es war kein Regen im Lande. Da kam das Wort des Herrn zu Elia und sprach: Mache dich auf und gehe gen Zarpath, welche bei Sidon liegt, und bleibe daselbst, denn ich habe daselbst einer Witwe geboten, daß sie dich versorge.

2. Und Elia machte sich auf und ging gen Zarpath. Und da er an das Tor der Stadt kam, siehe, da war eine Witwe und las Holz auf. Und er rief ihr und sprach: Hole mir ein wenig Wasser, daß ich trinke, und bringe mir auch

59. Der Prophet Elia.

einen Bissen Brots mit. Sie sprach: So wahr der Herr, dein Gott, lebt, ich habe nichts Gebackenes, ohne eine Hand voll Mehls und ein wenig Öl. Und siehe, ich habe ein wenig Holz aufgelesen und will mir und meinem Sohn zurichten, daß wir essen und sterben. Elia sprach zu ihr: Fürchte dich nicht; gehe hin und mache es, wie du gesagt hast; doch mache mir am ersten ein kleines Gebackenes davon und bringe mir's heraus, dir aber und deinem Sohn sollst du danach auch machen. Denn also spricht der Herr, der Gott Israels: *Das Mehl im Kad soll nicht verzehret werden und dem Ölkrug soll nichts mangeln bis auf den Tag, da der Herr regnen lassen wird auf Erden!* Sie ging hin und machte, wie Elia gesagt hatte. Und er aß und sie auch und ihr Haus eine Zeit lang. Das Mehl im Kad ward nicht verzehret und dem Ölkrug mangelte nichts nach dem Wort des Herrn.

3. Nach diesen Geschichten ward des Weibes Sohn krank, und seine Krankheit war so sehr hart, daß kein Odem mehr in ihm blieb. Da sprach sie zu Elia: Du Mann Gottes bist zu mir herein gekommen, daß meiner Missetat gedacht und mein Sohn getötet würde. Elia sprach zu ihr: Gib mir her deinen Sohn! Und er nahm ihn von ihrem Schoß und ging hinauf und legte ihn

auf sein Bett und rief den Herrn an und sprach: Herr, mein Gott, laß die Seele dieses Kindes wieder zu ihm kommen! Und der Herr erhörte die Stimme des Elias und das Kind ward wieder lebendig. Und Elia nahm das Kind und gab es seiner Mutter und sprach: Siehe da, dein Sohn lebt! Und das Weib sprach zu Elia: Nun erkenne ich, daß du ein Mann Gottes bist, und daß des Herrn Wort in deinem Munde Wahrheit ist.

Psalm 33, 18.19: Siehe, des Herrn Auge siehet auf die, so ihn fürchten und auf seine Güte hoffen, daß er ihre Seele errette vom Tod und ernähre sie in der Teurung.

Jak. 5, 17: Elias war ein Mensch, gleich wie wir; und er betete, daß es nicht regnen sollte, und es regnete nicht auf Erden drei Jahre und sechs Monate

Von Gott will ich nicht lassen,
Denn er läßt nicht von mir,
Führt mich auf rechter Straßen,
Sonst ging ich in der Irr;
Er reicht mir seine Hand,
Den Abend wie den Morgen
Tut er mich wohl versorgen,
Wo ich auch sei im Land.

Katechismusfrage.

57. Wodurch erweist sich Gott als Schöpfer fortwährend in seiner Schöpfung? - Durch seine väterliche Vorsehung, nach welcher er die geschaffenen Dinge erhält und regiert.

Fragen.

1. Von welchem König Israels ist in unserer Geschichte die Rede? 2. Was wird uns von ihm gesagt? 3. Wie hieß sein Weib? 4. Was sprach Elia zu Ahab? 5. Wie sorgte der Herr für Elia? 6. Zu wem schickte der Herr den Elia dann? 7. Was tat das Weib, als der Prophet sie sah? 8. Was verlangte der Prophet von ihr? 9. Was antwortete ihm das Weib? 10. Was sprach Elia zu ihr? 11. Warum war das eine schwere Glaubensprobe für das Weib? 12. Aber welche herrliche Erfahrung durfte sie machen? 13. Aber wie suchte der Herr einige Zeit später das Weib heim? 14. Was sagte sie da zu Elia? 15. Was tat der Prophet? 16. Was betete er? 17. Was geschah mit dem Knaben?

60. Elia auf Karmel und auf Horeb.
(1. Könige 18 und 19.)

1. Und das Wort des Herrn kam zu Elia im dritten Jahr und sprach: Gehe hin und zeige dich Ahab, daß ich regnen lasse auf Erden. Und Elia ging hin. Und da Ahab Elia sahe, sprach er zu ihm: Bist du, der Israel verwirret? Elia aber sprach: Ich verwirre Israel nicht, sondern du und deines Vaters Haus, damit, daß ihr des Herrn Gebote verlassen habt. Wohlan, versammle zu mir das ganze Israel auf den Berg *Karmel*, und die 450 Propheten Baals, auch die 400 Propheten der Aschera, die vom Tisch Isebels essen. Also

sandte Ahab hin unter alle Kinder Israels und versammelte die Propheten auf den Berg Karmel. Da trat Elia zu allem Volk und sprach: *Wie lange hinket ihr auf beiden Seiten? Ist der Herr Gott, so wandelt ihm nach; ist's aber Baal, so wandelt ihm nach.* Und das Volk antwortete ihm nichts. Da sprach Elia: Ich bin allein übrig geblieben ein Prophet des Herrn; aber der Propheten Baals sind vier hundert und fünfzig Mann. Gebt uns zwei Farren, und laßt sie erwählen einen Farren und ihn zerstücken und aufs Holz legen und kein Feuer daran legen, so will ich den andern Farren nehmen und ihn zerstücken und aufs Holz legen und kein Feuer daran legen. So rufet ihr an den Namen *eures* Gottes, und ich will den Namen des *Herrn* anrufen. Welcher Gott nun mit Feuer antworten wird, der sei Gott! Da antwortete das ganze Volk: Das ist recht! Und die Propheten Baals nahmen den Farren und richteten zu, und riefen an den Namen Baals vom Morgen an bis an den Mittag und sprachen: Baal, erhöre uns! Aber es war da keine Stimme noch Antwort. Da es nun Mittag war, spottete ihrer Elia und sprach: Rufet laut! denn er ist ein Gott, er dichtet oder hat zu schaffen, oder ist über Feld, oder schläft vielleicht, daß er aufwache. Und sie riefen laut, und ritzten sich mit Messern und Pfriemen nach ihrer Weise, bis daß ihr Blut herabfloß. Aber da war keine Stimme noch Antwort noch Aufmerken.

2. Da sprach Elia: Kommt her, alles Volk zu mir! Und da alles Volk zu ihm trat, nahm er zwölf Steine nach der Zahl der Stämme Israels und baute von den Steinen einen Altar im Namen des Herrn und machte um den Altar her eine Grube und richtete das Holz zu und zerstückte den Farren und legte ihn aufs Holz und ließ durch das Volk Wasser auf das Brandopfer gießen, daß es um den Altar lief und auch die Grube voll Wassers ward. Und Elia trat herzu und sprach: Herr, Gott Abrahams, Isaaks und Israels, laß heute kund werden, daß du Gott in Israel bist und ich dein Knecht, und daß ich solches alles nach deinem Wort getan habe. Erhöre mich, Herr, erhöre mich, daß dies Volk wisse, daß du, Herr, Gott bist, daß du ihr Herz danach bekehrest! Da fiel das Feuer des Herrn herab und fraß Brandopfer, Holz, Steine und Erde und leckte das Wasser auf in der Grube. Da das alles Volk sah, fiel es auf sein Angesicht und rief: *Der Herr ist Gott! Der Herr ist Gott!* Elia aber sprach: Greifet die Propheten Baals, daß ihrer keiner entrinne! Und sie griffen sie. Und Elia führte sie hinab an den Bach Kison und schlachtete sie daselbst.

3. Und Elia sprach zu Ahab: Ziehe hinauf, iß und trink, denn es rauschet, als wollte es sehr regnen. Und während Ahab hinauf zog, zu essen und zu trinken, ging Elia auf des Karmels Spitze und bückte sich zur Erde und tat sein Haupt zwischen seine Knie und sagte zu seinem Knaben: Gehe hinauf und schaue zum Meere zu. Er ging hinauf und schaute und sprach: Es ist nichts da. Elia sprach: Gehe wieder hin siebenmal. Und beim siebten Mal sprach der Knabe: Siehe, es geht eine kleine Wolke auf aus dem Meer wie eines Mannes Hand. Elia sprach: Gehe hinauf und sage Ahab: Spanne an und fahre hinab, daß dich

60. Elia auf Karmel und auf Horeb.

der Regen nicht ergreife! Und ehe man zusah, ward der Himmel schwarz von Wolken und Wind und kam ein großer Regen. Ahab aber fuhr gen Jesreel.

4. Und Ahab sagte Isebel alles an, was Elia getan hatte, und wie er alle Propheten Baals mit dem Schwert erwürgt hatte. Da sandte Isebel einen Boten zu Elia und ließ ihm sagen: Die Götter tun mir dies und das, wo ich nicht morgen um diese Zeit deiner Seele tue, wie du diesen getan hast. Da machte sich Elia auf und ging in die Wüste und setzte sich unter einen Wacholder und sprach: Es ist genug, so nimm nun, Herr, meine Seele, ich bin nicht besser denn meine Väter. Und er legte sich und schlief unter dem Wacholder. Und siehe, ein Engel rührte ihn an und sprach zu ihm: Stehe auf und iß! Und er sah sich um, und siehe, zu seinen Häupten lag ein geröstet Brot und eine Kanne mit Wasser. Und da er gegessen und getrunken hatte, legte er sich wieder schlafen. Und der Engel des Herrn kam zum andernmal und rührte ihn an und sprach: Stehe auf und iß, denn du hast einen großen Weg vor dir! Und er stand auf, aß und trank und ging durch Kraft derselben Speise vierzig Tage und vierzig Nächte bis an den Berg Gottes *Horeb*. Daselbst blieb er in einer Höhle über

60. Elia auf Karmel und auf Horeb.

Nacht. Und siehe, das Wort des Herrn kam zu ihm und sprach: Was machst du hier, Elia? Er sprach: Ich habe geeifert um den Herrn, den Gott Zebaoth, denn die Kinder Israels haben deinen Bund verlassen und deine Altäre zerbrochen und deine Propheten mit dem Schwert erwürgt, und ich bin allein übrig geblieben, und sie stehen danach, daß sie mir mein Leben nehmen. Der Herr sprach: Gehe heraus und tritt auf den Berg vor den Herrn! Und siehe, der Herr ging vorüber und ein großer, starker *Wind*, der die Berge zerriß und die Felsen zerbrach, vor dem Herrn her; der Herr aber war nicht im Winde. Nach dem Winde aber kam ein *Erdbeben*; aber der Herr war nicht im Erdbeben. Und nach dem Erdbeben kam ein *Feuer*; aber der Herr war nicht im Feuer. Und nach dem Feuer kam ein *stilles, sanftes Sausen*. Da das Elia hörte, verhüllte er sein Antlitz mit seinem Mantel und ging heraus und trat in die Tür der Höhle. Und der Herr sprach zu ihm: Gehe wiederum deines Weges durch die Wüste und salbe Elisa zum Propheten an deiner Statt. *Und ich will lassen überbleiben 7000 in Israel, nämlich alle Knie, die sich nicht gebeugt haben vor Baal.* Und Elia ging von dannen und fand Elisa, daß er pflügte, und er warf seinen Mantel auf ihn. Elisa aber ließ die Rinder und folgte Elia nach und diente ihm.

Jes. 42, 8: Ich, der Herr, das ist mein Name, und will meine Ehre keinem andern geben, noch meinen Ruhm den Götzen.

Matth. 6, 24: Niemand kann zwei Herren dienen. Entweder er wird einen hassen und den andern lieben, oder wird einem anhangen und den andern verachten. Ihr könnt nicht Gott dienen und dem Mammon.

Jes. 30, 15: Durch Stillesein und Hoffen würdet ihr stark sein.

Gib Elias heilge Strenge,
Wenn den Götzen dieser Zeit
Die verführte, blinde Menge
Tempel und Altäre weiht:

Daß wir nie vor ihnen beugen
Haupt und Knie, auch nicht zum Schein,
Sondern fest, als deine Zeugen,
Dastehn, wenn auch ganz allein.

Katechismusfrage.
107. Ist die Kirche alles das, was wir von ihr bekennen, jetzt schon geworden? - Die Kirche ist zwar zu allen Zeiten als wahre Kirche vorhanden gewesen, aber vielfach mit Irrtum und bösem Wesen vermischt; doch ist ihre zukünftige Vollendung nach Gottes Verheißung gewiß.

Fragen.
1. Was sprach der Herr im dritten Jahre der Teurung zu Elia? 2. Mit welcher Frage empfing ihn Ahab? 3. Was antwortete Elia? 4. Was sollte Ahab tun? 5. Was sprach Elia zu dem Volk auf Karmel? 6. Welchen Vorschlag machte er ihnen? 7. Was taten die Baalspriester? 8. Mit welchen Worten verspottete sie der Prophet? 9. Welchen Erfolg hatte das Geschrei der Baalspfaffen? 10. Was tat nun Elia? 11. Welches Gebet sprach Elia? 12. Was geschah dann? 13. Welchen

Eindruck machte das auf das Volk? 14. Was tat Elia mit den Propheten Baals? 15. Was ließ Elia dem Ahab sagen? 16. Was ließ Isebel dem Elia sagen? 17. Wohin ging dann der Prophet? 18. Was sprach er dort? 19. Wodurch erquickte Gott den verzagten Propheten? 20. Wie offenbarte sich ihm der Herr auf Horeb? 21. Welchen Auftrag erteilte er ihm? 22. Was sagte ihm Gott zu seiner Beschämung und zu seinem Trost?

61. Naboths Weinberg.
(1. Könige 21 und 22.)

1. *Naboth* hatte einen Weinberg zu Jesreel bei dem Palaste Ahabs. Und Ahab sprach zu Naboth: Gib mir deinen Weinberg, ich will mir einen Kohlgarten daraus machen, weil er so nahe an meinem Hause liegt. Ich will dir einen besseren Weinberg dafür geben, oder, so dirs gefällt, will ich dir Silber dafür geben, so viel er gilt. Aber Naboth sprach: Das lasse der Herr ferne von mir sein, daß ich dir meiner Väter Erbe geben sollte. Da kam Ahab heim voll Unmuts und zornig um des Wortes willen, das Naboth zu ihm gesagt hatte. Und er legte sich auf sein Bett und aß kein Brot. Da kam *Isebel* zu ihm hinein und sprach: Was ist es, daß dein Geist so voll Unmuts ist, und daß du nicht Brot issest? Da erzählte ihr Ahab Naboths Rede. Aber Isebel sprach: Stehe auf und iß Brot und sei gutes Muts. Ich will dir den Weinberg Naboths verschaffen. Und sie schrieb Briefe unter Ahabs Namen und versiegelte sie mit seinem Siegel und sandte sie zu den Ältesten und Obersten in Naboths Stadt. Und sie schrieb also: Laßt ein Fasten ausschreien und setzt Naboth oben an im Volk, und stellet zwei lose Buben vor ihn, die da zeugen und sprechen: Du hast Gott und dem König abgesagt, und führet ihn hinaus und steinigt ihn, daß er sterbe! Und sie taten also. Da das Isebel hörte, sprach sie zu Ahab: Stehe auf und nimm ein den Weinberg Naboths, denn er ist tot.

2. Aber das Wort des Herrn kam zu Elia und sprach: Mache dich auf und geh Ahab entgegen, siehe, er ist im Weinberg Naboths, um denselben einzunehmen, und sprich zu ihm: So spricht der Herr: Du hast totgeschlagen, dazu auch in Besitz genommen. An der Stätte, da Hunde das Blut Naboths geleckt haben, sollen auch Hunde dein Blut lecken. Ich will Unglück über dich bringen und deine Nachkommen ausrotten. Und die Isebel sollen die Hunde fressen an der Mauer Jesreels. Da aber Ahab solche Worte hörte, zerriß er seine Kleider und fastete und ging jämmerlich einher. Da kam das Wort des Herrn zu Elia und sprach: Hast du nicht gesehen, wie sich Ahab vor mir bückt? Darum will ich das Unglück nicht bei seinem Leben einführen, aber bei seines Sohnes Leben will ich Unglück über sein Haus führen.

3. Nach drei Jahren zog Ahab in den Streit gegen den König von Syrien. Ein Mann aber spannte den Bogen von ohngefähr und schoß Ahab zwi-

61. Naboths Weinberg.

schen Panzer und Wehrgehänge. Und der König starb des Abends. Und das Blut floß von den Wunden in den Wagen. Und sie brachten ihn gen Samaria und begruben ihn daselbst. Und da sie den Wagen wuschen, leckten die Hunde sein Blut nach dem Wort des Herrn. - Und Isebel starb auch nach dem Wort des Herrn. Denn als Jehu König war und in die Stadt einzog, guckte sie zum Fenster heraus. Und Jehu sprach: Stürzet sie herab! Und sie stürzten sie herab, daß die Mauer mit ihrem Blute besprengt wurde. Und die Hunde fraßen ihr Fleisch an der Mauer Jesreels.

Spr. Sal. 19, 5: Ein falscher Zeuge bleibt nicht ungestraft, und wer Lügen frech redet, wird nicht entrinnen.

Hiob 34, 11: Gott vergilt dem Menschen, danach er verdienet hat, und trifft einen jeglichen nach seinem Tun.

Herr, zermalme und zerstöre
Alle Macht der Finsternis!
Der preist nicht mehr deine Ehre,
Den die Sünd zum Tode riß.
Heb uns aus dem Staub der Sünden,
Wirf die Lust der Welt hinaus;
Laß uns selge Freiheit finden,
Freiheit in des Vaters Haus.

Katechismusfrage.
30. Was verbietet Gott im achten Ge-

bot? - Falsches Zeugnis vor Gericht, wie überhaupt Lüge, Verrat, Verleumdung und Falschheit jeder Art.

Fragen.

1. Warum begehrte Ahab den Weinberg des Naboth? 2. Aus welchem Grund verweigerte ihm Naboth denselben? 3. Was tat Ahab vor Unmut und Verdruß? 4. Was sprach Isebel zu ihm? 5. Was tat sie dann? 6. Was sprach Isebel zu Ahab, als ihr Werk gelungen war? 7. Wen schickte Gott zu Ahab? 8. Mit welcher Botschaft? 9. Was tat Ahab, als er das hörte? 10. Was ließ ihm Gott deswegen sagen? 11. Wie und wann ging Gottes Fluch an Ahab und an Isebel in Erfüllung?

62. Elias Himmelfahrt.
(2. Könige 2.)

1. Da aber der Herr wollte Elia im Wetter gen Himmel holen, gingen Elia und Elisa gen Gilgal. Und Elia sprach zu Elisa: Bleib doch hier, denn der Herr hat mich gen Beth-El gesandt. Elisa aber sprach: So wahr der Herr lebt, ich verlasse dich nicht. Und da sie hinab gen Beth-El kamen, gingen der Propheten Kinder, die zu Beth-El waren, heraus zu Elisa und sprachen zu ihm: Weißt du auch, daß der Herr wird deinen Herrn heute von deinen Häupten nehmen? Er sprach: Ich weiß es wohl, schweiget nur stille! Und Elia sprach zu ihm: Elisa, bleib doch hier, denn der Herr hat mich gen Jericho gesandt. Er aber sprach: So wahr der Herr lebt, ich verlasse dich nicht! Und da sie gen Jericho kamen, traten der Propheten Kinder, die zu Jericho waren, zu Elisa und sprachen: Weißt du auch, daß der Herr wird deinen Herrn heute von deinen Häupten nehmen? Er aber sprach: Ich weiß es wohl, schweiget nur stille! Und Elia sprach zu ihm: Bleib doch hier, denn der Herr hat mich an den Jordan gesandt. Er aber sprach: So wahr der Herr lebt, ich verlasse dich nicht! Und gingen die beiden miteinander. Aber fünfzig Männer unter der Propheten Kindern traten gegenüber von ferne, aber die beiden standen am Jordan. Da nahm Elia seinen Mantel und wickelte ihn zusammen und schlug ins Wasser, das teilte sich auf beiden Seiten, daß die beiden trocken hindurchgingen.

2. Als sie hinüberkamen, sprach Elia: Bitte, was ich dir tun soll, ehe ich von dir genommen werde! Elisa sprach: *Daß mir werde ein zweifältig Teil von deinem Geiste!* Er sprach: Du hast ein Hartes gebeten. Doch so du mich sehen wirst, wenn ich von dir genommen werde, so wird's ja sein, wo nicht, so wird's nicht sein. Und da sie miteinander redeten, siehe, da kam ein feuriger Wagen mit feurigen Rossen, und schieden die beiden von einander, und Elia fuhr also im Wetter gen Himmel. Elisa sah es und schrie: *Mein Vater! Mein Vater! Wagen Israels und seine Reiter!* und sah ihn nicht mehr. Und er faßte seine Kleider und zerriß sie in zwei Stücke. Und er hob auf den Mantel Elias, der ihm entfal-

62. Elias Himmelfahrt.

len war, und kehrte um und trat an das Ufer des Jordans, und nahm denselben Mantel und schlug ins Wasser und sprach: Wo ist nun der Herr, der Gott Elias? Da teilte sich's auf beiden Seiten, und Elisa ging hindurch. Und da ihn sahen der Propheten Kinder zu Jericho, sprachen sie: Der Geist Elias ruhet auf Elisa! Und sie gingen ihm entgegen und fielen vor ihm nieder zur Erde.

Jak. 1, 12: Selig ist der Mann, der die Anfechtung erduldet, denn nachdem er bewähret ist, wird er die Krone des Lebens empfangen, welche Gott verheißen hat denen, die ihn lieb haben.

Offb. Joh. 2, 10: Sei getreu bis an den Tod, so will ich dir die Krone des Lebens geben.

Halleluja singst auch du,
Wenn du Jesum siehst,
Unter Jubel ein zur Ruh
In den Himmel ziehst.

Gelobt sei er!
Der vom Kreuz zum Throne stieg,
Hilft dir auch zu deinem Sieg.
Gelobt sei er!

Katechismusfrage.
122. Was heißt: "Sondern erlöse uns von dem Übel?" - Wir bitten in diesem Gebet, als in der Summa, daß uns der Vater im Himmel von allerlei Übels

Leibes und der Seele erlöse, und zuletzt, wenn unser Stündlein kommt, uns ein seliges Ende beschere und mit Gnaden von diesem Jammertal zu sich nehme in den Himmel.

Fragen.

1. Wohin gingen Elia und Elisa miteinander? 2. Was sagte dort Elia zu Elisa? 3. Was antwortete dieser? 4. Wie oft wiederholte sich diese Frage und Antwort? 5. Was fragten unterwegs die Kinder der Propheten den Elisa? 6. Was antwortete er? 7. Wie kamen sie über den Jordan? 8. Was sprach Elia zu Elisa an der andern Seite des Jordans? 9. Um was bat Elisa? 10. Was antwortete Elia? 11. Was geschah während sie miteinander redeten? 12. Was rief Elisa aus? 13. Was tat er dann? 14. Was sprachen der Propheten Kinder, als sie ihn sahen?

63. Der Prophet Elisa.
(2. Könige 2, 4 und 5.)

1. Elisa ging hinauf gen *Beth-El*. Und als er auf dem Weg hinan ging, kamen kleine Knaben zur Stadt heraus, spotteten sein und sprachen: Kahlkopf, komm herauf! Kahlkopf komm herauf! Und er wandte sich um, und fluchte ihnen im Namen des Herrn. Da kamen zwei Bären aus dem Walde und zerrissen der Knaben zwei und vierzig.

2. Und es schrie ein Weib unter den Weibern der Kinder der Propheten zu Elisa und sprach: Mein Mann ist gestorben und du weißt, daß er den Herrn fürchtete; nun kommt der Schuldherr und will meine beiden Kinder zu eigenen Knechten nehmen. Elisa sprach zu ihr: Was soll ich dir tun? Sage mir, was hast du im Hause? Sie sprach: Deine Magd hat nichts im Hause denn einen Ölkrug. Er sprach: Gehe hin und bitte draußen von allen deinen Nachbarinnen leere Gefäße und derselben nicht wenig, und gehe hinein und schließe die Türe hinter dir und deinen Söhnen zu und gieße in alle Gefäße. Und da die Gefäße voll waren, da stand das Öl. Und sie sagte es dem Mann Gottes an. Er sprach: Verkaufe das Öl und bezahle deinen Schuldherrn; du aber und deine Söhne nähret euch von dem übrigen.

3. *Naeman*, der Feldhauptmann des Königs zu Syrien, war ein trefflicher Mann und hoch gehalten, aber er war aussätzig. Die Kriegsleute aber in Syrien waren herausgefallen und hatten eine kleine Dirne aus dem Lande Israels weggeführt, die war im Dienst des Weibes Naemans. Die sprach zu ihrer Frau: Ach, daß mein Herr bei dem Propheten zu Samaria wäre, der würde ihn von seinem Aussatz losmachen! Naeman zog mit Rossen und Wagen hin und hielt am Hause des Elisa. Da sandte Elisa einen Boten zu ihm und ließ ihm sagen: Gehe hin und wasche dich siebenmal im Jordan, so wirst du rein werden. Da erzürnte Naeman und zog weg und sprach: Ich meinte, er sollte zu mir herauskommen und hertreten, und den Namen

des Herrn, seines Gottes, anrufen und mit seiner Hand über die Stätte fahren und den Aussatz also abtun. Sind nicht die Wasser zu Damaskus besser, denn alle Wasser in Israel? Und er zog weg mit Zorn. Da sprachen seine Knechte zu ihm: Lieber Vater, wenn dich der Prophet etwa Großes geheißen hätte, solltest du es nicht tun? Wie viel mehr, so er zu dir sagt: Wasche dich, so wirst du rein! Da stieg er ab und taufte sich im Jordan siebenmal, und er ward rein. Und er kehrte wieder zu dem Mann Gottes und sprach: *Siehe, ich weiß, daß kein Gott ist in allen Landen, ohne in Israel.* So nimm nun den Segen von deinem Knechte. Elisa sprach: So wahr der Herr lebt, ich nehme es nicht. Ziehe hin mit Frieden! - Und als er weggezogen war, gedachte *Gehasi*, der Knecht Elisas: Mein Herr hat diesen Syrer verschont; ich will ihm nachlaufen und etwas von ihm nehmen. Also jagte Gehasi dem Naeman nach und sprach: Mein Herr läßt dir sagen: Es sind zwei Knaben aus der Propheten Kindern zu mir gekommen, gib ihnen einen Zentner Silbers und zwei Feierkleider. Naeman sprach: Nimm lieber zwei Zentner, und er nötigte ihn und gab es seinen Knaben, die trugen es vor Gehasi her. Und da sie nahe zum Ort kamen, nahm er es von ihren Händen und legte es beiseit im Hause. Und da die Männer weg waren, trat er vor seinen Herrn. Und Elisa sprach zu ihm: Woher, Gehasi? Er sprach: Dein Knecht ist weder hieher noch daher gegangen. Er aber sprach zu ihm: Ist nicht mein Herz mit dir gegangen? Aber der Aussatz Naemans wird dir anhangen. Da ging Gehasi von ihm hinaus, aussätzig wie Schnee.

3. Mose 19, 32: Vor einem grauen Haupte sollst du aufstehen und die Alten ehren.

Luk. 1, 37: Bei Gott ist kein Ding unmöglich.

1. Tim. 6, 9.10: Die da reich werden wollen, fallen in Versuchung und Stricke und viele törichte und schädliche Lüste, welche die Menschen versenken ins Verderben und Verdammnis, denn der Geiz ist die Wurzel alles Übels.

Herr! du hast deinen Namen
Sehr herrlich in der Welt gemacht;
Denn als die Schwachen kamen,
Hast du gar bald an sie gedacht
Du hast mir Gnad erzeigt;
Nun, wie vergelt ich's dir?
Ach, bleibe mir geneigt,
So will ich für und für
Den Kelch des Heils erheben
Und preisen weit und breit
Dich, Herr, mein Gott, im Leben
Und dort in Ewigkeit.

Katechismusfrage.

51. Was heißt: Gott ist gütig? - Gott tut allen seinen Geschöpfen nur Gutes.

Fragen.

1. Wie verspotteten die Knaben zu Beth-El den Elisa? 2. Welche Strafe ereilte sie dafür? 3. Was klagte das Weib zu Samaria dem Propheten? 4. Wie wurde ihr geholfen? 5. Was wird uns von Naeman erzählt? 6. Durch wen wurde er auf den Propheten aufmerksam gemacht? 7. Was ließ ihm Elisa sagen? 8. Warum wurde Naeman darüber zornig? 9. Was sprachen seine Knechte zu ihm? 10. Was geschah, als er sich im Jordan

badete? 11. Welches Bekenntnis legte er bei dem Propheten ab? 12. Was wollte er dem Elisa geben? 13. Was aber sprach der Prophet? 14. Was tat Gehasi? 15. Welche Strafe bekam er für seine Lüge und seine Habsucht?

64. Der Prophet Jona.
(Jona 1 bis 4.)

1. Es geschah das Wort des Herrn zu *Jona* und sprach: Mache dich auf und gehe in die große Stadt *Ninive* und predige wider sie, denn ihre Bosheit ist heraufgekommen vor mich. *Aber Jona machte sich auf und floh vor dem Herrn* und wollte gen Tharsis und kam hinab gen Japho. Und da er ein Schiff fand, das gen Tharsis fahren wollte, gab er Fährgeld und trat darein. Da ließ der Herr einen großen Wind aufs Meer kommen, daß man meinte, das Schiff würde zerbrechen. Und die Schiffsleute fürchteten sich und schrien, ein jeglicher zu seinem Gott. Aber Jona war in das Schiff hinuntergestiegen und schlief. Da trat zu ihm der Schiffsherr und sprach: Was schläfst du? Stehe auf, rufe deinen Gott an, ob vielleicht Gott an uns gedenken wollte, daß wir nicht verderben. Und einer sprach zum andern: Kommt, wir wollen losen, daß wir erfahren, um welches willen es uns so übel geht. Und da sie losten, traf es Jona. Da sprachen sie zu ihm: Sage uns, warum geht es uns so übel? Was ist dein Gewerbe? und wo kommst du her? Aus welchem Lande bist du? und von welchem Volk bist du? Er sprach: Ich bin ein Ebräer und fürchte den Herrn, den Gott des Himmels, welcher gemacht hat das Meer und das Trockene. Da fürchteten sich die Leute sehr und sprachen: Was sollen wir denn mit dir tun, daß uns das Meer stille werde? Er sprach zu ihnen: Nehmt mich und werft mich ins Meer, so wird es stille werden, denn ich weiß, daß dieses große Ungewitter um meinetwillen über euch kommt. Und sie nahmen Jona und warfen ihn ins Meer, da stand das Meer stille von seinem Wüten. Und die Leute fürchteten den Herrn sehr und taten ihm Opfer und Gelübde. Aber der Herr verschaffte einen großen Fisch, Jona zu verschlingen. Und Jona war im Leib des Fisches drei Tage und drei Nächte. Und Jona betete zu dem Herrn im Leib des Fisches. Und der Herr sprach zum Fisch und derselbe spie Jona aus ans Land.

2. Und es geschah das Wort des Herrn zum andernmal zu Jona und sprach: Mache dich auf und gehe in die große Stadt Ninive und predige ihr die Predigt, die ich dir sage! *Da machte sich Jona auf und ging hin gen Ninive.* Ninive aber war eine große Stadt vor Gott, drei Tagereisen groß. Und da Jona eine Tagereise hineingegangen war, predigte er und sprach: Es sind noch vierzig Tage, so wird Ninive untergehen! Da glaubten die Leute zu Ninive an Gott, und der König zu Ninive legte seinen Purpur ab und hüllte einen Sack um sich und setzte sich in die Asche und ließ ausrufen: Es soll weder Mensch noch

Tier etwas kosten, und sie sollen zu Gott rufen heftig. Und ein jeglicher bekehre sich von seinem bösen Wege und vom Frevel seiner Hände! Wer weiß? Gott möchte sich kehren und ihn reuen und sich wenden von seinem grimmigen Zorn, daß wir nicht verderben. Da aber Gott sah, daß sie sich bekehrten, reute ihn des Übels, das er geredet hatte, ihnen zu tun, und tat's nicht.

3. Das verdroß Jona sehr, und er ward zornig und betete zum Herrn und sprach: Ach, Herr, das ist's, das ich sagte, da ich noch in meinem Lande war, darum ich auch nach Tharsis fliehen wollte, *denn ich weiß, daß du gnädig, barmherzig, langmütig und von großer Güte bist und läßt dich des Übels reuen.* So nimm doch nun, Herr, meine Seele von mir, denn ich wollte lieber tot sein denn leben! Aber der Herr sprach: Meinst du, daß du billig zürnest? Und Jona ging zur Stadt hinaus und setzte sich morgenwärts von der Stadt und machte sich daselbst eine Hütte, da setzte er sich in den Schatten, bis er sähe, was der Stadt widerfahren würde. Gott, der Herr, aber verschaffte einen Kürbis, der wuchs über Jona, daß er Schatten gab über sein Haupt, und Jona freute sich sehr über den Kürbis. Aber Gott verschaffte einen Wurm des Morgens, der stach den Kürbis, daß er verdorrte. Als aber die Sonne aufgegangen war, stach sie Jona auf den Kopf, daß er matt ward. Da wünschte er sich den Tod. Da sprach Gott zu Jona: Meinest du, daß du billig zürnest um den Kürbis? Und er sprach: Billig zürne ich bis an den Tod. Und der Herr sprach: Dich jammert des Kürbisses, daran du nicht gearbeitet hast, hast ihn auch nicht aufgezogen, welcher in *einer* Nacht ward und in *einer* Nacht verdarb. Und mich sollte nicht jammern Ninives, solcher großen Stadt, in welcher mehr denn 120.000 Menschen sind, die nicht wissen, was rechts oder links ist, dazu auch viele Tiere?

Psalm 139, 7-10: Wo soll ich hingehen vor deinem Geist? Und wo soll ich hinfliehen vor deinem Angesicht? Führe ich gen Himmel, so bist du da, bettete ich mich in die Hölle, siehe, so bist du auch da. Nähme ich Flügel der Morgenröte und bliebe am äußersten Meer, so würde mich doch deine Hand daselbst führen und deine Rechte mich halten.

Psalm 103,13: Wie sich ein Vater über Kinder erbarmet, so erbarmet sich der Herr über die, so ihn fürchten.

Wie sich erbarmt ein Vater seiner
　　　Kinder,
So gern erbarmt der Herr sich aller
　　　Sünder,
Wenn sie auf seine Gnadenstimme
　　　hören
Und sich bekehren.

Katechismusfrage.

99. Was ist die Bekehrung? - Die Bekehrung ist das gläubige Ergreifen des von Gott gewirkten neuen Lebens, und darum ein Verlassen des breiten Weges und ein Wandeln auf dem schmalen Wege.

Fragen.

1. Was befahl Gott dem Jona? 2. Wohin wollte er fliehen? 3. Was geschah auf dem Meer? 4. Auf welche Weise suchten die Schiffsleute den Urheber

des Sturmes zu erfahren? 5. Was fragten sie Jona? 6. Was taten sie mit ihm? 7. Wie wurde Jona gerettet? 8. Was predigte Jona in Ninive? 9. Wie nahmen die Leute die Predigt auf? 10. Was tat deswegen Gott? 11. Wie verhielt sich Jona dem Erbarmen Gottes gegenüber? 12. Auf welche Weise überzeugte der Herr den Propheten von seinem Unrecht?

65. Untergang der Reiche Israels und Judas.
(2. Könige 17 bis 25.)

1. Nach Ahab regierten noch zwölf Könige über *Israel*, aber alle taten übel vor dem Herrn. Der letzte König über Israel war *Hosea*. Wider denselben zog herauf *Salmanasser*, der König von Assyrien. Der belagerte Samaria drei Jahre. Als er die Stadt gewann, führte er das Volk Israels (die zehn Stämme) in die Gefangenschaft nach *Assyrien*. Das geschah im Jahre 722 vor Christi Geburt. Also ward Israel aus seinem Lande weggeführt unter die Heiden, nachdem es 253 Jahre bestanden und 19 Könige gehabt hatte. Der König von Assyrien ließ Leute aus Babel und aus allen Völkern seines Reiches kommen, und besetzte mit ihnen die Städte in Samarien, daß sie an der Kinder Israels Statt daselbst wohnten. Diese Heiden aber dienten *ihren* Göttern. Da aber der Herr Löwen unter sie sandte, gebot der König zu Assyrien: Bringet dahin der Priester einen, die von dannen weggeführt sind, daß er sie lehre die Weise des Gottes im Lande. Da kam ein Priester und lehrte sie, wie sie den *Herrn* fürchten sollten. Also fürchteten diese Heiden den Herrn und dienten auch den Göttern eines jeglichen Volkes in Assyrien, von dannen sie hergebracht waren. Nach derselben Weise taten auch ihre Kinder und Kindeskinder. *Die hießen Samariter*.

2. Zur Zeit, da Salmanasser das Reich Israels zerstörte, war *Hiskia* König in Juda. *Der tat, was dem Herrn wohl gefiel*, wie sein Vater David. Er hing dem Herrn an und hielt seine Gebote. Er tat wieder auf die Türen am Hause des Herrn und gebot den Priestern und Leviten, das Haus des Herrn zu heiligen und sandte Boten durch ganz Juda und Israel, alles Volk zu bekehren zum Herrn, und ihm zu dienen in seinem Heiligtum. Und es kam gen Jerusalem ein großes Volk, und sie taten die Götzenaltäre ab und warfen sie in den Bach Kidron und feierten das Fest der ungesäuerten Brote mit großer Freude. Denn seit der Zeit Salomos war solches zu Jerusalem nicht gewesen. Danach zog herauf *Sanherib*, der König von Assyrien, und sandte eine große Macht gen Jerusalem, um die Stadt einzunehmen. Er ließ dem ganzen Volk sagen: Gehorchet Hiskia nicht. Er verführt euch, wenn er spricht: Der Herr wird uns erretten. Haben auch die Götter der Heiden ihr Land errettet von meiner Hand?! Da zerriß der König Hiskia seine Kleider und ging in das Haus des Herrn und betete zum Herrn um Errettung. Da sandte der Prophet *Je-*

65. Untergang der Reiche Israels und Judas.

saia zu Hiskia und ließ ihm sagen: So spricht der Herr: Sanherib soll nicht in die Stadt kommen und keinen Pfeil darein schießen, auch keinen Wall darum schütten, sondern er soll den Weg wieder ziehen, den er gekommen ist. Ich will die Stadt beschirmen. Und in derselben Nacht schlug der Engel des Herrn im Lager von Assyrien 185.000 Mann. Und da sie sich des Morgens frühe aufmachten, siehe, da lag alles eitel Leichname.

3. Auf Hiskia folgten zwei Könige, die taten, was dem Herrn übel gefiel. Sie verführten das Volk zum Götzendienst und trieben allerlei Greuel der Heiden. Nach ihnen regierte *Josia*. Er tat, was dem Herrn wohl gefiel und reinigte das Land vom Götzendienst und von allen Greuel der Heiden. Auch ließ er bessern, was baufällig war am Hause des Herrn. Da fand der Hohepriester das Gesetzbuch im Hause des Herrn, und man brachte es dem König und las es ihm vor. Da der König die Worte im Buch des Gesetzes hörte, zerriß er seine Kleider und sprach: Es ist ein großer Grimm des Herrn über uns entbrannt, darum, daß unsere Väter nicht gehorcht haben den Worten dieses Buches. Auf den frommen Josia folgten Könige, die taten, was dem Herrn übel gefiel, und Gottlosigkeit und Frevel nahm über-

hand. Da verkündigte der Prophet *Jeremias* die Zerstörung des Reiches durch die Chaldäer und die Wegführung des Volkes nach Babel; verhieß ihnen aber auch, daß der Herr sie nach siebzig Jahren wieder zurückführen werde in das Land ihrer Väter. Aber niemand glaubte seiner Rede.

4. Zur Zeit des Königs *Jojakim* kam herauf *Nebukadnezar*, der König von Babel, und Jojakim ward ihm untertänig. Und Nebukadnezar nahm mit Kinder aus königlichem Stamme und den vornehmsten Familien des Landes, unter welchen war auch *Daniel*. Nebukadnezar zog wieder herauf und eroberte die Stadt und führte den König *Jojachin* mit allen Vornehmen des Landes gefangen nach Babel und machte *Zedekia* zum Könige. Zedekia tat, was dem Herrn übel gefiel und hörte nicht auf das Wort Jeremias und ward abtrünnig vom König zu Babel. Da zog Nebukadnezar zum dritten Mal mit aller seiner Macht wider Jerusalem und belagerte die Stadt. Und der Hunger ward stark in der Stadt, daß das Volk nichts zu essen hatte. Da sie die Stadt gewonnen hatten, schlachteten sie Zedekias Kinder vor seinen Augen, blendeten seine Augen, banden ihn mit Ketten und führten ihn nach Babel. Das Haus des Herrn, das Haus des Königs und alle

65. Untergang der Reiche Israels und Judas.

Häuser verbrannten sie, die Mauern der Stadt zerbrachen sie und alle, die vom Schwert übrig geblieben waren, führten sie weg nach Babel, daß sie dort Knechte wurden. Auch die goldenen, silbernen und ehernen Gefäße und alle Schätze nahmen sie mit, es war nicht zu wägen alles Erz, das sie mitführten. *Also ward Juda weggeführt aus seinem Lande*, im Jahre 588 v. Christi Geburt, nachdem es 387 Jahre bestanden und 19 Könige gehabt hatte. Der Prophet Jeremias erhielt vom König Erlaubnis, im Lande zu bleiben. Auf den Trümmern Jerusalems weinte und klagte er über die Sünde und das Unglück seines Volkes. Doch tröstete er auch wieder: Die Güte des Herrn ist's, daß wir nicht gar aus sind. Seine Barmherzigkeit hat noch kein Ende. Der Herr ist mein Teil, spricht meine Seele, darum will ich auf ihn hoffen.

Spr. Sal. 14, 34: Gerechtigkeit erhöhet ein Volk, aber die Sünde ist der Leute Verderben.

Psalm 5, 5: Du bist nicht ein Gott, dem gottlos Wesen gefällt; wer böse ist, bleibet nicht vor dir.

Verwirf von deinem Angesicht,
Ob ich es gleich verdienet,
Mich, o getreuer Vater, nicht,
Weil Jesus mich versühnet!
Laß nimmer, nimmer, nimmermehr
Mich fallen als dein Kind so sehr,
Daß du es von dir werfest!

Katechismusfrage.

9. Wie lautet das erste Gebot? - Du sollst dir kein Bildnis noch irgend ein Gleichnis machen, weder des, das oben im Himmel, noch des, das unten auf Erden, oder des, das im Wasser unter der Erde ist. Bete sie nicht an und diene ihnen nicht. Denn ich, der Herr, dein Gott, bin ein eifriger Gott, der da heimsucht der Väter Missetat an den Kindern bis ins dritte und vierte Glied, die mich hassen. Und tue Barmherzigkeit an vielen Tausenden, die mich lieb haben und meine Gebote halten.

Fragen.

1. Wie hieß der letzte König des Reiches Israels? 2. Wer zog wider ihn herauf? 3. Wohin führte Salmanasser die zehn Stämme? 4. Mit wem bevölkerte er die leeren Städte zu Samaria? 5. Wie hießen ihre Nachkommen? 6. Wer regierte zu dieser Zeit in Juda? 7. Wodurch zeichnete sich dieser König aus? 8. Wer zog gegen ihn? 9. Wodurch wurde der Plan Sanheribs vereitelt? 10. Was wird uns von Josia erzählt? 11. Was fand der Hohepriester? 12. Was verkündigte der Prophet Jeremias? 13. Wie oft zog Nebukadnezar nach Jerusalem? 14. Wen führte er das erste Mal weg nach Babel? 15. Wen nahm er bei seinem zweiten Feldzug gefangen? 16. Was tat Nebukadnezar bei seinem dritten Zug?

VII. In der babylonischen Gefangenschaft.

66. Der Prophet Daniel.
(Daniel 1 bis 3.)

1. Der König Nebukadnezar ließ aus Israel vom königlichen Stamm Knaben wählen, die schön, vernünftig, weise, klug und verständig und geschickt wären, zu dienen an des Königs Hofe und zu lernen chaldäische Schrift und Sprache. Solchen verschaffte der König, was man ihnen täglich geben sollte von seiner Speise und von dem Wein, den er selbst trank. Unter diesen waren Daniel, Sadrach, Mesach und Abed-Nego. Aber Daniel setzte sich vor in seinem Herzen, daß er sich mit des Königs Speise und mit den Wein nicht verunreinigen wollte und bat den obersten Kämmerer, daß er sich nicht verunreinigen müßte. Der Kämmerer sprach zu ihm: Ich fürchte mich vor meinem Herrn, dem König. Wo er sehen würde, daß eure Angesichter jämmerlicher wären, denn der andern Knaben euers Alters, so brächtet ihr mich um mein Leben. Daniel sprach: Versuche es doch mit uns zehn Tage. Und er gehorchte ihnen. Und nach zehn Tagen waren sie schöner und besser bei Leibe, denn alle Knaben, so von des Königs Tische aßen. Da tat der Kämmerer ihre verordnete Speise und Trank weg und gab ihnen Gemüse und Wasser. Aber Gott gab ihnen Kunst und Verstand in allerlei Schrift und Weisheit. Und nach drei Jahren brachte sie der oberste Kämmerer hinein zu Nebukadnezar. Und der König fand sie zehnmal klüger und verständiger als alle Weisen in seinem ganzen Reich.

2. Der König Nebukadnezar ließ ein goldenes Bild machen, sechzig Ellen hoch und sechs Ellen breit, und ließ es zu Babel setzen und ausrufen: Wenn ihr hören werdet den Schall der Posaunen, so sollt ihr niederfallen und das Bild anbeten. Wer aber nicht niederfällt, der soll von Stund an in den glühenden Ofen geworfen werden. Von Stund an traten hinzu etliche Männer und verklagten Sadrach, Mesach und Abed-Nego, daß sie das goldene Bild nicht anbeteten. Da befahl Nebukadnezar mit Zorn, daß man sie vor ihn stellte und sprach: Wohlan, schicket euch! Sobald ihr hören werdet den Schall der Posaunen, Trompeten, Harfen und allerlei Saitenspiel, so fallt nieder und betet das Bild an, das ich habe machen lassen! Werdet ihr's nicht anbeten, so sollt ihr in den glühenden Ofen geworfen werden. Laßt sehen, wer der Gott sei, der euch aus meiner Hand erretten werde! Da antworteten Sadrach, Mesach und Abed-Nego: Es ist nicht not, daß wir dir darauf antworten. Siehe, unser Gott, den wir ehren, kann uns wohl erretten aus dem glühenden Ofen, dazu auch

von deiner Hand. Und wo er's nicht tun will, so sollst du dennoch wissen, daß wir das goldene Bild nicht anbeten wollen. Da ward Nebukadnezar voll Grimms und befahl, man solle den Ofen siebenmal heißer machen, denn sonst. Also wurden diese Männer in ihren Mänteln, Schuhen, Hüten und andern Kleidern gebunden und in den glühenden Ofen geworfen. Und man schürte das Feuer im Ofen so sehr, daß die Männer, die es schürten, verdarben von des Feuers Flammen. Da entsetzte sich der König und sprach: Haben wir nicht drei Männer gebunden in den Ofen werfen lassen? Sehe ich doch vier Männer los im Feuer gehen und sind unversehrt, und der vierte ist gleich, als wäre er ein Sohn der Götter. Und Nebukadnezar trat vor das Loch des glühenden Ofens und sprach: Ihr Knechte Gottes des Höchsten, gehet heraus und kommt her! Da gingen sie heraus. Und die Fürsten und Räte des Königs sahen, daß das Feuer keine Macht am Leibe dieser Männer bewiesen hatte und ihr Haupthaar nicht versenget und ihre Mäntel nicht versehrt waren; ja, man konnte keinen Brand an ihnen riechen. Da sprach Nebukadnezar: Gelobt sei der Gott Sadrachs, Mesachs und Abed-Negos, der seinen Engel gesandt und seine Knechte errettet hat, die ihm vertraut und ihren Leib dargegeben haben, daß sie keinen Gott ehren, noch anbeten wollten, ohne allein ihren Gott. So sei nun dies mein Gebot: Wer den Gott Sadrachs, Mesachs und Abed-Negos lästert, der soll umkommen. *Denn es ist kein anderer Gott, der also erretten kann, wie dieser.*

Apostelgesch. 5,29: Man muß Gott mehr gehorchen denn den Menschen.

Jes. 43,1.2: Fürchte dich nicht, denn ich habe dich erlöset, ich habe dich bei deinem Namen gerufen, du bist mein. Denn so du durchs Wasser gehst, will ich bei dir sein, daß dich die Ströme nicht sollen ersäufen, und so du ins Feuer gehst, sollst du nicht brennen und die Flamme soll dich nicht versengen.

Lobe den Herren, der künstlich und
fein dich bereitet,
Der dir Gesundheit verliehen, dich
freundlich geleitet;
In wie viel Not Hat nicht der
gnädige Gott
Über dir Flügel gebreitet!

Katechismusfrage.
7. Was gebietet Gott im ersten Gebot? - Daß wir ihn über alle Dinge fürchten, lieben und vertrauen.

Fragen.
1. Wozu ließ Nebukadnezar an seinem Hofe Knaben auswählen? 2. Wer gehörte zu diesen Knaben? 3. Um was bat Daniel den obersten Kämmerer? 4. Welche Bedenken äußerte dieser? 5. Wodurch wurden ihm diese Bedenken genommen? 6. Was ließ Nebukadnezar zu Babel machen? 7. Was befahl er? 8. Wer widersetzte sich diesem Befehl? 9. Was antworteten sie dem König, als er sie darüber zur Rede setzte? 10. Was geschah dann mit ihnen? 11. Was sah der König im glühenden Ofen? 12. Was sprach Nebukadnezar, als er sah, daß sie völlig unversehrt aus dem Ofen herauskamen? 13. Welches Gebot gab er?

67. Belsazers Mahl.
(Daniel 5.)

1. Danach kam ein anderer König auf, der hieß *Belsazer.* Der machte ein herrliches Mahl seinen Gewaltigen, und da er trunken war, hieß er die goldenen und silbernen Gefäße herbringen, die sein Vater Nebukadnezar aus dem Tempel zu Jerusalem weggenommen hatte. Und der König, seine Gewaltigen und seine Weiber tranken daraus. Dabei lobten sie ihre goldenen, silbernen, ehernen, eisernen, hölzernen und steinernen Götter. Zur selbigen Stunde *gingen hervor Finger,* als von einer Menschenhand, die schrieben dem Leuchter gegenüber auf die getünchte Wand in dem königlichen Saal. Als der König die Hand gewahr ward, entfärbte er sich und seine Gedanken erschreckten ihn, daß ihm die Beine zitterten. Und er rief überlaut, daß man die Weisen und Wahrsager hereinbringen sollte. Und er ließ den Weisen sagen: Welcher Mensch diese Schrift liest und sagen kann, was sie bedeutet, der soll mit Purpur gekleidet werden und eine goldene Kette am Hals tragen und der dritte Herr in meinem Königreich

sein. Aber die Weisen konnten weder die Schrift lesen, noch die Deutung dem König anzeigen. Da erschrak der König noch härter und verlor ganz seine Farbe, und seinen Gewaltigen ward bange. Aber die Königin sprach zu ihm: Laß dich deine Gedanken nicht erschrecken und entfärbe dich nicht so! Es ist ein Mann in deinem Königreich, der den Geist der heiligen Götter hat, nämlich *Daniel*. So rufe man nun Daniel, der wird sagen, was es bedeutet.

2. Da ward Daniel vor den König gebracht. Und der König sprach zu ihm: Ich habe gehört, daß Erleuchtung und hohe Weisheit bei dir gefunden sei. Kannst du nun diese Schrift lesen und mir anzeigen, was sie bedeutet, so sollst du mit Purpur gekleidet werden und eine goldene Kette an deinem Halse tragen und der dritte Herr in meinem Königreich sein. Da sprach Daniel: Gib dein Geschenk einem andern, ich will dennoch dem König anzeigen, was die Schrift bedeutet. Herr König, du hast dich wider den Herrn des Himmels erhoben und die Gefäße seines Hauses entweiht; dazu habt ihr die Götter gelobt, die weder sehen, noch hören, noch fühlen; den Gott aber, der deinen Odem und alle deine Wege in seiner Hand hat, hast du nicht geehrt. Darum ist von ihm diese Hand und diese Schrift gesandt. Das ist aber die Schrift: *Mene, mene, tekel, u-pharsin*. Und sie bedeutet: *Mene*, das ist: Gott hat dein Königreich gezählet und vollendet. *Tekel*, das ist: Man hat dich in einer Wage gewogen und zu leicht gefunden. *Pharsin*, das ist: Dein Königreich ist zerteilet und den Medern und Persern gegeben. Und es geschah also. In derselbigen Nacht ward der König Belsazer getötet, und *Darius* aus Medien nahm das Reich ein.

Gal. 6,7.8: Irret euch nicht! Gott läßt sich nicht spotten. Denn was der Mensch säet, das wird er ernten. Wer auf sein Fleisch säet, der wird von dem Fleisch das Verderben ernten. Wer aber auf den Geist säet, der wird von dem Geist das ewige Leben ernten.

Herr! lehr mich stets mein End bedenken
Und wenn ich einstens sterben muß,
Die Seel in Jesu Wunden senken
Und ja nicht sparen meine Buß.
Mein Gott! Ich bitt durch Christi Blut:
Mach's nur mit meinem Ende gut!

Katechismusfrage.
67. Welches ist die Strafe der Sünde? - Der Tod, wie geschrieben steht, Röm. 6,23: Der Tod ist der Sünden Sold.

Fragen.
1. Wie heißt der König, von dem in unserer Geschichte die Rede ist? 2. Wodurch versündigte sich Belsazer mit seinen Gewaltigen schwer während eines Gastmahls? 3. Welche Worte schrieben Gottes Finger an die Wand? 4. Wer nur konnte diese rätselhafte Schrift entziffern? 5. Was bedeutet sie? 6. Wie ging diese Deutung noch in derselben Nacht in Erfüllung?

68. Daniel in der Löwengrube.
(Daniel 6.)

1. Und *Darius* setzte über das ganze Königreich 120 Landvögte, und über diese setzte er drei Fürsten, deren einer *Daniel* war. Daniel aber übertraf die Fürsten und Landvögte alle, denn es war ein hoher Geist in ihm. Darum gedachte der König ihn über das ganze Königreich zu setzen. Deshalb trachteten die Fürsten und Landvögte danach, wie sie eine Sache zu Daniel fänden, die wider das Königreich wäre. Aber er war treu, daß man keine Schuld noch Übeltat an ihm finden konnte. Da sprachen die Männer: Wir werden keine Sache gegen Daniel finden, ohne über seinen Gottesdienst. Darum gingen sie zu dem König und sprachen zu ihm: Der König Darius lebe ewiglich! Es haben die Fürsten des Königreichs alle gedacht, daß man einen königlichen Befehl solle ausgehen lassen, daß wer in dreißig Tagen etwas bitten wird von irgend einem Gott oder Menschen, ohne von dir, König, allein, solle zu den Löwen in den Graben geworfen werden. Darum sollst du solch Gebot bestätigen. Also unterschrieb sich der König Darius.

2. Als nun Daniel erfuhr, daß solch Gebot unterschrieben wäre, ging er hinein in sein Haus. Er hatte aber an seinem Söller offene Fenster gegen Jerusalem. Und er fiel des Tages dreimal auf seine Knie, betete, lobte und dankte seinem Gott, wie er denn vorher zu tun pflegte. Da fanden diese Männer Daniel beten und flehen vor seinem Gott, und sie redeten mit dem König und sprachen: Daniel achtet weder dich noch dein Gebot, das du verzeichnet hast, denn er betet des Tages dreimal. Da ward der König sehr betrübt und tat großen Fleiß, daß er Daniel erlöste, und mühete sich, bis die Sonne unterging, daß er ihn errettete. Aber die Männer sprachen zum Könige: Du weißt, Herr König, daß alle Befehle, die der König beschlossen hat, sollen unverändert bleiben.

3. Da befahl der König, daß man Daniel herbrächte, und sie warfen ihn zu den Löwen in den Graben. Der König aber sprach zu Daniel: Dein Gott, dem du ohne Unterlaß dienst, der helfe dir! Und sie legten einen Stein vor die Tür am Graben, den versiegelte der König mit seinem eigenen Ring. Und der König ging weg in seine Burg und ließ kein Essen vor sich bringen und konnte auch nicht schlafen. Des Morgens frühe ging der König eilend zum Graben und rief mit kläglicher Stimme: Daniel, du Knecht des lebendigen Gottes, hat dich auch dein Gott, dem du ohne Unterlaß dienest, mögen von den Löwen erlösen? Daniel antwortete: Herr König, mein Gott hat seinen Engel gesandt, der den Löwen den Rachen zugehalten hat, daß sie mir kein Leid getan haben, denn vor ihm bin ich unschuldig erfunden, so habe ich auch wider dich, Herr König, nichts getan. Da ward der König sehr froh und ließ Daniel aus dem Graben ziehen. Und man spürte keinen Schaden an ihm, denn er hatte seinem Gott vertraut. Da ließ der König die Männer, die Daniel verklagt hatten, herbringen und zu den Löwen

68. Daniel in der Löwengrube.

in den Graben werfen. Und ehe sie auf den Boden hinabkamen, ergriffen sie die Löwen und zermalmten alle ihre Gebeine. Da ließ der König allen Völkern schreiben: Das ist mein Befehl, daß man in meinem ganzen Königreich den Gott Daniels fürchten und scheuen soll. Denn er ist der lebendige Gott, der ewiglich bleibet, und sein Königreich ist unvergänglich und seine Herrschaft hat kein Ende. Er ist ein Erlöser und Nothelfer, und er tut Zeichen und Wunder im Himmel und auf Erden. Der hat Daniel von den Löwen erlöset. Und Daniel ward gewaltig im Königreich des Darius und auch im Königreich *Kores*, des Persers.

Psalm 68,21: Wir haben einen Gott, der da hilft, und den Herrn Herrn, der vom Tode errettet.

Ist Gott für mich, so trete
Gleich alles wider mich;
So oft ich ruf und bete
Weicht alles hinter sich.
Hab ich das Haupt zum Freunde
Und bin geliebt bei Gott,
Was kann mir tun der Feinde
Und Widersacher Rott?

Katechismusfrage.
115. Was heißt: "Unser Vater, der du bist im Himmel?" - Gott will, daß wir samt allen seinen Kindern getrost zu

ihm beten sollen, als die rechten Kinder zu ihrem rechten Vater, und des fröhlich gewiß sein sollen, daß er uns nicht nur erhören will, sondern auch erhören kann.

Fragen.

1. Welche Stellung nahm Daniel unter dem König Darius ein? 2. Wer beneidete ihn deswegen? 3. Zu welchem Befehl überredeten sie den König? 4. Wie verhielt sich Daniel bei diesem Gebot? 5. Wohin wurde er deswegen geworfen? 6. Wer hätte ihn gern gerettet? 7. Was rief der König am andern Morgen in den Löwengraben hinab? 8. Was antwortete Daniel? 9. Was geschah mit den Anklägern? 10. Welches Gebot erließ Darius?

VIII. Nach der babylonischen Gefangenschaft.

69. Die Rückkehr aus der Gefangenschaft.
(Esra 1 bis 10; Nehemia 1 bis 13.)

1. Im ersten Jahr des *Kores*, des Königs in Persien, erweckte der Herr den Geist des Königs, daß er durch sein ganzes Königreich ausrufen ließ: Der Herr, der Gott des Himmels, hat mir befohlen, ihm ein Haus zu bauen zu Jerusalem. Wer nun unter euch seines Volkes ist, mit dem sei sein Gott, und er ziehe hinauf gen Jerusalem und baue das Haus des Herrn, des Gottes Israels. Und wer noch übrig ist an allen Orten, da er ein Fremdling ist, dem sollen die Leute seines Orts mit Silber und Gold, Gut und Vieh helfen, ohne was sie aus freiem Willen geben zum Hause Gottes zu Jerusalem. Da machten sich auf die obersten Väter aus Juda und Benjamin und die Priester und Leviten, hinauf zu ziehen. Und alle, die um sie her waren, stärkten ihre Hände mit silbernem und goldenem Geräte, mit Gut und Vieh und Kleinoden. Und der König Kores tat heraus die Gefäße des Hauses des Herrn, die Nebukadnezar aus Jerusalem genommen und in seines Gottes Haus getan hatte. Und *Josua* (der Hohepriester) und *Serubabel* führten das Volk an. Die ganze Gemeine war 42.360, ohne die Knechte und Mägde.

2. Und da das Volk Israels in seinen Städten war, kam es zusammen gen Jerusalem, zu bauen das Haus des Herrn. Und da die Bauleute den Grund legten am Tempel des Herrn, standen die Priester mit Trompeten und die Leviten mit Zimbeln, zu loben den Herrn. Und sie sangen miteinander und lobten und dankten dem Herrn, daß er gütig ist und seine Barmherzigkeit ewiglich währet über Israel. Und das Volk jauchzte laut beim Lobe des Herrn, daß der Grund am Hause des Herrn gelegt war. Aber viele der alten Priester und Leviten und obersten Väter, die das vorige

69. Die Rückkehr aus der Gefangenschaft.

Haus gesehen hatten, und nun dies Haus vor ihren Augen gegründet ward, weinten sie laut, daß das Volk nicht unterscheiden konnte das Jauchzen mit Freuden und das laute Weinen im Volk.

3. Da aber die Widersacher, die Samariter, hörten, daß die Kinder des Gefängnisses dem Herrn, dem Gott Israels, den Tempel bauten, kamen sie zu Serubabel und zu den obersten Vätern und sprachen: Wir wollen mit euch bauen, denn wir suchen euern Gott, gleichwie ihr. Aber sie antworteten ihnen: Es ziemt sich nicht uns und euch, das Haus unseres Gottes zu bauen, sondern wir wollen allein bauen dem Herrn, wie uns der König in Persien geboten hat. Da hinderte das Volk im Lande die Hand des Volkes Judas, so lange Kores, der König in Persien, lebte. - Aber im zweiten Jahr des Königs *Darius* traten die Propheten *Haggai* und *Sacharja* auf und trieben zum Tempelbau. Da machten sich auf Serubabel und Josua und fingen an zu bauen das Haus Gottes zu Jerusalem und vollendeten den Bau im sechsten Jahre des Königs Darius. Und die Kinder Israels hielten Einweihung des Hauses Gottes mit Freuden.

4. Unter dem König Arthahsastha zog herauf von Babel *Esra,* ein geschickter Schriftgelehrter im Gesetz

Moses, und es zogen mit ihm herauf etliche Kinder Israels, der Priester, Leviten und Sänger und kamen gen Jerusalem. Und der König gab ihnen Silber und Gold mit für das Haus des Herrn. - Danach war *Nehemia,* einer der Gefangenen, Mundschenk des Königs Arthahsastha. Und der König sandte ihn hin mit Briefen an die Landpfleger, daß sie ihn geleiteten. Da nun Nehemia gen Jerusalem kam, fing er an die Mauern zu bauen. Da aber *Saneballat,* ein Fürst der Samariter, und die andern Widersacher das hörten, kamen sie und stritten wider Jerusalem. Die Juden aber beteten zu ihrem Gott und stellten Hut Tag und Nacht. Und die da bauten, taten mit einer Hand die Arbeit und mit der andern hielten sie die Waffen, und ein jeglicher, der da baute, hatte ein Schwert um seine Lenden gürtet und baute also. Also wurden die Mauern fertig. Und da alle Feinde das hörten, fürchteten sie sich und der Mut entfiel ihnen, denn sie merkten, daß dies Werk von Gott war. Da nun die Mauern gebaut waren, versammelte sich das ganze Volk wie *ein* Mann, und Esra, der Priester, brachte das Gesetz vor die Gemeinde und las darin vom Morgen bis zum Abend. Und alles Volk schloß einen Bund, zu wandeln im Gesetze Gottes.

Klagel. Jer. 3,31.32: Der Herr verstößt nicht ewiglich, sondern er betrübt wohl und erbarmt sich wieder nach seiner großen Güte.

Rühmet, ihr Menschen, den hohen Namen
Des, der so große Wunder tut.
Alles, was Odem hat, rufe Amen
Und bringe Lob mit frohem Mut.
Ihr Kinder Gottes, lobt und preist
Vater und Sohn und Heilgen Geist.
Halleluja! Halleluja!

Katechismusfrage.

35. Was ist die Summe aller Gebote? - Du sollst den Herrn, deinen Gott, lieb haben von ganzem Herzen, von ganzer Seele, von allem Vermögen, 5. Mose 6,5. Du sollst deinen Nächsten lieben wie dich selbst, 3. Mose 19,18. In diesen zweien Geboten hanget - nach Christi Erklärung - das ganze Gesetz und die Propheten, Matth. 22,40.

Fragen.

1. Wer gab den Juden die Erlaubnis zur Rückkehr in die Heimat? 2. Was gab Kores ihnen mit? 3. Welche Männer führten das Volk an? 4. Welche Arbeit unternahmen sie nach ihrer Rückkehr? 5. Wie ging es bei der Grundsteinlegung zu? 6. Durch wen wurde der Bau unterbrochen? 7. Warum? 8. Welche Propheten ermunterten zum Bau? 9. Welcher Schriftgelehrte führte den zweiten Zug von Babel nach Jerusalem? 10. Wer zog dann hinauf, um die Mauern Jerusalems zu bauen? 11. Wer legte ihnen wiederum Hindernisse in den Weg? 12. Wie waren sie deshalb genötigt zu arbeiten? 13. Wozu verpflichtete sich das Volk nach Vollendung des Baus?

Anhang zum Alten Testament.

I. Etliche Psalmen.

Psalm 1.

1. Wohl dem, der nicht wandelt im Rat der Gottlosen, noch tritt auf den Weg der Sünder, noch sitzt, da die Spötter sitzen.

2. Sondern hat Lust zum Gesetz des Herrn, und redet von seinem Gesetz Tag und Nacht!

3. Der ist wie ein Baum, gepflanzet an den Wasserbächen, der seine Frucht bringet zu seiner Zeit, und seine Blätter verwelken nicht; und was er macht, das gerät wohl.

4. Aber so sind die Gottlosen nicht, sondern wie Spreu, die der Wind verstreuet.

5. Darum bleiben die Gottlosen nicht im Gerichte, noch die Sünder in der Gemeine der Gerechten.

6. Denn der Herr kennet den Weg der Gerechten; aber der Gottlosen Weg vergehet.

Psalm 23.

1. Ein Psalm Davids. - Der Herr ist mein Hirte; mir wird nichts mangeln.
2. Er weidet mich auf einer grünen Aue, und führet mich zum frischen Wasser;
3. Er erquicket meine Seele; er führet mich auf rechter Straße um seines Namens willen.
4. Und ob ich schon wanderte im finstern Tal, fürchte ich kein Unglück; denn du bist bei mir, dein Stecken und Stab trösten mich.
5. Du bereitest vor mir einen Tisch im Angesicht meiner Feinde. Du salbest mein Haupt mit Öl und schenkest mir voll ein.
6. Gutes und Barmherzigkeit werden mir folgen mein Leben lang, und werde bleiben im Hause des Herrn immerdar.

Psalm 51.

1. Ein Psalmlied Davids,
2. Da der Prophet Nathan zu ihm kam.
3. Gott, sei mir gnädig nach deiner Güte, und tilge meine Sünden nach deiner großen Barmherzigkeit.

Psalm 51.

4. Wasche mich wohl von meiner Missetat, und reinige mich von meiner Sünde.

5. Denn ich erkenne meine Missetat, und meine Sünde ist immer vor mir.

6. An dir allein hab ich gesündigt, und übel vor dir getan, auf daß du Recht behaltest in deinen Worten, und rein bleibest, wenn du gerichtet wirst.

7. Siehe, ich bin in sündlichem Wesen geboren, und meine Mutter hat mich in Sünden empfangen.

8. Siehe, du hast Lust zur Wahrheit, die im Verborgnen liegt; du lässest mich wissen die heimliche Weisheit.

9. Entsündige mich mit Ysop, daß ich rein werde; wasche mich, daß ich schneeweiß werde.

10. Laß mich hören Freude und Wonne, daß die Gebeine fröhlich werden, die du zerschlagen hast.

11. Verbirg dein Antlitz von meinen Sünden, und tilge alle meine Missetaten.

12. Schaffe in mir, Gott, ein reines Herz, und gib mir einen neuen gewissen Geist.

13. Verwirf mich nicht von deinem Angesichte, und nimm deinen Heiligen Geist nicht von mir.

14. Tröste mich wieder mit deiner Hilfe, und mit einem freudigen Geist rüste mich aus.

15. Ich will die Übertreter deine Wege lehren, daß sich die Sünder zu dir bekehren.

16. Errette mich von den Blutschulden, Gott, der du mein Gott und Heiland bist, daß meine Zunge deine Gerechtigkeit rühme.

17. Herr, tue meine Lippen auf, daß mein Mund deinen Ruhm verkündige.

18. Denn du hast nicht Lust zum Opfer, ich wollte dir's sonst wohl geben; und Brandopfer gefallen dir nicht.

19. Die Opfer, die Gott gefallen, sind ein geängsteter Geist; ein geängstet und zerschlagen Herz wirst du, Gott, nicht verachten.

20. Tue wohl an Zion nach deiner Gnade; baue die Mauern zu Jerusalem.

21. Dann werden dir gefallen die Opfer der Gerechtigkeit, die Brandopfer und ganzen Opfer; dann wird man Farren auf deinem Altar opfern.

Psalm 90.

1. Ein Gebet Moses, des Mannes Gottes. - Herr Gott, du bist unsre Zuflucht für und für.

2. Ehe denn die Berge wurden, und die Erde und die Welt geschaffen wurden, bist du, Gott, von Ewigkeit zu Ewigkeit.

3. Der du die Menschen lässest sterben und sprichst: Kommt wieder, Menschenkinder!

4. Denn tausend Jahre sind vor dir wie der Tag, der gestern vergangen ist, und wie eine Nachtwache.

5. Du lässest sie dahinfahren wie einen Strom, und sind wie ein Schlaf; gleich wie ein Gras, das doch bald welk wird,

6. Das da frühe blühet, und bald welk wird, und des Abends abgehauen wird, und verdorret.

7. Das machet dein Zorn, daß wir so vergehen, und dein Grimm, daß wir so plötzlich dahin müssen.

8. Denn unsre Missetaten stellest du vor dich, unsre unerkannte Sünde ins Licht vor deinem Angesichte.

9. Darum fahren alle unsre Tage dahin durch deinen Zorn; wir bringen unsre Jahre zu wie ein Geschwätz.

10. Unser Leben währet siebenzig Jahre, und wenn's hoch kommt, so sind's achtzig Jahre, und wenn's köstlich gewesen ist, so ist's Mühe und Arbeit gewesen; denn es fähret schnell dahin, als flögen wir davon.

11. Wer glaubt's aber, daß du so sehr zürnest? und wer fürchtet sich vor solchem deinem Grimm?

12. Lehre uns bedenken, daß wir sterben müssen, auf daß wir klug werden.

13. Herr, kehre dich doch wieder zu uns, und sei deinen Knechten gnädig!

14. Fülle uns frühe mit deiner Gnade, so wollen wir rühmen, und fröhlich sein unser Leben lang.

15. Erfreue uns nun wieder, nachdem du uns so lange plagest, nachdem wir so lange Unglück leiden.

16. Zeige deinen Knechten deine Werke und deine Ehre ihren Kindern.

17. Und der Herr, unser Gott, sei uns freundlich, und fördere das Werk unsrer Hände bei uns; ja, das Werk unsrer Hände wolle er fördern!

Psalm 103.

1. Ein Psalm Davids. - Lobe den Herrn, meine Seele, und was in mir ist, seinen heiligen Namen!

2. Lobe den Herrn, meine Seele, und vergiß nicht, was er dir Gutes getan hat!

3. Der dir alle deine Sünde vergibt, und heilet alle deine Gebrechen;

4. Der dein Leben vom Verderben erlöset, der dich krönet mit Gnade und Barmherzigkeit;

5. Der deinen Mund fröhlich machet, und du wieder jung wirst wie ein Adler.

6. Der Herr schaffet Gerechtigkeit und Gericht allen, die Unrecht leiden.

7. Er hat seine Wege Mose wissen lassen, die Kinder Israels sein Tun.

8. Barmherzig und gnädig ist der Herr, geduldig und von großer Güte.

9. Er wird nicht immer hadern, noch ewiglich Zorn halten.

10. Er handelt nicht mit uns nach unsern Sünden, und vergilt uns nicht nach unsrer Missetat.

11. Denn so hoch der Himmel über der Erde ist, läßt er seine Gnade walten über die, so ihn fürchten.

12. So ferne der Morgen ist vom Abend, lässet er unsre Übertretungen von uns sein.

13. Wie sich ein Vater über Kinder

erbarmet, so erbarmet sich der Herr über die, so ihn fürchten.

14. Denn er kennet, was für ein Gemächte wir sind; er gedenket daran, daß wir Staub sind.

15. Ein Mensch ist in seinem Leben wie Gras, er blühet wie eine Blume auf dem Felde;

16. Wenn der Wind darüber gehet, so ist sie nimmer da, und ihre Stätte kennet sie nicht mehr.

17. Die Gnade aber des Herrn währet von Ewigkeit zu Ewigkeit über die, so ihn fürchten, und seine Gerechtigkeit auf Kindeskind,

18. Bei denen, die seinen Bund halten, und gedenken an seine Gebote, daß sie danach tun.

19. Der Herr hat seinen Stuhl im Himmel bereitet, und sein Reich herrschet über alles.

20. Lobet den Herrn, ihr seine Engel, ihr starken Helden, die ihr seinen Befehl ausrichtet, daß man höre auf die Stimme seines Worts!

21. Lobet den Herrn, alle seine Heerscharen, seine Diener, die ihr seinen Willen tut!

22. Lobet den Herrn, alle seine Werke, an allen Orten seiner Herrschaft! Lobe den Herrn, meine Seele!

II. Die Verkündigungen der Propheten vom kommenden Erlöser.

In unserm evangelischen Katechismus heißt die Antwort auf die Frage 70: Wodurch hat Gott die Erlösung vorbereitet?: Durch die Verheißung im Paradiese, durch die Verkündigung der Propheten und durch manigfaltige vorbildliche Einrichtungen und Führungen im alten Bunde. Die biblischen Geschichten haben uns gezeigt, wie Gott, der Herr, durch die Führungen des auserwählten Volkes das Kommen des Weltheilandes angebahnt und vorbereitet hat. Hier seien noch einige der wichtigsten Verkündigungen der Propheten angeführt.

Micha verkündigt den Geburtsort des Herrn mit den Worten: *Und du, Bethlehem Ephrata, die du klein bist unter den Tausenden in Juda, aus dir soll mir der kommen, der in Israel Herr sei, welches Ausgang von Anfang und von Ewigkeit her gewesen ist. (5,1).* - *Jesaja* nennt des Erlösers herrliche Namen: *Uns ist ein Kind geboren, ein Sohn ist uns gegeben, und die Herrschaft ist auf seiner Schulter, und er heißt: Wunderbar, Rat, Kraft, Held, Ewig-Vater, Friedefürst. (9,6).* - *Sacharia* spricht von seinem Einzug in Jerusalem: *Du, Tochter (Stadt) Zion, freue dich sehr, und du, Tochter Jerusalem, jauchze; siehe, dein König kommt zu dir, ein Gerechter und ein Helfer, arm und reitet auf einem Esel und auf einem jungen Füllen der Eselin. (9,9).* -Und abermal spricht Jesaia: Mache dich auf, werde licht, *denn dein Licht kommt, und die Herrlichkeit des Herrn gehet auf über dir!* Denn siehe, Finsternis bedecket das Erdreich und Dunkel die Völker, *aber über dir gehet auf der Herr, und seine Herrlichkeit erscheinet über dir. (60,1 u. 2).* -Und vom Todesleiden des

II. Die Verkündigungen der Propheten vom kommenden Erlöser.

Herrn weissagt derselbe Prophet: *Fürwahr, er trug unsere Krankheit und lud auf sich unsere Schmerzen. Wir aber hielten ihn für den, der geplagt und von Gott geschlagen und gemartert wäre. Aber er ist um unserer Missetat willen verwundet und um unserer Sünde willen zerschlagen. Die Strafe liegt auf ihm, auf daß wir Frieden hätten, und durch seine Wunden sind wir geheilet.* (Jes. 53,4 und 5). - Und endlich der letzte Prophet, *Maleachi*, spricht: Siehe, ich will meinen Engel senden, der vor mir her den Weg bereiten soll. *Und bald wird kommen zu seinem Tempel der Herr, den ihr sucht, und der Engel des Bundes, des ihr begehret, siehe, er kommt!* (3,1).

Luk. 24,27: Und Jesus fing an von Mose und allen Propheten, und legte ihnen alle Schriften aus, die von ihm gesagt waren.

Apostelgesch. 3,24: Und alle Propheten von Samuel an und hernach, wie viel ihrer geredet haben, die haben von diesen Tagen verkündigt.

Apostelgesch. 10,43: Von diesem (Jesus) zeugen alle Propheten, daß durch seinen Namen alle, die an ihn glauben, Vergebung der Sünden empfangen sollen.

III. Kurzer Überblick über die Geschichte des Volkes Israels vom Ende der babylonischen Gefangenschaft bis zu Christi Geburt

1. *Die Juden unter griechischer und syrischer Herrschaft.* Kores, der König von Persien (der in der Weltgeschichte den Namen Cyrus führt), hatte, wie uns die Biblische Geschichte gezeigt hat, den gefangenen Juden die Erlaubnis zur Rückkehr in die Heimat gegeben. Aber damit erhielten sie ihre politische Selbständigkeit nicht. Sie blieben ein Teil des persischen Reiches. Fast 200 Jahre später aber besiegte *Alexander der Große* die Perser und gründete das große *griechische* Weltreich, dem dann auch die Juden einverleibt wurden. Nach seinem frühen Tode wurde das Reich unter seine Feldherren geteilt. Die machten sich alle zu Königen und führten große Kriege wider einander. Von einem derselben stammt *Antiochus Epiphanes,* der König von Syrien ab. Nachdem dieser den König von Ägypten besiegt hatte, kam er mit großer Heeresmacht nach Jerusalem, ging in das

III. Kurzer Überblick über die Geschichte des Volkes Israels

Heiligtum, ließ alle heiligen Gefäße und Schätze wegnehmen und ließ viele Leute töten. Er wollte den wahren Gottesdienst vollständig ausrotten. Darum ließ er ein Gebot ausrufen, daß alle Völker seines Königreichs ein und dieselbe heidnische Religion annehmen sollten. Das Halten des Sabbats, die Feier der Feste und die Ausübung anderer religiöser Gebräuche wurde bei Todesstrafe verboten. Die heiligen Schriften, die man finden konnte, wurden zerrissen und verbrannt. In allen Städten Judas ließ er Altäre aufrichten, da mußten die Leute den Götzen opfern. Viele vom Volk fielen da vom Gesetz Gottes ab, aber auch viele blieben treu und standhaft und ließen sich lieber töten, als Gottes Gebote zu übertreten.

2. *Die Juden unter den Makkabäern.* In dieser schweren Drangsalszeit erstand dem gesetzestreuen Teil des Volks Hilfe in dem Heldengeschlecht der Makkabäer. In der Stadt *Modin* nämlich war ein Priester namens *Mattathias,* der hatte fünf Söhne. Der weigerte sich, des syrischen Königs Gebot zu befolgen und den Götzen zu opfern. Und als ein Jude hervortrat und vor aller Augen den Götzen opferte, da entbrannte der Eifer des Mattathias ums Gesetz, er tötete den Juden und warf den Altar um und schrie

194 III. Kurzer Überblick über die Geschichte des Volkes Israels

laut: "Wer den Bund Gottes halten will, der ziehe mit mir aus der Stadt." Also floh er und seine Söhne aufs Gebirge. Und viele fromme Leute zogen mit hinaus in die Wüste. Danach zogen Mattathias und seine Freunde im Land umher, rissen die Altäre nieder und hielten Gottes Gesetz gegen alle Macht der Heiden aufrecht. Nach des Mattathias Tod kam *Judas* an seines Vaters Statt, und er war mutig und kühn, wie ein junger brüllender Löwe, daß allenthalben seine Feinde vor ihm erschraken und flohen, und er hatte Glück und Sieg, und alle Unterdrückten liefen ihm zu. Er schlug Antiochus und zog hinauf gen Jerusalem, um das Heiligtum wieder zu reinigen, das von den Heiden entweiht und verwüstet worden war. Als aber die syrischen Feinde sie aufs neue bedrängten, machte Judas einen Bund mit den *Römern,* von denen er gehört hatte, daß sie sehr mächtig wären und gerne die in Schutz nähmen, die Hilfe bei ihnen suchten. Als aber der syrische König ein großes Heer wider die Juden sandte, da leisteten die Römer ihren Bundesgenossen die versprochene Hilfe doch nicht. Und diesmal wurden die Juden von den Syrern geschlagen und Judas selbst fiel in der Schlacht. Von seinem Schlagen auf die Feinde erhielt er den Beinamen Makkabäus

III. Kurzer Überblick über die Geschichte des Volkes Israels

(d.h. der Hammer). Nach ihm wurde sein ganzes Geschlecht "die Makkabäer" genannt. Judas Bruder *Jonathan*, der seine Stelle eingenommen hatte, kam durch List und Verrat der Heiden um. Dem dritten Bruder *Simon* gelang es endlich, die Burg Zion wieder zu gewinnen, die die Heiden bisher noch immer inne gehabt hatten. Er machte Israel wieder ganz frei und vertrieb alle Heiden, und er ward Hohepriester und Fürst der Juden. So lange Simon lebte, hatte das Land Ruhe. Er tat dem Land viel Gutes, daß eitel Wohlstand und Freude in Israel war. Und das ganze Volk gelobte, daß Simon (und seine Nachkommen) ihr Fürst und Hohepriester sein sollte, *bis ihnen Gott den rechten Propheten erweckte.* - Aber diese so mühsam errungene Freiheit und Selbständigkeit dauerte nicht lange.

3. *Die Juden unter römischer Herrschaft.* Die Nachkommen des Simon stritten sich um die Herrschaft. Einer derselben rief die *Römer* um Hilfe an. Der römische Feldherr *Pompejus* kam, eroberte das Land und machte es den Römern zinsbar. Die Römer setzten *Herodes,* der aus dem den Juden feindseligen Brudervolk der Edomiter stammte, zum Könige von Judäa ein. Durch unmenschliche Grausamkeit erhielt er sich auf dem Thron. Er ließ sein Weib, deren Mutter, Vater und Großvater hinrichten. Selbst zwei seiner Söhne ließ er ermorden. Nach seinem Tod teilten sich seine Söhne in das ganze jüdische Land. *Archelaus* erhielt Judäa und Samaria, er führte den Titel "König". *Herodes Antipas* erhielt Galiläa und den südlichen Teil von Peräa. *Philippus* erhielt den nördlichen Teil von Peräa. Beide führten den Titel "Vierfürst". Der Archelaus wurde wegen seiner Grausamkeit vom römischen Kaiser bald abgesetzt, und das Land wurde nun durch römische Statthalter (Landpfleger) verwaltet. Der fünfte dieser Landpfleger war *Pontius Pilatus*.

Da aber die Zeit erfüllet ward, sandte Gott seinen Sohn, geboren von einem Weibe und unter das Gesetz getan, auf daß er die, so unter dem Gesetz waren, erlösete, daß wir die Kindschaft empfingen. Gal. 4,4.5.

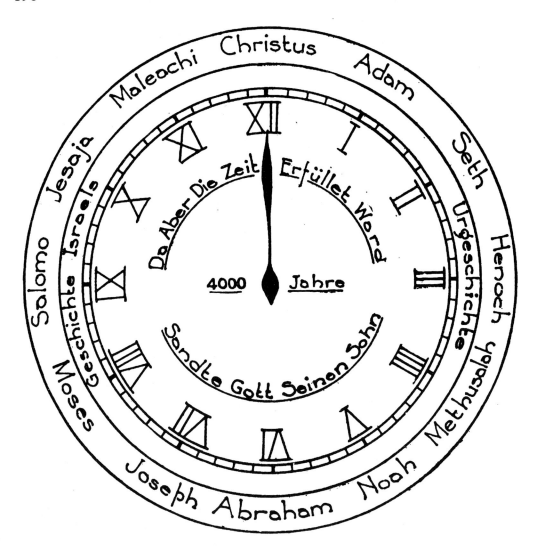

Die obige Uhr zeigt den Fortschritt der Zeit von Adam bis auf Christus an: "Nachdem vor Zeiten Gott manchmal und mancherlei Weise geredet hat zu den Vätern durch die Propheten, hat er am letzten in diesen Tagen zu uns geredet durch den Sohn."
Hebr. 1,1.2

Das Neue Testament.

I. Die Jugendgeschichte des Herrn Jesu Christi.

1. Die Verkündigung der Geburt Johannes des Täufers.
(Lukas 1,5-23.)

1. Zur Zeit des Königs *Herodes* lebte ein Priester mit Namen *Zacharias,* und sein Weib hieß *Elisabeth*. Beide waren fromm vor Gott und wandelten in allen Geboten des Herrn untadelig. Sie waren wohlbetagt und hatten kein Kind. Und es begab sich, da er Priesteramts pflegte vor Gott, und an ihm die Reihe

1. Die Verkündigung der Geburt Johannes des Täufers.

war, daß er räuchern sollte, ging er in den Tempel des Herrn. Und die ganze Menge des Volks war draußen und betete unter der Stunde des Räucherns. Es erschien ihm aber der Engel des Herrn und stand zur rechten Hand am Räucheraltar. Und als Zacharias ihn sah, erschrak er. Aber der Engel sprach zu ihm: Fürchte dich nicht, Zacharias, denn dein Gebet ist erhöret, und dein Weib Elisabeth wird dir einen Sohn gebären, des Namen sollst du *Johannes* heißen. Und du wirst des Freude und Wonne haben, und viele werden sich seiner Geburt freuen. Denn er wird groß sein vor dem Herrn, und er wird erfüllet werden mit dem Heiligen Geist und der Kinder Israels viel zu Gott, ihrem Herrn, bekehren. Und er wird vor ihm hergehen in Geist und Kraft des Elias, zu bekehren die Herzen der Väter zu den Kindern und die Ungläubigen zu der Klugheit der Gerechten, zuzurichten dem Herrn ein bereitet Volk. Wein und starke Getränke wird er nicht trinken.

2. Und Zacharias sprach zu dem Engel: Wobei soll ich das erkennen? Der Engel antwortete: Ich bin *Gabriel*, der vor Gott stehet, und bin gesandt, mit dir zu reden, daß ich dir solches verkündigte. Und siehe, du wirst verstummen und nicht reden können bis auf den Tag, da dies geschehen wird, darum, daß du meinen Worten nicht geglaubt hast, welche sollen erfüllet werden zu ihrer Zeit. Und das Volk wartete auf Zacharias und verwunderte sich, daß er so lange im Tempel verzog. Und da er herausging, konnte er nicht mit ihnen reden. Und sie merkten, daß er im Tempel ein Gesicht gesehen hatte. Und er winkte ihnen und blieb stumm. Und es begab sich, da die Zeit seines Amtes aus war, ging er heim in sein Haus.

Psalm 33,4: Des Herrn Wort ist wahrhaftig, und was er zusagt, das hält er gewiß.

Joh. 20,29: Selig sind, die nicht sehen und doch glauben.

Gott sei Dank durch alle Welt,
Der sein Wort beständig hält,
Und der Sünder Trost und Rat
Zu uns hergesendet hat.

Was der alten Väter Schar
Höchster Wunsch und Sehnen war,
Und was sie geprophezeit,
Ist erfüllt in Herrlichkeit.

Katechismusfrage.

72. Wovon handelt der zweite Artikel des christlichen Glaubens? - Von Jesu Christo, dem Sohne Gottes, und von dem Werke der Erlösung.

Fragen.

1. Zu welcher Zeit lebte Zacharias? 2. Was war Zacharias? 3. Wie hieß sein Weib? 4. Was wird uns von Zacharias und Elisabeth gesagt? 5. Wer erschien dem Zacharias im Tempel? 6. Was sprach der Engel zu ihm? 7. Wie sollte der Sohn des Zacharias genannt werden? 8. Was sprach Zacharias zu dem Engel? 9. Was antwortete der Engel? 10. Worüber wunderte sich das Volk? 11. Was konnte Zacharias nicht tun, als er aus dem Tempel kam? 12. Was merkte das Volk?

2. Die Verkündigung der Geburt Jesu Christi.
(Lukas 1,26-56; Matthäus 1,20-24.)

1. Und im sechsten Monat ward der Engel Gabriel gesandt von Gott in eine Stadt in Galiläa, die heißt *Nazareth,* zu einer Jungfrau, die verlobt war einem Manne mit Namen *Joseph,* vom Hause Davids, und die Jungfrau hieß *Maria.* Und der Engel kam zu ihr hinein und sprach: Gegrüßest seist du, Holdselige, der Herr ist mit dir, du Gebenedeite (Gesegnete) unter den Weibern! Da sie ihn aber sah, erschrak sie über seiner Rede und dachte: Welch ein Gruß ist das? Und der Engel sprach zu ihr: Fürchte dich nicht, Maria, du hast Gnade bei Gott gefunden. Siehe, du wirst einen Sohn gebären, des Namen sollst du Jesus heißen. Der wird groß und ein Sohn des Höchsten genannt werden, und Gott, der Herr, wird ihm den Stuhl seines Vaters David geben. Und er wird ein König sein über das Haus Jakobs ewiglich und seines Königreichs wird kein Ende sein. Da sprach Maria zu dem Engel: Wie soll das zugehen? Der Engel antwortete und sprach zu ihr: Der Heilige Geist wird über dich kommen und die Kraft des Höchsten wird dich überschatten, darum auch das Heilige, das von dir geboren wird, wird Gottes Sohn ge-

2. Die Verkündigung der Geburt Jesu Christi.

nannt werden. Denn bei Gott ist kein Ding unmöglich. Maria aber sprach: Siehe, ich bin des Herrn Magd, mir geschehe, wie du gesagt hast! Und der Engel schied von ihr.

2. Maria aber stand auf in den Tagen und ging auf das Gebirge zu der Stadt Judas. Und kam in das Haus des Zacharias und grüßte Elisabeth. Da ward Elisabeth des Heiligen Geistes voll und sprach: Gebenedeiet bist du unter den Weibern. Woher kommt mir das, daß die Mutter meines Herrn zu mir kommt? Selig bist du, die du geglaubet hast! Denn es wird vollendet werden, was dir gesagt ist von dem Herrn! Und Maria sprach: Meine Seele erhebet den Herrn und mein Geist freuet sich Gottes, meines Heilandes. Denn er hat die Niedrigkeit seiner Magd angesehen. Siehe, von nun an werden mich selig preisen alle Kindeskinder. Denn er hat große Dinge an mir getan, der da mächtig ist und des Name heilig ist. Und seine Barmherzigkeit währet immer für und für bei denen, die ihn fürchten. Er übet Gewalt mit seinem Arm und zerstreuet, die hoffärtig sind in ihres Herzens Sinn. Er stößet die Gewaltigen vom Stuhl und erhebet die Niedrigen. Die Hungrigen füllet er mit Gütern und läßt die Reichen leer. Er denket der Barmherzigkeit und hilft seinem Diener Israel auf, wie er geredet hat unsern Vätern, Abraham und seinem Samen ewiglich. - Und Maria

blieb bei ihr bei drei Monaten, danach kehrte sie wieder heim.

3. Auch dem *Joseph* erschien ein Engel des Herrn im Traum und sprach: Joseph, du Sohn Davids, fürchte dich nicht, Maria, dein Gemahl, zu dir zu nehmen. Sie wird einen Sohn gebären, des Namen sollst du *Jesus* heißen. *Denn er wird sein Volk selig machen von ihren Sünden.* Da nun Joseph vom Schlaf erwachte, tat er, wie ihm des Herrn Engel befohlen hatte, und nahm Maria zu sich.

Jer. 23,5: Siehe, es kommt die Zeit, spricht der Herr, daß ich dem David ein gerecht Gewächs erwecken will, und soll ein König sein, der wohl regieren wird und Recht und Gerechtigkeit auf Erden anrichten.

Apostelgesch. 4,12: Es ist in keinem andern Heil, ist auch kein anderer Name unter dem Himmel den Menschen gegeben, darinnen wir sollen selig werden.

Wie lieblich klingt's den Ohren,
Daß du bist Mensch geboren
Und mein Erlöser bist!
Wie lieblich, wie erquickend,
Wie selig, wie entzückend
Ist doch dein Name, Jesus Christ!

Katechismusfrage.

73. Wer ist Jesus Christus? - Jesus Christus ist wahrhaftiger Gott und wahrhaftiger Mensch in *einer* Person, mein Heiland, Erlöser und Herr.

Fragen.

1. Mit welchen Worten begrüßte der Engel die Maria? 2. Was wird uns von Maria erzählt? 3. Was verkündigte ihr der Engel? 4. Was sagte er von Jesus? 5. Was fragte Maria? 6. Was antwortete der Engel? 7. Was sagte darauf Maria? 8. Wen besuchte sie? 9. Was rühmt Maria in ihrem Lobgesang? 10. Wem erschien ebenfalls ein Engel? 11. Was sagte er zu ihm? 12. Warum sollte er den Sohn der Maria Jesus heißen?

3. Die Geburt Johannis des Täufers.
(Lukas 1,57-80.)

1. Elisabeth gebar einen Sohn. Und ihre Nachbarn und Gefreundeten hörten, daß der Herr große Barmherzigkeit an ihr getan hatte, und freuten sich mit ihr. Und am achten Tage kamen sie, das Kindlein zu beschneiden und hießen ihn nach seinem Vater *Zacharias.* Aber seine Mutter sprach: Mitnichten, sondern er soll *Johannes* heißen. Sie sprachen: Ist doch niemand in deiner Freundschaft, der also heißt! Und sie winkten seinem Vater, wie er ihn wollte heißen lassen. Und er forderte ein Täfelchen, *schrieb* und *sprach: Er heißt Johannes.* Und sie verwunderten sich alle. Und alsbald ward sein Mund und seine Zunge aufgetan und er redete, und lobte Gott. Und es kam eine Furcht über alle Nachbarn. Und alle, die es hörten, nahmen es zu Herzen und sprachen: Was meinest du, will aus dem Kindlein werden? Denn die Hand des Herrn war mit ihm.

2. Und sein Vater Zacharias ward des Heiligen Geistes voll, weissagte und

3. Die Geburt Johannis des Täufers.

sprach: Gelobet sei der Herr, der Gott Israels, denn er hat besucht und erlöst sein Volk. Und hat uns aufgerichtet ein Horn des Heils in dem Hause seines Dieners David, wie er vor Zeiten geredet hat durch den Mund seiner heiligen Propheten. Und du, Kindlein, wirst ein Prophet des Höchsten heißen. Du wirst vor dem Herrn hergehen, daß du seinen Weg bereitest und Erkenntnis des Heils gebest seinem Volk, die da ist in Vergebung ihrer Sünden, durch die herzliche Barmherzigkeit unseres Gottes, durch welche uns besucht hat der Aufgang aus der Höhe, auf daß er erscheine denen, die da sitzen in Finsternis und Schatten des Todes, und richte unsere Füße auf den Weg des Friedens. - Und das Kindlein wuchs und ward stark im Geist und war in der Wüste, bis daß er sollte hervortreten vor das Volk Israels.

Maleachi 3,1: Siehe, ich will meinen Engel senden, der vor mir her den Weg bereiten soll.

Mit Ernst, ihr Menschenkinder,
Das Herz in euch bestellt:
Damit das Heil der Sünder,
Der wunderstarke Held,

Den Gott aus Gnad allein
Der Welt zum Licht und Leben
Versprochen hat zu geben,
Bei allen kehre ein.

Katechismusfrage.

70. Wodurch hat Gott die Erlösung vorbereitet? - Durch die Verheißung im Paradiese, durch die Verkündigung der Propheten und durch mannigfaltige vorbildliche Einrichtungen und Führungen im Alten Bunde.

Fragen.

1. Wer freute sich über die Geburt des Sohnes mit Elisabeth? 2. Was geschah am achten Tag mit dem Kinde? 3. Wie wollten die Freunde des Zacharias das Kind nennen? 4. Was aber sagte Elisabeth? 5. An wen wandten sie sich dann? 6. Was geschah, als Zacharias schriftlich seinen Willen kund tun wollte? 7. Was fragten die Leute einander, als sie diese wunderbare Geschichte hörten? 8. Welchen Lobgesang sprach Zacharias, erfüllt von dem Heiligen Geist?

4. Die Geburt Jesu Christi.
(Lukas 2,1-20.)

1. Es begab sich aber zu der Zeit, daß ein Gebot von dem *Kaiser Augustus*

4. Die Geburt Jesu Christi.

ausging, daß alle Welt geschätzt würde. Und diese Schätzung war die allererste, und geschah zur Zeit, da Cyrenius Landpfleger in Syrien war. Und jedermann ging, daß er sich schätzen ließe, ein jeglicher in seine Stadt. Da machte sich auf auch *Joseph* aus Galiläa, aus der Stadt Nazareth, in das jüdische Land, zur Stadt Davids, die da heißt *Bethlehem,* darum, daß er von dem Hause und Geschlechte Davids war, auf daß er sich schätzen ließe mit *Maria,* seinem vertrauten Weibe. Und als sie daselbst waren, gebar sie ihren ersten Sohn, und wickelte ihn in Windeln und legte ihn in eine Krippe, denn sie hatten sonst keinen Raum in der Herberge.

2. Und es waren Hirten in derselbigen Gegend auf dem Felde bei den Hürden, die hüteten des Nachts ihrer Herde. Und siehe, des Herrn Engel trat zu ihnen, und die Klarheit des Herrn leuchtete um sie. Und sie fürchteten sich sehr. Und der Engel sprach zu ihnen: *Fürchtet euch nicht! Siehe, ich verkündige euch große Freude, die allem Volk widerfahren wird. Denn euch ist heute der Heiland geboren, welcher ist Christus, der Herr, in der Stadt Davids.* Und das habt zum Zeichen: *Ihr werdet finden das Kind in Windeln gewickelt und in einer Krippe liegen.* Und alsbald war da bei dem Engel die Menge der himmlischen Heerscharen, die lobten Gott und sprachen: *Ehre sei*

4. Die Geburt Jesu Christi.

Gott in der Höhe, und Friede auf Erden und den Menschen ein Wohlgefallen!

3. Und da die Engel von ihnen gen Himmel fuhren, sprachen die Hirten untereinander: Lasset uns nun gehen gen Bethlehem und die Geschichte sehen, die da geschehen ist, die uns der Herr kund getan hat. Und sie kamen eilend und fanden beide, Maria und Joseph, dazu das Kind in der Krippe liegen. Da sie es aber gesehen hatten, breiteten sie das Wort aus, welches zu ihnen von diesem Kinde gesagt war. Und alle, vor die es kam, wunderten sich der Rede, die ihnen die Hirten gesagt hatten. Maria aber behielt alle diese Worte und bewegte sie in ihrem Herzen. Und die Hirten kehrten wieder um, priesen und lobten Gott um alles, das sie gehört und gesehen hatten, wie denn zu ihnen gesagt war.

Jesaja 9,6.7: Uns ist ein Kind geboren, ein Sohn ist uns gegeben, und die Herrschaft ist auf seiner Schulter; und er heißt Wunderbar, Rat, Kraft, Held, Ewig-Vater, Friedefürst.

Joh. 3,16: Also hat Gott die Welt geliebt, daß er seinen eingebornen Sohn gab, auf daß alle, die an ihn glauben, nicht verloren werden, sondern das ewige Leben haben.

Ich steh an deiner Krippe hier,
O Jesu, du mein Leben;
Ich stehe, bring und schenke dir,
Was du mir hast gegeben.
Nimm hin,
es ist mein Geist und Sinn,
Herz, Seel und Mut, nimm alles hin,
Und laß dir's wohlgefallen.

Katechismusfrage.

75. Was heißt: Der Sohn Gottes ist wahrhaftiger Mensch geworden? - Er ist von dem Heiligen Geist empfangen und aus der Jungfrau Maria geboren, ist also in die menschliche Natur eingegangen und uns in allen Stücken gleich geworden, ausgenommen die Sünde.

Fragen.

1. Welches Gebot ließ Kaiser Augustus ausgehen? 2. Wohin reisten darum Maria und Joseph? 3. Wo fanden sie dort ein Unterkommen? 4. Wer wurde dort im Stall geboren? 5. Wohin legte Maria das Jesuskind? 6. Wer war auf dem Felde? 7. Wer verkündigte den Hirten, daß der Heiland geboren sei? 8. Mit welchen Worten? 9. Wie lautet der Lobgesang der himmlischen Heerscharen? 10. Was sprachen die Hirten dann untereinander? 11. Was fanden sie in Bethlehem? 12. Was taten sie, als sie alles gesehen hatten? 13. Was wird uns von Maria erzählt?

5. Die Darstellung Jesu im Tempel.
(Lukas 2,21-39.)

1. Da acht Tage um waren, daß das Kind beschnitten würde, da ward sein Name genannt *Jesus*, welcher genannt war von dem Engel, als dieser der Maria seine Geburt ankündigte.

2. Und da sechs Wochen verflossen waren, brachten Joseph und Maria das Kind Jesus nach Jerusalem, auf daß sie es darstellten dem Herrn und das Opfer gäben, wie geschrieben steht im Gesetz: ein Paar Turteltauben oder zwei junge Tauben. Und siehe, ein Mensch war zu Jerusalem mit Namen *Simeon*. Der war fromm und gottesfürchtig und wartete auf den Trost Israels, und der Heilige Geist war in ihm. Und ihm war eine Antwort geworden von dem Heiligen Geist, er solle den Tod nicht sehen, er hätte denn zuvor den Christ des Herrn gesehen. Der kam aus Anregen des Geistes in den Tempel. Und da die Eltern das Kind Jesus in den Tempel brachten, da nahm er es auf seine Arme und lobte Gott und sprach: *Herr, nun lässest du deinen Diener im Frieden fahren, wie du gesagt hast, denn meine Augen haben deinen Heiland gesehen, welchen du bereitet hast vor allen Völkern, ein Licht, zu erleuchten die Heiden, und zum Preise deines Vol-*

kes Israel. Und sein Vater und seine Mutter wunderten sich des, das von ihm geredet ward. Und Simeon segnete sie, und sprach zu Maria, seiner Mutter: *Siehe, dieser wird gesetzt zu einem Fall und Auferstehen vieler in Israel und zu einem Zeichen, dem widersprochen wird. Und es wird ein Schwert durch deine Seele dringen, auf daß vieler Herzen Gedanken offenbar werden.*

3. Und es war eine Prophetin *Hanna*, die war wohlbetagt und war eine Witwe von 84 Jahren, die kam nimmer vom Tempel und diente Gott mit Fasten und Beten Tag und Nacht. Dieselbige trat auch hinzu zu derselbigen Stunde und pries den Herrn und redete von ihm zu allen, die auf die Erlösung zu Jerusalem warteten. Und da sie alles vollendet hatten nach dem Gesetz des Herrn, kehrten sie wieder heim.

Joh. 1,11.12: Er (Jesus) kam in sein Eigentum, und die Seinen nahmen ihn nicht auf. Wie viele ihn aber aufnahmen, denen gab er Macht, Gottes Kinder zu werden, die an seinen Namen glauben.

Herr, laß auch uns gelingen,
Daß einst, wie Simeon,
Ein jeder Christ kann singen
Den schönen Schwanenton:

Mir werden nun mit Frieden
Die Augen zugedrückt,
Nachdem ich schon hienieden
Den Heiland hab erblickt.

Katechismusfrage.

69. Hat Gott den sündigen Menschen seinem sündigen Verderben preisgegeben? - Nein; Gott hat aus Erbarmen von Ewigkeit her beschlossen, das gefallene Menschengeschlecht durch seinen eingebornen Sohn zu erlösen.

Fragen.

1. Wohin brachten Joseph und Maria das Kind Jesus? 2. Wozu? 3. Wer war auch im Tempel? 4. Was war das für ein Mann? 5. Warum kam er in den Tempel? 6. Welches Gebet sprach Simeon, als er das Jesuskind auf den Armen hielt? 7. Was sprach Simeon zu Maria? 8. Wer war auch noch im Tempel? 9. Was wird uns von ihr erzählt? 10. Was tat sie auch?

6. Die Weisen aus dem Morgenlande.
(Matthäus 2,1-12.)

1. Da Jesus geboren war zu Bethlehem im jüdischen Lande, siehe da kamen die Weisen vom Morgenlande nach Jerusalem und sprachen: Wo ist der neugeborne König der Juden? Wir haben seinen Stern gesehen im Morgenlande und sind gekommen, ihn anzubeten. Da das der König *Herodes* hörte, erschrak er und mit ihm das ganze Jerusalem. Und er ließ versammeln alle Hohepriester und Schriftgelehrten unter dem Volk und erforschte von ihnen, wo Christus sollte geboren werden. Und sie sagten ihm: Zu Bethlehem im jüdischen Lande. Denn also stehet geschrieben durch den Propheten (Micha 5,1): *Und du, Bethlehem im jüdischen Lande, bist mitnichten die kleinste unter den Fürsten Judas, denn aus dir soll mir kommen der Herzog, der über mein Volk Israel ein Herr sei.* - Da berief Herodes die Weisen heim-

6. Die Weisen aus dem Morgenlande.

lich und erlernte mit Fleiß von ihnen, wann der Stern erschienen wäre. Und er wies sie nach Bethlehem und sprach: Ziehet hin und forschet fleißig nach dem Kindlein, und wenn ihr es findet, so saget mir's wieder, daß ich auch komme und es anbete.

2. Als sie nun den König gehört hatten, zogen sie hin. Und siehe, der Stern, den sie im Morgenlande gesehen hatten, ging vor ihnen hin, bis daß er kam und stand oben über, da das Kindlein war. Da sie den Stern sahen, wurden sie hoch erfreut. Und sie gingen in das Haus und fanden das Kindlein mit Maria, seiner Mutter, und sie fielen nieder und beteten es an und taten ihre Schätze auf und schenkten ihm Gold, Weihrauch und Myrrhen. Und Gott befahl ihnen im Traum, daß sie sich nicht sollten wieder zu Herodes lenken. Und sie zogen durch einen andern Weg wieder in ihr Land.

Jes. 60,3: Die Heiden werden in deinem Lichte wandeln und die Könige im Glanz, der über dir aufgeht.

1. Tim. 2,4: Gott will, daß allen Menschen geholfen werde und zur Erkenntnis der Wahrheit kommen.

Alles Fragen, alles Sagen
Wird von diesem Jesus sein
Und von dessen Gnadenschein,
Dem sie fort und fort nachjagen,
Bis die Seele in der Tat
Diesen Schatz gefunden hat.

Katechismusfrage.

2. Wie gelangst du zu dem ewigen Heil deiner Seele? - Durch den Glauben an unsern Herrn Jesum Christum.

Fragen.

1. Wer kam vom Morgenland? 2. Was fragten sie in Jerusalem? 3. Was hatten die Weisen im Morgenlande gesehen? 4. Mit welchen Gefühlen hörte Herodes die Frage der Weisen? 5. Was tat Herodes? 6. Welchen Bescheid gaben sie ihm? 7. Was sprach Herodes dann zu den Weisen? 8. Wer zeigte den Weisen den rechten Weg? 9. Was taten sie, als sie das Kind gefunden hatten? 10. Welche Geschenke brachten sie dem Jesuskind dar? 11. Was befahl ihnen Gott im Traum? 12. Was taten sie darum?

7. Die Flucht nach Ägypten. Der Kindermord.
(Matthäus 2,13-23; Lukas 2,40.)

1. Da die Weisen hinweg gezogen waren, siehe, da erschien der Engel des Herrn dem Joseph im Traum und sprach: Stehe auf, nimm das Kindlein

7. Die Flucht nach Ägypten. Der Kindermord.

und seine Mutter zu dir und fliehe nach Ägyptenland, und bleibe allda, bis ich dir sage. Denn Herodes sucht das Kindlein, um es umzubringen. Und er stand auf und nahm das Kindlein und seine Mutter zu sich bei der Nacht und entwich nach Ägyptenland. Und er blieb da, bis nach dem Tode des Herodes, auf daß erfüllet würde das Wort des Propheten: Aus Ägypten habe ich meinen Sohn gerufen.

2. Da Herodes nun sah, daß er von den Weisen betrogen war, ward er sehr zornig und schickte aus, und ließ alle Kinder zu Bethlehem töten, die zweijährig und darunter waren, nach der Zeit, die er mit Fleiß von den Weisen erlernt hatte. Da aber Herodes gestorben war, siehe, da erschien der Engel des Herrn dem Joseph im Traum in Ägyptenland und sprach: Stehe auf, nimm das Kindlein und seine Mutter zu dir, und ziehe hin in das Land Israels; sie sind gestorben, die dem Kinde nach dem Leben standen. Und er stand auf und nahm das Kindlein und seine Mutter zu sich und kam in das Land Israels und wohnte in der Stadt, die da heißt *Nazareth,* auf daß erfüllet würde, das da gesagt ist durch die Propheten: *Er soll Nazarenus heißen.* - Aber das Kind wuchs und ward stark im Geist, voller Weisheit, und Gottes Gnade war bei ihm.

7. Die Flucht nach Ägypten. Der Kindermord.

Jes. 8,10: Beschließet einen Rat, und werde nichts daraus. Beredet euch, und es bestehe nicht, denn hier ist Immanuel.

Psalm 97,10: Der Herr bewahrt die Seelen seiner Heiligen, von der Gottlosen Hand wird er sie erretten.

Und ob gleich alle Teufel
Hier wollten widerstehn,
So wird doch ohne Zweifel
Gott nicht zurückegehn.

Was er sich vorgenommen
Und was er haben will,
Das muß doch endlich kommen
Zu seinem Zweck und Ziel.

Katechismusfrage.

20. Was verbietet Gott im 5. Gebot? - Mord und Totschlag; desgleichen jede Tat und Gesinnung, wodurch das Leben des Nächsten oder das eigene verkürzt und verbittert wird.

Fragen.

1. Was befahl der Engel dem Joseph im Traum, nachdem die Weisen hinweggezogen waren? 2. Warum? 3. Was tat Herodes, als er merkte, daß die Weisen nicht mehr zu ihm zurückkamen? 4. Was sprach der Engel des Herrn zu Joseph nach dem Tode des Herodes? 5. Wohin zogen sie nun? 6. Was sagt unsere Geschichte von dem Jesuskind?

8. Der zwölfjährige Jesus im Tempel.
(Lukas 2,41-52.)

1. Jesu Eltern gingen alle Jahre nach Jerusalem auf das Osterfest. Und da Jesus zwölf Jahre alt war, gingen sie auch hinauf nach Jerusalem nach Gewohnheit des Festes. Und da die Tage vollendet waren, und sie wieder nach Hause gingen, blieb das Kind Jesus zu Jerusalem, und seine Eltern wußten es nicht. Sie meinten aber, er wäre unter den Gefährten, und kamen eine Tagereise und suchten ihn unter den Gefreundten und Bekannten. Und da sie ihn nicht fanden, gingen sie wiederum gen Jerusalem und suchten ihn.

2. Und es begab sich, nach drei Tagen fanden sie ihn im Tempel sitzen mitten unter den Lehrern, daß er ihnen zuhörte und sie fragte. Und alle, die ihm zuhörten, verwunderten sich seines Verstandes und seiner Antworten. Und da sie ihn sahen, entsetzten sie sich. Und seine Mutter sprach zu ihm: Mein Sohn, warum hast du uns das getan? Siehe, dein Vater und ich haben dich mit Schmerzen gesucht. Und er sprach zu ihnen: Was ist's, daß ihr mich gesucht habt? *Wisset ihr nicht, daß ich sein muß in dem, das meines Vaters ist?* Und sie verstanden das Wort nicht, das er mit ihnen redete. Und er ging

mit ihnen hinab und kam nach Nazareth und war ihnen untertan. Und seine Mutter behielt alle diese Worte in ihrem Herzen. - Und Jesus nahm zu an Weisheit, Alter und Gnade bei Gott und den Menschen.

Psalm 26,8: Herr, ich habe lieb die Stätte deines Hauses und den Ort, da deine Ehre wohnt.

Kol. 3,20: Ihr Kinder, seid gehorsam den Eltern in allen Dingen, denn das ist dem Herrn gefällig.

Ehr deine Eltern spät und früh,
Dank ihnen ihre Lieb und Müh:
Dann wird dir's wohl auf Erden gehn,
Dann wirst du Gottes Himmel sehn.

So war auf seiner Erdenbahn
Den Eltern Jesus untertan;
Er, dessen Stuhl die Himmel sind,
Ward einst gehorsam als ein Kind.

Katechismusfrage.

15. Wodurch wird der Sabbattag geheiligt? - Durch Ruhe von irdischer Arbeit, durch andächtigen Gebrauch des Wortes Gottes in Kirche und Haus und durch Verwendung des ganzen Sonntags zu unserem und des Nächsten Heil und also zur Ehre Gottes.

Fragen.

1. Wohin gingen Jesu Eltern alle Jahre? 2. Wie alt war Jesus, als sie ihn zum erstenmale mitnahmen? 3. Wo blieb Jesus, während seine Eltern mit den andern Pilgern sich wieder auf den Heimweg machten? 4. Wo suchten sie ihn, als sie ihn vermißten? 5. Wie lange suchten sie ihn? 6. Wo fanden sie ihn endlich? 7. Was tat er dort? 8. Was sprach Maria zu ihm? 9. Welche Antwort gab er ihr? 10. Wie verhielt sich Jesus gegen seine Eltern? 11. Was wird von dem Jesusknaben am Schluß unserer Geschichte gesagt?

9. Johannes lehrt und tauft.
(Matthäus 3,1-12; Lukas 3,1-20.)

1. Im fünfzehnten Jahre des Kaisers Tiberius, da Pontius Pilatus Landpfleger in Judäa war, da geschah der Befehl Gottes zu *Johannes,* Zacharias Sohn, in der Wüste. Und er kam in alle Gegend um den Jordan und predigte die Taufe der Buße zur Vergebung der Sünden und sprach: *Tut Buße, das Himmelreich ist nahe herbeigekommen.* Und er ist der, von dem der Prophet Jesaja gesagt hat und gesprochen (40,3): "Es ist eine Stimme eines Predigers in der Wüste: Bereitet dem Herrn den Weg und machet seine Steige richtig. Und alles Fleisch wird den Heiland Gottes sehen." Er aber, Johannes, hatte ein Kleid von Kamelhaaren und einen ledernen Gürtel um seine Lenden. Seine Speise aber war Heuschrecken und wilder Honig. Da ging zu ihm hinaus die Stadt Jerusalem und das ganze jüdische Land. Und sie ließen sich taufen von ihm im Jordan und bekannten ihre Sünden.

2. Als er nun viele Pharisäer und Sadduzäer zu seiner Taufe kommen sah, sprach er zu ihnen: Ihr Otterngezüchte, wer hat denn euch gewiesen, daß ihr dem zukünftigen Zorn entrinnen werdet? Sehet zu, tut rechtschaffene

9. Johannes lehrt und tauft.

Früchte der Buße. Denkt nur nicht, daß ihr bei euch wollt sagen: Wir haben Abraham zum Vater. Ich sage euch: Gott vermag dem Abraham aus diesen Steinen Kinder zu erwecken. Es ist schon die Axt den Bäumen an die Wurzel gelegt. Darum, welcher Baum nicht gute Früchte bringt, wird abgehauen und ins Feuer geworfen.

3. Und *das Volk* fragte ihn und sprach: Was sollen wir denn tun? Er antwortete: Wer zwei Röcke hat, der gebe dem, der keinen hat, und wer Speise hat, tue auch also! Es kamen auch die *Zöllner,* daß sie sich taufen ließen, und fragten ihn: Meister, was sollen wir tun? Er sprach zu ihnen: Fordert nicht mehr, denn gesetzt ist! Da fragten ihn auch die *Kriegsleute:* Was sollen denn wir tun? Und er sprach zu ihnen: Tut niemand Gewalt noch Unrecht und laßt euch genügen an euerm Solde! - Als aber das Volk in seinem Herzen von Johannes dachte, ob er vielleicht Christus wäre, antwortete er: Ich taufe euch mit Wasser zur Buße; es kommt aber ein Stärkerer nach mir, dem ich nicht genugsam bin, daß ich die Riemen seiner Schuhe auflöse, der wird euch mit dem Heiligen Geist und mit Feuer taufen. In desselbigen Hand ist die Worfschaufel, und er wird seine Tenne fegen und wird den Weizen in seine Scheune sammeln; aber die Spreu wird er verbrennen mit ewigem Feuer. Und

viel anders mehr vermahnte er das Volk und verkündigte ihnen das Heil.
Apostelgesch. 2,38: Tut Buße und lasse sich ein jeglicher taufen auf den Namen Jesu zur Vergebung der Sünden, so werdet ihr empfangen die Gabe des Heiligen Geistes.

> Ein Herz, das Demut liebet,
> Bei Gott am höchsten steht;
> Ein Herz, das Hochmut übet,
> Mit Angst zu Grunde geht;
>
> Ein Herz, das richtig ist,
> Und folget Gottes Leiten,
> Das kann sich recht bereiten,
> Zu dem kommt Jesus Christ.

Katechismusfrage.
94. Was ist Buße? - Wahre Buße besteht in folgenden Stücken: Erkenntnis und Bekenntnis der Sünde, Reue über die Sünde, Lossagen von derselben und Verlangen nach Gnade.

Fragen.
1. Wo predigte Johannes der Täufer? 2. Was predigte er? 3. Wie war er bekleidet und wovon lebte er? 4. Wer ging zu ihm hinaus? 5. Was taten sie bei ihm? 6. Was sagte er zu den Pharisäern und Sadduzäern? 7. Was sprach er zu dem Volk? 8. Welchen Rat gab er den Zöllnern? 9. Was antwortete er den Kriegsknechten? 10. Was dachte das Volk von ihm? 11. Was antwortete er? 12. Wer wird nach ihm kommen? 13. Was wird derselbe tun? 14. Was hat er in der Hand? 15. Was wird er damit tun?

(Die *Pharisäer* bildeten diejenige religiöse Partei, die den größten Wert auf die Erfüllung des Buchstabens des Gesetzes, wie er von den jüdischen Religionslehrern ausgelegt wurde, legte, und die darüber die Hauptsache und das Schwerste im Gesetz, die Barmherzigkeit und den Glauben, vernachlässigten, Matth. 23,23. Sie setzten das Äußere über das Innere, den Schein über das Wesen. Daraus erklärt sich auch ihre spätere bittere Feindschaft gegen den Herrn, der von den Menschen gerade das Gegenteil verlangte. Die *Sadduzäer,* zu denen die Reichen und Vornehmen gehörten, waren die Ungläubigen. Sie hielten zwar an dem Gesetz fest, aber sie verwarfen die Lehre von den Engeln, von der Unsterblichkeit, Auferstehung und der ewigen Vergeltung.)

II. Das öffentliche Wirken des Herrn Jesu Christi.

10. Jesus wird getauft und versucht.
(Matth. 3,13-17; 4,1-11; Mark. 1,9-13; Luk. 4,1-13.)

1. Zu der Zeit kam Jesus aus Galiläa an den Jordan zu Johannes, daß er sich von ihm taufen ließe. Aber Johannes wehrte ihm und sprach: Ich bedarf wohl, daß ich von dir getauft werde, und du kommst zu mir? Jesus aber

10. Jesus wird getauft und versucht.

antwortete und sprach zu ihm: Laß es jetzt also sein; also gebührt es uns, alle Gerechtigkeit zu erfüllen. Da ließ er's ihm zu. Und da Jesus getauft war, stieg er alsbald heraus aus dem Wasser. Und siehe, da tat sich der Himmel auf über ihm. Und Johannes sah den *Geist Gottes*, gleich als eine Taube, herabfahren und über ihn kommen. Und siehe, eine Stimme vom Himmel herab sprach: *Dies ist mein lieber Sohn, an welchem ich Wohlgefallen habe.*

2. Da ward Jesus vom Geist in die Wüste geführt, auf daß er von dem Teufel versucht würde. Und da er vierzig Tage und vierzig Nächte gefastet hatte, hungerte ihn. Und der Versucher trat zu ihm und sprach: Bist du Gottes Sohn, so sprich, daß diese Steine Brot werden! Jesus antwortete: Es steht geschrieben: *Der Mensch lebt nicht vom Brot allein, sondern von einem jeglichen Wort, das durch den Mund Gottes gehet.* Da führte ihn der Teufel mit sich in die heilige Stadt und stellte ihn auf die Zinne des Tempels und sprach zu ihm: Bist du Gottes Sohn, so laß dich hinab, denn es steht geschrieben: Er wird seinen Engeln über dir Befehl tun, und sie werden dich auf den Händen tragen, auf daß du deinen Fuß nicht an einen Stein stoßest. Da sprach Jesus zu ihm: Wiederum steht auch geschrieben: *Du sollst Gott, deinen Herrn, nicht versuchen.* Wiederum führte ihn der Teufel mit sich auf einen

10. Jesus wird getauft und versucht.

sehr hohen Berg, zeigte ihm alle Reiche der Welt und ihre Herrlichkeit und sprach zu ihm: Dies alles will ich dir geben, so du niederfällst und mich anbetest. Da sprach Jesus zu ihm: *Hebe dich weg von mir, Satan!* Denn es steht geschrieben: *Du sollst anbeten Gott, deinen Herrn, und ihm allein dienen.* - Da verließ ihn der Teufel eine Zeit lang, und siehe, da traten die Engel zu ihm und dienten ihm.

Joh. 3,5; Wahrlich, wahrlich, ich sage dir, es sei denn, daß jemand von neuem geboren werde aus dem Wasser und Geist, so kann er nicht in das Reich Gottes kommen.

Hebr. 4,15: Wir haben nicht einen Hohenpriester, der nicht könnte Mitleid haben mit unserer Schwachheit, sondern der versucht ist allenthalben gleich wie wir, doch ohne Sünde.

Ich bin getauft auf deinen Namen,
Gott Vater, Sohn und Heilger Geist!
Ich bin gezählt zu deinem Samen,
Zum Volk, das dir geheiligt heißt.
Ich bin in Christum eingesenkt,
Ich bin mit seinem Geist beschenkt.

Katechismusfrage.

126. Was ist die heilige Taufe? - Die Taufe ist dasjenige Sakrament, durch welches dem Menschen das neue Leben von dem Dreieinigen Gott dargereicht wird. Hierdurch wird der

Mensch in die Gemeinschaft mit Gott und der gesamten Kirche versetzt.

Fragen.

1. Wer kam auch zu Johannes, um sich von ihm taufen zu lassen? 2. Was sagte Johannes zu ihm? 3. Was antwortete Jesus? 4. Was sah Johannes nach der Taufe? 5. Was sprach die Stimme vom Himmel? 6. Wohin führte der Geist den Herrn nach der Taufe? 7. Zu welchem Zweck? 8. Wie lange war er in der Wüste? 9. Was sprach der Versucher nach diesen 40 Tagen zu ihm? 10. Was antwortete Jesus? 11. Wohin stellte der Teufel den Herrn dann? 12. Was sprach er zu ihm? 13. Mit welchen Worten wies Jesus diese Versuchung zurück? 14. Was zeigte ihm Satan dann? 15. Was versprach er dem Herrn unter welcher Bedingung? 16. Was antwortete ihm Jesus? 17. Was geschah dann?

11. Die ersten Jünger Jesu.
(Johannes 1,29-51.)

1. Da Johannes am Jordan taufte, siehet er Jesum zu sich kommen und spricht: *Siehe, das ist Gottes Lamm, welches der Welt Sünde trägt!* Dieser

ist es, von dem ich gesagt habe: Nach mir kommt ein Mann, welcher vor mir gewesen ist, denn er war eher denn ich. Und ich kannte ihn nicht, sondern auf daß er offenbar würde in Israel, darum bin ich gekommen, zu taufen mit Wasser. Denn der mich sandte zu taufen, der sprach zu mir: Über welchen du sehen wirst den Geist herabfahren und auf ihm bleiben, derselbige ist's, der mit dem Heiligen Geist taufet. Und ich sahe es, und zeugte, daß dieser ist Gottes Sohn.

2. Des andern Tages stand abermals Johannes und zwei seiner Jünger. Und als er Jesum wandeln sah, sprach er: *Siehe, das ist Gottes Lamm!* Und die zwei Jünger hörten ihn reden und folgten Jesu nach. Jesus aber wandte sich um und sprach zu ihnen: Was suchet ihr? Sie sprachen: Meister, wo bist du zur Herberge? Er sprach: Kommt, und sehet es! Sie kamen und sahen es und blieben denselben Tag bei ihm. Einer aus den zweien war *Andreas,* der Bruder des *Simon Petrus.* Derselbige findet seinen Bruder *Simon* und spricht zu ihm: Wir haben den Messias gefunden. Und er führte ihn zu Jesu. Da ihn Jesus sah, sprach er: Du bist Simon, Jonas Sohn, du sollst *Kephas* (Fels) heißen. Des andern Tages findet Jesus *Philippum* und spricht zu ihm: Folge mir nach! Philippus aber war von Bethsaida, aus der Stadt des Andreas und Petrus. Philippus findet *Nathanael* und spricht zu ihm: Wir haben den gefunden, von welchem Mose und die Propheten geschrieben haben: Jesum, Josephs Sohn von Nazareth! Nathanael spricht zu ihm: Was kann von Nazareth Gutes kommen? Philippus spricht zu ihm: Komm, und siehe es! Jesus sah Nathanael zu sich kommen und spricht von ihm: Siehe, ein rechter Israeliter, in welchem kein Falsch ist! Nathanael spricht zu ihm: Woher kennst du mich? Jesus antwortete: Ehe denn dich Philippus rief, da du unter dem Feigenbaum warest, sah ich dich. Nathanael antwortete: Du bist Gottes Sohn, du bist der König von Israel! Jesus antwortete: Du glaubest, weil ich dir gesagt habe, daß ich dich unter dem Feigenbaum gesehen habe, du wirst noch größeres denn das sehen. Wahrlich, wahrlich, ich sage euch: Von nun an werdet ihr den Himmel offen sehen, und die Engel Gottes hinauf und herabfahren auf des Menschen Sohn.

Matth. 16,24: Will mir jemand nachfolgen, der verleugne sich selbst und nehme sein Kreuz auf sich und folge mir.

Mir nach! spricht Christus unser Held,
Mir nach, ihr Christen alle!
Verleugnet euch, verlaßt die Welt,
Folgt meinem Ruf und Schalle;
Nehmt euer Kreuz und Ungemach
Auf euch, folgt meinem Wandel nach!

Katechismusfrage.

92. Was ist die Berufung? - Es gibt eine allgemeine Berufung und eine besondere. Durch die allgemeine Berufung fordert der Heilige Geist die Menschen insgesamt auf, ins Reich Gottes einzugehen. Durch die besondere Berufung bringt der Heilige Geist die allgemeine Berufung so wirksam an den einzelnen Menschen, daß derselbe nicht anders kann, als sie entweder annehmen oder verwerfen.

Fragen.

1. Was sprach Johannes, als er Jesus zu sich kommen sah? 2. Welches weitere Zeugnis legte er von ihm ab? 3. Wodurch hat er den Herrn erst wahrhaft kennengelernt? 4. Wer hörte am andern Tag den Johannes ein ähnliches Zeugnis von Jesu ablegen? 5. Was taten sie darum? 6. Wen führte Andreas zu Jesu? 7. Mit welchen Worten? 8. Welchen Namen gab der Herr dem Simon? 9. Mit welchen Worten rief Jesu den Philippus zu sich? 10. Mit welchen Worten erzählte Philippus dem Nathanael von Jesus? 11. Was gab ihm der zur Antwort? 12. Was hörte Nathanael den Herrn sagen, als er zu ihm kam? 13. Was fragte er deswegen? 14. Welchen Bescheid gab ihm der Herr? 15. Zu welchem Bekenntnis wurde Nathanael dadurch veranlaßt? 16. Was sprach dann der Herr zu ihm und den andern Jüngern?

12. Die Hochzeit zu Kana.
(Johannes 2,1-11.)

1. Und am dritten Tage war eine Hochzeit zu *Kana* in Galiläa, und die

12. Die Hochzeit zu Kana.

Mutter Jesu war da. Jesus aber und seine Jünger wurden auch auf die Hochzeit geladen. Und da es an Wein gebrach, spricht die Mutter Jesu zu ihm: Sie haben nicht Wein! Jesus spricht zu ihr: Weib, was habe ich mit dir zu schaffen? Meine Stunde ist noch nicht gekommen. Seine Mutter spricht zu den Dienern: Was er euch sagt, das tut!

2. Es waren aber allda sechs steinerne Wasserkrüge gesetzt nach der Weise der jüdischen Reinigung, und ging in je einen zwei oder drei Maß. Jesus spricht zu ihnen: Füllet die Wasserkrüge mit Wasser! Und sie füllten sie bis oben an. Und er spricht zu ihnen: Schöpfet nun und bringet es dem Speisemeister. Als aber der Speisemeister den Wein kostete, der Wasser gewesen war, und wußte nicht, von wannen er kam, (die Diener aber wußten's, die das Wasser geschöpft hatten), ruft der Speisemeister den Bräutigam und spricht zu ihm: Jedermann gibt zum ersten guten Wein, und wenn sie trunken geworden sind, alsdann den geringern. Du hast den guten Wein bisher behalten. *Das ist das erste Zeichen, das Jesus tat, geschehen zu Kana in Galiläa, und offenbarte seine Herrlichkeit. Und seine Jünger glaubten an ihn.*

Röm. 12,15: Freuet euch mit den Fröhlichen und weinet mit den Weinenden.

O selig Haus, wo man dich aufgenommen,
Du wahrer Seelenfreund, Herr Jesu Christ!
Wo unter allen Gästen, die da kommen,
Du der gefeierste und liebste bist;
Wo aller Herzen dir entgegenschlagen,
Und aller Augen freudig auf dich sehn;
Wo aller Lippen dein Gebot erfragen,
Und alle deines Winks gewärtig stehn.

Katechismusfrage.

74. Wodurch wird in der Heiligen Schrift ausdrücklich bezeugt, daß Jesus Christus sei wahrhaftiger Gott? - Jesus Christus wird in der Heiligen Schrift ausdrücklich Gott genannt; ferner werden ihm göttliche Eigenschaften und Werke zugeschrieben; auch wird göttliche Ehre für ihn gefordert.

Fragen.

1. Was wurde zu Kana gefeiert? 2. Wer war auch zu diesem Freudenfest geladen? 3. Woran gebrach es? 4. Was sprach deswegen Maria zu Jesu? 5. Welche Antwort erhielt sie? 6. Was sagte sie zu den Dienern? 7. Was mußten die Diener auf Jesu Geheiß tun? 8. Wem sollten sie die gefüllten Krüge bringen? 9. Welch ein Wunder war unterdessen geschehen? 10. Was sprach der Speisemeister zum Bräutigam? 11. Was offenbarte der Herr durch dieses Wunder? 12. Das wievielte Wunder des Herrn war es? 13. Welchen Eindruck hatte es auf die Jünger gemacht?

13. Jesus und Nikodemus.
(Johannes 3,1-16.)

1. Es war aber ein Mensch unter den Pharisäern mit Namen *Nikodemus*, ein Oberster unter den Juden. Der kam zu Jesu bei der Nacht und sprach zu ihm: Meister, wir wissen, daß du bist ein Lehrer von Gott gekommen, denn niemand kann die Zeichen tun, die du tust, es sei denn Gott mit ihm. Jesus antwortete und sprach zu ihm: *Wahrlich, wahrlich, ich sage dir: Es sei denn, daß jemand von neuem geboren werde, kann er das Reich Gottes nicht sehen.* Nikodemus spricht zu ihm: Wie kann ein Mensch geboren werden, wenn er alt ist? Jesus antwortete: *Wahrlich, wahrlich, ich sage dir: Es sei denn, daß jemand geboren werde aus Wasser und Geist, so kann er nicht in das Reich Gottes kommen.* Was vom Fleisch geboren wird, das ist Fleisch, und was vom Geist geboren wird, das ist Geist. Laß dich's nicht wundern, daß ich dir gesagt habe: Ihr müsset von neuem geboren werden. Der Wind bläset, wo er will, und du hörest sein Sausen wohl, aber du weißt nicht, von wannen er kommt und wohin er fährt. Also ist ein jeglicher, der aus dem Geist geboren ist.

2. Nikodemus sprach: Wie mag sol-

ches zugehen? Jesus antwortete: Bist du ein Meister in Israel und weißt das nicht? Wahrlich, wahrlich, ich sage dir: Wir reden, das wir wissen, und zeugen, das wir gesehen haben, und ihr nehmet unser Zeugnis nicht an. Glaubet ihr nicht, wenn ich euch von irdischen Dingen sage, wie würdet ihr glauben, wenn ich euch von himmlischen Dingen sagen würde? Niemand fährt gen Himmel, denn der vom Himmel hernieder gekommen ist, nämlich des Menschen Sohn, der im Himmel ist. Und wie Mose in der Wüste eine Schlange erhöhet hat, also muß des Menschen Sohn erhöhet werden, auf daß alle, die an ihn glauben, nicht verloren werden, sondern das ewige Leben haben. *Also hat Gott die Welt geliebet, daß er seinen eingebornen Sohn gab, auf daß alle, die an ihn glauben, nicht verloren werden, sondern das ewige Leben haben.*

2. Kor. 5,17: Ist jemand in Christo, so ist er eine neue Kreatur. Das Alte ist vergangen, siehe, es ist alles neu geworden.

O Heilger Geist! nimm du auch mich
In die Gemeinschaft ein;
Ergieß um Jesu will dich
Tief in mein Herz hinein.

Katechismusfrage.

98. Was ist die Wiedergeburt? - Die Wiedergeburt ist die Entstehung des neuen Lebens im Menschen, wie dieselbe von dem Dreieinigen Gott durch die Taufe aus Wasser und Geist gewirkt wird.

Fragen.

1. Wer besuchte den Herrn Jesum bei der Nacht? 2. Mit welchen Worten begrüßte er den Herrn? 3. Was antwortete ihm Jesus? 4. Was fragte Nikodemus? 5. Womit vergleicht der Herr die Wirksamkeit des Heiligen Geistes? 6. An welche alttestamentliche Geschichte erinnert der Herr Jesus seinen nächtlichen Besucher? 7. Was sagt Jesus von der Größe der Liebe Gottes?

14. Jesus und die Samariterin.
(Johannes 4,1-43.)

1. Danach verließ Jesus das Land Judäa und zog wieder nach Galiläa. Er mußte aber durch Samaria reisen. Da kam er in eine Stadt Samarias, die heißt *Sichar*. Es war aber daselbst Jakobs Brunnen. Da nun Jesus müde war von der Reise, setzte er sich auf den Brunnen. Da kommt ein Weib von Samaria, Wasser zu schöpfen. Jesus spricht zu ihr: Gib mir zu trinken! Denn seine Jünger waren in die Stadt gegangen, daß sie Speise kauften. Spricht nun das Weib zu ihm: Wie bittest du von mir zu trinken, so du ein Jude bist und ich ein samaritisches Weib? (Denn die Juden haben keine Gemeinschaft mit den Samaritern). Jesus spricht zu ihr: Wenn du erkennetest die Gabe Gottes, und wer der ist, der zu dir sagt: Gib mir zu trinken, du bätest ihn, und er gäbe dir lebendiges Wasser. Spricht zu ihm das Weib: Herr, hast du doch nichts, damit du schöpfest, und der Brunnen ist tief. Woher

14. Jesus und die Samariterin.

hast du denn lebendiges Wasser? Bist du mehr, denn unser Vater Jakob, der uns diesen Brunnen gegeben hat? Und er hat daraus getrunken und seine Kinder und sein Vieh. Jesus antwortete: Wer dieses Wasser trinkt, den wird wieder dürsten; wer aber *das* Wasser trinken wird, das ich ihm gebe, den wird ewiglich nicht dürsten. Spricht das Weib zu ihm: Herr, gib mir dasselbige Wasser, auf daß mich nicht dürste, und ich nicht herkommen müsse, zu schöpfen. Jesus spricht zu ihr: Gehe hin, rufe deinen Mann und komm her! Das Weib antwortete: Ich habe keinen Mann. Jesus spricht zu ihr: Du hast recht gesagt. Fünf Männer hast du gehabt, und den du nun hast, der ist nicht dein Mann.

2. Das Weib spricht zu ihm: Herr, ich sehe, daß du ein Prophet bist. Unsere Väter haben auf diesem Berge angebetet, und ihr sagt, zu Jerusalem sei die Stätte, da man anbeten soll. Jesus spricht zu ihr: Weib, glaube mir, es kommt die Zeit, daß ihr weder auf diesem Berge, noch zu Jerusalem den Vater anbeten werdet. Ihr wisset nicht, was ihr anbetet, wir wissen aber, was wir anbeten, denn das Heil kommt von den Juden. Aber es kommt die Zeit, und ist schon jetzt, daß die wahrhaftigen Anbeter werden den Vater im Geist und in der Wahrheit anbeten, denn der Vater will haben, die ihn also

anbeten. *Gott ist Geist, und die ihn anbeten, die müssen ihn im Geist und in der Wahrheit anbeten.* Spricht das Weib zu ihm: Ich weiß, daß Messias kommt, der da Christus heißt. Wenn derselbige kommen wird, so wird er's uns alles verkündigen. Jesus spricht zu ihr: *Ich bin's, der mit dir redet.*

3. Unterdessen kamen seine Jünger. Da ließ das Weib ihren Krug stehen und ging hin in die Stadt und spricht zu den Leuten: Kommt, sehet einen Menschen, der mir alles gesagt hat, was ich getan habe, ob er nicht Christus sei? Da gingen sie aus der Stadt und kamen zu ihm. Indes ermahnten ihn seine Jünger: Meister, iß! Er sprach zu ihnen: Ich habe eine Speise zu essen, davon wisset ihr nicht. *Meine Speise ist die, daß ich tue den Willen des, der mich gesandt hat, und vollende sein Werk.* - Die Samariter baten ihn, daß er bei ihnen bliebe, und er blieb zwei Tage da. Danach sprachen die Leute zu dem Weibe: Wir glauben nun hinfort nicht um deiner Rede willen; wir haben selber gehöret und erkannt, daß dieser ist wahrlich Christus, der Welt Heiland. - Aber nach zwei Tagen zog er aus von dannen und zog nach Galiläa.

Psalm 42,2.3: Wie der Hirsch schreiet nach frischem Wasser, so schreiet meine Seele, Gott, zu dir. Meine Seele dürstet nach Gott, nach dem lebendigen Gott.

Joh. 10,16: Ich habe noch andere Schafe, die sind nicht aus diesem Stalle. Und dieselbigen muß ich herführen, und sie werden meine Stimme hören, und wird eine Herde und ein Hirte werden.

Jesus ist kommen, die Quelle der Gnaden;
Komme, wen dürstet, und trinke, wer will!
Holet für euren verderblichen Schaden
Heilung aus seiner unendlichen Füll!
Alle Verlornen sind hierher geladen;
Jesus ist kommen, die Quelle der Gnaden!

Katechismusfrage.

116. Was heißt: "Geheiligt werde dein Name?" - Gottes Name ist zwar an ihm selbst heilig, aber wir bitten in diesem Gebet, daß er auch bei uns heilig werde. Solches geschieht dadurch, daß Gottes Wort lauter und rein gelehrt wird und wir auch heilig, als die Kinder Gottes, danach leben. Das hilf uns, lieber Vater im Himmel!

Fragen.

1. Wohin wollte Jesus ziehen? 2. Wo ruhte er sich unterwegs aus? 3. Warum? 4. Wo waren seine Jünger? 5. Mit wem traf Jesus am Brunnen zusammen? 6. Was verlangte er von ihr? 7. Warum wunderte sie sich darüber? 8. Was antwortete Jesus auf ihre verwunderte Frage? 9. Was sagt Jesus von dem Wasser, das er zu geben hat? 10. Was sagt Jesus dem Weib über ihre Vergangenheit? 11. Welche Auskunft gibt ihr der Herr über die wahre Anbetung Gottes? 12. Welchen Aufschluß gibt er ihr über seine Person? 13. Warum ging das Weib in die Stadt? 14. Was bezeichnet Jesus seinen zurückgekommenen Jüngern gegenüber als seine Speise? 15. Was sprachen die Samariter zu dem Weib, als Jesus wieder fortgegangen war?

15. Der Königische. Jesus in Nazareth. Der reiche Fischzug. Wahl der Apostel.
(Joh. 4,46-53; Luk. 4,16-31; 5,1-11; Matth. 9,9-13; Luk. 6,12-16.)

1. Jesus kam abermal nach Kana in Galiläa, da er das Wasser zu Wein gemacht hatte. Und es war ein Königischer, des Sohn lag krank zu Kapernaum. Dieser hörte, daß Jesus aus Kana nach Galiläa kam, und ging hin zu ihm und bat ihn, daß er hinabkäme und hülfe seinem Sohn, denn er war todkrank. Und Jesus sprach zu ihm: Wenn ihr nicht Zeichen und Wunder sehet, so glaubt ihr nicht. Der Königische sprach zu ihm: Herr, komm hinab, ehe denn mein Kind stirbt! Jesus spricht zu ihm: Gehe hin, dein Sohn lebt! Der Mensch glaubte dem Wort, das Jesus zu ihm sagte, und ging hin. Und indem er hinabging, begegneten ihm seine Knechte, verkündigten ihm und sprachen: Dein Kind lebt! Da forschte er von ihnen die Stunde, in welcher es besser mit ihm geworden war. Und sie sprachen zu ihm: Gestern um die siebente Stunde verließ ihn das Fieber. Da merkte der Vater, daß es um die Stunde wäre, in welcher Jesus zu ihm gesagt hatte: Dein Sohn lebt. Und er glaubte mit seinem ganzen Hause.

2. Jesus kam nach Nazareth, da er erzogen war, und ging in die Schule nach seiner Gewohnheit am Sabbattag, stand auf und wollte lesen. Da ward ihm das Buch des Propheten Jesaja gereicht. Und da er das Buch herumwarf, fand er den Ort, da geschrieben steht (Jes. 61): "Der Geist des Herrn ist bei mir, darum daß er mich gesalbet hat; er hat mich gesandt, zu verkündigen das Evangelium den Armen, zu heilen die zerstoßenen Herzen, zu predigen den Gefangenen, daß sie los sein sollen, und den Blinden das Gesicht und den Zerschlagenen, daß sie frei und ledig sein sollen, und zu verkündigen das angenehme Jahr des Herrn." Und als er das Buch zutat, gab er's dem Diener und setzte sich. Und aller Augen, die in der Schule waren, sahen auf ihn. Und er fing an zu sagen zu ihnen: *Heute ist diese Schrift erfüllet vor euern Ohren!* Und sie gaben alle Zeugnis von ihm und wunderten sich der holdseligen Worte, die aus seinem Munde gingen, und sprachen: Ist das nicht Josephs Sohn? Und er sprach zu ihnen: Ihr werdet freilich zu mir sagen dies Sprichwort: Arzt, hilf dir selber! Denn wie große Dinge haben wir gehört zu Kapernaum geschehen! Tue auch also hier in deiner Vaterstadt! Er sprach aber: Wahrlich, ich sage euch: Kein Prophet ist angenehm in seinem Vaterlande. Aber in Wahrheit sage ich euch: Es waren viele Witwen in Israel zu Elias Zeiten, da der Himmel verschlossen war drei Jahre und sechs Monate, da eine große Teurung im ganzen Lande war, und zu deren keiner ward Elia gesandt, denn allein nach Sarepta der Sidonier, zu einer Witwe. Und viele Aussätzige waren in Israel zu des Propheten Elisa Zeiten, und deren keiner ward gereinigt, denn allein Naemann aus Syrien. - Und sie wurden voll Zorns alle, die in der Schule waren, da sie das hörten. Und sie standen auf und stießen ihn zur Stadt hinaus und führten ihn auf einen Hügel des Berges, darauf ihre Stadt

gebauet war, daß sie ihn hinabstürzten. Aber er ging mitten durch sie hinweg. Und er kam nach Kapernaum in Galiläa und lehrte.

3. Es begab sich aber, da sich das Volk zu Jesu drang, zu hören das Wort Gottes, und er stand am See Genezareth und sah zwei Schiffe am See stehen, die Fischer aber waren ausgetreten und wuschen ihre Netze. Da trat er in der Schiffe eines, welches Simons war, und bat ihn, daß er's ein wenig vom Lande führte. Und er setzte sich und lehrte das Volk aus dem Schiff. Und als er aufgehört hatte zu reden, sprach er zu Simon: Fahre auf die Höhe und werfet eure Netze aus, daß ihr einen Zug tut! Und Simon antwortete und sprach zu ihm: Meister, wir haben die ganze Nacht gearbeitet und nichts gefangen; *aber auf dein Wort will ich das Netz auswerfen.* Und da sie das taten, beschlossen sie eine große Menge Fische und ihr Netz zerriß. Und sie winkten ihren Gesellen, die im andern Schiffe waren, daß sie kämen und hülfen ihnen ziehen. Und sie kamen und füllten beide Schiffe voll, also daß sie sanken. Da das Simon Petrus sah, fiel er Jesu zu den Knien und sprach: Herr, gehe von mir hinaus, ich bin ein sündiger Mensch! Denn es war ihn ein Schrecken angekommen und alle, die mit ihm waren, über diesem Fischzug, den sie miteinander getan hatten. Desgleichen auch *Jakobus* und *Johannes,* die Söhne Zebedäi, Simons Gesellen. Und Jesus sprach zu Simon: Fürchte dich nicht, denn von nun an wirst du Menschen fangen. Und sie führten die Schiffe zu Lande und verließen alles und folgten ihm nach.

4. Und da Jesus vorüberging, sah er einen Menschen am Zoll sitzen, der hieß *Matthäus,* und sprach zu ihm: Folge mir! Und er verließ alles, stand auf und folgte ihm nach. Doch zuvor richtete er Jesu ein großes Mahl zu in seinem Hause, und viele Zöllner und Sünder saßen mit ihm zu Tisch. Da das die Pharisäer sahen, sprachen sie zu seinen Jüngern: Warum isset euer Meister mit den Zöllnern und Sündern? Da das Jesus hörte, sprach er zu ihnen: *Die Gesunden bedürfen des Arztes nicht, sondern die Kranken. Ich bin gekommen, die Sünder zur Buße zu rufen und nicht die Gerechten.*

5. Es begab sich aber zu der Zeit, daß Jesus auf einen Berg ging zu beten, und er blieb über Nacht in dem Gebet zu Gott. Und da es Tag ward, rief er seinen Jüngern und *erwählte ihrer zwölf,* welche er auch *Apostel* nannte: Simon, welchen er Petrus nannte, und Andreas, seinen Bruder, Jakobus und Johannes, Philippus und Bartholomäus, Matthäus und Thomas, Jakobus, Alphäus Sohn, Simon, genannt Zelotes, Judas, Jakobus Sohn, und Judas Ischarioth, den Verräter.

2. Thess. 2,3: Der Glaube ist nicht jedermanns Ding.

2. Kor. 6,2: Sehet, jetzt ist die angenehme Zeit, jetzt ist der Tag des Heils.

Hebr. 10,35: Werfet euer Vertrauen nicht weg, welches eine große Belohnung hat.

Joh. 15,16: Ihr habt mich nicht erwählet, sondern ich habe euch erwählet und gesetzt, daß ihr hingehet und Frucht bringet und eure Frucht bleibe.

Mein Glaub ist meines Lebens Ruh
Und führt mich deinem Himmel zu,
 O du, an den ich glaube!
Ach gib mir, Herr, Beständigkeit,
Daß diesen Trost der Sterblichkeit
 Nichts meiner Seele raube!
Tief präg es meinem Herzen ein,
Welch Glück es ist, ein Christ zu sein.

Katechismusfrage.

95. Was ist der Glaube? - Der Glaube ist die gewisse Zuversicht, mit welcher der Sünder die Gnade Gottes in Christo ergreift und sich zueignet.

Fragen.

1. Wohin kam Jesus abermals? 2. Wer flehte ihn dort um Hilfe an? 3. Für wen? 4. Welchen Vorwurf machte ihm der Herr zuerst? 5. Was antwortete der Mann? 6. Was sprach der Herr zu ihm? 7. Was erfuhr der Königische schon unterwegs? 8. Welchen Eindruck machte diese Tat des Herrn auf ihn und die Seinen? 9. Wohin ging Jesus in Nazareth an jedem Sabbattag? 10. Welche Stelle des Propheten Jesaja schlug Jesus auf? 11. Was sagte er darüber? 12. Welchen Eindruck machte die Rede auf die Zuhörer zuerst? 13. Aber was erregte ihren Zorn? 14. In welches Schiff trat Jesus am See Genezareth? 15. Warum? 16. Was befahl er nach seiner Rede dem Petrus? 17. Was antwortete dieser? 18. Welchen Erfolg hatte dieser Gehorsam gegen Jesu Wort? 19. Was rief da Petrus aus? 20. Was sagte der Herr zu ihm? 21. Was taten die Fischer, als sie ans Ufer kamen? 22. Wen berief der Herr in seine Nachfolge? 23. Was richtete derselbe vorher zu? 24. Was fragten die Pharisäer die Jünger? 25. Welche Antwort gab ihnen der Herr statt seiner Jünger? 26. Wieviel Jünger erwählt der Herr? 27. Wie heißen sie?

16. Die Bergpredigt.
(Matthäus 5 bis 7; Lukas 6.)

1. Es folgte Jesu viel Volks nach aus Galiläa, aus Jerusalem, aus dem jüdischen Lande und von jenseits des Jordans. Da er aber das Volk sah, ging er auf einen Berg und setzte sich, und seine Jünger traten zu ihm. Und er tat seinen Mund auf, lehrte sie und sprach: *Selig sind, die da geistlich arm sind, denn das Himmelreich ist ihr. Selig sind, die da Leid tragen, denn sie sollen getröstet werden. Selig sind die Sanftmütigen, denn sie werden das Erdreich besitzen. Selig sind, die da hungert und dürstet nach der Gerechtigkeit, denn sie sollen satt werden. Selig sind die Barmherzigen, denn sie werden Barmherzigkeit erlangen. Selig sind, die reines Herzens sind, denn sie werden Gott schauen. Selig sind die Friedfertigen, denn sie werden Gottes Kinder heißen. Selig sind, die um Gerechtigkeit willen verfolgt werden, denn das Himmelreich ist ihr. Selig seid ihr, wenn euch die Menschen um meinetwillen schmähen und verfolgen, und reden allerlei Übels wider euch, so sie daran lügen. Seid fröhlich und getrost, es wird euch im Himmel*

16. Die Bergpredigt.

wohl belohnt werden. Denn also haben sie verfolgt die Propheten, die vor euch gewesen sind.

2. Liebet eure Feinde, segnet, die euch fluchen, tut wohl denen, die euch hassen, bittet für die, so euch beleidigen und verfolgen, auf daß ihr Kinder seid eures Vaters im Himmel. Denn er läßt seine Sonne aufgehen über die Bösen und über die Guten, und läßt regnen über Gerechte und Ungerechte. *Darum sollt ihr vollkommen sein, gleichwie euer Vater im Himmel vollkommen ist.*

3. Habt acht auf eure Almosen, daß ihr die nicht gebet vor den Leuten, daß ihr von ihnen gesehen werdet; ihr habt sonst keinen Lohn bei eurem Vater im Himmel. Wenn du aber Almosen gibst, so laß deine linke Hand nicht wissen, was die rechte tut, auf daß dein Almosen verborgen sei, und dein Vater, der ins Verborgene siehet, wird dir's vergelten öffentlich.

4. Wenn du betest, sollst du nicht sein wie die Heuchler, die da beten, auf daß sie von den Leuten gesehen werden. Wahrlich, ich sage euch: Sie haben ihren Lohn dahin. Wenn du aber betest, so gehe in dein Kämmerlein und schließe die Türe zu und bete zu deinem Vater im Verborgenen, und dein Vater, der in das Verborgene siehet, wird dir's vergelten öffentlich. Und wenn ihr betet, sollt ihr nicht viel plappern wie die Heiden, denn sie meinen,

16. Die Bergpredigt.

sie werden erhöret, wenn sie viele Worte machen. Euer Vater weiß, was ihr bedürfet, ehe denn ihr ihn bittet. Darum sollt ihr also beten:
Unser Vater in dem Himmel. Dein Name werde geheiliget. Dein Reich komme. Dein Wille geschehe auf Erden wie im Himmel. Unser täglich Brot gib uns heute. Und vergib uns unsre Schulden, wie wir unsern Schuldigern vergeben. Und führe uns nicht in Versuchung, sondern erlöse uns von dem Übel. Denn dein ist das Reich und die Kraft und die Herrlichkeit in Ewigkeit. Amen.
5. Sorget nicht für euer Leben, was ihr essen und trinken werdet; auch nicht für euern Leib, was ihr anziehen werdet. Ist nicht das Leben mehr denn die Speise? Und der Leib mehr denn die Kleidung? Sehet die Vögel unter dem Himmel an: sie säen nicht, sie ernten nicht, sie sammeln nicht in die Scheunen, und euer himmlischer Vater nähret sie doch. Seid ihr denn nicht viel mehr denn sie? Und warum sorget ihr für die Kleidung? Schauet die Lilien auf dem Felde, wie sie wachsen; sie arbeiten nicht, auch spinnen sie nicht. Ich sage euch, daß auch Salomo in all seiner Herrlichkeit nicht bekleidet gewesen ist, als derselbigen eins. So denn Gott das Gras auf dem Felde also kleidet, das doch heute stehet und morgen in den Ofen geworfen wird, sollte er das nicht vielmehr euch tun, o ihr Kleingläubigen? Darum sollt ihr nicht sorgen und sagen: Was werden wir essen? Was werden wir trinken? Womit werden wir uns kleiden? Nach solchem allen trachten die Heiden. Denn euer himmlischer Vater weiß, daß ihr des alles bedürfet. *Trachtet am ersten nach dem Reiche Gottes und nach seiner Gerechtigkeit, so wird euch solches alles zufallen.*
6. Bittet, so wird euch gegeben; suchet, so werdet ihr finden; klopfet an, so wird euch aufgetan. Denn wer da bittet, der empfängt; und wer da suchet, der findet; und wer da anklopft, dem wird aufgetan. Alles, was ihr wollt, daß euch die Leute tun sollen, das tut ihr ihnen auch; das ist das Gesetz und die Propheten. *Gehet ein durch die enge Pforte.* Denn die Pforte ist weit und der Weg ist breit, der zur Verdammnis abführet, und ihrer sind viele, die darauf wandeln, und die Pforte ist enge und der Weg ist schmal, der zum Leben führet, und wenige sind ihrer, die ihn finden. Es werden nicht alle, die zu mir sagen: Herr! Herr! in das Himmelreich kommen, sondern die den Willen tun meines Vaters im Himmel. - Und es begab sich, da Jesus diese Rede vollendet hatte, entsetzte sich das Volk über seiner Lehre, denn er predigte gewaltig, und nicht wie die Schriftgelehrten.

Joh. 6,63: Die Worte, die ich rede, die sind Geist und sind Leben.

Treuer Meister! Deine Worte
Sind die rechte Himmelspforte;
Deine Lehren sind der Pfad,
Der uns führt zu Gottes Stadt.

O wie selig, wer dich höret,
Wer von dir will sein gelehrt,
Wer in Demut jede Stund
Horcht auf deinen treuen Mund!

Katechismusfrage.

4. Was ist der Inhalt der Heiligen Schrift? - Gesetz und Evangelium.

Fragen.

1. Wen preist der Herr in der Bergpredigt selig und warum? 2. Welche Anweisungen gibt der Herr seinen Jüngern 1. über die Feindesliebe, 2. über das Almosengeben, 3. über das Gebet, 4. über das rechte Gottvertrauen, 5. über die Hauptsorge im Leben? 3. Wer kommt ins Himmelreich?

17. Der Aussätzige. Der Hauptmann zu Kapernaum. Jesus im Sturm. Der Gichtbrüchige.
(Matth. 8,1-13; Luk. 7,1-10; Matth. 8,23-27; 9,1-8; Mark. 2,1-12; Luk. 5,17-26.)

1. Da Jesus vom Berge herabging, folgte ihm viel Volks nach. Und siehe, ein *Aussätziger* kam und betete ihn an und sprach: Herr, so du willst, kannst du mich wohl reinigen! Und Jesus streckte seine Hand aus, rührte ihn an und sprach: Ich will es tun, sei gereinigt! Und alsobald ward er von seinem Aussatz rein. Und Jesus sprach zu ihm: Siehe zu, sage es niemand, sondern gehe hin und zeige dich dem Priester, und opfere die Gabe, die Mose befohlen hat, zu einem Zeugnis über sie.

2. Danach kam Jesus nach *Kapernaum*. Und eines Hauptmanns Knecht lag todkrank, den er wert hielt. Da der Hauptmann von Jesu hörte, sandte er die Ältesten der Juden zu ihm, und bat ihn, daß er käme und seinen Knecht gesund machte. Da sie zu Jesu kamen, baten sie ihn mit Fleiß und sprachen: Er ist es wert, daß du ihm das erzeigest, denn er hat unser Volk lieb, und die Schule hat er uns erbaut! Und Jesus ging mit ihnen hin. Da sie aber nicht ferne von dem Hause waren, trat der Hauptmann zu ihm und sprach: Ach, Herr, bemühe dich nicht! Ich bin nicht wert, daß du unter mein Dach gehst. Darum ich auch mich selbst nicht würdig geachtet habe, daß ich zu dir käme. Sprich nur ein Wort, so wird mein Knecht gesund. Denn ich bin ein Mensch, dazu der Obrigkeit untertan, und habe Kriegsknechte unter mir. Wenn ich zu einem sage: Gehe hin! so geht er, und zum andern: Komm her! so kommt er, und zu meinem Knecht: Tue das! so tut er's.

3. Da das Jesus hörte, verwunderte er sich und sprach zu dem Volk, das ihm nachfolgte: Wahrlich, solchen Glauben habe ich in Israel nicht gefunden! Aber ich sage euch: Viele werden kommen vom Morgen und vom Abend, und mit Abraham, Isaak und Jakob im Himmelreich sitzen; aber die Kinder des Reichs werden ausgestoßen in die äußerste Finsternis hinaus, da wird sein Heulen und Zähneklappen. Und Jesus sprach zu dem Hauptmann: Gehe hin, dir geschehe, wie du geglaubt hast! Und sein Knecht ward gesund zu derselbigen Stunde.

4. Und Jesus trat in das Schiff, und seine Jünger folgten ihm. Und siehe, da erhob sich ein groß Ungestüm im Meer, also daß auch das Schifflein mit

17. Der Aussätzige. Der Hauptmann zu Kapernaum. 233

Wellen bedeckt war; *und er schlief*. Und die Jünger traten zu ihm, weckten ihn auf und sprachen: Herr, hilf uns, wir verderben! Da sagte er zu ihnen: Ihr Kleingläubigen, warum seid ihr so furchtsam? Und er stand auf und bedrohete den Wind und das Meer und sprach: Schweig und verstumme! Da ward es ganz stille. Die Menschen aber verwunderten sich und sprachen: Was ist das für ein Mann, daß ihm Wind und Meer gehorsam ist?

5. Nach etlichen Tagen fuhr Jesus wieder herüber und kam in seine Stadt (Kapernaum). Und es ward ruchbar, daß er im Hause war. Alsbald versammelten sich viele, also daß sie nicht Raum hatten auch draußen vor der Tür.

Er sagte ihnen das Wort, und die Kraft des Herrn ging von ihm, und er half jedermann. Und siehe, vier Männer brachten auf einem Bett einen Menschen, der war gichtbrüchig. Da sie vor dem Volk nicht zu ihm kommen konnten, stiegen sie auf das Dach, deckten es auf, wo er war, und ließen das Bett hernieder mitten unter sie vor Jesum. Da nun Jesus ihren Glauben sah, sprach er zu dem Gichtbrüchigen: *Sei getrost, mein Sohn, deine Sünden sind dir vergeben.* Und siehe, etliche unter den Schriftgelehrten und Pharisäern sprachen bei sich selbst: Dieser lästert Gott. Wer kann Sünden vergeben denn allein Gott?! Da aber Jesus ihre Gedanken sah, sprach er: Warum denket ihr so arges in euren Herzen? Welches ist leichter zu sagen: "Dir sind deine Sünden vergeben!" oder zu sagen: "Stehe auf und wandle!"? Auf daß ihr aber wisset, daß des Menschen Sohn Macht habe auf Erden, die Sünden zu vergeben - sprach er zu dem Gichtbrüchigen: Stehe auf, hebe dein Bett auf und geh heim! Und alsbald stand er auf vor ihren Augen, nahm sein Bett und ging hinaus vor allen und pries Gott. Da das Volk das sah, verwunderte es sich und pries Gott und sprach: Wir haben solches noch nie gesehen!

Hebr. 11,1: Es ist aber der Glaube eine gewisse Zuversicht des, das man hoffet und nicht zweifelt an dem, das man nicht siehet.

Matth. 28,18: Mir ist gegeben alle Gewalt im Himmel und auf Erden.

Gott will's machen, Daß die Sachen
Gehen, wie es heilsam ist.
Laß die Wellen Höher schwellen,
Wenn du nur bei Jesu bist!

Katechismusfrage.
95. Was ist der Glaube? - Der Glaube ist die gewisse Zuversicht, mit welcher der Sünder die Gnade Gottes in Christo ergreift und sich zueignet.

Fragen.
1. Wer bat Jesum um seine Hilfe, als er vom Berge herabging? 2. Mit welchen Worten? 3. Wie heilte ihn der Herr? 4. Was befahl er dem Geheilten? 5. Wer schickte in Kapernaum zu ihm? 6. Warum? 7. Welches schöne Zeugnis gaben die Ältesten dem römischen Hauptmann? 8. Was sprach der Hauptmann, als er selbst zu Jesu kam? 9. Was wird uns darauf von Jesu erzählt? 10. Was sprach er zu den Juden und was zu dem Hauptmann? 11. Wohin begab sich hierauf Jesus mit seinen Jüngern? 12. Was geschah da? 13. Was tat Jesus währenddessen? 14. Mit welchen Worten weckten sie ihn? 15. Welchen Vorwurf machte ihnen der Herr? 16. Was tat er dann? 17. Was sprachen die verwunderten Leute? 18. Wohin kam Jesus wieder? 19. Wer wurde dort zu Jesu gebracht? 20. Auf welche Weise verschafften sich die Träger Zugang zu ihm? 21. Was sprach Jesus zu dem Gichtbrüchigen? 22. Wofür hielten das die Schriftgelehrten und Pharisäer? 23. Was aber antwortete Jesu? 24. Wodurch zeigte er ihnen, daß er Macht hat, Sünden zu vergeben?

18. Der Jüngling zu Nain. Die große Sünderin.
(Lukas 7,11-17; 36-50.)

1. Und es begab sich, daß Jesus in eine Stadt mit Namen *Nain* ging, und seiner Jünger gingen viele mit ihm und viel Volks. Als er aber nahe an das Stadttor kam, siehe, da trug man einen Toten heraus, der ein einiger Sohn war seiner Mutter, und sie war eine Witwe; und viel Volks aus der Stadt ging mit ihr. Und da sie der Herr sah, jammerte ihn derselbigen und sprach zu ihr: *Weine nicht!* Und trat hinzu und rührte den Sarg an, und die Träger standen. Und

18. Der Jüngling zu Nain. Die große Sünderin.

er sprach: Jüngling, ich sage dir, stehe auf! Und der Tote richtete sich auf und fing an zu reden, und er gab ihn seiner Mutter. Und es kam sie alle eine Furcht an und priesen Gott und sprachen: Es ist ein großer Prophet unter uns aufgestanden, und Gott hat sein Volk heimgesucht. Und diese Rede von ihm erscholl in das ganze jüdische Land und in alle umliegenden Länder.

2. Es bat ihn aber der Pharisäer einer, daß er mit ihm äße. Und er ging hinein in des Pharisäers Haus und setzte sich zu Tisch. Und siehe, ein Weib war in der Stadt, *die war eine Sünderin.* Da die vernahm, daß er zu Tische saß in des Pharisäers Hause, brachte sie ein Glas mit Salbe und trat hinten zu seinen Füßen und weinte, und fing an, seine Füße mit Tränen zu netzen und mit den Haaren ihres Hauptes zu trocknen und küßte seine Füße und salbte sie mit Salbe. Da aber das der Pharisäer sah, der ihn geladen hatte, sprach er bei sich selbst und sagte: Wenn dieser ein Prophet wäre, so wüßte er, wer und welch ein Weib das ist, die ihn anrühret; denn sie ist eine Sünderin! Jesus antwortete und sprach zu ihm: Simon, ich habe dir etwas zu sagen. Er aber sprach: Meister, sage an! Es hatte ein Wucherer zwei Schuldner. Einer war ihm 500, der andere 50 Groschen schuldig. Da sie aber nicht hatten zu bezahlen, schenkte er's beiden. Sage an, welcher unter denen wird ihn am

18. Der Jüngling zu Nain. Die große Sünderin.

meisten lieben? Simon antwortete und sprach: Ich achte, dem er am meisten geschenkt hat. Jesus sprach zu ihm: Du hast recht gerichtet. Und er wandte sich zu dem Weib und sprach zu Simon: Siehest du dies Weib? Ich bin gekommen in dein Haus, du hast mir nicht Wasser gegeben zu meinen Füßen; diese aber hat meine Füße mit Tränen genetzt und mit den Haaren ihres Hauptes getrocknet. Du hast mir keinen Kuß gegeben; diese aber, nachdem sie hereingekommen ist, hat sie nicht abgelassen, meine Füße zu küssen. Du hast mein Haupt nicht mit Öl gesalbt; sie aber hat meine Füße mit Salbe gesalbt. Deshalb sage ich dir: Ihr sind viele Sünden vergeben, denn sie hat viel geliebet; welchem aber wenig vergeben wird, der liebet wenig. Und er sprach zu ihr: *Dir sind deine Sünden vergeben.* Da sprachen die, die mit zu Tische saßen, bei sich selbst: Wer ist dieser, der auch die Sünden vergibt? Er aber sprach zu dem Weibe: *Dein Glaube hat dir geholfen; gehe hin mit Frieden!*

Psalm 90,12: Herr, lehre uns bedenken, daß wir sterben müssen, auf daß wir klug werden.

Psalm 32,1: Wohl dem, dem die Übertretungen vergeben sind, dem die Sünde bedecket ist.

O süßes Wort, das Jesus spricht
Zur armen Witwe: Weine nicht!
Es komme nie aus meinem Sinn.
Zumal wenn ich betrübet bin.

Reißt mir der Tod das Liebste hin,
Sagt Jesus: Weine nicht! ich bin.
Der's wiedergibt; gedenke dran,
Was ich zu Nain hab getan!

Katechismusfrage.

109. Was bekennen wir mit den Worten: Ich glaube "die Vergebung der Sünden?" - Die Vergebung der Sünden ist für alle Menschen in Christo vorhanden, so daß sie durch den Heiligen Geist jedem Menschen aller Zeiten zuteil werden kann und nach Gottes Rat auch zuteil werden soll.

Fragen.

1. In welche Stadt ging Jesus? 2. Wer begleitete ihn? 3. Wem begegnete er? 4. Was empfand der Herr bei diesem Anblick? 5. Was sprach er zu der trauernden Mutter? 6. Was sprach er zu dem toten Jüngling? 7. Was sprach das Volk, als es diese Wundertat sah? 8. Wer lud den Herrn Jesum zum Essen ein? 9. Was tat die Sünderin in des Pharisäers Haus? 10. Wem gefiel das nicht? 11. Was sprach er zu sich selbst? 12. Was antwortete Jesus? 13. Was sprach er zu dem Weib?

19. Jesus am Teiche Bethesda.
(Johannes 5.)

1. Danach war ein Fest der Juden, und Jesus zog hinauf nach Jerusalem. Es ist aber zu Jerusalem ein Teich, der heißt *Bethesda* und hat fünf Hallen. In diesen lagen viele Kranke, Blinde, Lahme, Verdorrte, die warteten, wann sich das Wasser bewegte. Denn ein Engel fuhr herab zu seiner Zeit in den Teich und bewegte das Wasser. Welcher nun zuerst, nachdem das Wasser bewegt war, hineinstieg, der ward gesund, mit welcherlei Seuche er behaftet war. Es war aber ein Mensch daselbst, achtunddreißig Jahre lang krank gelegen. Da Jesus denselbigen liegen sah und vernahm, daß er so lange gelegen war, spricht er zu ihm: Willst du gesund werden? Der Kranke antwortete: Herr, ich habe keinen Menschen, der mich in den Teich lasse, wenn sich das Wasser bewegt, und wenn ich komme, so steigt ein anderer vor mir hinein. Jesus spricht zu ihm: Stehe auf, nimm dein Bett und geh hin! Und alsbald ward der Mensch gesund und nahm sein Bett und ging hin.

2. Es war aber desselbigen Tags der Sabbat. Da sprachen die Juden zu dem, der gesund geworden war: Es ist heute Sabbat, es ziemt dir nicht, das Bett zu tragen. Er antwortete ihnen: Der mich gesund machte, der sprach zu mir: Nimm dein Bett und geh hin. Da fragten sie ihn: Wer ist der Mensch? Der aber gesund geworden war, wußte nicht, wer es war, denn Jesus war gewichen, da so viel Volks an dem Ort war. Danach fand ihn Jesus im Tempel und sprach zu ihm: Siehe zu, du bist gesund geworden, sündige hinfort nicht mehr, daß dir nicht etwas Ärgeres widerfahre! Der Mensch ging hin

und verkündigte es den Juden, es sei Jesus, der ihn gesund gemacht habe. Darum verfolgten die Juden Jesum, und suchten ihn zu töten, daß er solches am Sabbat getan hatte. Jesus aber antwortete ihnen: *Mein Vater wirket bisher, und ich wirke auch.*

3. Darum trachteten ihm die Juden noch vielmehr nach, daß sie ihn töteten, daß er nicht allein den Sabbat brach, sondern sagte auch, Gott sei sein Vater, und machte sich selbst Gott gleich. Da antwortete Jesus und sprach zu ihnen: Wahrlich, wahrlich, ich sage euch: Der Sohn kann nichts von ihm selber tun, sondern was er siehet den Vater tun, denn was derselbige tut, das tut gleich auch der Sohn. Der Vater hat den Sohn lieb und zeigt ihm alles, was er tut, und wird ihm noch größere Werke zeigen, daß ihr euch verwundern werdet. Denn wie der Vater die Toten auferweckt und macht sie lebendig, also auch der Sohn macht lebendig, welche er will. Denn der Vater richtet niemand, sondern alles Gericht hat er dem Sohn gegeben, auf daß sie alle den Sohn ehren, wie sie den Vater ehren. Wer den Sohn nicht ehret, der ehret den Vater nicht, der ihn gesandt hat. Wahrlich, wahrlich, ich sage euch: Wer mein Wort höret und glaubet dem, der mich gesandt hat, der hat das ewige Leben und kommt nicht in das Gericht, sondern er ist vom Tode zum Leben hindurchgedrungen. Wahrlich, wahrlich, ich sage euch: Es kommt die Stunde und ist schon jetzt, daß die Toten werden die Stimme des Sohnes Gottes hören, und die sie hören werden, die werden leben. Denn wie der Vater das Leben hat in ihm selber, also hat er dem Sohn gegeben, das Leben zu haben in ihm selber, und hat ihm Macht gegeben, auch das Gericht zu halten, darum, daß er des Menschen Sohn ist. Verwundert euch des nicht. Denn es kommt die Stunde, in welcher alle, die in den Gräbern sind, werden seine Stimme hören, und werden hervorgehen, die da Gutes getan haben, zur Auferstehung des Lebens, die aber Übels getan haben, zur Auferstehung des Gerichts. Suchet in der Schrift, denn ihr meinet, ihr habt das ewige Leben darinnen, und sie ist's, die von mir zeuget.

Joh. 9,4: Ich muß wirken die Werke des, der mich gesandt hat, so lange es Tag ist; es kommt die Nacht, da niemand wirken kann.

O du Zuflucht der Elenden!
Wer hat nicht von deinen Händen
Segen, Hilf und Heil genommen,
Der gebeugt zu dir gekommen?

O, wie ist dein Herz gebrochen,
Wenn dich Kranke angesprochen!
Und wie pflegtest du zu eilen,
Das Gebetne mitzuteilen!

Katechismusfrage.

74. Wodurch wird in der Heiligen Schrift ausdrücklich bezeugt, daß Jesus Christus sei wahrhaftiger Gott? - Jesus Christus wird in der Heiligen Schrift ausdrücklich Gott genannt; ferner werden ihm göttliche Eigenschaften und Werke zugeschrieben, auch wird göttliche Ehre für ihn gefordert.

Fragen.

1. Wo treffen wir heute den Heiland? 2. Welches Wunder fand fort und fort an diesem Teich statt? 3. Wie lange war der Mann krank, von dem uns hier erzählt wird? 4. Was fragte ihn Jesus?

5. Was antwortete er? 6. Was sprach da Jesus zu ihm? 7. Was sprachen die Juden zu dem Mann? 8. Worauf berief sich der Geheilte? 9. Was sagte Jesus im Tempel zu ihm? 10. Warum verfolgten die Juden Jesum? 11. In welchen Worten bezeugt der Herr Jesus, daß er gleiche Macht hat wie Gott? 12. Worin sollen die Menschen suchen und forschen? 13. Warum?

20. Jairus Töchterlein. Die kranke Frau.
(Matth. 9,9-26; Mark. 5,22-43; Luk. 8,41-56.)

1. Es kam aber der Obersten einer, mit Namen *Jairus,* und fiel vor Jesu nieder und bat ihn sehr und sprach: Meine Tochter ist in den letzten Zügen, du wollest kommen und deine Hand auf sie legen, daß sie gesund werde und lebe. Und Jesus stand auf und folgte ihm nach und seine Jünger. Und da er hinging, drang ihn das Volk. Und siehe, da war ein Weib, das zwölf Jahre krank gewesen war. Die hatte all ihr Gut an die Ärzte gewandt und konnte von niemand geheilt werden. Vielmehr war es ärger mit ihr geworden. Die trat von hinten zu Jesu und rührte seines Kleides Saum an. Denn sie

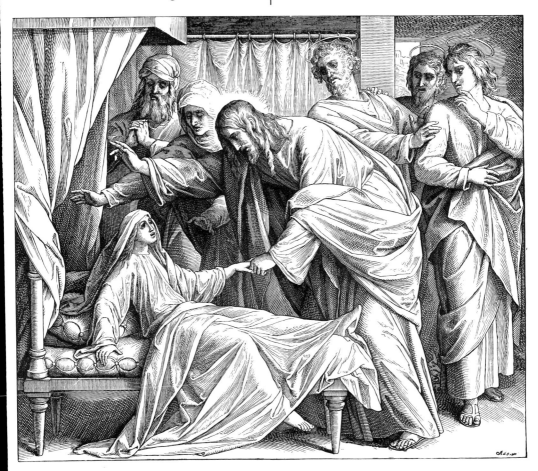

sprach bei sich selbst: Möchte ich nur sein Kleid anrühren, so würde ich gesund! Alsbald ward sie von ihrer Plage gesund. Jesus sprach: Wer hat mich angerühret? Petrus und die mit ihm waren, sprachen: Meister, das Volk drängt dich und du sprichst: Wer hat mich angerühret? Jesus aber sprach: Es hat mich jemand angerühret, denn ich fühle, daß eine Kraft von mir gegangen ist. Da aber das Weib sah, daß es nicht verborgen war, kam sie mit Zittern, fiel vor Jesu nieder und verkündigte vor allem Volk, warum sie ihn angerühret hätte, und daß sie alsbald gesund geworden wäre. Er aber sprach zu ihr: Sei getrost, meine Tochter, dein Glaube hat dir geholfen, gehe hin mit Frieden!

2. Und da er noch redete, kam einer vom Gesinde des Obersten der Schule und sprach zu ihm: Deine Tochter ist gestorben, bemühe den Meister nicht! Jesus aber sprach zu ihm: *Fürchte dich nicht, glaube nur!* Da er aber in das Haus kam, sah er die Pfeifer und das Getümmel des Volks, denn sie weinten alle und klagten um sie. Er aber sprach: Weichet! Denn das Mägdlein ist nicht tot, sondern es schläft. Und sie verlachten ihn. Er aber trieb sie alle hinaus und ließ niemand hinein als Petrus, Jakobus und Johannes und des Kindes Vater und Mutter. Und er ergriff das Kind bei der Hand und sprach zu ihm: *Mägdlein, ich sage dir, stehe auf!* Und alsbald stand das Mägdlein auf und wandelte. Und er befahl, man solle ihr zu essen geben. Sie entsetzten sich aber über die Maße, und das Gerücht erscholl in das ganze Land.

Joh. 5,21: Wie der Vater die Toten auferweckt und macht sie lebendig, also auch der Sohn macht lebendig, welche er will.

Der Hirt am Kreuz gestorben,
Hat Fried und Heil erworben;
Nun heißt bei seinen Schafen
Das Sterben ein Entschlafen.

Ohn Angst vor ewgem Jammer
Gehn sie in ihre Kammer,
Zur Ruh sich zu begeben
Auf frohes Wiederleben.

Katechismusfrage.

110. Was bekennen wir mit den Worten: ich glaube "die Auferstehung des Leibes?" - Christus wird am jüngsten Tage alle Menschen von den Toten auferwecken; die Seinen zur Auferstehung des Lebens, die Gottlosen zur Auferstehung des Gerichts und der ewigen Verdammnis.

Fragen.

1. Wer rief den Herrn um seine Hilfe an? 2. Für wen? 3. Wer wurde unterwegs geheilt? 4. Auf welche Weise? 5. Was geschah während dieser Verzögerung? 6. Aber mit welchen Worten tröstete der Herr den betrübten Vater? 7. Was tat Jesus, als er in das Trauerhaus kam, zunächst? 8. Was sprach er? 9. Mit welchen Worten rief er das tote Mädchen ins Leben zurück?

21. Das Ende Johannes des Täufers.
(Matth. 11,2-6; Luk. 7,18-23; Matth. 14,1-12; Mark. 6,14-29.)

1. Herodes der Vierfürst, hatte Johannes den Täufer ergriffen, gebunden und in das Gefängnis gelegt wegen der Herodias, seines Bruders Philippus Weib, denn er hatte sie gefreit. Johannes aber hatte zu ihm gesagt: Es ist nicht recht, daß du deines Bruders Weib habest. Herodias aber stellte ihm nach und wollte ihn töten und konnte nicht. Herodes aber fürchtete Johannes, denn er wußte, daß er ein frommer und heiliger Mann war, und verwahrte ihn und gehorchte ihm in vielen Sachen und hörte ihn gerne. - Da aber Johannes im Gefängnis die Werke Christi hörte, sandte er seiner Jünger zwei und ließ ihm sagen: *Bist du, der da kommen soll, oder sollen wir eines andern warten?* Jesus antwortete und sprach zu ihnen: Gehet hin und saget Johannes wieder, was ihr sehet und höret: *Die Blinden sehen, die Lahmen gehen, die Aussätzigen werden rein, die Tauben hören, die Toten stehen auf und den Armen wird das Evangelium gepredigt. Und selig ist, der sich nicht an mir ärgert!*

2. Es kam ein gelegener Tag, daß Herodes auf seinen Jahrestag den Obersten und Hauptleuten und Vor-

nehmsten in Galiläa ein Abendmahl gab. Da trat die Tochter der Herodias hinein und tanzte. Das gefiel Herodes und denen, die am Tische saßen, wohl. Da sprach der König zum Mägdlein: Bitte von mir, was du willst, ich will dir's geben! Und er schwur ihr einen Eid: Was du wirst von mir bitten, will ich dir geben, bis an die Hälfte meines Königreichs! Sie ging hinaus und sprach zu ihrer Mutter: Was soll ich bitten? Die sprach: Das Haupt Johannes des Täufers. Und sie ging mit Eile hinein zum König und sprach: Ich will, daß du mir gebest auf einer Schüssel das Haupt des Täufers. Da ward der König traurig, doch um des Eides willen und derer, die am Tisch saßen, wollte er sie nicht lassen eine Fehlbitte tun. Und er schickte den Henker hin und ließ sein Haupt herbringen. Der ging hin und enthauptete Johannes im Gefängnis und trug her sein Haupt auf einer Schüssel und gab es dem Mägdlein, und das Mägdlein gab's ihrer Mutter. Da das seine Jünger hörten, kamen sie und nahmen seinen Leib und legten ihn in ein Grab. - Es kam aber auch vor Herodes alles, was durch Jesum geschah. Und er sprach zu seinen Knechten: Dieser ist Johannes, der Täufer, er ist von den Toten auferstanden, darum tut er solche Taten.

Matth. 5,10: Selig sind, die um Gerechtigkeit willen verfolgt werden, denn das Himmelreich ist ihr.

Offb. Joh. 2,10: Sei getreu bis an den Tod, so will ich dir die Krone des Lebens geben.

Himmelan führt dich zuletzt
Selbst die Todesnacht;
Sei's, daß sie dir sterbend jetzt
Kurze Schrecken macht:

Harr aus, harr aus!
Auf die Nacht wird's ewig hell:
Nach dem Tod erblickst du schnell
Des Vaters Haus.

Katechismusfrage.

32. Wie lautet das 9. + 10. Gebot? - Laß dich nicht gelüsten deines Nächsten Hauses. Laß dich nicht gelüsten deines Nächsten Weibes, noch seines Knechts, noch seiner Magd, noch seines Ochsen, noch seines Esels, noch alles, was dein Nächster hat.

Fragen.

1. Warum hat Herodes den Täufer Johannes gefangen genommen? 2. Mit welcher Frage schickte Johannes zwei seiner Jünger zu Jesu? 3. Welche Antwort ließ ihm der Herr sagen? 4. Woran hatte Herodes bei seiner Geburtstagsfeier Gefallen? 5. Was versprach er ihr deshalb mit einem Eid? 6. Was verlangte sie auf den Rat ihrer Mutter? 7. Warum erfüllte er des Mädchens Bitte? 8. Was meinte Herodes später, als er von Jesu Taten hörte?

22. Die Speisung der 5000. Jesus auf dem Meer.
(Johannes 6,1-15; Matthäus 14,23-34.)

1. Danach fuhr Jesus weg über das Meer an der Stadt Tiberias in Galiläa. Und es zog ihm viel Volks nach, darum daß sie die Zeichen sahen, die er an den Kranken tat. Jesus aber ging hinauf auf einen Berg und setzte sich daselbst mit seinen Jüngern. Es war aber nahe die Ostern, der Juden Fest. Da hob Jesus seine Augen auf und siehet, daß viel Volks zu ihm kommt, und spricht zu Philippus: Wo kaufen wir Brot, daß diese essen? (Das sagte er aber, um ihn zu versuchen, denn er wußte wohl, was er tun wollte.) Philippus antwortete ihm: Für 200 Groschen Brot ist nicht genug unter sie, daß ein jeglicher unter ihnen ein wenig nehme. Spricht zu ihm einer seiner Jünger, Andreas, der Bruder des Simon Petrus: Es ist ein Knabe hier, der hat fünf Gerstenbrote und zwei Fische. Aber was ist das unter so viele? Jesus aber sprach: Schaffet, daß sich das Volk lagere! Es war aber viel Gras an dem Ort. Da lagerten sich bei 5000 Mann. Jesus aber nahm die Brote, dankte und gab sie den Jüngern, die

Jünger aber denen, die sich gelagert hatten, desselbigen gleichen auch von den Fischen, wie viel sie wollten. Da sie aber satt waren, sprach er zu seinen Jüngern: Sammelt die übrigen Brocken, daß nichts umkomme! Da sammelten sie und füllten zwölf Körbe mit Brocken von den fünf Gerstenbroten, die denen überblieben, die gespeist worden waren. Da nun die Menschen das Zeichen sahen, das Jesus tat, sprachen sie: Das ist wahrlich der Prophet, der in die Welt kommen soll.

2. Da Jesus nun merkte, daß sie kommen würden und ihn haschen, daß sie ihn zum Könige machten, entwich er abermal auf den Berg, er selbst allein, daß er betete. Am Abend aber gingen die Jünger hinab an das Meer und traten in das Schiff und fuhren über das Meer nach Kapernaum. Und es war schon finster geworden, und Jesus war nicht zu ihnen gekommen. Und das Schiff war schon mitten auf dem Meer und litt Not von den Wellen, denn der Wind war ihnen zuwider. Aber in der vierten Nachtwache kam Jesus zu ihnen und ging auf dem Meer. Und da ihn die Jünger auf dem Meer gehen sahen, erschraken sie und sprachen: Es ist ein Gespenst! und schrien vor Furcht. Aber alsbald redete Jesus mit ihnen und sprach: *Seid getrost! Ich bin es, fürchtet euch nicht!* Petrus aber antwortete ihm und sprach: Herr, bist du es, so heiß mich zu dir kommen auf dem Wasser. Und er sprach: Komm her! Und Petrus trat aus dem Schiff und ging auf dem Wasser, daß er zu Jesu käme. Er sah aber einen starken Wind, da erschrak er und fing an zu sinken, schrie und sprach: Herr, hilf mir! Jesus aber reckte alsbald die Hand aus, ergriff ihn und sprach zu ihm: O du Kleingläubiger, warum zweifeltest du? Und sie traten in das Schiff, und der Wind legte sich. Die aber im Schiff waren, kamen und fielen vor ihm nieder und sprachen: *Du bist wahrlich Gottes Sohn!* Und sie schifften hinüber und kamen in das Land Genezareth.

Psalm 145,15.16: Aller Augen warten auf dich, und du gibst ihnen ihre Speise zu seiner Zeit. Du tust deine Hand auf und erfüllest alles, was lebet, mit Wohlgefallen.

Psalm 118,1: Danket dem Herrn, denn er ist freundlich und seine Güte währet ewiglich.

Der mich hat bisher ernähret
Und so manches Glück bescheret,
Ist und bleibet ewig mein;

Der mich wunderlich geführet,
Und noch leitet und regieret,
Wird forthin mein Helfer sein.

Katechismusfrage.

119. Was heißt: "Unser täglich Brot gib uns heute?" - Gott gibt das tägliche Brot auch wohl ohne unsere Bitte, auch allen bösen Menschen; aber wir bitten in diesem Gebet, daß er solches uns erkennen lasse, und daß wir mit Danksagung empfangen alles, was wir täglich für Leib und Seele nötig haben.

Fragen.

1. Wohin ging Jesus in unserer Geschichte? 2. Wer folgte ihm nach? 3. Was fragte er Philippus, als er das Volk sah? 4. Was antwortete dieser? 5. Was sprach Andreas? 6. Was befahl ihnen dann Jesus? 7. Was tat Jesus, ehe er die Speise verteilte? 8. Wieviel blieb noch übrig? 9. Was sprachen die

Leute, als sie das Wunder sahen? 10. Was wollten sie tun? 11. Wohin ging Jesus deswegen? 12. Wo waren unterdessen die Jünger? 13. Wo sahen sie ihn später gehn? 14. Mit welchen Worten beruhigte er sie? 15. Was sprach Petrus zu ihm? 16. Warum fing er an zu sinken? 17. Was sprach Jesus zu ihm? 18. Welches Bekenntnis legten die Jünger ab?

23. Das kananäische Weib und die Heilung des Taubstummen.
(Matthäus 15,21-28; Markus 7,31-37.)

1. Und Jesus entwich in die Gegend von *Tyrus* und *Sidon*. Und siehe ein kananäisch Weib ging aus derselbigen Grenze, schrie ihm nach und sprach: Ach Herr, du Sohn Davids, erbarme dich mein! Meine Tochter wird vom Teufel übel geplagt! Und er antwortete ihr kein Wort. Da traten seine Jünger zu ihm, und baten ihn und sprachen: Laß sie doch von dir, denn sie schreiet uns nach! Er antwortete aber und sprach: Ich bin nicht gesandt denn nur zu den verlornen Schafen vom Hause Israels. Sie kam aber und fiel vor ihm nieder und sprach: Herr, hilf mir! Aber er antwortete und sprach: Es ist nicht fein, daß man den Kindern ihr Brot nehme und werfe es vor die Hunde. Sie sprach: Ja, Herr! Aber doch essen die Hündlein von den Brosamlein, die von ihrer Herren Tische fallen. Da sprach Jesus zu ihr: O Weib, dein Glaube ist groß! Dir geschehe, wie du willst. Und ihre Tochter ward gesund zu derselbigen Stunde.

2. Und da er wieder ausging von den Grenzen von Tyrus und Sidon, kam er an das galiläische Meer, mitten in das Gebiet der zehn Städte. Und sie brachten zu ihm einen Tauben, der stumm war, und sie baten ihn, daß er die Hand auf ihn lege. Und er nahm ihn von dem Volk besonders und legte ihm die Finger in die Ohren und spützte und rührte seine Zunge und sah auf gen Himmel, seufzte und sprach zu ihm: *Hephatha!* Das ist: *Tue dich auf!* Und alsbald taten sich seine Ohren auf, und das Band seiner Zunge ward los, und er redete recht. Und er verbot ihnen, sie sollten's niemand sagen. Je mehr er aber verbot, je mehr sie es ausbreiteten. Und sie verwunderten sich über die Maßen und sprachen: *Er hat alles wohl gemacht!* Die Tauben macht er hörend und die Sprachlosen redend.

Jak. 5,16: Des Gerechten Gebet vermag viel, wenn es ernstlich ist.

Psalm 50,15: Rufe mich an in der Not, so will ich dich erretten, so sollst du mich preisen.

Heiland! deine Menschenliebe
War die Quelle deiner Triebe,
Die dein treues Herz bewogen,
Dich in unser Fleisch gezogen,

Dich mit Schwachheit überdecket,
Dich vom Kreuz ins Grab gestrecket.
O der ungemeinen Triebe
Deiner treuen Menschenliebe!

Katechismusfrage.
13. Was gebietet Gott im zweiten Gebot? - Daß wir seinen Namen in allen

Nöten anrufen, beten, loben und danken.

Fragen.

1. Wer rief den Herrn um seine Hilfe an? 2. Was antwortete ihr Jesus? 3. Was sprachen deshalb die Jünger zu ihm? 4. Was antwortete er ihnen? 5. Was tat nun das Weib? 6. Was sprach Jesus zu ihr? 7. Was antwortete das Weib? 8. Was sprach da der Herr? 9. Wen brachte man am galiläischen Meer zu ihm? 10. Was tat der Herr mit dem Taubstummen? 11. In welchen Ruf brach das Volk aus?

24. Die Gleichnisreden des Herrn Jesu Christi.

I. Vom vierfachen Ackerfeld.
(Lukas 8,4-15.)

Da nun viel Volks beieinander war und aus den Städten zu Jesu eilte, sprach er durch ein Gleichnis: Es ging ein *Säemann* aus, zu säen seinen Samen. Und indem er säete, fiel etliches *an den Weg* und ward zertreten, und die Vögel unter dem Himmel fraßen es auf. Und etliches fiel *auf den Fels,* und da es aufging verdorrte es, darum, daß es nicht Saft hatte. Und etliches fiel mitten *unter die Dornen,* und die Dornen gingen mit auf und erstickten es. Und etliches fiel auf *ein gutes Land,* und es ging auf und trug hundertfältige Frucht. Da er das sagte, rief er: Wer Ohren hat zu hören, der höre! Es fragten ihn aber seine Jünger, was dieses Gleichnis wäre. Er aber sprach: Der Same ist das Wort Gottes. Die aber an dem Weg sind, das sind, die es hören; danach kommt der Teufel und nimmt das Wort von ihren Herzen, auf daß sie nicht glauben und selig werden. Die aber auf dem Fels sind die: wenn sie es hören, nehmen sie das Wort mit Freuden an, und die haben nicht Wurzel. Eine Zeitlang glauben sie, und zur Zeit der Anfechtung fallen sie ab. Das aber unter die Dornen fiel sind die, so es hören, und gehen hin unter den Sorgen, dem Reichtum und der Wollust dieses Lebens und ersticken und bringen keine Frucht. Das aber auf dem guten Lande sind die, die das Wort hören und behalten in einem feinen, guten Herzen und bringen Frucht in Geduld.

Jak. 1,21.22: Nehmet das Wort an mit Sanftmut, das in euch gepflanzt ist, welches kann eure Seelen selig machen. Seid aber Täter des Wortes und nicht Hörer allein, damit ihr euch selbst betrüget.

Der Sam am Wege wird sofort
Vom Teufel weggenommen;
Auf Fels und Steinen kann das Wort
Niemals zum Wurzeln kommen;
Und wenn es unter Dornen fällt
Der Sorg und Wollust dieser Welt,
So muß es bald ersticken.

Ach hilf, Herr, daß wir werden gleich
Dem reichen, guten Lande,
Und an des Geistes Kräften reich
In jedem Amt und Stande!

Daß wir Frucht bringen in Geduld,
Bewahren deine Lehr und Huld
In feinen, guten Herzen.

II. Vom Unkraut unter dem Weizen.
(Matthäus 13,24-30 und 36-43.)

Er legte ihnen ein anderes Gleichnis vor und sprach: Das Himmelreich ist gleich einem Menschen, der guten Samen auf seinen Acker säete. Da aber die Leute schliefen, kam sein Feind und säete Unkraut zwischen den Weizen und ging davon. Da nun das Kraut wuchs und Frucht brachte, da fand sich auch das Unkraut. Da traten die Knechte zu dem Hausvater und sprachen: Herr, hast du nicht guten Samen auf deinen Acker gesäet? Woher hat er denn das Unkraut? Er sprach zu ihnen: Das hat der Feind getan. Da sprachen die Knechte: Willst du denn, daß wir hingehen und es ausjäten? Er sprach: Nein! auf daß ihr nicht zugleich den Weizen mit ausraufet. Lasset beides miteinander wachsen bis zur Ernte, und um der Ernte Zeit will ich zu den Schnittern sagen: Sammelt zuvor das Unkraut und bindet es in Bündlein, daß man es verbrenne, aber den Weizen sammelt mir in meine Scheune. Da ließ Jesus das Volk von sich und kam heim. Und seine Jünger traten zu ihm und sprachen: Deute uns das Gleichnis vom Unkraut auf dem Acker! Er antwortete: Des Menschen Sohn ist's, der guten Samen säet. Der Acker ist die Welt. Der gute Same sind die Kinder des Reichs. Das Unkraut sind die Kinder der Bosheit. Der Feind, der sie säet, ist der Teufel. Die Ernte ist das Ende der Welt. Die Schnitter sind die Engel. Gleichwie man nun das Unkraut ausjätet und mit Feuer verbrennt, so wird's auch am Ende dieser Welt gehen. Des Menschen Sohn wird seine Engel senden, und sie werden sammeln aus seinem Reich alle Ärgernisse und die da Unrecht tun. Und werden sie in den Feuerofen werfen, da wird sein Heulen und Zähneklappen. Dann werden die Gerechten leuchten wie die Sonne in ihres Vaters Reich. Wer Ohren hat zu hören, der höre!

1. Kor. 4,5: Richtet nicht vor der Zeit, bis der Herr komme, welcher auch wird ans Licht bringen, was im Finstern verborgen ist und den Rat der Herzen offenbaren; alsdann wird einem jeglichen von Gott Lob widerfahren.

Ach bleib bei uns, Herr Jesu Christ,
Weil es nun Abend worden ist,
Dein göttlich Wort, das helle Licht,
Laß ja bei uns auslöschen nicht.

In dieser letzten bösen Zeit
Verleih uns, Herr, Beständigkeit,
Daß wir dein Wort und Sakrament
Rein b'halten bis an unser End.

III. Vom Senfkorn und vom Sauerteig.
(Matthäus 13,31-33.)

Ein anderes Gleichnis legte er ihnen vor und sprach: Das Himmelreich ist gleich einem *Senfkorn*, das ein Mensch nahm und auf seinen Acker säete, welches das kleinste unter allem Samen ist, wenn es aber wächst, so ist es das größte unter dem Kohl und wird ein Baum, daß die Vögel unter dem Himmel kommen und unter seinen Zweigen wohnen. - Ein anderes Gleichnis redete er zu ihnen: Das Himmelreich ist einem *Sauerteig* gleich, den ein Weib nahm und vermengte ihn unter drei Scheffel Mehls, bis daß es gar durchsäuert ward.

IV. Vom Schatz und von der Perle.
(Matthäus 13,44-46.)

Abermal ist gleich das Himmelreich einem *verborgenen Schatz im Acker*, welchen ein Mensch fand und verbarg ihn und ging hin vor Freuden über denselben und verkaufte alles, was er hatte, und kaufte den Acker. - Abermal ist gleich das Himmelreich einem *Kaufmann*, der gute Perlen suchte. Und da er eine *köstliche Perle* fand, ging er hin und verkaufte alles, was er hatte, und kaufte dieselbige.

V. Vom großen Abendmahl.
(Lukas 14,16-24.)

Jesus sprach: Es war ein Mensch, der machte *ein großes Abendmahl* und lud viele dazu. Und er sandte seine Knechte aus zur Stunde des Abendmahls, zu sagen den Geladenen: Kommt, denn es ist alles bereit! Und sie fingen alle nacheinander an, sich zu entschuldigen. Der erste sprach zu ihm: Ich habe einen Acker gekauft und muß hinausgehen und ihn besehen; ich bitte dich, entschuldige mich! Und der andere sprach: Ich habe fünf Joch Ochsen gekauft, und ich gehe jetzt hin, sie zu besehen; ich bitte dich, entschuldige mich! Und der dritte sprach: Ich habe ein Weib genommen, darum kann ich nicht kommen. Und der Knecht kam und sagte das seinem Herrn wieder. Da ward der Hausherr zornig und sprach zu seinem Knecht: Gehe aus schnell auf die Straßen und Gassen der Stadt und führe die Armen und Krüppel und Lahmen und Blinden herein. Und der Knecht sprach: Herr, es ist geschehen, was du befohlen hast; es ist aber noch Raum da. Und der Herr sprach zu dem Knecht: Gehe aus auf die Landstraßen und an die Zäune, und nötige sie, hereinzukommen, auf daß mein Haus voll werde. Ich sage euch aber, daß der Männer keiner, die geladen sind, mein Abendmahl schmecken wird.

Psalm 95,7.8: Heute, so ihr seine Stimme höret, so verstocket euer Herz nicht.

Ich lobe dich, mein Auge schauet,
Wie du auf diesem Erdenkreis
Dir eine Kirche hast erbauet
Zu deines Namens Lob und Preis;
Daß alle sich zusammenfinden
In einem heiligen Verein,
Wo sie, erlöst von ihren Sünden,
Sich, Jesu, deines Reiches freun.

VI. Vom hochzeitlichen Kleid.
(Matthäus 22,1-14.)

Und Jesus redete abermal durch Gleichnisse zu ihnen und sprach: Das Himmelreich ist gleich *einem Könige, der seinem Sohne Hochzeit machte.* Und er sandte seine Knechte aus, daß sie die Gäste zur Hochzeit riefen, und sie wollten nicht kommen. Abermal sandte er andere Knechte aus und sprach: Saget den Gästen: Siehe, meine Mahlzeit habe ich bereitet, meine Ochsen und mein Mastvieh ist geschlachtet und alles bereit, kommt zur Hochzeit! Aber sie verachteten das und gingen hin, einer auf seinen Akker, der andere zu seiner Hantierung. Etliche aber griffen seine Knechte, höhnten und töteten sie. Da das der König hörte, ward er zornig und schickte seine Heere aus und brachte diese Mörder um und zündete ihre Stadt an. Da sprach er zu seinen Knechten: Die Hochzeit ist zwar bereit, aber die Gäste waren es nicht wert. Darum gehet hin auf die Straßen und ladet zur Hochzeit, wen ihr findet. Und die Knechte gingen aus auf die Straßen und brachten zusammen, wen sie fanden, Böse und Gute, und die Tische wurden alle voll. Da ging der König hinein, die Gäste zu besehen, und sah allda einen Menschen, der hatte *kein hochzeitlich Kleid an,* und sprach zu ihm: Freund, wie bist du hereingekommen und hast doch kein hochzeitlich Kleid an? Er aber verstummte. Da sprach der König zu seinen Dienern: Bindet ihm Hände und Füße und werfet ihn in die Finsternis hinaus! Da wird sein Heulen und Zähneklappen. *Denn viele sind berufen, aber wenige sind auserwählet.*

Eph. 2,8.9: Aus Gnaden seid ihr selig geworden durch den Glauben, und dasselbige nicht aus euch, Gottes Gabe ist es; nicht aus den Werken, auf daß sich nicht jemand rühme.

Christi Blut und Gerechtigkeit,
Das ist mein Schmuck und Ehrenkleid;
Damit will ich vor Gott bestehn,
Wann ich zum Himmel werd eingehn.

VII. Vom verlorenen Schaf und Groschen.
(Lukas 15,1-10.)

Es naheten aber zu Jesu allerlei Zöllner und Sünder, daß sie ihn höreten. Und die Pharisäer und Schriftgelehrten murrten und sprachen: Dieser nimmt die Sünder an und isset mit ihnen! Er sagte ihnen aber dies Gleichnis und sprach: Welcher Mensch ist unter euch, der hundert Schafe hat, und so er der eines verlieret, der nicht lasse die neunundneunzig in der Wüste und hingehe nach dem verlorenen, bis daß er's finde? Und wenn er's gefunden hat, so legt er's auf seine Achseln mit Freuden. Und wenn er heimkommt, ruft er seinen Freunden und Nachbarn und spricht zu ihnen: Freuet euch mit mir, denn ich habe mein Schaf gefunden, das verloren war. Ich sage euch: Also wird auch Freude im Himmel sein über *einen* Sünder, der Buße tut, vor neunundneunzig Gerechten, die der Buße nicht bedürfen.

Oder welches Weib ist, die zehn Groschen hat, so sie der einen verlieret, die nicht ein Licht anzünde und kehre das Haus und suche mit Fleiß, bis daß sie ihn finde? Und wenn sie ihn gefunden hat, ruft sie ihren Freundinnen und Nachbarinnen und spricht: Freuet euch mit mir, denn ich habe meinen Groschen gefunden, den ich verloren hatte. Also auch, sage ich euch, wird Freude sein vor den Engeln Gottes über *einen* Sünder, der Buße tut.

1. Tim. 2,4: Gott will, daß allen Menschen geholfen werde und zur Erkenntnis der Wahrheit kommen.

Jesus nimmt die Sünder an!
Saget doch dies Trostwort allen,
Welche von der rechten Bahn
Auf verkehrten Weg verfallen.
Hier ist, was sie retten kann:
Jesus nimmt die Sünder an!

VIII. Vom verlorenen Sohn.
(Lukas 15,11-32.)

Und Jesus sprach: Ein Mensch hatte zwei Söhne. Und der jüngste unter ihnen sprach zum Vater: Gib mir, Vater, das Teil der Güter, das mir gehört! Und er teilte ihnen das Gut. Und nicht lange danach sammelte der jüngste Sohn alles zusammen und zog fern über Land, und daselbst brachte er sein Gut um mit Prassen. Da er nun all das Seine verzehrt hatte, ward eine große Teurung durch dasselbige ganze Land, und er fing an zu darben. Und er ging hin und hängte sich an einen Bürger desselbigen Landes, der schickte ihn auf seinen Acker, die Säue zu hüten. Und er begehrte, seinen Bauch mit Trebern zu füllen, die die Säue aßen, und niemand gab sie ihm. *Da schlug er in sich* und sprach: Wie viele Taglöhner hat mein Vater, die Brot die Fülle haben, und ich verderbe im Hunger! Ich will mich aufmachen und zu meinem Vater gehen und zu ihm sagen: Vater, ich habe gesündigt in den Himmel und vor dir. Ich bin hinfort nicht mehr wert, daß ich dein Sohn

VIII. Vom verlorenen Sohn.

heiße, mache mich zu einem deiner Taglöhner! *Und er machte sich auf* und kam zu seinem Vater. Da er aber noch ferne von dannen war, sah ihn sein Vater und es jammerte ihn, lief und fiel ihm um seinen Hals und küßte ihn. Der Sohn aber sprach zu ihm: Vater, ich habe gesündigt in den Himmel und vor dir. Ich bin hinfort nicht mehr wert, daß ich dein Sohn heiße. Aber der Vater sprach zu seinen Knechten: Bringet das beste Kleid hervor und tut ihn an, und gebt ihm einen Fingerreif an seine Hand und Schuhe an seine Füße. Und bringet ein gemästet Kalb her und schlachtet es. Lasset uns essen und fröhlich sein. Denn dieser mein Sohn war tot und ist wieder lebendig geworden; er war verloren und ist gefunden worden. Und sie fingen an, fröhlich zu sein.

Aber der *älteste Sohn* war auf dem Felde, und als er nahe zum Hause kam, hörte er das Gesänge und den Reigen. Und er fragte einen der Knechte, was das wäre. Der sagte ihm: Dein Bruder ist gekommen, und dein Vater hat ein gemästet Kalb geschlachtet, daß er ihn gesund wieder hat. Da ward er zornig und wollte nicht hineingehen. Da ging sein Vater heraus und bat ihn. Er aber sprach zum Vater: Siehe, so viele Jahre diene ich dir, und habe dein Gebot noch nie übertreten, und du hast mir nie einen Bock gegeben, daß ich mit meinen Freunden fröhlich wäre. Nun

aber dieser dein Sohn gekommen ist, der sein Gut verpraßt hat, hast du ihm ein gemästet Kalb geschlachtet. Der Vater aber sprach: Mein Sohn, du bist allezeit bei mir und alles, was mein ist, das ist dein. Du solltest aber fröhlich und gutes Mutes sein, denn dieser dein Bruder war tot und ist wieder lebendig geworden; er war verloren und ist wieder gefunden.

1. Tim. 1,15: Das ist je gewißlich wahr und ein teuer wertes Wort, daß Christus Jesus gekommen ist in die Welt, die Sünder selig zu machen.

Mir ist Erbarmung widerfahren,
Erbarmung, deren ich nicht wert;
Das zähl ich zu dem Wunderbaren,
Mein stolzes Herz hat's nie begehrt.
Nun weiß ich das und bin erfreut
Und rühme die Barmherzigkeit.

IX. Vom guten Hirten.
(Johannes 10.)

Jesus sprach: *Ich bin der gute Hirte. Der gute Hirte läßt sein Leben für die Schafe. Der Mietling aber, der nicht Hirte ist, des die Schafe nicht eigen sind, siehet den Wolf kommen und verläßt die Schafe und flieht, und der Wolf erhascht und zerstreuet die Schafe. Der Mietling aber flieht, denn er ist ein Mietling und achtet der Schafe nicht. Ich bin der gute Hirte und erkenne die Meinen, und bin bekannt den Meinen, wie mich mein Vater kennet, und ich kenne den Vater. Und ich lasse mein Leben für die Schafe. Und ich habe noch andere Schafe, die sind nicht aus diesem Stall, und dieselben muß ich herführen, und sie werden meine Stimme hören und wird eine Herde und ein Hirte werden. Meine Schafe hören meine Stimme, und ich kenne sie, und sie folgen mir, und ich gebe ihnen das ewige Leben, und sie werden nimmermehr umkommen, und niemand wird sie mir aus meiner Hand reißen.*

Psalm 23,1-3: Der Herr ist mein Hirte, mir wird nichts mangeln. Er weidet mich auf einer grünen Aue und führet mich zum frischen Wasser. Er erquicket meine Seele; er führet mich auf rechter Straße um seines Namens willen.

Der Herr ist mein getreuer Hirt,
Hält mich in Hut und Weide,
Darum mir nie es mangeln wird
An irgend einer Freude.
Jetzt bin ich aller Sorgen frei,
Weil Gottes Sohn mir stehet bei,
Mich schützet und regieret.

X. Die Arbeiter im Weinberg.
(Matthäus 20,1-16.)

Das Himmelreich ist gleich einem Hausvater, der am Morgen ausging, Arbeiter zu mieten in seinen Weinberg. Und da er mit den Arbeitern eins ward um einen Groschen zum Tagelohn, sandte er sie in seinen Weinberg. Und er ging aus um die dritte Stunde und sah andere am Markt müßig stehen und sprach zu ihnen: Gehet ihr auch hin in den Weinberg; ich will euch geben, was recht ist. Und sie gingen hin. Abermal ging er aus um die sechste und neunte Stunde und tat gleich also. Um die elfte Stunde aber ging er aus und fand andere müßig stehen und sprach zu ihnen: Was stehet ihr hier den ganzen Tag müßig? Sie sprachen zu ihm: Es hat uns niemand gedinget. Er sprach zu ihnen: Gehet ihr auch hin in den Weinberg, und was recht sein wird, soll euch werden. Da es nun Abend ward, sprach der Herr des Weinbergs zu seinem Schaffner: Rufe den Arbeitern und gib ihnen den Lohn, und hebe an an den letzten bis zu den ersten. Da kamen, die um die elfte Stunde gedinget waren, und empfing ein jeglicher seinen Groschen. Da aber die ersten kamen, meinten sie, sie würden mehr empfangen, und sie empfingen auch ein jeglicher seinen Groschen. Und da sie den empfingen, murreten sie wider den Hausvater und sprachen: Diese letzten haben nur *eine* Stunde gearbeitet, und du hast sie uns gleich gemacht, die wir des Tages Last und die Hitze getragen haben! Er antwortete aber und sagte zu einem unter ihnen: Mein Freund, ich tue dir nicht unrecht. Bist du nicht mit mir eins geworden um einen Groschen? Nimm, was dein ist, und gehe hin! Ich will aber diesem letzten geben gleich wie dir. Oder habe ich nicht Macht, zu tun, was ich will, mit dem Meinen? Siehest du darum scheel, daß ich so gütig bin? Also werden die Letzten die Ersten und die Ersten die Letzten sein. Denn viele sind berufen, aber wenige sind auserwählet.

Röm. 3,24: Wir werden ohne Verdienst gerecht aus seiner Gnade, durch die Erlösung, so durch Christum Jesum geschehen ist.

Aus Gnaden soll ich selig werden!
Herz glaubst du's, oder glaubst du's nicht?
Was willst du dich so blöd gebärden?
Ist's Wahrheit, was die Schrift verspricht,
So muß auch dieses Wahrheit sein:
Aus Gnaden ist der Himmel mein!

XI. Der unfruchtbare Feigenbaum.
(Lukas 13,1-9.)

Es waren aber zu derselbigen Zeit etliche dabei, die verkündigten Jesu von den Galiläern, welcher Blut Pilatus samt ihrem Opfer vermischt hatte. Und Jesus antwortete und sprach zu ihnen: Meinet ihr, daß die Galiläer vor allen Galiläern Sünder gewesen sind, dieweil sie das erlitten haben? Ich sage: Nein! Sondern so ihr euch nicht bessert, werdet ihr alle auch also umkommen. Oder meint ihr, daß die achtzehn, auf welche der Turm in Siloah fiel und erschlug sie, seien schuldig gewesen vor allen Menschen, die zu Jerusalem wohnen? Ich sage: Nein! Sondern so ihr euch nicht bessert, werdet ihr alle auch also umkommen.

Er sagte ihnen aber dies Gleichnis: Es

hatte einer einen *Feigenbaum,* der war gepflanzt in seinem Weinberg; und kam und suchte Frucht darauf und fand sie nicht. Da sprach er zu dem Weingärtner: Siehe, ich bin nun drei Jahre lang alle Jahre gekommen und habe Frucht gesucht auf diesem Feigenbaum und finde sie nicht. Haue ihn ab, was hindert er das Land? Er aber antwortete und sprach zu ihm: Herr, laß ihn noch dies Jahr, bis daß ich um ihn grabe und bedünge ihn, ob er wollte Frucht bringen. Wo nicht, so haue ihn danach ab.

Röm. 2,4: Verachtest du den Reichtum seiner Güte, Geduld und Langmütigkeit? Weißt du nicht, daß dich Gottes Güte zur Buße leitet?

Du gibst dem Sünder Zeit und Raum,
Der Strafe zu entgehen;
Du lässest auch den argen Baum
Nicht ohne Pflege stehen;
Du wartest sein und suchest Frucht,

Und wenn du gleich umsonst gesucht,
Hörst du nicht auf zu bauen;
Du schonest sein von Jahr zu Jahr,
Und Jesus bittet immerdar,
Eh er wird abgehauen.

XII. Die zwei ungleichen Söhne.
(Matthäus 21,28-32.)

Es hatte ein Mann zwei Söhne, und ging hin zu dem ersten und sprach: Mein Sohn, gehe hin und arbeite heute in meinem Weinberg! Er antwortete aber und sprach: Ich will's nicht tun. Danach reute es ihn und ging hin. Und er ging zum andern und sprach gleich also. Er antwortete aber und sprach: Herr, ja; und ging nicht hin. Welcher unter den zweien hat des Vaters Willen getan? Die Hohenpriester und Ältesten sprachen zu ihm: Der erste. Jesus sprach zu ihnen: Wahrlich, ich sage euch: Die Zöllner und Sünder mögen wohl eher ins Himmelreich kommen, denn ihr!

Matth. 7,21: Es werden nicht alle, die zu mir sagen: Herr, Herr! ins Himmelreich kommen, sondern die den Willen tun meines Vaters im Himmel.

Ach Gott! gib Gnade nur,
Mich ernstlich zu befleißen,
Zu *sein* ein wahrer Christ,
Und nicht bloß so zu *heißen,*
Denn welcher Nam und Tat
Nicht *führt* und *hat* zugleich,
Der kommet nimmermehr
Zu dir ins Himmelreich!

XIII. Vom ungerechten Richter.
(Lukas 18,1-8.)

Christus sagte dem Volk ein Gleichnis davon, daß man allezeit beten und nicht laß werden solle, und sprach: Es war ein Richter in einer Stadt, der fürchtete sich nicht vor Gott und scheute sich vor keinem Menschen. Es war aber eine Witwe in derselbigen Stadt, die kam zu ihm und sprach: Rette mich von meinem Widersacher! Und er wollte lange nicht. Danach aber dachte er bei sich selbst: Ob ich mich schon vor Gott nicht fürchte, noch vor keinem Menschen scheue, dieweil aber mir diese Witwe so viel Mühe macht, will ich sie retten, auf daß sie nicht zuletzt komme und betäube mich. Da sprach der Herr: Höret hier, was der ungerechte Richter sagt! Sollte aber Gott nicht auch retten seine Auserwählten, die zu ihm Tag und Nacht rufen, und sollte er's mit ihnen verziehen? Ich sage euch: Er wird sie erretten in einer Kürze.

Psalm 145,18.19: Der Herr ist nahe allen, die ihn anrufen, allen, die ihn mit Ernst anrufen. Er tut, was die Gottesfürchtigen begehren, und hört ihr Schreien und hilft ihnen.

Jesu, hilf beten, ach laß es gelingen!
Richte Gedanken und Worte mir ein;
Lasse mein Beten im Sterben und
Ringen
Heftiger, kräftiger, kindlicher sein!
Beten kann retten aus jeglichen
Nöten
Und aus dem Tode selbst: Jesu, hilf
beten!

XIV. Vom Pharisäer und Zöllner.
(Lukas 18,9-14.)

Christus sagte zu etlichen, die sich selbst vermaßen, daß sie fromm wären, und verachteten die andern, dieses Gleichnis: Es gingen zwei Menschen hinauf in den Tempel, zu beten, einer ein *Pharisäer*, der andere ein *Zöllner*. Der Pharisäer stand, und betete bei sich selbst also: Ich danke dir, Gott, daß ich nicht bin wie die andern Leute: Räuber, Ungerechte, Ehebrecher, oder auch wie dieser Zöllner. Ich faste zweimal in der Woche und gebe den Zehnten von allem, das ich habe. - Und der Zöllner stand von ferne, wollte auch seine Augen nicht aufheben gen Himmel, sondern schlug an seine Brust und sprach: *Gott sei mir Sünder gnädig!* Ich sage euch: Dieser ging hinab gerechtfertigt in sein Haus vor jenem. Denn wer sich selbst erhöhet, der wird erniedrigt werden, und wer sich selbst erniedrigt, der wird erhöhet werden.

1. Petri 5,5: Gott widerstehet den Hoffärtigen, aber den Demütigen gibt er Gnade.

Die Sünden sind vergeben!
Das ist ein Wort zum Leben
Für den gequälten Geist;
Sie sind's in Jesu Namen,
In dem ist Ja und Amen,
Was Gott uns Sündern je verheißt.

XV. Der Schalksknecht.
(Matthäus 18,21-35.)

Petrus trat zu Christo und sprach: Herr, wie oft muß ich denn meinem Bruder, der an mir sündigt, vergeben? Ist's genug siebenmal? Jesus sprach zu ihm: Ich sage dir, nicht siebenmal, sondern siebenzig mal siebenmal. Darum ist das Himmelreich gleich *einem Könige, der mit seinen Knechten rechnen wollte.* Und als er anfing zu rechnen, kam ihm einer vor, der war ihm zehntausend Pfund schuldig. Da er es nun nicht hatte zu bezahlen, hieß der Herr verkaufen ihn und sein Weib und seine Kinder und alles, was er hatte, und bezahlen. Da fiel der Knecht nieder und betete ihn an und sprach: Herr, habe Geduld mit mir, ich will dir's alles bezahlen. Da jammerte den Herrn desselbigen Knechts und ließ ihn los, und die Schuld erließ er ihm auch. Da ging derselbe Knecht hinaus und fand einen seiner Mitknechte, der war ihm hundert Groschen schuldig. Und er griff ihn an und würgte ihn und sprach: Bezahle mir, was du mir schuldig bist! Da fiel sein Mitknecht nieder und bat ihn und sprach: Habe Geduld mit mir, ich will dir's alles bezahlen. Er wollte aber nicht, sondern ging hin und warf ihn ins Gefängnis, bis daß er bezahlte, was er schuldig war. Da aber seine Mitknechte solches sahen, wurden sie sehr betrübt und kamen und brachten vor ihren Herrn alles, das sich begeben hatte. Da forderte ihn sein Herr vor sich und sprach zu ihm: Du Schalksknecht, alle diese Schuld habe ich dir erlassen, dieweil du mich batest. Solltest du denn dich nicht auch erbarmen über deinen Mitknecht, wie ich mich über dich erbarmet habe? Und sein Herr ward zornig und überantwortete ihn den Peinigern, bis daß er bezahlte alles, was er ihm schuldig war. Also wird euch mein himmlischer Vater auch tun, so ihr nicht vergebet von eurem Herzen ein jeglicher seinem Bruder seine Fehle.

Matth. 6,14.15: So ihr den Menschen ihre Fehler vergebet, so wird euch euer himmlischer Vater auch vergeben. Wo ihr aber den Menschen ihre Fehler nicht vergebet, so wird euch euer Vater eure Fehler auch nicht vergeben.

Vater, werde ob mir Armen
Des Erbarmens ja nicht müd;
Lehr mich aber auch Erbarmen,
Wie dein Kind an dir es sieht.

Werd ich irgend ungeduldig,
Halt mein Herz in deiner Zucht,
Daß es Brüder, die mir schuldig,
Nicht im Zorn zu würgen sucht.

XVI. Der barmherzige Samariter.
(Lukas 10,25-37.)

Und siehe, da stand ein Schriftgelehrter auf, versuchte Jesum und sprach: Meister, was muß ich tun, daß ich das ewige Leben ererbe? Er aber sprach zu ihm: Wie stehet im Gesetz geschrieben? Wie liesest du? Er antwortete und sprach: Du sollst Gott, deinen Herrn, lieben von ganzem Herzen, von ganzer Seele, von allen Kräften und von ganzem Gemüt, und deinen Nächsten als dich selbst. Er aber sprach zu ihm: Du hast recht geantwortet; tue das, so wirst du leben. Er aber wollte sich selbst rechtfertigen und sprach zu Jesu: Wer ist denn mein Nächster? Da antwortete Jesus und sprach: Es war ein Mensch, der ging von Jerusalem hinab gen Jericho und *fiel unter die Mörder.* Die zogen ihn aus und schlugen ihn und gingen davon und ließen ihn halb tot liegen. Es begab sich aber ohngefähr, daß ein *Priester* dieselbige Straße hinabzog. Da er ihn sah, *ging er vorüber.* Desselbigengleichen auch ein *Levit,* da er kam zu der Stätte und sahe ihn, *ging er vorüber.* Ein *Samariter* aber reiste und kam dahin. Und da er ihn sahe, jammerte ihn sein, ging zu ihm, verband ihm seine Wunden und goß drein Öl und Wein und hob ihn auf sein Tier und führte ihn in die Herberge und pflegte sein. Des andern Tages reiste er und zog heraus zwei Groschen und gab sie dem Wirt und sprach zu ihm: Pflege sein; und so du was mehr wirst dartun, will ich dir's bezahlen, wenn ich wiederkomme. Welcher dünkt dich, der unter diesen Dreien der Nächste sei gewesen dem, der unter die Mörder gefallen war? Er sprach: Der die Barmherzigkeit an ihm tat. Da sprach Jesus zu ihm: *So gehe hin und tue desgleichen!*

Matth. 5,7: Selig sind die Barmherzigen, denn sie werden Barmherzigkeit erlangen.

Gott, dein Lieben ist ein Lieben,
Das kein Mensch begreifen kann.
Lehre mich Erbarmung üben,
Wie du auch an mir getan.

Mach mein Herz zu deinem Tempel!
Kein Herz ist, das vor dir gilt,
Ohne deines Geistes Stempel,
Ohne deiner Liebe Bild.

XVII. Der reiche Mann und der arme Lazarus.
(Lukas 16,19-31.)

Es war *ein reicher Mann,* der kleidete sich mit Purpur und köstlicher Leinwand und lebte alle Tage herrlich und in Freuden. Es war aber ein Armer, mit Namen *Lazarus,* der lag vor seiner Türe voller Schwären, und begehrte sich zu sättigen von den Brosamen, die von des Reichen Tische fielen; doch kamen die Hunde und leckten ihm seine Schwären. Es begab sich aber, daß der Arme starb, und ward getragen von den Engeln in Abrahams Schoß. Der Reiche aber starb auch und ward begraben. Als er nun in der Hölle und in der Qual war, hob er seine Augen auf und sah Abraham von ferne und Lazarus in seinem Schoß. Und er rief und sprach: Vater Abraham, erbarme dich mein, und sende Lazarus, daß er das Äußerste seines Fingers ins Wasser tauche und kühle meine Zunge, denn ich leide Pein in dieser Flamme. Abraham aber sprach: Gedenke, Sohn, daß du dein Gutes empfangen hast in deinem Leben, und Lazarus dagegen hat Böses empfangen, nun aber wird er getröstet und du wirst gepeinigt. Und über das alles ist zwischen uns und euch eine große Kluft befestigt, daß, die da wollten von hinnen hinabfahren zu euch, könnten nicht, und auch nicht von dannen zu uns herüberfahren. Da sprach er: So bitte ich dich, Vater, daß du ihn sendest in meines Vaters Haus, denn ich habe noch fünf Brüder, daß er ihnen bezeuge, auf daß sie nicht auch kommen an diesen Ort der Qual. Abraham sprach zu ihm: Sie haben Mose und die Propheten, laß sie dieselbigen hören. Er aber sprach: Nein, Vater Abraham; sondern wenn einer von den Toten zu ihnen ginge, so würden sie Buße tun. Abraham sprach zu ihm: Hören sie Mose und die Propheten nicht, so werden sie auch nicht glauben, ob jemand von den Toten aufstünde.

Psalm 90,12: Herr, lehre uns bedenken, daß wir sterben müssen, auf daß wir klug werden.

Herr, lehr mich stets mein End bedenken,
Und wenn ich einstens sterben muß,
Die Seel in Jesu Wunden senken
Und ja nicht sparen meine Buß.
Mein Gott! Ich bitt durch Christi Blut:
Mach's nur mit meinem Ende gut!

XVIII. Der reiche Tor.
(Lukas 12,13-21.)

Es sprach aber einer aus dem Volk zu Christo: Meister, sage meinem Bruder, daß er mit mir das Erbe teile. Er aber sprach zu ihm: Mensch, wer hat mich zum Richter oder Erbschichter über euch gesetzt? Und er sprach zu ihnen: Sehet zu und hütet euch vor dem Geiz, denn niemand lebet davon, daß er viele Güter hat. Und er sagte ihnen ein Gleichnis und sprach: Es war ein reicher Mensch, des Feld hatte wohl getragen. Und er gedachte bei sich selbst und sprach: Was soll ich tun? Ich habe nicht, da ich meine Früchte hin sammle. Und sprach: Das will ich tun: Ich will meine Scheunen abbrechen und größere bauen, und ich will drein sammeln alles, was mir gewachsen ist, und meine Güter, und will sagen zu meiner Seele: Liebe Seele, du hast einen großen Vorrat auf viele Jahre; habe nun Ruhe, iß, trink und habe guten Mut!

Aber Gott sprach zu ihm: Du Narr, diese Nacht wird man deine Seele von dir fordern, und wes wird's sein, das du bereitet hast? Also gehet es, wer sich Schätze sammelt, und ist nicht reich in Gott.

Matth. 6,20.21: Sammelt euch Schätze im Himmel, da sie weder Motten noch Rost fressen, und da die Diebe nicht nachgraben, noch stehlen. Denn wo euer Schatz ist, da ist auch euer Herz.

Nicht um Güter dieser Erde,
Des erhabnen Geist's Beschwerde,
Um die Weltlust komm ich nicht,
Vater, vor dein Angesicht.

Schätze, die mich nicht verlassen,
Wann ich sterbend werd erblassen,
Tugenden, des Christen wert,
Sind es, die mein Herz begehrt.

XIX. Die bösen Weingärtner.
(Matthäus 21,33-41.)

Jesus sprach dies Gleichnis: Es war ein Hausvater, der pflanzte einen Weinberg und führte einen Zaun drum und grub eine Kelter drinnen und baute einen Turm und tat ihn den Weingärtnern aus und zog über Land. Da nun die Zeit der Früchte herbeikam, sandte er seine Knechte zu den Weingärtnern, daß sie seine Früchte empfingen. Da nahmen die Weingärtner seine Knechte, einen stäupten sie, den andern töteten sie, den dritten steinigten sie. Abermal sandte er andere Knechte, mehr denn der ersten waren, und sie taten ihnen gleich also. Danach sandte er seinen Sohn, der ihm lieb war, zu ihnen und sprach: Sie werden sich vor meinem Sohne scheuen. Da aber die Weingärtner den Sohn sahen, sprachen sie untereinander: Das ist der Erbe! Kommt, laßt uns ihn töten und sein Erbgut an uns bringen! Und sie nahmen ihn und stießen ihn zum Weinberg hinaus und töteten ihn. Wenn nun der Herr des Weinbergs kommen wird, was wird er diesen Weingärtnern tun? Sie sprachen zu ihm: Er wird die Bösewichter übel umbringen und seinen Weinberg andern Weingärtnern austun, die ihm die Früchte zu rechter Zeit geben.

Joh. 3,16: Also hat Gott die Welt geliebt, daß er seinen eingebornen Sohn gab, auf daß alle, die an ihn glauben, nicht verloren werden, sondern das ewige Leben haben.

Also hat Gott die Welt geliebt,
Daß er aus freiem Trieb
Uns seinen Sohn zum Heiland gibt.
Wie hat uns Gott so lieb!

XX. Die zehn Jungfrauen.
(Matthäus 25,1-13.)

Das Himmelreich wird gleich sein zehn Jungfrauen, die ihre Lampen nahmen und gingen aus, dem Bräutigam entgegen. Aber fünf unter ihnen waren töricht, und fünf waren klug. Die törichten nahmen ihre Lampen, aber sie nahmen nicht Öl mit sich. Die klugen aber nahmen Öl in ihren Gefäßen samt ihren Lampen. Da nun der Bräutigam verzog, wurden sie alle schläfrig und entschliefen. Zur Mitternacht aber ward ein Geschrei: Siehe, der Bräutigam kommt, gehet aus ihm entgegen! Da standen diese Jungfrauen alle auf und schmückten ihre Lampen. Die törichten aber sprachen zu den klugen: Gebt uns von eurem Öl, denn unsere Lampen verlöschen. Da antworteten die klugen und sprachen: Nicht also, auf daß nicht uns und euch gebreche. Gehet aber hin zu den Krämern und kaufet für euch selbst. Und da sie hingingen zu kaufen, kam der Bräutigam, und welche bereit waren, gingen mit ihm hinein zur Hochzeit, und die Türe ward verschlossen. Zuletzt kamen auch die andern Jungfrauen und sprachen: Herr, Herr, tue uns auf! Er antwortete aber und sprach: Wahrlich, wahrlich, ich sage euch, ich kenne euch nicht. - Darum wachet, denn ihr wisset weder Tag noch Stunde, in welcher des Menschen Sohn kommen wird!

Mark. 13,32: Von dem Tag aber und von der Stunde weiß niemand, auch die Engel nicht im Himmel, auch der Sohn nicht, sondern allein der Vater.

Wachet auf! ruft uns die Stimme
Der Wächter sehr hoch auf der Zinne,
Wach auf, du Stadt Jerusalem!
Mitternacht heißt diese Stunde,
Sie rufen uns mit hellem Munde:
Wo seid ihr klugen Jungfrauen?

Wohlauf! Der Bräutgam kömmt!
Steht auf, die Lampen nehmt!
Halleluja!
Macht euch bereit
Im Hochzeitskleid!
Geht ihm entgegen, es ist Zeit!

XXI. Von den anvertrauten Zentnern.
(Matthäus 25,14-30.)

Ein Mensch, der über Land zog, rief seinen Knechten und tat ihnen seine Güter aus. Und einem gab er fünf Zentner, dem andern zwei, dem dritten einen, einem jeden nach seinem Vermögen, und zog bald hinweg. Da ging der hin, der fünf Zentner empfangen hatte, und handelte mit denselbigen und gewann andere fünf Zentner. Desgleichen auch, der zwei Zentner empfangen hatte, gewann auch zwei andere. Der aber einen empfangen hatte, ging hin und machte eine Grube in die Erde und verbarg seines Herrn Geld. Über eine lange Zeit kam der Herr dieser Knechte und hielt Rechenschaft mit ihnen. Da trat herzu, der fünf Zentner empfangen hatte, und legte andere fünf Zentner dar und sprach: Herr, du hast mir fünf Zentner gegeben, siehe da, ich habe damit andere fünf Zentner gewonnen. Da sprach sein Herr zu ihm: *Ei, du frommer und getreuer Knecht, du bist über wenigem getreu gewesen, ich will dich über viel setzen; gehe ein zu deines Herrn Freude!* Da trat auch herzu, der zwei Zentner empfangen hatte, und sprach: Herr, du hast mir zwei Zentner gegeben, siehe da, ich habe mit denselben zwei andere gewonnen. Sein Herr sprach zu ihm: Ei, du frommer und getreuer Knecht, du bist über wenigem getreu gewesen, ich will dich über viel setzen; gehe ein zu deines Herrn Freude! Da trat auch herzu, der einen Zentner empfangen hatte, und sprach: Herr, ich wußte, daß du ein harter Mann bist; du schneidest, wo du nicht gesät hast, und sammelst, da du nicht gestreut hast, und fürchtete mich und ging hin und verbarg deinen Zentner in die Erde. Siehe, da hast du das Deine! Sein Herr antwortete und sprach zu ihm: Du Schalk und fauler Knecht! Wußtest du, daß ich schneide, da ich nicht gesät habe, und sammle, da ich nicht gestreut habe, so solltest du mein Geld zu den Wechslern getan haben, und wenn ich gekommen wäre, hätte ich das Meine zu mir genommen mit Wucher. Darum nehmt von ihm den Zentner und gebt ihm dem, der zehn Zentner hat. *Denn wer da hat, dem wird gegeben werden, und wird die Fülle haben; wer aber nicht hat, dem wird auch, das er hat, genommen werden.* Und den unnützen Knecht werft in die Finsternis hinaus, da wird sein Heulen und Zähneklappen.

Lukas 12,48: Welchem viel gegeben ist, bei dem wird man viel suchen, und welchem viel befohlen ist, von dem wird man viel fordern.

Steh mit deiner Kraft mir bei,
Daß ich, meiner Pflicht getreu,
Dir zum Preis und mir zum Glück
Nütze jeden Augenblick.

Dann vertausch ich diese Zeit
Ruhig mit der Ewigkeit,
Finde da vor deinem Thron
Meiner Arbeit Gnadenlohn.

XXII. Vom jüngsten Gericht.
(Matthäus 25,31-46.)

Wenn aber des Menschen Sohn kommen wird in seiner Herrlichkeit, und alle heiligen Engel mit ihm, dann wird er sitzen auf dem Stuhl seiner Herrlichkeit. Und es werden vor ihm alle Völker versammelt werden. Und er wird sie von einander scheiden, gleich als ein Hirte die Schafe von den Böcken scheidet. Und er wird die Schafe zu seiner Rechten stellen und die Böcke zur Linken. Da wird dann der König sagen zu *denen zu seiner Rechten: Kommt her, ihr Gesegneten meines Vaters, ererbet das Reich, das euch bereitet ist von Anbeginn der Welt!* Denn ich bin *hungrig* gewesen, und ihr habt mich gespeiset. Ich bin *durstig* gewesen, und ihr habt mich getränkt. Ich bin *ein Gast* gewesen, und ihr habt mich beherbergt. Ich bin *nackt* gewesen, und ihr habt mich bekleidet. Ich bin *krank* gewesen, und ihr habt mich besucht. Ich bin *gefangen* gewesen, und ihr seid zu mir gekommen. Dann werden ihm die Gerechten antworten und sagen: Herr, wann haben wir dich hungrig gesehen und haben dich gespeiset? Oder durstig und haben dich getränket? Wann haben wir dich einen Gast gesehen und beherbergt? Oder nackt und haben dich bekleidet? Wann haben wir dich krank oder gefangen gesehen und sind zu dir gekommen? Und der König wird antworten und sagen zu ihnen: Wahrlich, ich sage euch: *Was ihr getan habt einem unter diesen meinen geringsten Brüdern, das habt ihr mir getan.* Dann wird er auch sagen zu *denen zur Linken: Gehet hin von mir, ihr Verfluchten, in das ewige Feuer, das bereitet ist dem Teufel und seinen Engeln!* Ich bin *hungrig* gewesen, und ihr habt mich nicht gespeiset. Ich bin *durstig* gewesen, und ihr habt mich nicht getränkt. Ich bin *ein Gast* gewesen, und ihr habt mich nicht beherbergt. Ich bin *nackt* gewesen, und ihr habt mich nicht bekleidet. Ich bin *krank* und *gefangen* gewesen, und ihr habt mich nicht besucht. Da werden sie ihm auch antworten und sagen: Herr, wann haben wir dich gesehen hungrig, oder durstig, oder einen Gast, oder nackt, oder krank und gefangen, und haben dir nicht gedient? Dann wird er ihnen antworten und sagen: Wahrlich, ich sage euch: Was ihr nicht getan habt einem unter diesen Geringsten, das habt ihr *mir* auch nicht getan. Und sie werden in die ewige Pein gehen, aber die Gerechten in das ewige Leben.

Gal. 6,7.8: Was der Mensch sät, das wird er ernten. Wer auf sein Fleisch sät, der wird von dem Fleisch das Verderben ernten. Wer aber auf den Geist sät, der wird von dem Geist das ewige Leben ernten.

Die Welt kommt einst zusammen
Im Glanz der ewgen Flammen
Vor Christi Richterthron;
Dann muß sich offenbaren,
Wer die und jene waren,
Sie kennt und prüft des Menschen Sohn.

25. Maria und Martha.
(Lukas 10,38-42.)

Es begab sich aber, da sie wandelten, ging Jesus in einen Markt. Da war ein Weib mit Namen *Martha,* die nahm ihn auf in ihr Haus. Und sie hatte eine Schwester, die hieß *Maria,* die setzte sich zu Jesu Füßen und hörte seiner Rede zu. Martha aber machte sich viel zu schaffen, ihm zu dienen. Und sie trat hinzu und sprach: Herr, fragest du nicht danach, daß mich meine Schwester läßt allein dienen? Sage ihr doch, daß sie es auch angreife! Jesus aber antwortete und sprach zu ihr: Martha, Martha, du hast viel Sorge und Mühe. *Eins aber ist not.* Maria hat das gute Teil erwählt, das soll nicht von ihr genommen werden.

Matth. 6,33: Trachtet am ersten nach dem Reich Gottes und nach seiner Gerechtigkeit, so wird euch solches alles zufallen.

Ja, Herr Jesu, du alleine
Sollst mein Ein und Alles sein!
Prüf, erfahre, wie ich's meine,
Tilge allen Heuchelschein.
Sieh, ob ich auf bösem,
betrüglichem Stege,

Und leite mich, Höchster,
auf ewigem Wege!
Gib, daß ich hier alles
nur achte für Kot
Und Jesum gewinne:
dies Eine ist not!

Katechismusfrage.

1. Was soll eines jeden Menschen vornehmste Sorge sein? - Die Sorge für das ewige Heil seiner Seele.

Fragen.

1. Wohin ging Jesus? 2. Wer nahm ihn auf? 3. Wie hieß ihre Schwester? 4. Was wird von ihr berichtet? 5. Was tat die Martha? 6. Was sagte sie zum Herrn? 7. Was antwortete ihr der Herr? 8. Was ist das Eine, das not tut?

26. Der Blindgeborne.
(Johannes 9.)

1. Jesus ging vorüber und sah einen, der blind geboren war. Und seine Jünger fragten ihn und sprachen: Meister, wer hat gesündigt, dieser oder seine Eltern, daß er ist blind geboren? Jesus antwortete: Es hat weder dieser gesündigt, noch seine Eltern, sondern daß die Werke Gottes offenbar würden an ihm. Ich muß wirken die Werke des, der mich gesandt hat, so lange es Tag

ist; es kommt die Nacht, da niemand wirken kann. Da er solches gesagt, spützte er auf die Erde und machte einen Kot aus dem Speichel und schmierte den Kot auf des Blinden Augen und sprach zu ihm: Gehe hin zu dem Teich *Siloah* und wasche dich! Da ging er hin und wusch sich und kam sehend. Die Nachbarn und die ihn zuvor gesehen hatten, daß er ein Bettler war, sprachen: Ist dieser nicht, der da saß und bettelte? Etliche sprachen: Er ist es; etliche aber: Er ist ihm ähnlich. Er selbst aber sprach: Ich bin es! Da sprachen sie zu ihm: Wie sind deine Augen aufgetan? Er antwortete und sprach: Der Mensch, der Jesus heißt, machte einen Kot und schmierte meine Augen und sprach: Gehe hin zu dem Teich Siloah, und wasche dich! Ich ging hin und wusch mich und ward sehend. Da sprachen sie zu ihm: Wo ist derselbige? Er sprach: Ich weiß nicht. Da führten sie ihn zu den Pharisäern. Es war aber *Sabbat,* da Jesus seine Augen öffnete. Die Pharisäer fragten ihn auch, wie er sehend geworden wäre. Und er sagte es ihnen. Da sprachen etliche der Pharisäer: Der Mensch ist nicht von Gott, dieweil er den Sabbat nicht hält. Die andern aber sprachen: Wie kann ein sündiger Mensch solche Zeichen tun? Und es ward eine Zwietracht unter ihnen. Sie sprachen wieder zu dem Blinden: Was sagst du von ihm, daß er hat deine Augen aufgetan? Er aber sprach: Er ist ein Prophet!

2. Die Juden glaubten nicht von ihm, daß er blind gewesen und sehend geworden wäre, bis daß sie riefen die Eltern des, der sehend geworden war. Und sie fragten sie und sprachen: Ist das euer Sohn, von welchem ihr sagt, er sei blind geboren? Wie ist er denn nun sehend? Seine Eltern antworteten ihnen und sprachen: Wir wissen, daß dieser unser Sohn ist, und daß er blind geboren ist. Wie er aber nun sehend ist, wissen wir nicht; oder wer ihm seine Augen aufgetan hat, wissen wir auch nicht. Er ist alt genug, fraget ihn, laßt ihn selbst für sich reden! Solches sagten seine Eltern, denn sie fürchteten sich vor den Juden. Denn die Juden hatten sich schon vereinigt, so jemand ihn für *Christus* bekennete, daß derselbige in den Bann getan würde. Da riefen sie zum andern Mal den Menschen, der blind gewesen war, und sprachen zu ihm: Gib Gott die Ehre! Wir wissen, daß dieser Mensch ein Sünder ist. Er antwortete: Ist er ein Sünder, das weiß ich nicht. *Eins* weiß ich wohl, daß ich blind war und bin nun sehend. Da sprachen sie wieder zu ihm: Was tat er dir? Wie tat er deine Augen auf? Er antwortete ihnen: Ich habe es euch jetzt gesagt. Habt ihr's nicht gehört? Was wollt ihr's abermals hören? Wollt ihr auch seine Jünger werden? Da schalten sie ihn und sprachen: Du bist sein Jünger, wir aber sind Moses Jünger. Wir wissen, daß Gott mit Mose geredet hat, von wannen aber dieser ist, wissen wir nicht. Der Mensch antwortete und sprach zu ihnen: Das ist ein wunderlich Ding, daß ihr nicht wisset, von wannen er sei, und er hat meine Augen aufgetan. Wir wissen aber, daß Gott die Sünder nicht höret, sondern so jemand gottesfürchtig ist und seinen Willen tut, den höret er. Von der Welt an ist's nicht erhöret, daß jemand einem gebornen Blinden die Augen aufgetan habe. Wäre dieser

nicht von Gott, er könnte nichts tun. Sie sprachen zu ihm: Du bist ganz in Sünden geboren und lehrest uns! Und sie stießen ihn hinaus.

3. Es kam aber vor Jesum, daß sie ihn ausgestoßen hatten. Und da er ihn fand, sprach er zu ihm: *Glaubst du an den Sohn Gottes?* Er antwortete und sprach: Herr, welcher ist's? Auf daß ich an ihn glaube. Jesus sprach zu ihm: Du hast ihn gesehen, und der mit dir redet, der ist's. Er aber sprach: *Herr, ich glaube!* Und er betete ihn an. Und Jesus sprach: Ich bin zum Gericht auf diese Welt gekommen, auf daß, die da nicht sehen, sehend werden, und die da sehen, blind werden.

Joh. 8,12: Ich bin das Licht der Welt; wer mir nachfolgt, der wird nicht wandeln in Finsternis, sondern wird das Licht des Lebens haben.

Matth. 11,5.6: Die Blinden sehen und die Lahmen gehen, die Aussätzigen werden rein, und die Tauben hören, die Toten stehen auf und den Armen wird das Evangelium gepredigt. Und selig ist, der sich nicht an mir ärgert!

Jesu, gib gesunde Augen,
Die was taugen;
Rühre meine Augen an;
Denn das ist die größte Plage,
Wenn am Tage
Man das Licht nicht sehen kann!

Katechismusfrage.

76. Wodurch hat sich Christus schon vor seinem Tode als Erlöser geoffenbart? - Durch seinen heiligen Wandel, in welchem er das Gesetz Gottes vollkommen für uns erfüllt hat; durch seine Predigt von der Vergebung der Sünden im Glauben an seinen Namen; durch seine Wunder, welche alle sind Werke des Lebens zur Aufhebung des Elendes und des Todes.

Fragen.

1. Was fragten die Jünger den Herrn, als sie den Blindgebornen sahen? 2. Welche Antwort gab ihnen der Herr? 3. Auf welche Weise heilte er den Blinden? 4. Welches Urteil wurde von den Nachbarn und von den Pharisäern über diese Heilung gefällt? 5. Bei wem erkundigten sich die Juden auch noch über den Blindgewesenen? 6. Was sagten sie? 7. Welches Urteil gab der Geheilte über Jesum bei den Pharisäern ab? 8. Welche Frage richtete der Herr an ihn? 9. Was antwortete er, als sich der Herr zu erkennen gegeben hatte?

27. Petri Bekenntnis. Leidensverkündigung. Christi Verklärung.
(Matth. 16,13-23; 17,1-9; Luk. 9,28-36.)

1. Jesus kam in die Gegend der Stadt *Cäsarea Philippi* und fragte seine Jünger und sprach: *Wer sagen die Leute, daß des Menschen Sohn sei?* Sie sprachen: Etliche sagen, du seiest Johannes der Täufer, die andern, du seiest

27. Petri Bekenntnis. Leidensverkündigung. Christi Verklärung.

Elias, etliche, du seiest Jeremias oder der Propheten einer. Er sprach zu ihnen: Wer saget denn ihr, daß ich sei? Da antwortete Simon Petrus und sprach: *Du bist Christus, des lebendigen Gottes Sohn!* Und Jesus antwortete und sprach zu ihm: Selig bist du, Simon, Jonas Sohn, denn Fleisch und Blut hat dir das nicht geoffenbaret, sondern mein Vater im Himmel. Und ich sage dir auch: Du bist Petrus, und auf diesen Felsen will ich bauen meine Gemeine, und die Pforten der Hölle sollen sie nicht überwältigen.

2. Von der Zeit fing Jesus an, und zeigte seinen Jüngern, wie er müßte hin gen Jerusalem gehen, und viel leiden von den Ältesten und Hohenpriestern und Schriftgelehrten und getötet werden und am dritten Tage auferstehen. Und Petrus nahm ihn zu sich, fuhr ihn an und sprach: Herr, schone dein selbst! Das widerfahre dir nur nicht! Aber Jesus wandte sich um und sprach zu Petrus: Hebe dich, Satan, von mir! Du bist mir ärgerlich, denn du meinest nicht, was göttlich, sondern was menschlich ist.

3. Und nach sechs Tagen nahm Jesus zu sich Petrus und Jakobus und Johannes, seinen Bruder, und führte sie beiseits auf einen hohen Berg. Und da er betete, ward er *verklärt* vor ihnen. Sein Angesicht leuchtete wie die Sonne und seine Kleider wurden weiß wie ein Licht. Und siehe, da erschienen ihnen *Mose* und *Elia* in Klarheit und redeten mit ihm von dem Ausgang, welchen er zu Jerusalem erfüllen sollte. Petrus aber sprach zu Jesu: Herr, hier ist gut sein; willst du, so wollen wir drei Hütten machen, dir eine, Mose eine und Elia eine. Er wußte aber nicht, was er redete. Da er noch also redete, siehe, da überschattete sie eine lichte Wolke. Und eine Stimme aus der Wolke sprach: *Dies ist mein lieber Sohn, an welchem ich Wohlgefallen habe, den sollt ihr hören!* Da das die Jünger hörten, erschraken sie sehr und fielen auf ihr Angesicht. Jesus aber trat zu ihnen, rührte sie an und sprach: Stehet auf und fürchtet euch nicht! Da sie aber ihre Augen aufhoben, sahen sie niemand denn *Jesum allein.* Und da sie vom Berg herabgingen, gebot ihnen Jesus und sprach: Ihr sollt dies Gesicht niemand sagen, bis des Menschen Sohn von den Toten auferstanden ist.

Matth. 10,32: Wer mich bekennet vor den Menschen, den will ich bekennen vor meinem himmlischen Vater.

Lukas 24,26: Mußte nicht Christus solches leiden und zu seiner Herrlichkeit eingehen?

Joh. 17,5: Verkläre mich du, Vater, bei dir selbst mit der Klarheit, die ich bei dir hatte, ehe die Welt war.

Das ist das Licht der Höhe,
Das ist mein Jesus Christ,
Der Fels, auf dem ich stehe,
Der diamanten ist,

Der nimmermehr kann wanken,
Mein Heiland und mein Hort,
Die Leuchte der Gedanken,
Die leuchtet hier und dort.

Katechismusfrage.

73. Wer ist Jesus Christus? - Jesus Christus ist wahrhaftiger Gott und wahrhaftiger Mensch in *einer* Person, mein Heiland, Erlöser und Herr.

Fragen.

1. In welcher Gegend treffen wir den Herrn in unserer Geschichte? 2. Was

fragte der Herr seine Jünger? 3. Welche Antwort gaben sie ihm? 4. Was fragte er sie dann? 5. Welches Bekenntnis legte Petrus ab? 6. Was erwiderte ihm der Herr darauf? 7. Welche Aufschlüsse gab ihnen der Herr über seine Zukunft von der Zeit an? 8. Wohin ging Jesu bald darauf? 9. Was geschah dort? 10. Welche Männer des Alten Bundes erschienen dort? 11. Zu welchem Zweck? 12. Wer durfte Zeuge dieses wunderbaren Vorgangs sein? 13. Was rief Petrus aus? 14. Was sprach eine Stimme aus den Wolken? 15. Wen sahen die Jünger, als sie wieder zu sich kamen? 16. Was gebot ihnen Jesus, als sie vom Berg herabgingen?

28. Die 10 Aussätzigen. Jesus und die Kinder. Der reiche Jüngling.
(Luk. 17,11-19; Mark. 10,13-16; Matth. 19,16-26.)

1. Und es begab sich, da Jesus nach Jerusalem reiste, zog er mitten durch *Samaria* und *Galiläa*. Und als er in einen Markt kam, begegneten ihm

28. Die 10 Aussätzigen. Jesus und die Kinder. Der reiche Jüngling.

zehn aussätzige Männer, die standen von ferne und erhoben ihre Stimme und sprachen: Jesu, lieber Meister, erbarme dich unser! Und da er sie sah, sprach er zu ihnen: Gehet hin und zeiget euch den Priestern! Und es geschah, da sie hingingen, wurden sie rein. Einer aber unter ihnen, da er sah, daß er gesund geworden war, kehrte er um und pries Gott mit lauter Stimme und fiel auf sein Angesicht zu seinen Füßen und dankte ihm. Und das war ein Samariter. Jesus aber sprach: Sind ihrer nicht zehn rein geworden? Wo sind aber die Neune? Hat sich sonst keiner gefunden, der wieder umkehre und gebe Gott die Ehre, denn dieser Fremdling? Und Jesus sprach zu ihm: Stehe auf, gehe hin, dein Glaube hat dir geholfen!

2. Und sie brachten Kindlein zu ihm, daß er sie anrührte. Die Jünger aber fuhren die an, die sie trugen. Da es aber Jesus sahe, ward er unwillig und sprach zu ihnen: *Lasset die Kindlein zu mir kommen und wehret ihnen nicht, denn solcher ist das Reich Gottes.* Wahrlich, ich sage euch: Wer das Reich Gottes nicht empfängt als ein Kindlein, der wird nicht hinein kommen. Und er herzte sie und legte die Hände auf sie und segnete sie.

3. Und siehe, einer trat zu ihm und sprach: Guter Meister, was soll ich Gutes tun, daß ich das ewige Leben möge haben? Er aber sprach zu ihm: Was heißest du mich gut? Niemand ist gut denn der einige Gott. Willst du aber zum Leben eingehen, so halte die Gebote! Er fragte: Welche? Jesus sprach: Du sollst nicht töten; du sollst nicht ehebrechen; du sollst nicht stehlen; du sollst nicht falsches Zeugnis geben; ehre Vater und Mutter; und: Du sollst deinen Nächsten lieben als dich selbst. Da sprach der Jüngling zu ihm: Das habe ich alles gehalten von meiner Jugend auf, was fehlt mir noch? Jesus sahe ihn an und liebte ihn. Und er sprach zu ihm: *Eins fehlt dir noch: Gehe hin, verkaufe alles, was du hast, und gib's den Armen, so wirst du einen Schatz im Himmel haben, und komm und folge mir nach!* Da der Jüngling das Wort hörte, ging er betrübt von ihm, denn er hatte viele Güter. - Da sprach Jesus zu seinen Jüngern: Wie schwer werden die Reichen in das Reich Gottes kommen! Es ist leichter, daß ein Kamel durch ein Nadelöhr gehe, denn daß ein Reicher ins Reich Gottes komme. Sie entsetzten sich aber sehr und sprachen: Wer kann denn selig werden? Jesus aber sah sie an und sprach: Bei den Menschen ist's unmöglich; aber bei Gott sind alle Dinge möglich.

Psalm 103, 1.2: Lobe den Herrn, meine Seele, und was in mir ist, seinen heiligen Namen; lobe den Herrn, meine Seele, und vergiß nicht, was er dir Gutes getan hat!

Psalm 50, 15: Rufe mich an in der Not, so will ich dich erretten, so sollst du mich preisen.

Sei hochgelobt, Herr Jesu Christ,
Daß du der Kinder Heiland bist,
Und daß die kleine Lämmerschar
Dir, König, nicht verächtlich war.

"Laßt doch die Kindlein her zu mir!"
So riefst du, Herr, drum bin ich hier;
"Für sie gehört mein ganzes Reich,
Drum ward ich selbst den Kindern
gleich."

Katechismusfrage.

129. Warum sollen auch die Kindlein getauft werden? - Weil das neue Leben ist ein Gnadengeschenk Gottes, welches zu empfangen die Kinder ebenso fähig und bedürftig sind wie die Alten; daher auch der Herr ihnen ausdrücklich sein Himmelreich zugesagt hat.

Fragen.

1. Wer begegnete dem Herrn auf der Reise nach Jerusalem? 2. Mit welchen Worten riefen sie ihn um Hilfe an? 3. Was befahl er ihnen? 4. Was geschah, als sie seinem Befehl gehorchten? 5. Was tat einer von ihnen? 6. Was sprach dann der Herr? 7. Wer wurde dann zu ihm gebracht? 8. Zu welchem Zweck? 9. Wer wollte das nicht dulden? 10. Was sprach da Jesus? 11. Und was tat er mit den Kindern? 12. Welche Frage stellte ein junger Mann an den Herrn? 13. Worauf verwies ihn Jesus? 14. Was sprach da der Jüngling? 15. Welche Antwort gab ihm der Herr? 16. Was tat der Jüngling, als er das hörte? 17. Warum?

29. Die Auferweckung des Lazarus.
(Johannes 11.)

1. Es lag aber einer krank, mit Namen *Lazarus*, von Bethanien. Da sandten seine Schwestern, *Maria* und *Martha*, zu Jesu und ließen ihm sagen: *Herr, siehe, den du lieb hast, der liegt krank!* Da Jesus das hörte, sprach er: Die Krankheit ist nicht zum Tode, sondern zur Ehre Gottes, daß der Sohn Gottes dadurch geehret werde. Und er blieb zwei Tage an dem Ort, da er war. Danach spricht er zu seinen Jüngern: Lazarus, unser Freund, schläft; aber ich gehe hin, daß ich ihn aufwecke. Da sprachen seine Jünger: Herr, schläft er, so wird es besser mit ihm. Da sagte es ihnen Jesus frei heraus: Lazarus ist gestorben. Und ich bin froh um euretwillen, daß ich nicht da gewesen bin, auf daß ihr glaubet; aber lasset uns zu ihm ziehen.

2. Da kam Jesus und fand ihn, daß er schon vier Tage im Grab gelegen war. Viele Juden waren zu Maria und Martha gekommen, sie zu trösten. Als Martha nun hörte, daß Jesus kommt, geht sie ihm entgegen; Maria aber blieb daheim sitzen. Da sprach Martha zu Jesu: Herr, wärest du hier gewesen, mein Bruder wäre nicht gestorben; aber ich weiß, daß, was du bittest von Gott, das wird dir Gott geben. Jesus spricht zu ihr: Dein Bruder soll auferstehen. Martha spricht zu ihm: Ich weiß wohl, daß er auferstehen wird in der Auferstehung am jüngsten Tage. Jesus spricht zu ihr: *Ich bin die Auferstehung und das Leben. Wer an mich glaubt, der wird leben, ob er gleich stürbe. Und wer da lebet und glaubet an mich, der wird nimmermehr sterben.* Glaubst du das? Sie spricht zu ihm: Herr, ja, ich glaube, daß du bist Christus, der Sohn Gottes, der in die Welt gekommen ist. Und da sie das gesagt hatte, ging sie hin und rief ihrer Schwester Maria heimlich und sprach: Der Meister ist da und ruft dich! Da stand Maria eilend auf und kam zu Jesu. Und die Juden, die bei ihr im Hause waren und trösteten sie, folgten

29. Die Auferweckung des Lazarus.

ihr nach und sprachen: Sie geht hin zum Grabe, daß sie daselbst weine.

3. Als nun Maria kam, da Jesus war, und sahe ihn, fiel sie zu seinen Füßen und sprach: Herr, wärest du hier gewesen, mein Bruder wäre nicht gestorben. Als Jesus sie sah weinen und die Juden auch weinen, ergrimmte er im Geist und betrübte sich selbst und sprach: Wo habt ihr ihn hingelegt? Sie sprachen: Herr, komm und siehe es! Und Jesu gingen die Augen über. Da sprachen die Juden: Siehe, wie hat er ihn so lieb gehabt! Etliche aber sprachen: Konnte, der dem Blinden die Augen aufgetan hat, nicht verschaffen, daß auch dieser nicht stürbe? Und Jesus kam zum Grabe. Es war aber eine Kluft und ein Stein darauf gelegt. Jesus sprach: Hebt den Stein ab! Spricht zu ihm Martha: Herr, er stinket schon, denn er ist vier Tage gelegen. Jesus spricht zu ihr: *Habe ich dir nicht gesagt, so du glauben würdest, du solltest die Herrlichkeit Gottes sehen?* Da hoben sie den Stein ab. Jesus aber hob seine Augen empor und sprach: Vater, ich danke dir, daß du mich erhöret hast. Doch ich weiß, daß du mich allezeit hörst; aber um des Volkes willen, das umhersteht, sage ich's, daß sie glauben, du habest mich gesandt. Und er rief mit lauter Stimme: *Lazarus, komm heraus!* Und der Verstorbene kam heraus, gebunden mit Grabtüchern an Füßen und Händen, und das

Angesicht mit einem Schweißtuch verhüllt. Jesus spricht zu ihnen: Löset ihn auf und laßt ihn gehen! - Viele nun der Juden, die sahen, was Jesus tat, glaubten an ihn. Etliche aber gingen hin zu den Pharisäern und sagten ihnen, was Jesus getan hatte. Da versammelten sich die Hohenpriester und die Pharisäer, und von dem Tage an ratschlagten sie, wie sie ihn töteten.

Joh. 5, 25.26: Wahrlich, wahrlich, ich sage euch: Es kommt die Stunde und ist schon jetzt, daß die Toten werden die Stimme des Sohnes Gottes hören, und die sie hören werden, die werden leben. Denn wie der Vater das Leben hat in ihm selber, also hat er dem Sohn gegeben, das Leben zu haben in ihm selber.

Auferstehn, ja auferstehn wirst du,
Mein Staub, nach kurzer Ruh!
Unsterblichs Leben
Wird, der dich schuf, dir geben.
Halleluja!

Wieder aufzublühn, werd ich gesät;
Der Herr der Ernte geht
Und sammelt Garben
Uns ein, die in ihm starben.
Halleluja!

Katechismusfrage.

110. Was bekennen wir mit den Worten: ich glaube "die Auferstehung des Leibes?" - Christus wird am jüngsten Tage alle Menschen von den Toten auferwecken; die Seinen zur Auferstehung des Lebens, die Gottlosen zur Auferstehung des Gerichts und der ewigen Verdammnis.

Fragen.

1. Wer war in Bethanien krank? 2. Wie hießen seine Schwestern? 3. Was sprach Jesus, als er von der Krankheit hörte? 4. Wie lange blieb Jesus noch an jenem Ort? 5. Was sagte er dann zu seinen Jüngern? 6. Wie lange lag Lazarus bereits im Grab, als Jesus nach Bethanien kam? 7. Was sprach Martha zu Jesus? 8. Als was bezeichnete sich Jesus der Martha gegenüber? 9. Wie heißt der ganze Spruch? 10. Was sagte Maria zu Jesus? 11. Woraus erkennen wir das menschliche Mitgefühl des Herrn? 12. Welches Gebet sprach er an Lazarus Grab? 13. Was rief er dann in das Grab hinein? 14. Was geschah darauf? 15. Welche Wirkung hatte diese Tat auf viele Juden? 16. Dagegen welche auf die Pharisäer und Hohenpriester?

30. Jesu letzte Reise nach Jerusalem. Der Blinde. Zachäus.
(Lukas 18, 31-43; 19, 1-10.)

1. Jesus nahm zu sich die Zwölfe und sprach zu ihnen: Sehet, wir gehen hinauf nach Jerusalem, und es wird alles vollendet werden, was geschrieben ist durch die Propheten von des Menschen Sohn. Denn er wird überantwortet werden den Heiden, und er wird verspottet und geschmähet und verspeiet werden. Und sie werden ihn geißeln und töten, und am dritten Tage wird er wieder auferstehen. Sie aber vernahmen der keines, und die Rede

30. Jesu letzte Reise nach Jerusalem. Der Blinde. Zachäus.

war ihnen verborgen und wußten nicht, was das Gesagte war.

2. Es geschah aber, da er nahe gen Jericho kam, saß ein Blinder am Wege und bettelte. Da er aber das Volk hörte, das hindurch ging, forschte er, was das wäre. Da verkündigten sie ihm, Jesus von Nazareth ginge vorüber. Und er rief und sprach: *Jesu, du Sohn Davids, erbarme dich mein!* Die aber vornean gingen, bedroheten ihn, er sollte schweigen. Er aber schrie viel mehr: Du Sohn Davids, erbarme dich mein! Jesus aber stand stille und hieß ihn zu sich führen. Da sie ihn aber nahe zu ihm brachten, fragte er ihn und sprach: Was willst du, daß ich dir tun soll? Er sprach: *Herr, daß ich sehen möge!* Und Jesus sprach zu ihm: Sei sehend! Dein Glaube hat dir geholfen. Und alsobald ward er sehend und folgte ihm nach und pries Gott. Und alles Volk, das solches sah, lobte Gott.

3. Und er zog hinein und ging durch Jericho. Und siehe, da war ein Mann, genannt *Zachäus*, der war ein Oberster der Zöllner und war reich. Der begehrte Jesum zu sehen, wer er wäre, und konnte nicht vor dem Volk, denn er war klein von Person. Und er lief voraus und stieg auf einen Maulbeerbaum, auf daß er ihn sähe, denn allda sollte er durchkommen. Und als Jesus an dieselbige Stätte kam, sah er auf und ward sein gewahr und sprach zu ihm: Zachäus, steig eilend hernieder, denn ich muß heute zu deinem Hause einkehren! Und er stieg eilend hernieder und nahm ihn auf mit Freuden. Da sie das sahen, murrten sie alle, daß er bei einem Sünder einkehrte. Zachäus aber trat dar und sprach zu dem Herrn: Siehe, Herr, die Hälfte meiner Güter gebe ich den Armen, und so ich jemand betrogen habe, das gebe ich vierfältig wieder. Jesus aber sprach zu ihm: *Heute ist diesem Hause Heil widerfahren,* sintemal er auch Abrahams Sohn ist. Denn *des Menschen Sohn ist gekommen, zu suchen und selig zu machen, das verloren ist.*

1. Tim. 1, 15: Das ist je gewißlich wahr und ein teuer wertes Wort, daß Christus Jesus gekommen ist in die Welt, die Sünder selig zu machen.

Sieh doch auf mich, Herr, ich bitt dich:
Lenke mich nach deinem Sinn;
Dich alleine ich nur meine,
Dein erkaufter Erb ich bin.
Laß dich finden, laß dich finden!
Gib dich mir und nimm mich hin.

Katechismusfrage.

109. Was bekennen wir mit den Worten: ich glaube "die Vergebung der Sünden?" - Die Vergebung der Sünden ist für alle Menschen in Christo vorhanden, so daß sie durch den Heiligen Geist jedem Menschen aller Zeiten zuteil werden kann und nach Gottes Rat auch zuteil werden soll.

Fragen.

1. Was verkündigte Jesus seinen Jüngern vor dem Antritt seiner letzten Reise nach Jerusalem? 2. Was wird uns von den Jüngern gesagt? 3. Wer saß am Weg in der Nähe von Jericho, als Jesus vorüberzog? 4. Wie rief er Jesu um Hilfe an? 5. Was fragte ihn der Herr? 6. Was gab er zur Antwort? 7. Was sprach da der Herr zu ihm? 8. Wer wollte den Herrn in Jericho gerne sehen? 9. Wer war Zachäus? 10. Welches Hindernis stand seinem Wunsch im Weg? 11. Was tat er dar-

um? 12. Was sprach Jesus zu ihm, als er ihn auf dem Baum erblickte? 13. Was tat dann Zachäus? 14. Worüber murrte das Volk? 15. Welches Gelübde legte Zachäus ab? 16. Mit welchen Worten verabschiedete sich der Herr von ihm?

31. Vom Zinsgroschen, größten Gebot und Scherflein der Witwe.
(Matthäus 22; Markus 12, 41-44.)

1. Da gingen die Pharisäer hin und hielten einen Rat, wie sie Jesum fingen in seiner Rede. Und sandten zu ihm ihre Jünger, samt Herodes Dienern und sprachen: Meister, wir wissen, daß du wahrhaftig bist und lehrest den Weg Gottes recht, und du fragest nach niemand, denn du achtest nicht das Ansehen der Menschen. Darum sage uns: was dünkt dich? Ist es recht, daß man dem Kaiser Zins gebe, oder nicht? Da nun Jesus ihre Schalkheit merkte, sprach er: Ihr Heuchler, was versucht ihr mich? Weiset mir die Zinsmünze. Und sie reichten ihm einen Groschen dar. Und er sprach zu ihnen: Wes ist das Bild und die Überschrift? Sie sprachen zu ihm: Des Kaisers. Da sprach er zu ihnen: *So gebet dem Kaiser, was des Kaisers ist, und Gott, was Gottes ist!* Da sie das hörten, verwunderten sie sich und ließen ihn und gingen davon.

2. An demselben Tag versuchte ihn ein Schriftgelehrter und sprach: Meister, welches ist das vornehmste Gebot im Gesetz? Jesus aber sprach zu ihm: *Du sollst lieben Gott, deinen Herrn, von ganzem Herzen, von ganzer Seele und von ganzem Gemüt. Das ist das vornehmste und größte Gebot. Das andere aber ist dem gleich: Du sollst deinen Nächsten lieben als dich selbst. In diesen zweien Geboten hanget das ganze Gesetz und die Propheten.*

3. Da nun die Pharisäer beieinander waren, fragte sie Jesus: *Wie dünket euch um Christus? Wes Sohn ist er?* Sie antworteten: Davids! Da sprach er: Wie nennt ihn denn David im Geist einen Herrn, da er sagt: Der Herr hat gesagt zu meinem Herrn: Setze dich zu meiner Rechten, bis daß ich lege deine Feinde zum Schemel deiner Füße? So nun David ihn einen Herrn nennt, wie ist er denn sein Sohn? Und niemand konnte ihm ein Wort antworten, und wagte auch niemand von dem Tage an hinfort, ihn zu fragen.

4. Und Jesus setzte sich gegen den Gotteskasten und schaute, wie das Volk Geld einlegte in den Gotteskasten. Und viele Reiche legten viel ein. Und es kam eine arme Witwe und legte zwei Scherflein ein, die machen einen Heller. Und er rief seine Jünger zu sich und sprach zu ihnen: Wahrlich, ich sage euch, diese arme Witwe hat mehr in den Gotteskasten gelegt denn alle, die eingelegt haben. Denn sie haben alle von ihrem Übrigen eingelegt; diese aber hat von ihrer Armut alles, was sie hatte, ihre ganze Nahrung eingelegt.

Röm. 13, 7: So gebet nun jedermann, was ihr schuldig seid: Schoß, dem Schoß gebührt; Zoll, dem Zoll gebührt; Ehre, dem Ehre gebührt.

2. Kor. 9, 7: Einen fröhlichen Geber hat Gott lieb.

Herr, dein Wort mir nicht verhehle!
Rede laut zu meiner Seele,
Hilf ihr halten bis zum Tod
Deiner Liebe süß Gebot.

Katechismusfrage.

116. Was heißt: "Geheiligt werde dein Name?" - Gottes Name ist zwar an ihm selbst heilig, aber wir bitten in diesem Gebet, daß er auch bei uns heilig werde. Solches geschieht dadurch, daß Gottes Wort lauter und rein gelehrt wird und wir auch heilig, als die Kinder Gottes, danach leben. Das hilf uns, lieber Vater im Himmel!

Fragen.

1. Welche Frage ließen die Pharisäer dem Herrn vorlegen? 2. In welcher Absicht? 3. Was verlangte Jesus von ihnen? 4. Was fragte er sie dann? 5. Was antworteten sie darauf? 6. Welche Entscheidung traf dann Jesus? 7. Mit welcher Frage versuchte ihn ein Schriftgelehrter? 8. Was antwortete er ihm? 9. Welche Frage stellte nun Jesus an die Pharisäer? 10. Was antworteten sie? 11. Christus ist also nicht nur Davids Sohn, sondern auch was? 12. Welche Psalmstelle führt der Herr zum Beweis an? 13. Welches Urteil fällte der Herr über das Opfer der Witwe? 14. Warum?

III. Das Leiden und Sterben unsers Herrn Jesu Christi.

32. Die Salbung Jesu. Sein Einzug in Jerusalem.
(Joh. 12, 1-8; Matth. 21, 1-9; Luk. 19, 41-46.)

1. Sechs Tage vor Ostern kam Jesus nach *Bethanien*, da Lazarus war, welchen Jesus von den Toten auferweckt hatte. Daselbst machten sie ihm ein Abendmahl in dem Hause *Simons* des Aussätzigen, und Martha diente. Lazarus aber war der einer, die mit ihm zu Tische saßen. Da nahm Maria ein Glas mit ungefälschtem, köstlichen Nardenwasser. Und sie zerbrach das Glas, goß das Wasser auf Jesu Haupt, salbte seine Füße und trocknete sie mit ihrem Haar. Das Haus aber ward voll vom Geruch der Salbe. Da sprach *Judas Ischarioth*, der ihn hernach verriet: Warum ist diese Salbe nicht um 300 Groschen verkauft und den Armen gegeben? Das sagte er aber nicht, daß er nach den Armen fragte, sondern er war ein Dieb und hatte den Beutel und trug, was gegeben ward. Es waren auch etliche der andern Jünger, die wurden

32. Die Salbung Jesu. Sein Einzug in Jerusalem.

unwillig und sprachen: Was soll doch dieser Unrat? Dieses Wasser hätte mögen teuer verkauft und den Armen gegeben werden. Und sie murrten über sie. Da sprach Jesus: Lasset sie mit Frieden! Was bekümmert ihr das Weib? Sie hat ein gutes Werk an mir getan. Denn Arme habt ihr allezeit bei euch, und wenn ihr wollt, könnt ihr ihnen Gutes tun, mich aber habt ihr nicht allezeit. *Sie hat getan, was sie konnte.* Sie ist zuvorgekommen, meinen Leib zu salben zu meinem Begräbnis. Wahrlich, ich sage euch: Wo dies Evangelium gepredigt wird in aller Welt, da wird man auch das sagen zu ihrem Gedächtnis, das sie jetzt getan hat.

2. Des andern Tages, da sie nahe bei Jerusalem kamen nach *Bethphage* an den Ölberg, sandte Jesus seiner Jünger zwei und sprach zu ihnen: Gehet hin in den Flecken, der vor euch liegt; da werdet ihr eine Eselin finden angebunden und ein Füllen bei ihr; löset sie auf und führet sie zu mir. Wenn euch jemand etwas sagen wird, so sprechet: Der Herr bedarf ihrer; so wird er sie euch lassen. Das geschah aber alles, auf daß erfüllet würde, was durch den Propheten Sacharja gesagt ist: Saget der Tochter Zions: Siehe, dein König kommt zu dir sanftmütig, und reitet auf einem Esel und auf einem Füllen der lastbaren Eselin. Die Jünger gingen hin und taten, wie ihnen Jesus

befohlen hatte; sie brachten die Eselin und das Füllen, legten ihre Kleider darauf und setzten ihn darauf. Aber viel Volks breitete die Kleider auf den Weg. Die andern hieben Zweige von den Bäumen und streuten sie auf den Weg. Das Volk aber, das voranging und nachfolgte, schrie: *Hosianna dem Sohne Davids! Gelobt sei, der da kommt in dem Namen des Herrn! Hosianna in der Höhe!*

3. Und als Jesus nahe hinzu kam, sah er die Stadt an und weinte über sie und sprach: *Wenn doch auch du erkennetest zu dieser deiner Zeit, was zu deinem Frieden dient! Aber nun ist es vor deinen Augen verborgen.* Denn es wird die Zeit über dich kommen, daß deine Feinde werden um dich und deine Kinder mit dir eine Wagenburg schlagen, dich belagern und an allen Orten ängsten, und werden dich schleifen und keinen Stein auf dem andern lassen, darum, daß du nicht erkannt hast die Zeit, darinnen du heimgesucht bist. - Und er ging in den Tempel und fing an auszutreiben, die darinnen verkauften und kauften. Und er sprach zu ihnen: Es steht geschrieben: "Mein Haus ist ein Bethaus"; ihr aber habt's zur Mördergrube gemacht.

1. Joh. 4, 19: Lasset uns ihn lieben, denn er hat uns erst geliebet.

Psalm 34, 15: Laß vom Bösen und tue Gutes, suche Frieden und jage ihm nach.

Psalm 26, 8: Herr, ich habe lieb die Stätte deines Hauses, und den Ort, da deine Ehre wohnet.

Ich will dich lieben, meine Stärke,
Ich will dich lieben, meine Zier,
Ich will dich lieben mit dem Werke
Und immerwährender Begier;
Ich will dich lieben, schönstes Licht,
Bis mir das Herz im Sterben bricht.

Katechismusfrage.

72. Wovon handelt der zweite Artikel des christlichen Glaubens? Von Jesu Christo, dem Sohne Gottes, und von dem Werke der Erlösung.

Fragen.

1. Wohin kam Jesus sechs Tage vor Ostern? 2. Was bereiteten sie ihm dort? 3. In wessen Hause? 4. Wer wohnte diesem Mahle bei? 5. Was tat die Maria? 6. Wem gefiel das nicht? 7. Was sagte er? 8. Warum ärgerte er sich an der Tat der Maria? 9. Wer stimmte noch mit ihm in diesen Vorwurf ein? 10. Mit welchen Worten nahm sie Jesus in Schutz? 11. Was befahl Jesu zwei seiner Jünger, als sie in die Nähe von Jerusalem kamen? 12. Welches Prophetenwort ging dadurch in Erfüllung? 13. Was taten die Jünger, als sie die Eselin brachten? 14. Was tat das Volk? 15. Mit welchem Ruf begleitete das Volk Jesu auf seinem Weg? 16. Was wird uns von Jesu erzählt, als er in die Nähe der Stadt kam? 17. Was sagte er? 18. Was tat Jesus dann im Tempel? 19. Was sagte er zu denen, die da kauften und verkauften?

33. Das Osterlamm, die Fußwaschung und die Einsetzung des heiligen Abendmahles.
(Matth. 26; Mark. 14; Luk. 22; Joh. 13 bis 15.)

1. Es war aber nahe das Fest der süßen Brote, das da Ostern heißt. Und Jesus sprach zu seinen Jüngern: Ihr wisset, daß nach zwei Tagen Ostern wird, und des Menschen Sohn wird überantwortet werden, daß er gekreuzigt werde. - Damals versammelten sich die Hohenpriester und Schriftgelehrten und die Ältesten im Volk in dem Palast des Hohenpriesters und hielten einen Rat, wie sie Jesum mit List griffen und töteten. Sie sprachen aber: Ja nicht auf das Fest, auf daß nicht ein Aufruhr im Volk werde! Und sie fürchteten sich vor dem Volk. Da ging hin der Zwölfen einer, mit Namen *Judas Ischarioth*, und redete mit den Hohenpriestern und Hauptleuten und sprach: Was wollt ihr mir geben? *Ich will ihn euch verraten.* Da sie das hörten, wurden sie froh und boten ihm dreißig Silberlinge. Von dem an suchte er Gelegenheit, daß er ihn überantwortete ohne Lärmen. - Am ersten Tag der süßen Brote fragten die Jünger Jesum: Wo willst du, daß wir das Osterlamm bereiten? Und er sandte Petrus und Johannes und sprach: Gehet hin in die Stadt, und es wird euch ein Mensch begegnen, der trägt einen Krug mit Wasser, folget ihm nach. Und wo er eingeht, da sprechet zu dem Hauswirt: Der Meister läßt dir sagen: Ich will bei dir Ostern halten mit meinen Jüngern. Wo ist die Herberge, darinnen ich das Osterlamm essen möge? Und er wird euch einen großen Saal zeigen; daselbst richtet für uns zu. Und die Jünger kamen in die Stadt und fanden es, wie er ihnen gesagt hatte, und bereiteten das Osterlamm. Und am Abend setzte er sich zu Tisch und die zwölf Apostel mit ihm. Und er sprach zu ihnen: Mich hat herzlich verlangt, dies Osterlamm mit euch zu essen, ehe denn ich leide.

2. Und während des Abendessens stand Jesus auf, legte seine Kleider ab, nahm einen Schurz und umgürtete sich. Danach goß er Wasser in ein Bekken, hob an, den Jüngern die Füße zu waschen und trocknete sie mit dem Schurz, mit dem er umgürtet war. Da kam er zu *Simon Petrus* und derselbige sprach zu ihm: Herr, solltest du mir meine Füße waschen? Jesus antwortete und sprach zu ihm: Was ich tue, das weißt du jetzt nicht, du wirst es aber hernach erfahren. Da sprach Petrus zu ihm: Nimmermehr sollst du mir die Füße waschen! Jesus antwortete: Werde ich dich nicht waschen, so hast du kein Teil mit mir. Spricht zu ihm Simon Petrus: Herr, nicht die Füße allein, sondern auch die Hände und das Haupt! Spricht Jesus zu ihm: Wer gewaschen ist, der bedarf nichts, denn die Füße waschen, sondern er ist ganz rein. - Da er nun ihre Füße gewaschen hatte, nahm er seine Kleider und setzte sich wieder nieder und sprach: Wisset ihr, was ich euch getan habe? Ihr heißet mich Meister und Herr, und sagt recht daran, denn ich bin es auch. So nun ich, euer Herr und Meister, euch

33. Das Osterlamm, die Fußwaschung

die Füße gewaschen habe, so sollt ihr euch auch untereinander die Füße waschen. Ein Beispiel habe ich euch gegeben, daß ihr tut, wie ich euch getan habe.

3. Da Jesus solches gesagt hatte, ward er betrübt im Geist und sprach: Wahrlich, wahrlich, ich sage euch: *Einer unter euch wird mich verraten.* - Da sahen sich die Jünger untereinander an und ward ihnen bange, von welchem er redete. Und sie wurden sehr betrübt und sagten zu ihm: Bin ich's? Er antwortete: Einer aus den Zwölfen, der mit mir in die Schüssel taucht. Des Menschen Sohn geht zwar dahin, wie von ihm geschrieben steht, doch wehe dem Menschen, durch welchen er verraten wird. Es wäre ihm besser, daß er nie geboren wäre. - Es war aber einer, der zu Tische saß an der Brust Jesu, dem winkte Simon Petrus, daß er forschen sollte, wer es wäre. Der sprach zu Jesu: Herr, wer ist's? Jesus antwortete: Der ist's, dem ich den Bissen eintauche und gebe. Und er tauchte den Bissen ein und gab ihn Judas Simonis Ischarioth. Nach dem Bissen fuhr der Satan in ihn. Und Judas sprach: Herr, bin ich's? Jesus sprach: Du sagst es! Da er nun den Bissen genommen hatte, ging er sobald hinaus. Und es war Nacht.

4. Und indem sie aßen, *nahm Jesus das Brot, dankte und brach es und gab es seinen Jüngern und sprach:*

33. Das Osterlamm, die Fußwaschung

Nehmet hin und esset, das ist mein Leib, der für euch gegeben wird. Solches tut zu meinem Gedächtnis.

Desselbigengleichen nahm er auch den Kelch nach dem Abendmahl, dankte und gab ihnen den und sprach: Nehmet hin und trinket alle daraus; dieser Kelch ist das Neue Testament in meinem Blut, das für euch vergossen wird zur Vergebung der Sünden. Solches tut, so oft ihr es trinket, zu meinem Gedächtnis.

Joh. 13, 35: Dabei wird jedermann erkennen, daß ihr meine Jünger seid, so ihr Liebe untereinander habt.

1. Kor. 11, 26.27: So oft ihr von diesem Brote esset und von diesem Kelch trinket, sollt ihr des Herrn Tod verkündigen, bis daß er kommt. Welcher nun unwürdig von diesem Brot isset oder von dem Kelch des Herrn trinkt, der ist schuldig an dem Leib und Blut des Herrn.

Herr Jesu, der du vor dem Scheiden
In deiner letzten Trauernacht,
Uns alle Früchte deiner Leiden
In einem Testament vermacht:
Es preisen gläubige Gemüter
Dich, Stifter solcher hohen Güter.

Katechismusfrage.

155. Was empfangen wir durch solches Essen und Trinken? - Vergebung

der Sünden, Leben und Seligkeit, wie es in den Einsetzungsworten lautet: Für euch gegeben und vergossen zur Vergebung der Sünden.

Fragen.

1. Worüber berieten sich die Hohenpriester, Schriftgelehrten und Ältesten? 2. Was tat Judas Ischarioth? 3. Wie viel boten sie ihm? 4. Wonach suchte er von da an? 5. Was fragten die Jünger den Herrn am ersten Tag der süßen Brote? 6. Was sagte ihnen der Herr? 7. Was sprach der Herr am Abend beim Beginn der Mahlzeit zu seinen Jüngern? 8. Was tat er während des Essens? 9. Wer erhob Einwendungen dagegen? 10. Was sagte ihm da der Herr? 11. Was verkündigte ihnen der Herr darauf? 12. Was taten da die Jünger? 13. Auf welche Weise bezeichnete er den Verräter? 14. Was tat Judas, als er den Bissen empfangen hatte? 15. Welches Sakrament setzte nun der Herr ein? 16. Mit welchen Worten reichte er das Brot? 17. Mit welchen den Kelch?

34. Jesus in Gethsemane.
(Matthäus 26, 30-46; Lukas 22, 39-47.)

1. Da sie den Lobgesang gesprochen hatten, gingen sie hinaus an den Ölberg. Da sprach Jesus zu ihnen: In dieser Nacht werdet ihr euch alle an mir ärgern, denn es steht geschrieben: "Ich werde den Hirten schlagen, und die Schafe der Herde werden sich zerstreuen." Wenn ich aber auferstehe, will ich vor euch hingehen nach Galiläa. Petrus aber antwortete und sprach zu ihm: Wenn sie auch alle sich an dir ärgerten, so will ich doch mich nimmermehr ärgern! Jesus sprach zu ihm: Wahrlich, ich sage dir: In dieser Nacht, ehe der Hahn zweimal krähet, wirst du mich dreimal verleugnen. Petrus aber redete noch weiter: Ja, wenn ich mit dir auch sterben müßte, wollte ich dich nicht verleugnen. Desgleichen sagten auch alle Jünger.

2. Da kam Jesus mit ihnen zu einem Hof, der hieß *Gethsemane*. Da war ein Garten, darein ging Jesus und seine Jünger. Judas aber wußte den Ort auch, denn Jesus versammelte sich oft daselbst mit seinen Jüngern. Und Jesus sprach: Setzet euch hier, bis daß ich dorthin gehe und bete. Und nahm zu sich Petrus und Jakobus und Johannes und fing an zu trauern, zu zittern und zu zagen und sprach: Meine Seele ist betrübt bis an den Tod; bleibt hier und wachet mit mir! Und er riß sich von ihnen einen Steinwurf weit, fiel zur Erde auf sein Angesicht und betete: *Mein Vater, ist's möglich, so gehe dieser Kelch von mir! Doch nicht wie ich will, sondern wie du willst.* Und er kam zu seinen Jüngern und fand sie schlafend und sprach zu Petrus: Simon, schläfst du? Könnt ihr denn nicht *eine* Stunde mit mir wachen? *Wachet und betet, daß ihr nicht in Anfechtung fallet! Der Geist ist willig, aber das Fleisch ist schwach.* Zum andernmal ging er wieder hin, betete und sprach: Mein Vater, ist es nicht möglich, daß dieser Kelch von mir gehe, ich trinke ihn denn, so geschehe dein Wille. Und er kam und fand sie abermal schlafend. Da ließ er sie und ging hin und betete zum dritten Mal und redete dieselbi-

34. Jesus in Gethsemane.

gen Worte. Und es kam, daß er mit dem Tode rang, und er betete heftiger. Es ward aber sein Schweiß wie Blutstropfen, die fielen auf die Erde. Da erschien ihm ein Engel vom Himmel und stärkte ihn. Da kam er zu seinen Jüngern und sprach zu ihnen: Ach, wollt ihr nun schlafen und ruhen! Siehe, die Stunde ist hier, daß des Menschen Sohn in der Sünder Hände überantwortet wird. Stehet auf, lasset uns gehen; siehe, er ist da, der mich verrät!

Hebr. 5, 8: Wiewohl er Gottes Sohn war, hat er doch an dem, das er litt, Gehorsam gelernt.

Eines wünsch ich mir
vor allem andern,
Eine Speise früh und spät;
Selig läßt's im Tränental
sich wandern,
Wenn dies Eine mit uns geht:
Unverrückt auf
einen Mann zu schauen,
Der mit blutgem Schweiß
und Todesgrauen
Auf sein Antlitz niedersank
Und den Kelch des Vaters trank.

Katechismusfrage.

118. Was heißt: "Dein Wille geschehe auf Erden wie im Himmel?" - Gottes guter, gnädiger Wille geschieht wohl ohne unser Gebet; wir bitten aber in

diesem Gebet, daß er auch bei uns und allenthalben geschehe, und daß jeder Mensch auf der ganzen Erde den Willen Gottes ebenso freudig vollbringe, wie die heiligen Engel im Himmel.

Fragen.

1. Wohin ging Jesus mit seinen Jüngern, als sie den Lobgesang gesprochen hatten? 2. Was sprach Jesus unterwegs zu ihnen? 3. Was antwortete Petrus? 4. Aber was sprach Jesus zu ihm? 5. Was sagten Petrus und alle Jünger? 6. Wohin kamen sie dann? 7. Wen nahm Jesus mit in den Garten hinein? 8. Was sprach da Jesus? 9. Was betete er? 10. Wie oft? 11. Wer stärkte ihn bei seinem schweren Kampf? 12. Wie schwer wurde dieser Kampf? 13. Was taten unterdessen die Jünger? 14. Was sprach Jesus, als er das dritte Mal zu ihnen kam?

35. Die Gefangennehmung Jesu.
(Joh. 18, 2-12; Matth. 26, 47-56; Luk. 22, 47-54.)

1. Als er noch redete, siehe, da kam Judas und mit ihm eine große Schar und der Hohenpriester und Pharisäer Diener mit Fackeln, mit Schwertern und mit Stangen. Als nun Jesus wußte alles, was ihm begegnen sollte, ging er hinaus und sprach zu ihnen: Wen suchet ihr? Sie antworteten: Jesum von Nazareth! Jesus spricht zu ihnen: *Ich bin's.* Da wichen sie zurück und fielen zu Boden. Da fragte er sie abermal: Wen suchet ihr? Sie aber sprachen: Jesum von Nazareth! Jesus antwortete: Ich habe es euch gesagt, daß ich es sei; suchet ihr denn mich, so lasset diese gehen! Aber der Verräter hatte ihnen ein Zeichen gegeben und gesagt: Welchen ich küssen werde, der ist's, den greifet! Und er trat zu Jesu und sprach: Gegrüßet seist du, Rabbi! und küßte ihn. Jesus aber sprach zu ihm: Judas, verrätest du des Menschen Sohn mit einem Kuß? Da traten sie herzu und legten die Hände an Jesum und griffen ihn.

2. Da aber sahen, die um ihn waren, was da werden wollte, sprachen sie zu ihm: Herr, sollen wir mit dem Schwert dreinschlagen? Und Petrus zog sein Schwert aus und schlug nach des Hohenpriesters Knecht und hieb ihm sein rechtes Ohr ab. Und der Knecht hieß Malchus. Da sprach Jesus zu Petrus: Stecke dein Schwert in die Scheide! Denn wer das Schwert nimmt, der soll durchs Schwert umkommen. Soll ich den Kelch nicht trinken, den mir mein Vater gegeben hat? Oder meinst du, daß ich nicht könnte meinen Vater bitten, daß er mir zuschickte mehr denn zwölf Legionen Engel? Wie würde aber die Schrift erfüllet? Es muß also gehen! Und er rührte des Knechts Ohr an und heilte es ihm. Zu der Schar aber sprach Jesus: Ihr seid ausgegangen als zu einem Mörder, mit Schwertern und mit Stangen, mich zu fangen. Bin ich doch täglich bei euch gesessen und habe gelehrt im Tempel, und ihr habt mich nicht gegriffen und keine Hand an mich gelegt. Aber dies ist eure Stunde und die Macht der Finsternis. Da verließen ihn alle Jünger und flohen.

35. Die Gefangennehmung Jesu.

Joh. 10, 18: Niemand nimmt das Leben von mir, sondern ich lasse es von mir selber. Ich habe es Macht zu lassen und habe es Macht wieder zu nehmen.

Mein Heiland wird verraten,
Geführt zu Spott und Qual;
Ach, meine Missetaten,
Die brachten allzumal

Ihn vors Gericht der Heiden
Und in der Feinde Hand;
Ich war's, ich sollte leiden,
Was da mein Bürg empfand.

Katechismusfrage.

69. Hat Gott den sündigen Menschen seinem Verderben preisgegeben? - Nein, Gott hat aus Erbarmen von Ewigkeit her beschlossen, das gefallene Menschengeschlecht durch seinen eingebornen Sohn zu erlösen.

Fragen.

1. Wer kam, während Jesus noch mit seinen Jüngern redete? 2. Was fragte sie Jesus? 3. Was antworteten sie ihm? 4. Was sprach dann Jesus zu ihnen? 5. Was geschah dann? 6. Welches Zeichen hatte Judas den Feinden gegeben? 7. Mit welchen Worten trat er auf Jesus zu? 8. Was sagte Jesus zu Judas? 9. Was taten nun die Feinde? 10. Was tat Petrus? 11. Was sprach der Herr zu Petrus? 12. Was sprach er zu der Schar? 13. Was wird uns von den Jüngern erzählt?

36. Jesus vor dem Hohen Rat. Petrus Verleugnung. Judas Ende.
(Matth. 26, 57-27, 8; Mark. 14, 53-72; Luk. 22, 54-71; Joh. 18, 12-27.)

1. Die Schar aber, und der Oberhauptmann, und die Diener der Juden nahmen Jesum und banden ihn und führten ihn zuerst zu *Hannas*, der früher Hohepriester gewesen und des Kaiphas Schwiegervater war. Der Hohepriester fragte Jesum *um seine Jünger und um seine Lehre*. Jesus antwortete: Ich habe allzeit frei öffentlich gelehret in der Schule und im Tempel, da alle Juden zusammen kommen, und habe nichts im Verborgenen geredet. Was fragst du mich darum? Frage die darum, die gehört haben, was ich zu ihnen geredet habe. Als er solches redete, gab der Diener einer, die dabei standen, Jesu einen Backenstreich und sprach: Sollst du dem Hohenpriester also antworten? Jesus antwortete: Habe ich übel geredet, so beweise es, daß es böse sei. Habe ich aber recht geredet, was schlägst du mich?

2. Und Hannas sandte Jesum gebunden zu dem Hohenpriester *Kaiphas, dahin zusammengekommen waren alle Hohenpriester und Ältesten und*

36. Jesus vor dem Hohen Rat. Petrus Verleugnung. Judas Ende.

Schriftgelehrten. Und die Hohenpriester und die Ältesten und der ganze Rat suchten falsch Zeugnis wider Jesum, auf daß sie ihn zum Tode brächten, und sie fanden keines. Und wiewohl viele falsche Zeugen herzutraten, fanden sie doch keins. Zuletzt traten herzu zwei falsche Zeugen und sprachen: Er hat gesagt: Ich will den Tempel Gottes, der mit Händen gemacht ist, abbrechen und in drei Tagen einen andern bauen, der nicht mit Händen gemacht sei. Aber ihr Zeugnis stimmte noch nicht überein. Und der Hohepriester stand auf und sprach zu ihm: Antwortest du nichts zu dem, was diese wider dich zeugen? Aber Jesus schwieg stille. Da sprach der Hohepriester zu ihm:

Ich beschwöre dich bei dem lebendigen Gott, daß du uns sagst, ob du seist Christus, der Sohn Gottes, des Hochgelobten! Jesus sprach zu ihm: *Du sagst es, denn ich bin es!* Doch ich sage euch: Von nun an wird's geschehen, daß ihr sehen werdet des Menschen Sohn sitzen zur Rechten der Kraft und kommen in den Wolken des Himmels. Da zerriß der Hohepriester seine Kleider und sprach: *Er hat Gott gelästert!* Was bedürfen wir weiter Zeugnis! Was dünkt euch? Sie aber verdammten ihn alle und sprachen: *Er ist des Todes schuldig!* Da speiten sie aus in sein Angesicht und schlugen ihn mit Fäusten. Etliche aber schlugen ihn ins Angesicht, verdeckten ihn und sprachen:

36. Jesus vor dem Hohen Rat. Petrus Verleugnung. Judas Ende.

Weissage uns, Christe, wer ist's, der dich schlug? Und viele andere Lästerungen sagten sie wider ihn.

3. *Simon Petrus* aber war Jesu nachgefolgt und ein anderer Jünger. Derselbe Jünger war dem Hohenpriester bekannt und ging mit Jesu hinein in des Hohenpriesters Palast. Petrus aber stand draußen vor der Tür. Da ging der andere Jünger hinaus und redete mit der Türhüterin und führte Petrus hinein. Und er ging hinein und setzte sich zu den Knechten, auf daß er sähe, wo es hinauswollte. Da sprach die Magd, die Türhüterin, zu Petrus: Bist du nicht auch dieses Menschen Jünger einer? *Er leugnete* aber und sprach: Ich bin's nicht; ich kenne ihn nicht, weiß auch nicht, was du sagst! Und er ging hinaus in den Vorhof und der Hahn krähte. Es standen aber die Knechte und Diener und hatten ein Kohlfeuer gemacht mitten im Palast, denn es war kalt, und wärmten sich. Petrus aber stand bei ihnen und wärmte sich. Da sah ihn eine andere Magd und sprach zu denen, die da waren: Dieser war auch mit dem Jesu von Nazareth! Da sprachen sie zu ihm: Bist du nicht seiner Jünger einer? Und *er leugnete abermal* und schwur dazu: Ich kenne den Menschen nicht! Und über eine kleine Weile traten hinzu, die da standen, und sprachen zu Petrus: Wahrlich, du bist auch einer von denen, ein Galiläer, denn deine Sprache verrät dich und lautet gleich

also! Da verleugnete Petrus abermal, hob an sich zu verfluchen und zu schwören und sprach: Ich kenne den Menschen nicht, von dem ihr saget! Und alsbald krähte der Hahn zum andern Mal. *Und der Herr wandte sich und sahe Petrus an.* Da gedachte Petrus an Jesu Worte, die er zu ihm gesagt hatte: Ehe der Hahn zweimal krähet, wirst du mich dreimal verleugnen. *Und Petrus ging hinaus und weinte bitterlich.*

4. Des Morgens hielten die Hohenpriester und die Ältesten des Volks einen Rat über Jesum, daß sie ihn töteten. Und sie banden ihn und führten ihn vor das Richthaus und überantworteten ihn dem Landpfleger *Pontius Pilatus.* Und es war frühe. Da das sah *Judas,* der ihn verraten hatte, daß er verdammt war zum Tode, reute es ihn, und er brachte wieder die dreißig Silberlinge den Hohepriestern und den Ältesten und sprach: Ich habe übel getan, daß ich unschuldig Blut verraten habe. Sie sprachen: Was geht uns das an? Da sieh du zu! Und er warf die Silberlinge in den Tempel, ging hin und erhängte sich selbst. Aber die Hohenpriester nahmen die Silberlinge und sprachen: Es taugt nicht, daß wir sie in den Gotteskasten legen, denn es ist Blutgeld. Und sie kauften einen Töpfersacker dafür zum Begräbnis der Pilger. Derselbe Acker heißt Blutacker bis auf den heutigen Tag.

1. Petri 2, 23: Christus schalt nicht wieder, da er gescholten ward, er drohte nicht, da er litt; er stellte es aber dem heim, der da recht richtet.

1. Kor. 10, 12: Wer sich läßt dünken, er stehe, mag wohl zusehen, daß er nicht falle.

Wie freundlich blickt er Petrum an,
Obgleich er noch so tief gefallen!
Und dies hat er nicht nur getan,
Da er auf Erden mußte wallen;
Nein, er ist immer einerlei,

Gerecht und fromm und ewig treu.
Und wie er unter Schmach und Leiden,
So ist er auf dem Thron der Freuden
Den Sündern liebreich zugetan.
Mein Heiland nimmt die Sünder an.

Katechismusfrage.

30. Was verbietet Gott im achten Gebot? - Falsches Zeugnis vor Gericht, wie überhaupt Lüge, Verrat, Verleumdung und Falschheit jeder Art.

Fragen.

1. Zu wem wurde Jesus zuerst geführt? 2. Wonach fragte Hannas den Herrn? 3. Was antwortete Jesus? 4. Was erhielt er von einem Knecht für diese Antwort? 5. Was sagte Jesus zu ihm? 6. Was suchte der Hohe Rat wider Jesum? 7. Was fragte ihn der Hohepriester? 8. Welche Antwort gab der Herr? 9. Was tat nun der Hohepriester? 10. Welches Urteil sprachen alle über ihn? 11. Wie behandelten sie dann den Herrn? 12. Was wird uns von Petrus erzählt? 13. Was brachte ihn zur Besinnung und zur Buße? 14. Was tat Judas, als er das Urteil über Jesum erfuhr? 15. Welches Ende nahm er?

(Der *Hohe Rat,* der aus 71 Mitgliedern bestand, war zu Christi Zeit die höchste Regierungsbehörde der Juden.)

37. Jesus vor Pilatus und Herodes.
(Johannes 18, 28-38; Lukas 23, 1-12.)

1. Und die Juden gingen nicht in das Richthaus, auf daß sie nicht unrein würden, sondern Ostern essen möchten. Da ging Pilatus zu ihnen heraus und sprach: Was bringet ihr für Klage wider diesen Menschen? Sie antworteten: Wäre dieser nicht ein Übeltäter, wir hätten dir ihn nicht überantwortet. Da sprach Pilatus zu ihnen: So nehmt ihr ihn hin und richtet ihn nach eurem Gesetz. Da sprachen die Juden zu ihm: Wir dürfen niemand töten. Und sie fingen an, ihn zu verklagen und sprachen: Diesen finden wir, daß er das Volk abwendet und verbietet, den Schoß dem Kaiser zu geben und spricht: *er sei Christus, ein König.* Da ging Pilatus wieder hinein in das Richthaus und rief Jesum und sprach zu ihm: Bist du der Juden König? Jesus antwortete: *Mein Reich ist nicht von dieser Welt.* Wäre mein Reich von dieser Welt, meine Diener würden darob kämpfen, daß ich den Juden nicht überantwortet würde. Da sprach Pilatus: So bist du dennoch ein König? Jesus antwortete: *Du sagst's, ich bin ein König. Ich bin dazu geboren und in die Welt gekommen, daß ich die Wahrheit zeugen soll. Wer aus der Wahrheit ist, der höret meine Stimme.* Spricht Pilatus zu ihm: Was ist Wahrheit? Und da er das gesagt, ging er wieder hinaus zu den Juden und spricht zu ihnen: *Ich finde keine Schuld an ihm.*

2. Sie aber hielten an und sprachen: Er hat das Volk erreget damit, daß er gelehret hat hin und her im ganzen jüdischen Lande, und hat in Galiläa angefangen bis hieher. Da aber Pilatus Galiläa hörte, fragte er, ob er aus Galiläa wäre. Und als er vernahm, daß er unter *Herodes* Obrigkeit gehörte, übersandte er ihn zu Herodes, welcher in denselbigen Tagen auch in Jerusalem war. Da aber Herodes Jesum sah, ward er sehr froh, denn er hätte ihn längst gern gesehen, denn er hatte viel von ihm gehört und hoffte, er würde ein Zeichen von ihm sehen. Und er fragte ihn mancherlei. Jesus antwortete ihm aber nichts. Die Hohenpriester aber und Schriftgelehrten standen und verklagten ihn hart. Aber Herodes mit seinem Hofgesinde verachtete und verspottete ihn, legte ihm ein weißes Kleid an und sandte ihn wieder zu Pilatus. Auf den Tag wurden Pilatus und Herodes Freunde miteinander, denn zuvor waren sie einander feind.

1. Petri 2, 22: Christus hat keine Sünde getan, ist auch kein Betrug in seinem Munde erfunden worden.

Hebr. 7, 26: Einen solchen Hohenpriester sollten wir haben, der da wäre heilig, unschuldig, unbefleckt, von den Sündern abgesondert und höher, denn der Himmel ist.

Jesus Christus herrscht als König,
Alles ist ihm untertänig,
Alles legt ihm Gott zu Fuß.
Jede Zunge soll bekennen:
Jesus sei der Herr zu nennen,
Dem man Ehre geben muß.

Katechismusfrage.

76. Wodurch hat sich Christus schon vor seinem Tod als Erlöser geoffenbart? - Durch seinen heiligen Wandel, in welchem er das Gesetz Gottes voll-

kommen für uns erfüllt hat; durch seine Predigt von der Vergebung der Sünden im Glauben an seinen Namen; durch seine Wunder, welche alle sind Werke des Lebens zur Aufhebung des Elendes und des Todes.

Fragen.

1. Warum gingen die Juden nicht in das Richthaus? 2. Was fragte sie Pilatus? 3. Was antworteten sie ihm? 4. Was sagte da Pilatus? 5. Was mußten da die Juden gestehen? 6. Welche Anklagen brachten sie gegen Jesum vor? 7. Was fragte Pilatus Jesum? 8. Welche Antwort erhielt er von ihm? 9. Da fragte ihn Pilatus abermals was? 10. Was antwortete Jesus darauf? 11. Was sagte dann Pilatus? 12. Was sprach Pilatus zu den Juden? 13. Welche Klage brachten sie dann wieder vor? 14. Wohin schickte Pilatus jetzt den Herrn? 15. Warum? 16. Warum war Herodes froh, als er Jesum sah? 17. Aber wie verhielt sich Jesus? 18. Was tat da Herodes? 19. Wohin schickte er ihn wieder? 20. Was wurden Pilatus und Herodes von dem Tage an?

38. Verurteilung Jesu zum Tod.
(Matth. 27, 15-30; Mark. 15, 6-19; Luk. 23, 13-25; Joh. 18, 39-19, 16.)

1. Pilatus aber rief die Hohenpriester und die Obersten und das Volk zusammen und sprach zu ihnen: Ihr habt diesen Menschen zu mir gebracht, als der das Volk abwende. Und siehe, ich habe ihn vor euch verhöret und finde an dem Menschen der Sachen keine, der ihr ihn beschuldigt. Herodes auch nicht, denn ich habe euch zu ihm gesandt, und siehe, man hat nichts auf ihn gebracht, das des Todes wert sei. Darum will ich ihn züchtigen und loslassen. - Auf das Fest aber hatte der Landpfleger die Gewohnheit, dem Volk einen Gefangenen loszugeben, welchen sie wollten. Er hatte aber zu der Zeit einen Gefangenen, der hieß *Barrabas*, der im Aufruhr einen Mord begangen hatte. Da das Volk versammelt war, sprach Pilatus: Welchen wollt ihr, daß ich euch losgebe? *Barrabas* oder *Jesus*, von dem gesagt wird, er sei Christus, der Juden König? Denn er wußte wohl, daß ihn die Hohenpriester aus Neid überantwortet hatten. - Und da er auf dem Richtstuhl saß, schickte sein *Weib* zu ihm und ließ ihm sagen: Habe du nichts zu schaffen *mit diesem Gerechten*. Ich habe heute viel erlitten im Traum von seinetwegen. - Aber die Hohenpriester und Ältesten überredeten das Volk, daß sie um Barrabas bitten sollten und Jesus umbrächten. Da schrie der ganze Haufe und sprach: Hinweg mit diesem und gib uns Barrabas los! Pilatus sprach zu ihnen: Was soll ich denn machen mit Jesus, von dem gesagt wird, er sei Christus? Sie schrien: *Kreuzige, kreuzige ihn!* Er aber sprach zum dritten Mal zu ihnen: Was hat er denn übels getan? Ich finde keine Ursach des Todes an ihm, darum will ich ihn züchtigen und loslassen. Sie aber schrien noch vielmehr: Kreuzige ihn! Und ihr und der Hohenpriester Geschrei nahm überhand.

2. Da nahm Pilatus Jesum und geißelte ihn. Und die Kriegsknechte des

38. Verurteilung Jesu zum Tod.

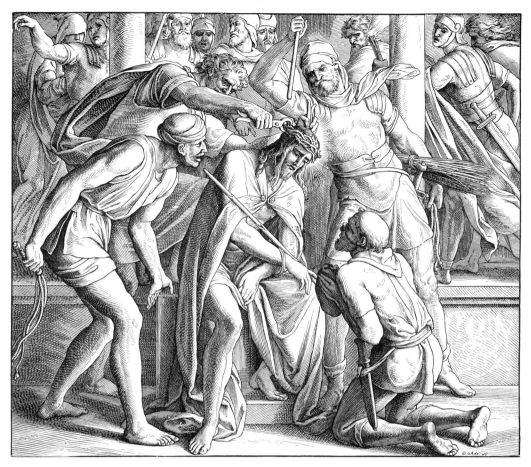

Landpflegers nahmen Jesum zu sich und führten ihn hinein ins Richthaus und riefen zusammen die ganze Schar. Und sie zogen ihn aus und zogen ihm einen Purpurmantel an und flochten eine Krone von Dornen und setzten sie auf sein Haupt, und gaben ihm ein Rohr in seine rechte Hand und beugten die Knie vor ihm, verspotteten ihn und sprachen: Gegrüßet seist du, der Juden König! und gaben ihm Backenstreiche und nahmen das Rohr und schlugen damit sein Haupt, fielen vor ihm auf die Knie und beteten ihn an. Da ging Pilatus wieder heraus zu den Juden und sprach zu ihnen: Sehet, ich führe ihn heraus zu euch, daß ihr erkennet, daß ich keine Schuld an ihm finde.

Also ging Jesus heraus und trug eine Dornenkrone und ein Purpurkleid. Und Pilatus spricht zu ihnen: *Seht, welch ein Mensch!* Da ihn die Hohenpriester und die Diener sahen, schrien sie und sprachen: Kreuzige, kreuzige! Pilatus spricht zu ihnen: Nehmet ihr ihn hin und kreuziget ihn, denn ich finde keine Schuld an ihm. Die Juden antworteten ihm: Wir haben ein Gesetz und nach dem Gesetz soll er sterben, denn er hat sich selbst zu Gottes Sohn gemacht. Da Pilatus das Wort hörte, fürchtete er sich noch mehr und ging mit Jesu wieder hinein und spricht zu ihm: Von wannen bist du? Aber Jesus gab ihm keine Antwort. Von da an trachtete Pilatus, daß er ihn

38. Verurteilung Jesu zum Tod.

losließe. Die Juden aber schrien und sprachen: Lässest du diesen los, so bist du des Kaisers Freund nicht, denn wer sich zum König macht, der ist wider den Kaiser. Da führte Pilatus Jesum heraus und sprach: Soll ich euern König kreuzigen? Die Hohenpriester antworteten: Wir haben keinen König denn den Kaiser! Da aber Pilatus sah, daß er nichts schaffte, sondern daß ein viel größer Getümmel ward, nahm er Wasser und wusch die Hände vor dem Volk und sprach: Ich bin unschuldig an dem Blut dieses Gerechten, sehet ihr zu! Da antwortete das ganze Volk und sprach: *Sein Blut komme über uns und über unsere Kinder!* Pilatus aber gedachte dem Volk genug zu tun und gab ihnen Barrabas los, um welchen sie baten. Jesum aber, den er hatte geißeln lassen, übergab er ihrem Willen, daß er gekreuzigt würde.

Jes. 53, 5: Er ist um unserer Missetat willen verwundet und um unserer Sünde willen zerschlagen. Die Strafe liegt auf ihm, auf daß wir Frieden hätten, und durch seine Wunden sind wir geheilet.

Joh. 1, 29: Siehe, das ist Gottes Lamm, welches der Welt Sünde trägt.

Du, ach du hast ausgestanden
Lästerreden, Spott und Hohn,
Speichel, Schläge, Strick und Banden,
Du gerechter Gottessohn.

Nur mich Armen zu erretten
Von des Teufels Sündenketten.
Tausend-tausendmal sei dir,
Liebster Jesu, Dank dafür.

Katechismusfrage.

78. Warum stellt die Heilige Schrift das Wort vom Kreuz als den Mittelpunkt der christlichen Wahrheit dar? - Weil wir verlorene Sünder weder durch Lehre noch durch Vorbild erlöst werden konnten, sondern allein durch das vollgültige Opfer in dem Leiden und Sterben unsers Herrn Jesu Christi.

Fragen.

1. Was sagt Pilatus oft von Jesu in unserer Geschichte? 2. Zwischen wem sollte das Volk wählen? 3. Wer war Barrabas? 4. Welche Wahl traf das Volk? 5. Wer warnte Pilatus? 6. Warum? 7. Was sollte Pilatus nach des Volkes Willen mit Jesu machen? 8. Wie mißhandelten die Kriegsknechte den Herrn? 9. Was sprach das Volk, als Pilatus Jesum mit der Dornenkrone und dem Purpurkleid herausführte? 10. Was tat Pilatus, um seine Unschuld zu bezeugen? 11. Was tat er schließlich mit Jesu?

39. Der Kreuzestod Jesu.
(Matth. 27, 31-56; Mark. 15, 20-41; Luk. 23, 26-49; Joh. 19, 17-39.)

1. Und da sie Jesum verspottet hatten, zogen sie ihm den Purpurmantel aus und zogen ihm seine eigenen Kleider an und führten ihn hin, daß sie ihn kreuzigten. Und er trug sein Kreuz. Und als sie ihn hinführten, fanden sie einen Menschen, der vom Felde kam, mit Namen *Simon von Kyrene*, den zwangen sie, daß er Jesu sein Kreuz nachtrüge, und legten das Kreuz auf ihn. Es folgten ihm aber nach viele Weiber, die beklagten und beweinten ihn. Jesus aber wandte sich um und sprach: Weinet nicht über mich, sondern weinet über euch selbst und über eure Kinder. Denn es wird die Zeit kommen, in welcher man sagen wird zu den Bergen: Fallet über uns! und zu den Hügeln: Decket uns! Denn so man das tut am grünen Holz, was will am dürren werden? Es wurden aber auch hingeführt zwei andere Übeltäter, daß sie mit ihm abgetan würden.

2. Und da sie an die Stätte kamen mit Namen *Golgatha* (das ist verdolmetscht Schädelstätte), gaben sie ihm Essig mit Galle vermischt zu trinken, und da er es schmeckte, wollte er nicht trinken. Und sie kreuzigten ihn daselbst, und die Übeltäter mit ihm, einen zur Rechten und einen zur Linken, Jesum aber mitten inne. Da ward die Schrift erfüllt, die da sagt: Er ist unter die Übeltäter gerechnet. Und es war um die dritte Stunde, da sie ihn kreuzigten. Jesus aber sprach: *Vater vergib ihnen, denn sie wissen nicht, was sie tun*. (1).

3. Pilatus aber schrieb eine Überschrift in hebräischer, griechischer und lateinischer Sprache, und setzte sie auf das Kreuz. Und es war geschrieben: *Jesus von Nazareth, der Juden König*. Diese Überschrift lasen viele Juden, denn die Stätte war nahe bei der Stadt, da Jesus gekreuzigt

39. Der Kreuzestod Jesu.

ward. Da sprachen die Hohenpriester zu Pilatus: Schreibe nicht: Der Juden König, sondern daß er gesagt habe: Ich bin der Juden König. Pilatus antwortete: Was ich geschrieben habe, das habe ich geschrieben. - Die Kriegsknechte aber nahmen seine Kleider und machten vier Teile, einem jeglichen Kriegsknecht einen Teil, dazu auch den Rock. Der Rock aber war ungenäht, von oben an gewirkt durch und durch. Da sprachen sie untereinander: Laßt uns den nicht zerteilen, sondern darum losen, wes er sein soll, auf daß die Schrift erfüllet würde, die da sagt: Sie haben meine Kleider unter sich geteilet, und haben über meinen Rock das Los geworfen. Solches taten die Kriegsknechte. Und sie saßen allda und hüteten sein. Das Volk aber stand und sahe zu. Die aber vorübergingen, lästerten ihn und schüttelten ihre Köpfe und sprachen: Pfui dich, wie fein zerbrichst du den Tempel und baust ihn in drei Tagen! Hilf dir nun selber! Bist du Gottes Sohn, so steige herab vom Kreuz! Desgleichen auch die Hohenpriester spotteten sein mit den Schriftgelehrten und Ältesten und sprachen: Andern hat er geholfen und kann sich selber nicht helfen. Ist er Christus, der König von Israel, so steige er nun vom Kreuz, daß wir sehen und glauben.

4. Aber der Übeltäter einer, die da gehenkt waren, lästerte ihn und sprach: Bist du Christus, so hilf dir

39. Der Kreuzestod Jesu.

selbst und uns. Da antwortete der andere, strafte ihn und sprach: Und du fürchtest dich auch nicht vor Gott, der du doch in gleicher Verdammnis bist! Und zwar wir sind billig darinnen, denn wir empfangen, was unsere Taten wert sind, dieser aber hat nichts ungeschicktes gehandelt. Und er sprach zu Jesu: Herr, gedenke an mich, wenn du in dein Reich kommst! Jesus sprach zu ihm: *Wahrlich, ich sage dir, heute wirst du mit mir im Paradiese sein.* (2).

5. Es standen aber bei dem Kreuze Jesu seine Mutter und seiner Mutter Schwester, Maria, Kleophas Weib, und Maria Magdalena. Da nun Jesus seine Mutter sah, und den Jünger dabei stehen, den er lieb hatte, spricht er zu seiner Mutter: *Weib, siehe, das ist dein Sohn!* Danach spricht er zu dem Jünger: *Siehe, das ist deine Mutter!* (3). Und von der Stunde an nahm sie der Jünger zu sich.

6. Und von der sechsten Stunde ward eine Finsternis über das ganze Land bis an die neunte Stunde. Und die Sonne verlor ihren Schein. Und um die neunte Stunde schrie Jesus laut und sprach: *Eli, Eli, lama asabthani, d. i. Mein Gott, mein Gott, warum hast du mich verlassen?* (4). Etliche aber, die da standen, sprachen: Er ruft dem Elias.

7. Danach, als Jesus wußte, daß schon alles vollbracht war, daß die Schrift erfüllet würde, spricht er: *Mich dür-*

stet. (5). Da stand ein Gefäß voll Essig. Und bald lief einer unter ihnen, nahm einen Schwamm und füllte ihn mit Essig und steckte ihn auf ein Rohr und tränkte ihn.

8. Da nun Jesus den Essig genommen hatte, sprach er: *Es ist vollbracht!* (6). Und Jesus rief abermal laut und sprach: *Vater, ich befehle meinen Geist in deine Hände.* (7). Und als er das gesagt, neigte er das Haupt und verschied.

9. Und siehe da, der Vorhang im Tempel zerriß in zwei Stücke von oben an bis unten aus. Und die Erde erbebte und die Felsen zerrissen und die Gräber taten sich auf und standen auf viele Leiber der Heiligen, und gingen aus den Gräbern nach seiner Auferstehung und kamen in die heilige Stadt und erschienen vielen. Aber der Hauptmann und die bei ihm waren und bewahreten Jesum, da sie sahen das Erdbeben und was geschah, erschraken sie sehr und sprachen: Wahrlich, dieser ist ein frommer Mensch und Gottes Sohn gewesen! Und alles Volk, das dabei war und zusah, da sie sahen, was da geschah, schlugen sie an ihre Brust und wandten wieder um.

2. Kor. 5, 21: Gott hat den, der von keiner Sünde wußte, für uns zur Sünde gemacht, auf daß wir würden in ihm die Gerechtigkeit, die vor Gott gilt.

1. Petri 2, 24: Christus hat unsere Sünden selbst hinaufgetragen an seinem Leibe auf das Holz, auf daß wir, der Sünde abgestorben, der Gerechtigkeit leben; durch welches Wunden ihr seid heil geworden.

Sünder! freue dich von Herzen
Über deines Jesu Schmerzen;
Laß bei seinem Blutvergießen
Stille Dankestränen fließen.

Er hat sich für dich gegeben,
Such in seinem Tod das Leben.
Nur von seinem Kreuze quillet,
Was dein Herz auf ewig stillet.

Katechismusfrage.

77. Wodurch hat Christus die Erlösung vollbracht? - Durch sein Leiden und Sterben, wodurch er den Zorn Gottes über die Sünde an unserer Statt getragen und uns von Sünde, Tod und Teufel erlöset hat.

Fragen.

1. Wer mußte Jesus das Kreuz nachtragen? 2. Wer folgte dem Herrn nach? 3. Was sprach der Herr zu ihnen? 4. Wer wurde mit ihm hingeführt? 5. Wo wurde Jesus gekreuzigt? 6. Wie lange hing Jesus am Kreuz? 7. Was taten die Leute unter dem Kreuz? 8. Was schrieb Pilatus ans Kreuz? 9. Wieviel Worte hat der Herr am Kreuz gesprochen? 10. Wie heißen sie? 11. Welche wunderbaren Ereignisse geschahen nach Christi Tod? 12. Was sprach der Hauptmann unter dem Kreuz? 13. Welche Bedeutung hat der Tod Christi für uns?

40. Das Begräbnis Jesu.
(Matth. 27, 57-66; Mark. 15, 42-47; Luk. 23, 50-56; Joh. 19, 31-42.)

1. Die Juden aber, dieweil es der Rüsttag war, daß nicht die Leichname am Kreuz blieben den Sabbat über, baten sie Pilatus, daß ihre Beine gebrochen und sie abgenommen würden. Da kamen die Kriegsknechte, und brachen dem ersten die Beine und dem andern, der mit ihm gekreuzigt war. Als sie aber zu Jesu kamen, da sie sahen, daß er schon gestorben war, brachen sie ihm die Beine nicht, sondern einer der Kriegsknechte öffnete seine Seite mit einem Speer, und alsbald ging Blut und Wasser heraus. Solches ist geschehen, auf daß die Schrift erfüllet würde: Ihr sollt ihm kein Bein zerbrechen; und wiederum: Sie werden sehen, in welchen sie gestochen haben.

2. Und siehe, ein Mann, mit Namen *Joseph von Arimathia*, ein Ratsherr, ein guter, frommer Mann, welcher nicht gewilligt hatte in ihren Rat und Handel und auch auf das Reich Gottes wartete, der wagte es und ging hinein zu Pilatus und bat ihn um den Leib Jesu. Pilatus aber verwunderte sich, daß er schon tot war, und rief den Hauptmann und fragte ihn, ob er längst gestorben wäre. Und als er es von dem

Hauptmann erkundet hatte, befahl er, man sollte Joseph den Leichnam geben. Und er kaufte eine reine Leinwand und nahm den Leichnam Jesu herab. Es kam aber auch *Nikodemus*, der vormals bei der Nacht zu Jesu gekommen war, und brachte Myrrhe und Aloe untereinander bei hundert Pfund. Da nahmen sie den Leichnam Jesu und banden ihn in leinene Tücher mit Spezereien, wie die Juden pflegten zu begraben. Es war aber an der Stätte, da er gekreuzigt ward, ein Garten, und in dem Garten ein neu Grab, das eigene Grab des Joseph, welches er hatte lassen in einen Fels hauen, in welches niemand je gelegt war. Daselbst hin legten sie Jesum, weil der Sabbat anbrach und das Grab nahe war. Und sie wälzten einen großen Stein vor die Tür des Grabes und gingen davon. Es folgten aber die Weiber nach, die mit ihm aus Galiläa gekommen waren, die setzten sich gegen das Grab und schauten zu, wo und wie sein Leib gelegt ward. Und sie kehrten um und bereiteten Spezerei und Salben. Und den Sabbat über waren sie stille nach dem Gesetz.

3. Des andern Tages kamen die Hohenpriester und Pharisäer sämtlich zu Pilatus und sprachen: Herr, wir haben gedacht, daß dieser Verführer sprach, da er noch lebte: Ich will nach drei Tagen auferstehen. Darum befiel, daß man das Grab bewahre bis an den dritten Tag, auf daß nicht seine Jünger kommen und stehlen ihn und sagen zum Volk: er ist auferstanden von den Toten und werde der letzte Betrug ärger denn der erste. Pilatus sprach zu ihnen: Da habt ihr die Hüter, gehet hin und verwahret es, wie ihr wisset! Sie gingen hin und verwahreten das Grab mit Hütern und versiegelten den Stein.

Ps. 16, 10: Du wirst meine Seele nicht in der Hölle lassen und nicht zugeben, daß dein Heiliger verwese.

So ruhest du, o meine Ruh,
In deines Grabes Höhle,
Und erweckst durch deinen Tod
Meine tote Seele.

Katechismusfrage.

79. Warum mußte nach der Schrift Christus begraben werden? - Zum Zeugnis, daß er wahrhaftig gestorben sei.

Fragen.

1. Um was baten die Juden den Pilatus? 2. Warum brachen sie Jesu die Beine nicht? 3. Sondern was tat ein Kriegsknecht? 4. Welche Schriftworte wurden dadurch erfüllt? 5. Wer war Joseph von Arimathia? 6. Was tat er? 7. Wer war ihm dabei behilflich? 8. Wo begruben sie den Herrn? 9. Warum? 10. Wer wohnte dem Begräbnis auch bei? 11. Wie verhielten sie sich den Sabbat über? 12. Was sagten die Hohenpriester und Pharisäer zu Pilatus? 13. Welche Antwort gab er ihnen? 14. Mit welchen Worten schließt die Leidensgeschichte?

IV. Die Herrlichkeitsgeschichte unseres Herrn Jesu Christi.

41. Die Auferstehung Jesu.
(Matth. 28, 1-8; Mark. 16, 1-8; Luk. 24, 1-12; Joh. 20, 1-10.)

1. Als der Sabbat vergangen war, und der erste Tag der Woche anbrach, siehe da geschah ein großes Erdbeben. Denn der Engel des Herrn kam vom Himmel herab, trat hinzu und wälzte den Stein von der Tür und setzte sich darauf. Und seine Gestalt war wie der Blitz und sein Kleid weiß wie der Schnee. Die Hüter aber erschraken vor Furcht und wurden, als wären sie tot. - Sehr frühe, da die Sonne aufging, kamen *Maria Magdalena* und *Maria Jakobi* und *Salome* zum Grabe, auf daß sie ihn salbten. Und sie sprachen untereinander: Wer wälzt uns den Stein von des Grabes Tür? Und sie sahen dahin und wurden gewahr, daß der Stein abgewälzt war, denn er war sehr groß. Und

41. Die Auferstehung Jesu.

sie gingen hinein in das Grab und sahen einen Jüngling zur rechten Hand sitzen, der hatte ein langes, weißes Kleid an, und sie entsetzten sich. Er aber sprach zu ihnen: Entsetzet euch nicht! *Ihr suchet Jesum von Nazareth, den Gekreuzigten; er ist auferstanden, wie er gesagt hat.* Siehe da die Stätte, da sie ihn hinlegten. Gehet aber hin und saget es seinen Jüngern und *Petro*, daß er vor euch hingehen wird nach Galiläa, da werdet ihr ihn sehen, wie er euch gesagt hat. Und sie gingen schnell heraus und flohen von dem Grabe, denn es war sie Zittern und Entsetzen angekommen und sagten niemand nichts, denn sie fürchteten sich.

2. Und Maria Magdalena läuft zurück und kommt zu Simon Petrus und zu dem Jünger, welchen Jesus lieb hatte, und spricht: Sie haben den Herrn weggenommen aus dem Grabe, und wir wissen nicht, wo sie ihn hingelegt haben! Da gingen Petrus und der andere Jünger hinaus und kamen zum Grabe. Und der andere Jünger lief schneller als Petrus und kam zuerst zum Grabe, guckt hinein und sieht die Leinen, er ging aber nicht hinein. Da kam Simon Petrus ihm nach und ging hinein in das Grab und sieht die Leinen gelegt, und das Schweißtuch, das Jesus um das Haupt gebunden war, beiseits eingewickelt an einem besonderen Ort. Da ging auch der andere Jünger

hinein und sah und glaubte es. Denn sie wußten die Schrift noch nicht, daß er von den Toten auferstehen müßte. Da gingen die Jünger wieder heim.

2. Tim. 2, 8: Halt im Gedächtnis Jesum Christum, der auferstanden ist von den Toten.

1. Kor. 15, 17-19: Ist Christus nicht auferstanden, so ist euer Glaube eitel, so seid ihr noch in euern Sünden, so sind auch die, so in Christo entschlafen sind, verloren. Hoffen wir allein in diesem Leben auf Christum, so sind wir die elendesten unter allen Menschen.

Frühmorgens, da die Sonn aufgeht,
Mein Heiland Christus aufersteht.
Vertrieben ist der Sünden Nacht,
Licht, Heil und Leben wiederbracht.

Katechismusfrage.

81. Was bekennen wir mit dem Wort: "Am dritten Tag wieder auferstanden von den Toten?" - Durch die Auferstehung Jesu Christi ist die Erlösung als eine für alle Ewigkeit vollgültige kund getan und festgestellt. Daher ist sie alles Glaubens Grund, alles neuen Lebens Quell und sichere Bürgschaft unserer dereinstigen Auferstehung und Vollendung.

Fragen.

1. Was geschah am Ostermorgen? 2. Wer kam vom Himmel? 3. Was tat er? 4. Wie sah er aus? 5. Was geschah mit den Hütern? 6. Was wollten die Frauen an diesem Morgen tun? 7. Welche Sorge bewegte sie unterwegs? 8. Aber was sahen sie? 9. Wen sahen sie im Grab? 10. Was sprach er zu ihnen? 11. Was taten die Weiber dann? 12. Was tat Maria? 13. Was sagte sie zu Petrus und Johannes? 14. Wer von beiden kam zuerst zum Grab? 15. Wer ging zuerst hinein? 16. Was sah er dort? 17. Was tat dann auch Johannes? 18. Was wußten die Jünger noch nicht?

42. Jesus erscheint der Maria und den andern Frauen.
(Matthäus 28, 8-15; Johannes 20, 11-17.)

1. Maria aber stand vor dem Grab und weinte draußen. Als sie nun weinte, guckte sie in das Grab und sieht zwei Engel in weißen Kleidern sitzen, einen zu den Häupten und einen zu den Füßen, da sie den Leichnam Jesu hingelegt hatten. Und dieselbigen sprachen zu ihr: Weib, was weinest du? Sie spricht zu ihnen: Sie haben meinen Herrn weggenommen, und ich weiß nicht, wo sie ihn hingelegt haben. Und als sie das sagte, wandte sie sich zurück und sieht Jesum stehen und weiß nicht, daß es Jesus ist. Spricht Jesus zu ihr: Weib, was weinest du? Wen suchest du? Sie meint, es sei der Gärtner und spricht zu ihm: Herr, hast du ihn weggetragen, so sage mir, wo hast du ihn hingelegt? So will ich ihn holen. Spricht Jesus zu ihr: *Maria!* Da wandte sie sich um und spricht zu ihm: Rabbuni! das heißt: Mein Meister. Spricht Jesus zu ihr: Rühre mich nicht an, denn ich bin noch nicht aufgefahren zu meinem Vater. Gehe aber hin zu meinen Brüdern und sage ihnen: Ich fahre auf zu meinem Vater und zu euerm Vater, zu meinem Gott und zu euerm Gott.

42. Jesus erscheint der Maria und den andern Frauen.

Maria Magdalena kommt und verkündigt den Jüngern: Ich habe den Herrn gesehen, und solches hat er zu mir gesagt!

2. Und da die Weiber gingen, seinen Jüngern zu verkündigen, siehe, da begegnete ihnen Jesus und sprach: Seid gegrüßet! Und sie traten zu ihm und griffen an seine Füße und fielen vor ihm nieder. Da sprach Jesus zu ihnen: Fürchtet euch nicht! Gehet hin und verkündiget es meinen Brüdern, daß sie gehen nach Galiläa, daselbst werden sie mich sehen.

3. Da sie aber hingingen, siehe, da kamen etliche von den Hütern in die Stadt und verkündigten den Hohenpriestern alles, was geschehen war. Und sie kamen zusammen mit den Ältesten und hielten einen Rat und gaben den Kriegsknechten Gelds genug und sprachen: Saget: Seine Jünger kamen des Nachts und stahlen ihn, dieweil wir schliefen. Und wo es würde auskommen bei dem Landpfleger, wollen wir ihn stillen, und schaffen, daß ihr sicher seid. Und sie nahmen das Geld und taten, wie sie gelehrt waren. Solches ist eine gemeine Rede geworden bei den Juden bis auf den heutigen Tag.

Joh. 16, 20: Eure Traurigkeit soll in Freude verkehrt werden.

Offb. Joh. 1, 18: Ich war tot, und siehe, ich bin lebendig von Ewigkeit zu Ewig-

42. Jesus erscheint der Maria und den andern Frauen.

keit, und habe die Schlüssel der Hölle und des Todes.

    O daß ich's hätte mitvernommen,
Als schwer gebeugt im Gartenland
So ganz allein, so tief beklommen
    Die trauernde Maria stand,
Und Jesus rief ihr freundlich zu:
"Wen suchest du? was weinest du?"

Katechismusfrage.

39. Können wir auf keinem andern Weg (als dem des Gesetzes) von Sünden los und selig werden? - Ja, durch die Gnade Gottes, durch welche uns das Evangelium von Jesu Christo gegeben ist, und der Glaube an dasselbe in uns gewirkt wird.

Fragen.

1. Wer stand vor dem Grab? 2. Was tat sie? 3. Was sah sie im Grab? 4. Was sprachen die Engel zu ihr? 5. Was gab sie zur Antwort? 6. Wen sah sie, als sie sich zurückwandte? 7. Wofür hielt sie den Herrn? 8. Was fragte sie Jesus? 9. Welche Antwort gab sie? 10. Was sprach nun Jesus zu ihr? 11. Was sprach sie zu Jesu? 12. Woran erkannte sie den Herrn? 13. Was sagte nun Jesus zu ihr? 14. Was soll sie seinen Brüdern sagen? 15. Wem erschien der Herr noch? 16. Was taten die Weiber? 17. Was taten etliche Hüter? 18. Was beschlossen die Hohenpriester und Ältesten?

43. Jesus erscheint zwei Jüngern auf dem Wege nach Emmaus.
(Lukas 24, 13-35.)

1. Und siehe, zwei aus ihnen gingen an demselbigen Tag in einen Flecken, der war von Jerusalem sechzig Feldwegs (zwei englische Meilen) weit, des Name heißt *Emmaus*. Und sie redeten miteinander von allen diesen Geschichten. Und es geschah, da sie so redeten und befragten sich miteinander, nahte Jesus zu ihnen und wandelte mit ihnen. Aber ihre Augen wurden gehalten, daß sie ihn nicht kannten. Er sprach aber zu ihnen: Was sind das für Reden, die ihr zwischen euch handelt unterwegs und seid traurig? Da antwortete einer, mit Namen *Kleophas*, und sprach zu ihm: Bist du allein unter den Fremdlingen zu Jerusalem, der nicht wisse, was in diesen Tagen drinnen geschehen ist? Und er sprach zu ihnen: Welches? Sie aber sprachen zu ihm: Das von Jesu von Nazareth, welcher war ein Prophet, mächtig von Taten und Worten, vor Gott und allem Volk; wie ihn unsere Hohenpriester und Obersten überantwortet haben zur Verdammnis des Todes und gekreu-

43. Jesus erscheint zwei Jüngern auf dem Wege nach Emmaus.

zigt. Wir aber hofften, er sollte Israel erlösen. Und über das alles ist heute der dritte Tag, daß solches geschehen ist. Auch haben uns erschreckt etliche Weiber der Unsern, die sind frühe bei dem Grabe gewesen, haben seinen Leib nicht gefunden, kommen und sagen, sie haben ein Gesicht der Engel gesehen, welche sagen, er lebe. Und etliche unter uns gingen hin zum Grabe und fanden's also, wie die Weiber sagten; aber ihn sahen sie nicht. Und er sprach zu ihnen: O ihr Toren und träges Herzens, zu glauben alle dem, das die Propheten geredet haben! *Mußte nicht Christus solches leiden und zu seiner Herrlichkeit eingehen?* Und er fing an von Mose und allen Propheten und legte ihnen alle Schriften aus, die von ihm gesagt waren.

2. Und sie kamen nahe zum Flecken, da sie hingingen; und er stellte sich, als wollte er weiter gehen. Und sie nötigten ihn und sprachen: *Bleibe bei uns, denn es will Abend werden, und der Tag hat sich geneiget!* Und er ging hinein, bei ihnen zu bleiben. Und es geschah, da er mit ihnen zu Tische saß, nahm er das Brot, dankte, brach es und gab es ihnen. *Da wurden ihre Augen geöffnet und sie erkannten ihn.* Und er verschwand vor ihnen. Und sie sprachen untereinander: Brannte nicht unser Herz in uns, da er mit uns redete auf dem Weg, als er uns die Schrift öffnete? Und sie standen auf zu derselbigen Stunde, kehrten wieder nach Jerusalem und fanden die Elfe versammelt, und die bei ihnen waren, welche sprachen: *Der Herr ist wahrhaftig auferstanden und Simon erschienen!* Und sie erzählten ihnen, was auf dem Weg geschehen war, und wie er von ihnen erkannt worden wäre an dem, da er das Brot brach.

Matth. 18, 20: Wo zwei oder drei versammelt sind in meinem Namen, da bin ich mitten unter ihnen.

Joh. 5, 39: Suchet in der Schrift, denn ihr meinet, ihr habt das ewige Leben darinnen, und sie ist's, die von mir zeuget.

Trauernd und mit bangem Sehnen
Wandern zwei nach Emmaus,
Ihre Augen sind voll Tränen,
Ihre Seelen voll Verdruß;

Man hört ihre Klageworte,
Doch es ist von ihrem Orte
Unser Jesus gar nicht weit
Und vertreibt die Traurigkeit.

Katechismusfrage.

70. Wodurch hat Gott die Erlösung vorbereitet? - Durch die Verheißung im Paradiese, durch die Verkündigung der Propheten und durch mannigfaltige, vorbildliche Einrichtungen und Führungen im Alten Bunde.

Fragen.

1. Wohin gingen zwei Jünger am Osterabend? 2. Wovon redeten sie miteinander? 3. Wer nahte sich zu ihnen? 4. Warum erkannten sie ihn nicht? 5. Was fragte er sie? 6. Was antworteten sie? 7. Was sprach darauf Jesus zu ihnen? 8. Was legte er ihnen aus? 9. Welche Bitte richteten die Jünger an den Herrn, als sie nach Emmaus kamen? 10. Woran erkannten sie den Herrn? 11. Was tat dann der Herr? 12. Was sprachen die Jünger untereinander? 13. Was erzählten sie den andern Jüngern, als sie heimkamen? 14. Was sprachen die Jünger zu ihnen?

44. Jesus erscheint den andern Jüngern. Thomas.

(Lukas 24, 36-49; Johannes 20, 19-29.)

1. Am Abend aber desselbigen Tages, da die Jünger versammelt und die Türen verschlossen waren aus Furcht vor den Juden, kam Jesus, trat mitten ein und spricht zu ihnen: *Friede sei mit euch!* Sie erschraken aber und fürchteten sich, meinten, sie sähen einen Geist. Und er sprach zu ihnen: Was seid ihr so erschrocken, und warum kommen solche Gedanken in eure Herzen? Sehet meine Hände und meine Füße, ich bin es selber, denn ein Geist hat nicht Fleisch und Bein, wie ihr sehet, daß ich habe. Und da er das sagte, zeigte er ihnen Hände und Füße und seine Seite. Da wurden die Jünger froh, daß sie den Herrn sahen. Da sie aber noch nicht glaubten vor Freuden und sich verwunderten, sprach er zu ihnen: Habt ihr hier etwas zu essen? Und sie legten ihm vor ein Stück von gebratenem Fisch und Honigseim, und er nahm es und aß vor ihnen. Da sprach Jesus abermal zu ihnen: *Friede sei mit euch!* Gleichwie mich der Vater gesandt hat, so sende ich euch. Und da er

44. Jesus erscheint den andern Jüngern. Thomas.

das sagte, blies er sie an und spricht zu ihnen: *Nehmet hin den Heiligen Geist. Welchen ihr die Sünden erlasset, denen sind sie erlassen, und welchen ihr sie behaltet, denen sind sie behalten.*
2. *Thomas aber war nicht bei ihnen, da Jesus kam. Da sagten die andern Jünger zu ihm: Wir haben den Herrn gesehen. Er aber sprach zu ihnen: Es sei denn, daß ich in seinen Händen sehe die Nägelmale, und lege meinen Finger in die Nägelmale, und lege meine Hand in seine Seite, will ich's nicht glauben. Und über acht Tage waren abermal seine Jünger drinnen und Thomas mit ihnen. Kommt Jesus, da die Türen verschlossen waren, und tritt mitten ein und spricht: Friede sei mit euch!* Danach spricht er zu Thomas: *Reiche deinen Finger her und siehe meine Hände, und reiche deine Hand her und lege sie in meine Seite, und sei nicht ungläubig, sondern gläubig!* Thomas antwortete und sprach zu ihm: *Mein Herr und mein Gott!* Spricht Jesus zu ihm: Dieweil du mich gesehen hast, Thomas, so glaubst du. *Selig sind, die nicht sehen und doch glauben.*

Joh. 16, 12: *Ich will euch wieder sehen, und euer Herz soll sich freuen, und eure Freude soll niemand von euch nehmen.*

2. Kor. 5, 7: *Wir wandeln im Glauben und nicht im Schauen.*

Ach, mein Herr Jesu! dein Nahesein
   Bringt großen Frieden ins Herz hinein,
Und dein Gnadenanblick Macht uns so selig,
   Daß Leib und Seele stets darüber fröhlich
Und dankbar wird.

Katechismusfrage.

85. In welcher Stelle der Heiligen Schrift ist die Erniedrigung und Erhöhung Christi kurz zusammengefaßt? - In der Stelle Phil. 2, 5-11: Ein jeglicher sei gesinnet, wie Jesus Christus auch war, welcher, ob er wohl in göttlicher Gestalt war, hielt er es nicht für einen Raub, Gott gleich sein, sondern äußerte sich selbst und nahm Knechtsgestalt an, ward gleich wie ein anderer Mensch und an Gebärden als ein Mensch erfunden. Er erniedrigte sich selbst und ward gehorsam bis zum Tod, ja zum Tod am Kreuz. Darum hat ihn auch Gott erhöhet und hat ihm einen Namen gegeben, der über alle Namen ist, daß in dem Namen Jesu sich beugen sollen aller derer Knie, die im Himmel und auf Erden und unter der Erde sind, und alle Zungen bekennen sollen, daß Jesus Christus der Herr sei, zur Ehre Gottes des Vaters.

Fragen.

1. Was geschah, als die Jünger bei verschlossenen Türen versammelt waren? 2. Was sprach Jesus zu ihnen? 3. Wie benahmen sich die Jünger? 4. Was sprach und tat da Jesus? 5. Was wird uns jetzt von den Jüngern erzählt? 6. Was tat hierauf Jesus, um sie ganz von seiner Auferstehung zu überzeugen? 7. Was sprach der Herr dann zu ihnen? 8. Wer war nicht dabei? 9. Was sagte er, als ihm die Jünger erzählten, daß sie den Herrn gesehen hätten? 10. Was geschah acht Tage später? 11. Was sprach der Herr zu Thomas? 12. Welches Bekenntnis legte jetzt Thomas ab? 13. Was sagte der Herr weiter zu dem überzeugten Jünger?

45. Der Auferstandene in Galiläa.
(Johannes 21, 1-19.)

1. Danach offenbarte sich Jesus abermal den Jüngern an dem Meer bei Tiberias. Er offenbarte sich aber also. Es waren beieinander Simon Petrus und Thomas und Nathanael von Kana in Galiläa und die Söhne Zebedäi und zwei andere Jünger. Spricht Simon Petrus zu ihnen: Ich will hin fischen gehen. Sie sprechen zu ihm: So wollen wir mit dir gehen. Sie gingen hinaus und traten in das Schiff alsobald, und in derselbigen Nacht fingen sie nichts. Da es aber jetzt Morgen war, stand Jesus am Ufer; aber die Jünger wußten nicht, daß es Jesus war. Spricht Jesus zu ihnen: Kinder, habt ihr nichts zu essen? Sie antworteten ihm: Nein. Er aber sprach zu ihnen: Werfet das Netz zur Rechten des Schiffes, so werdet ihr finden. Da warfen sie und konnten's nicht mehr ziehen vor der Menge der Fische. Da spricht der Jünger, welchen Jesus lieb hatte, zu Petrus: *Es ist der Herr!* Da Simon Petrus hörte, daß es der Herr war, warf er sich ins Meer. Die andern Jünger aber kamen auf dem Schiff ans Land und zogen das Netz mit den Fischen. Als sie nun austraten auf das Land, sahen sie Kohlen gelegt und Fische darauf und Brot. Spricht

Jesus zu ihnen: Bringet her von den Fischen, die ihr jetzt gefangen habt. Simon Petrus stieg hinein und zog das Netz auf das Land voll großer Fische, hundert und dreiundfünfzig. Und wiewohl ihrer so viel waren, zerriß doch das Netz nicht. Spricht Jesus zu ihnen: Kommt, und haltet das Mahl! Niemand aber unter den Jüngern wagte ihn zu fragen: Wer bist du? Denn sie wußten, daß es der Herr war. Da kommt Jesus und nimmt das Brot und gibt's ihnen, desselbigengleichen auch die Fische.

2. Da sie nun das Mahl gehalten hatten, spricht Jesus zu Simon Petrus: Simon Jona, hast du mich lieber, denn mich diese haben? Er spricht zu ihm: Ja, Herr, du weißt, daß ich dich lieb habe. Spricht er zu ihm: *Weide meine Lämmer!* Spricht er wieder zum andern Mal zu ihm: Simon Jona, hast du mich lieb? Er spricht zu ihm: Ja, Herr, du weißt, daß ich dich lieb habe. Spricht er zu ihm: *Weide meine Schafe!* Spricht er zum dritten Mal zu ihm: Simon Jona, hast du mich lieb? Petrus ward traurig, daß er zum dritten Mal zu ihm sagte: Hast du mich lieb? und sprach zu ihm: Herr, du weißt alle Dinge, du weißt, daß ich dich lieb habe. Spricht Jesus zu ihm: *Weide meine Schafe!* Wahrlich, wahrlich, ich sage dir: Da du jünger warest, gürtetest du dich selbst und wandeltest, wo du hin wolltest; wenn du aber alt wirst, wirst du deine Hände ausstrecken, und ein anderer wird dich gürten und führen, wo du nicht hin willst. Das sagte er aber, zu deuten, mit welchem Tode er Gott preisen würde. Und da er das gesagt, spricht er zu ihm: *Folge mir nach!*

Joh. 14, 23: Wer mich liebet, der wird mein Wort halten, und mein Vater wird ihn lieben, und wir werden zu ihm kommen und Wohnung bei ihm machen.

1. Joh. 4, 19: Lasset uns ihn lieben, denn er hat uns erst geliebet.

Liebe, die mich hat gebunden
An ihr Joch mit Leib und Sinn,
Liebe, die mich überwunden
Und mein Herz hat ganz dahin:
Liebe, dir ergeb ich mich,
Dein zu bleiben ewiglich.

Katechismusfrage.

86. Welches ist die Summe deines Glaubens an Christum? - Ich glaube, daß Jesus Christus, wahrhaftiger Gott vom Vater in Ewigkeit geboren, und auch wahrhaftiger Mensch von der Jungfrau Maria geboren, sei mein Herr, der mich verlornen und verdammten Menschen erlöset hat, erworben, gewonnen von allen Sünden, vom Tod und von der Gewalt des Teufels, nicht mit Gold oder Silber, sondern mit seinem heiligen, teuern Blut, und mit seinem unschuldigen Leiden und Sterben, auf daß ich sein eigen sei, und in seinem Reich unter ihm lebe und ihm diene in ewiger Gerechtigkeit, Unschuld und Seligkeit, gleichwie er ist auferstanden von den Toten, lebet und regieret in Ewigkeit. Das ist gewißlich wahr.

Fragen.

1. Wo offenbarte sich Jesus noch einmal? 2. Wieviel Jünger waren dabei? 3. Was sagte Petrus? 4. Was taten die andern? 5. Welchen Erfolg hatten sie? 6. Wer stand am Morgen am Ufer? 7. Was fragte er? 8. Was antworteten sie? 9. Was befahl ihnen Jesus? 10. Was geschah dann? 11. Wer er-

kannte Jesus zuerst? 12. Was sagte er? 13. Was tat Petrus? 14. Was sahen sie, als sie ans Land kamen? 15. Wieviel Fische hatten sie gefangen? 16. Was sprach Jesus zu ihnen? 17. Was fragte Jesus den Petrus nach dem Mahl? 18. Was antwortete Petrus? 19. Warum fragte der Herr dreimal? 20. Welchen Auftrag gab er dem Petrus? 21. Was sagte er ihm im Blick auf seine Vergangenheit und seine Zukunft? 22. Und was sprach er dann zu ihm?

46. Die Himmelfahrt Christi.
(Matth. 28, 16-20; Mark. 16, 15.16; Luk. 24, 50-53; Apostelg. 1, 4-14.)

1. Aber die elf Jünger gingen nach Galiläa auf einen Berg, dahin Jesus sie beschieden hatte. Und da sie ihn sahen, fielen sie vor ihm nieder; etliche aber zweifelten. Und Jesus trat zu ihnen, redete mit ihnen und sprach:

Mir ist gegeben alle Gewalt im Himmel und auf Erden. Darum gehet hin und lehret alle Völker und taufet sie im Namen des Vaters, des Sohnes und des Heiligen Geistes; und lehret sie halten alles, was ich euch befohlen habe. Und siehe, ich bin bei euch alle Tage, bis an der Welt Ende. Wer da glaubet und

46. Die Himmelfahrt Christi.

getauft wird, der wird selig werden, wer aber nicht glaubt, der wird verdammt werden.

Die Zeichen aber, die da folgen werden denen, die da glauben, sind die: In meinem Namen werden sie Teufel austreiben, mit neuen Zungen reden, Schlangen vertreiben, und so sie etwas tödliches trinken, wird es ihnen nicht schaden. Auf die Kranken werden sie die Hände legen, so wird es besser mit ihnen werden.

2. Und Jesus ließ sich sehen unter seinen Jüngern vierzig Tage lang und redete mit ihnen vom Reich Gottes. Und als er sie versammelt hatte, befahl er ihnen, daß sie nicht von Jerusalem wichen, sondern warteten auf die Verheißung des Vaters. Denn, sprach er, Johannes hat mit Wasser getauft, *ihr aber sollt mit dem Heiligen Geist getauft werden* nicht lange nach diesen Tagen. Die aber, so zusammen gekommen waren, fragten ihn und sprachen: Herr, wirst du auf diese Zeit wieder aufrichten das Reich Israels? Er aber sprach: Es gebühret euch nicht zu wissen Zeit oder Stunde, welche der Vater seiner Macht vorbehalten hat; sondern ihr werdet die Kraft des Heiligen Geistes empfangen, welcher auf euch kommen wird, und werdet meine Zeugen sein zu Jerusalem und in ganz Judäa und Samaria und bis an das Ende der Erde.

3. Er führte sie aber hinaus bis gen Bethanien und *hob die Hände auf und segnete sie. Und es geschah, da er sie segnete, schied er von ihnen und fuhr auf gen Himmel.* Denn er ward aufgehoben zusehends, und eine Wolke nahm ihn auf vor ihren Augen weg, und er sitzet zur rechten Hand Gottes.

Sie aber beteten ihn an. Und als sie ihm nachsahen gen Himmel, siehe da standen bei ihnen zwei Männer in weißen Kleidern. Die sagten: Ihr Männer von Galiläa, was stehet ihr und sehet gen Himmel? Dieser Jesus, welcher von euch ist aufgenommen gen Himmel, wird kommen, wie ihr ihn gesehen habt gen Himmel fahren. Da kehrten sie wieder um gen Jerusalem mit großer Freude, und waren allewege im Tempel mit Beten und Flehen, priesen und lobten Gott.

Ps. 110, 1: Der Herr sprach zu meinem Herrn: Setze dich zu meiner Rechten, bis ich deine Feinde zum Schemel deiner Füße lege.

Joh. 17, 24: Vater, ich will, daß wo ich bin, auch die bei mir seien, die du mir gegeben hast, daß sie meine Herrlichkeit sehen, die du mir gegeben hast.

Nunmehr ist es dein Geschäfte
In dem obern Heiligtum,
Die erworbnen Lebenskräfte
Durch dein Evangelium

Allen denen mitzuteilen,
Die zum Thron der Gnade eilen,
Nun wird uns durch deine Hand
Heil und Segen zugewandt.

Katechismusfrage.

83. Was bekennen wir mit dem Wort: "Sitzet zur Rechten Gottes, des allmächtigen Vaters?" - Christus ist nach seiner ganzen Person als Gott im Himmel, so daß ihm als dem verklärten Menschensohn von dem allmächtigen Vater alle Gewalt gegeben ist im Himmel und auf Erden, und er als ewiger Prophet, ewiger Priester und ewiger König seine Gemeinde erleuchtet, vertritt und regiert.

Fragen.

1. Wohin gingen die Jünger? 2. Warum? 3. Was taten sie, als sie den Herrn sahen? 4. Aber was wird uns von einigen berichtet? 5. Was sagte der Herr Jesus zu seinen Jüngern von sich? 6. Wie heißt der Missionsbefehl? 7. Welchen Trost gab er ihnen mit? 8. Was befahl er ihnen? 9. Was fragten sie ihn? 10. Welche Antwort gab ihnen der Herr? 11. Wohin führte er sie dann? 12. Was tat er dort? 13. Was geschah, während er sie segnete? 14. Wen sahen sie bei sich stehen? 15. Was sagten die? 16. Wohin gingen die Jünger nun? 17. Wo hielten sie sich auf? 18. Was taten sie dort?

V. Die Gründung der christlichen Kirche.

47. Die Ausgießung des Heiligen Geistes.
(Apostelgeschichte 2.)

1. Als der Tag der Pfingsten erfüllet war, waren die Jünger alle einmütig beieinander. Und es geschah schnell ein Brausen vom Himmel, als eines gewaltigen Windes, und erfüllte das ganze Haus, da sie saßen. Und es erschienen ihnen Zungen zerteilt wie von Feuer. Und er setzte sich auf einen jeglichen unter ihnen. *Und sie wurden alle voll des Heiligen Geistes* und fingen an zu predigen mit andern Zungen, nachdem der Geist ihnen gab auszusprechen. Es waren aber Juden zu Jerusalem wohnend, die waren gottesfürchtige Männer aus allerlei Volk, das unter dem Himmel ist. Da nun diese Stimme geschah, kam die Menge zusammen und wurden bestürzt, denn es hörte ein jeglicher, daß sie mit seiner Sprache redeten. Sie entsetzten sich aber alle, verwunderten sich und sprachen untereinander: Siehe, sind nicht diese alle, die da reden, aus Galiläa? Wie hören wir ein jeglicher seine Sprache, darinnen wir geboren sind? Wir hören sie mit unsern Zungen die großen Taten Gottes reden. Sie entsetzten sich aber alle und wurden irre und sprachen einer zu dem andern: Was will das werden? Die andern aber hatten es ihren Spott und sprachen: Sie sind voll süßen Weins!

2. Da trat Petrus auf mit den Elfen und sprach: Ihr Juden, liebe Männer, diese sind nicht trunken, wie ihr wähnet, sintemal es ist die dritte Stunde am Tage. Sondern das ist es, das durch den Propheten Joel zuvor gesagt ist: "Und es soll geschehen in den letzten Tagen, spricht Gott, ich will ausgießen von meinem Geist auf alles Fleisch. Und es soll geschehen, wer den Namen des Herrn anrufen wird, soll selig werden." Ihr Männer von Israel, höret diese Worte: Jesum von Nazareth, den Mann, von Gott unter euch mit Taten und Wundern und Zeichen erwiesen, welche Gott durch ihn tat unter euch,

47. Die Ausgießung des Heiligen Geistes.

(wie denn auch ihr selbst wisset), denselbigen habt ihr genommen und angeheftet und erwürget. Den hat Gott auferweckt, des sind wir alle Zeugen. Denn es war unmöglich, daß er sollte durch den Tod gehalten werden. Nun er durch die Rechte Gottes erhöhet ist, und empfangen hat die Verheißung des Heiligen Geistes vom Vater, hat er ausgegossen dies, das ihr sehet und höret. *So wisse nun das ganze Haus Israels gewiß, daß Gott diesen Jesum, den ihr gekreuzigt habt, zu einem Herrn und Christ gemacht hat.*

3. Da sie das hörten, ging es ihnen durchs Herz, und sie sprachen zu den Aposteln: Ihr Männer, liebe Brüder, was sollen wir tun? Petrus sprach: *Tut Buße und lasse sich ein jeglicher taufen auf den Namen Jesu Christi zur Vergebung der Sünden, so werdet ihr empfangen die Gabe des Heiligen Geistes.* Denn euer und eurer Kinder ist diese Verheißung, und aller, die ferne sind, welche Gott, unser Herr, herzurufen wird. - Die nun sein Wort gerne annahmen, ließen sich taufen und wurden hinzugetan an dem Tag bei 3000 Seelen.

4. Sie blieben aber beständig in der Apostel Lehre und in der Gemeinschaft und im Brotbrechen und im Gebet. Es kam auch alle Seelen Furcht an, und geschahen viele Wunder und Zeichen durch die Apostel. Alle aber, die gläubig geworden waren, waren bei-

einander und hielten alle Dinge gemein. Ihre Güter und Habe verkauften sie und teilten sie aus unter alle, nach dem jedermann not war. Und sie waren täglich und stets beieinander einmütig im Tempel und brachen das Brot hin und her in Häusern, nahmen die Speise und lobten Gott mit Freuden und einfältigem Herzen und hatten Gnade bei dem ganzen Volk. Der Herr aber tat hinzu täglich, die da selig wurden, zu der Gemeine.

Joh. 15, 26: Wenn aber der Tröster kommen wird, welchen ich euch senden werde vom Vater, der Geist der Wahrheit, der vom Vater ausgeht, der wird zeugen von mir.

Hesek. 36, 27: Ich will meinen Geist in euch geben und will solche Leute aus euch machen, die in meinen Geboten wandeln und meine Rechte halten und danach tun.

Geist des Lebens, heilge Gabe,
Du der Seelen Licht und Trost,
Erntesegen aus dem Grabe
Unsers Heilands aufgeproßt.

Uns gesandt vom Himmelsthrone
Vom erhöhten Menschensohne,
Geist der Kraft und Herrlichkeit:
Mache dir mein Herz bereit!

Katechismusfrage.

88. Was glauben wir von dem Heiligen Geist? - Wir glauben, daß der Heilige Geist ist die dritte Person der heiligen Dreieinigkeit, mit dem Vater und dem Sohn wahrer und ewiger Gott, ein Herr und Austeiler aller Gaben, der uns das Vermögen darreicht, zu Christo, unserm Heiland, zu kommen und bei ihm zu bleiben in Zeit und Ewigkeit.

Fragen.

1. Was geschah, als der Tag der Pfingsten erfüllet war? 2. Wovon wurden die Jünger erfüllt? 3. Worüber wunderten sich die Leute? 4. Aber was sagten andere? 5. Was, sagt Petrus, sei durch dieses Ereignis erfüllt worden? 6. Was sagte Petrus weiter von Jesu? 7. Welchen Eindruck machte die Predigt des Petrus auf seine Zuhörer? 8. Was fragten sie? 9. Was antwortete Petrus? 10. Wieviele ließen sich taufen? 11. Was wird uns von dem täglichen Leben der ersten Gemeinde erzählt? 12. Was taten sie mit ihren Gütern? 13. Wo waren sie täglich? 14. Auch bei wem hatten sie Gnade? 15. Was wird uns von ihrem äußern Wachstum berichtet?

48. Die Heilung des Lahmen an der Tempeltür.

(Apostelgeschichte 3 und 4.)

1. Petrus aber und Johannes gingen miteinander hinauf in den Tempel um die neunte Stunde, da man pflegt zu beten. Und es war ein Mann, lahm von Mutterleibe, der ließ sich tragen, und sie setzten ihn täglich vor des Tempels Tür, daß er bettelte das Almosen von denen, die in den Tempel gingen. Da er nun Petrus und Johannes sah, daß sie wollten zum Tempel hineingehen, bat er um ein Almosen. Petrus aber sah ihn an mit Johannes und sprach: Siehe

48. Die Heilung des Lahmen an der Tempeltür.

uns an! Und er sah sie an und wartete, daß er etwas von ihnen empfinge. Petrus aber sprach: Silber und Gold habe ich nicht, was ich aber habe, das gebe ich dir: *Im Namen Jesu Christi von Nazareth stehe auf und wandle!* Und er griff ihn bei der rechten Hand und richtete ihn auf. Alsobald standen seine Schenkel und Knöchel fest, sprang auf, konnte gehen und stehen und ging mit ihnen in den Tempel, wandelte und sprang und lobte Gott.

2. Und es sah ihn alles Volk wandeln und Gott loben. Als aber dieser Lahme, der nun gesund war, sich zu Petrus und Johannes hielt, lief alles Volk zu ihnen in die Halle, die da heißt Salomos, und wunderten sich. Als Petrus das sah, antwortete er dem Volk: Ihr Männer von Israel, was wundert ihr euch darüber? Oder was sehet ihr auf uns, als hätten *wir* diesen wandeln gemacht durch unsere eigene Kraft oder Verdienst? Der Gott unserer Väter hat sein Kind Jesum verklärt, welchen ihr überantwortet und verleugnet habt vor Pilatus, da derselbige urteilte, ihn loszulassen. Ihr batet, daß man euch den Mörder schenkte, aber den Fürsten des Lebens habt ihr getötet. Den hat Gott von den Toten auferweckt, des sind wir Zeugen. Und durch den Glauben an seinen Namen hat er diesem die Gesundheit gegeben vor euern Augen. Nun, liebe Brüder, ich weiß, daß ihr es durch Unwissenheit getan habt, wie

auch eure Obersten. *So tut nun Buße und bekehret euch, daß eure Sünden vertilgt werden.* - Viele unter denen, die dem Wort zuhörten, wurden gläubig, und es ward die Zahl der Männer bei 5000.

3. Als sie aber zum Volk redeten, traten zu ihnen die Priester und der Hauptmann des Tempels. Die verdroß, daß sie das Volk lehrten und verkündigten die Auferstehung Jesu von den Toten. Und sie legten die Hände an sie und setzten sie ein. Am andern Morgen versammelten sich ihre Obersten und Ältesten und Schriftgelehrten und fragten sie: Aus welcher Gewalt oder in welchem Namen habt ihr das getan? Petrus, voll des Heiligen Geistes, sprach zu ihnen: Ihr Obersten des Volks und ihr Ältesten von Israel! So wir heute werden gerichtet über dieser Wohltat an dem kranken Menschen, durch welche er ist gesund geworden, so sei euch und allem Volk von Israel kund getan, daß *in dem Namen Jesu Christi von Nazareth, welchen ihr gekreuzigt habt, den Gott von den Toten auferwecket hat, stehet dieser allhier vor euch gesund. Das ist der Stein, von euch Bauleuten verworfen, der zum Eckstein geworden ist. Und es ist in keinem andern Heil, ist auch kein anderer Name unter dem Himmel den Menschen gegeben, darinnen wir sollen selig werden.*

4. Sie sahen aber an die Freudigkeit des Petrus und Johannes und verwunderten sich, denn sie waren gewiß, daß es ungelehrte Leute und Laien waren. Sie sahen auch den Menschen, der gesund geworden war, und hatten nichts dawider zu reden. Er war über vierzig Jahre alt. Und sie geboten ihnen, daß sie nicht lehrten in dem Namen Jesu. Petrus aber und Johannes antworteten: Richtet ihr selbst, ob es vor Gott recht sei, daß wir euch mehr gehorchen denn Gott! Wir können es ja nicht lassen, daß wir nicht reden sollten, was wir gesehen und gehört haben. Aber sie drohten ihnen und ließen sie gehen und fanden nicht, wie sie sie peinigten, denn sie lobten alle Gott über dem, das geschehen war.

Matth. 10, 32: Wer mich bekennet vor den Menschen, den will ich bekennen vor meinem himmlischen Vater.

2. Tim. 3, 12: Alle, die gottselig leben wollen in Christo Jesu, müssen Verfolgung leiden.

Laß uns dein edle Balsamkraft
Empfinden und zur Ritterschaft
Dadurch gestärket werden;
Auf daß wir unter deinem Schutz
Begegnen aller Feinde Trutz,

Mit freudigen Gebärden.
Laß dich Reichlich
Auf uns nieder, Daß wir wieder
Trost empfinden,
Alles Unglück überwinden.

Katechismusfrage.

2. Wie gelangst du zu dem ewigen Heil deiner Seele? - Durch den Glauben an unsern Herrn Jesum Christum.

Fragen.

1. Welche Apostel gingen miteinander in den Tempel? 2. Zu welcher Stunde? 3. In welcher Absicht? 4. Wer saß an der Türe des Tempels? 5. Um was bat er die Apostel? 6. Was sprach Petrus zu ihm, als er sie ansah? 7. Was tat der Geheilte? 8. Was sprach Petrus zu der erstaunten Menge? 9. Wieviele

Männer wurden gläubig? 10. Was verdroß die Priester? 11. Was taten sie deshalb? 12. Welche Frage richteten sie am andern Morgen an die Apostel? 13. Welche Antwort gab Petrus? 14. Was geboten ihnen die Obersten? 15. Was antworteten darauf Petrus und Johannes?

49. Ananias und Saphira.
(Apostelgeschichte 4, 32-5, 11.)

1. Die Menge aber der Gläubigen war *ein* Herz und *eine* Seele. Auch sagte keiner von seinen Gütern, daß sie sein wären, sondern es war ihnen alles gemein. Und mit großer Kraft gaben die Apostel Zeugnis von der Auferstehung des Herrn Jesu, und war eine große Gnade bei ihnen allen. Es war auch keiner unter ihnen, der Mangel hatte. Denn wie viele von ihnen Äcker oder Häuser hatten, die verkauften dieselben und legten das Geld zu der Apostel Füßen. Und man gab einem jeglichen, was ihm not war.

2. Ein Mann aber, mit Namen *Ananias*, samt seinem Weibe *Saphira*, verkaufte sein Gut, und entwendete etwas vom Geld mit Wissen seines Weibes, und brachte einen Teil und legte ihn zu der Apostel Füßen. Petrus aber sprach: Ananias, warum hat der Satan dein Herz erfüllt, daß du dem Heiligen Geist lögest, und entwendetest etwas vom Geld des Ackers? Hättest du ihn doch wohl mögen behalten, da du ihn hattest. Und da er verkauft war, war er auch in deiner Gewalt. Warum hast du denn solches in deinem Herzen vorgenommen? *Du hast nicht Menschen, sondern Gott gelogen!* Da Ananias diese Worte hörte, fiel er nieder und gab den Geist auf. Und es kam eine große Furcht über alle, die dies hörten. Es standen aber die Jünglinge auf und trugen ihn hinaus und begruben ihn.

3. Über eine Weile, ungefähr nach drei Stunden, kam sein Weib herein und wußte nicht, was geschehen war. Aber Petrus antwortete ihr: Sage mir, habt ihr den Acker so teuer verkauft? Sie sprach: Ja, so teuer. Petrus sprach zu ihr: Warum seid ihr denn eins geworden, zu versuchen den Geist des Herrn? Siehe, die Füße derer, die deinen Mann begraben haben, sind vor der Tür und werden dich hinaustragen. Und alsbald fiel sie zu seinen Füßen und gab den Geist auf. Da kamen die Jünglinge und fanden sie tot, trugen sie hinaus und begruben sie neben ihrem Mann. Und es kam eine große Furcht über die ganze Gemeine, und über alle, die solches hörten.

2. Tim. 2, 19: Der feste Grund Gottes besteht und hat dieses Siegel: Der Herr kennet die Seinen; und: Es trete ab von Ungerechtigkeit, wer den Namen Christi nennet.

Laß, Vater, deinen guten Geist
Mich innerlich regieren,
Daß ich allzeit tu, was du heißt,
Und mich nicht laß verführen,
Daß ich dem Argen widersteh
Und nicht von deinem Weg abgeh
Zur Rechten oder Linken.

Katechismusfrage.

107. Ist die Kirche alles das, was wir von ihr bekennen, jetzt schon geworden? - Die Kirche ist zwar zu allen Zeiten als wahre Kirche vorhanden gewesen, aber vielfach mit Irrtum und bösem Wesen vermischt; doch ist ihre zukünftige Vollendung noch Gottes Verheißung gewiß.

Fragen.

1. Was wird uns von den ersten Christen gesagt? 2. Was taten viele mit ihren Gütern? 3. Wie hieß der Mann, der auch einen Acker verkaufte? 4. Wie hieß sein Weib? 5. Was taten sie mit einem Teil des Geldes? 6. Was sprach Petrus zu Ananias? 7. Worin bestand seine Lüge? 8. Wie wurde er dafür bestraft? 9. Wer begrub ihn? 10. Wen traf bald darauf das gleiche Schicksal? 11. Warum? 12. Welchen Eindruck machte dieses Gottesgericht auf die Gemeinde und alle, die es hörten?

50. Stephanus.
(Apostelgeschichte 6 und 7.)

1. In den Tagen, da der Jünger viel wurden, erwählten die Apostel sieben Männer zu Almosenpflegern in der Gemeinde, unter denen war Stephanus. Und das Wort Gottes nahm zu, und die Zahl der Jünger ward sehr groß in Jerusalem. Es wurden auch viele Priester dem Glauben gehorsam. Stephanus aber, voll Glaubens und Kräfte, tat Wunder und große Zeichen unter dem Volk. Da standen etliche auf und befragten sich mit Stephanus. Und sie vermochten nicht zu widerstehen der Weisheit und dem Geist, aus welchem er redete. Da richteten sie zu etliche Männer, die sprachen: Wir haben ihn gehört Lästerworte reden wider Mose und wider Gott. Und sie bewegten das Volk und die Ältesten und Schriftgelehrten und führten ihn vor den Rat, und sie sahen auf ihn alle, die im Rate saßen, und sahen sein Angesicht wie eines Engels Angesicht.

2. Da sprach der Hohepriester: Ist dem also? Stephanus sprach: Liebe Brüder und Väter, höret zu! Der Gott der Herrlichkeit hat sich in Abraham das Volk Israels erwählet und hat es mit hoher Hand und starkem Arm durch Mose aus Ägypten geführt. Dann hat er ihm am Sinai *das Gesetz* und in der Wüste die *Hütte des Zeugnisses* gegeben. Salomo aber baute dem Herrn ein Haus. Doch der Allerhöchste wohnt nicht in Tempeln, die mit Händen gemacht sind. Ihr Halsstarrigen, ihr widerstrebet allezeit dem Heiligen Geist, wie eure Väter, also auch ihr. Welche Propheten haben eure Väter *nicht* verfolgt und getötet, die zuvor verkündigten die Zukunft dieses Gerechten, welches ihr nun Verräter und Mörder geworden seid. Ihr habt das Gesetz empfangen durch der Engel Geschäfte und habt's nicht gehalten. Da sie solches hörten, ging es ihnen durchs Herz und bissen die Zähne zusammen über ihn. Als er aber voll Heiligen Geistes war, sah er auf gen Himmel und sah die Herrlichkeit Gottes und Jesum stehen zur Rechten Gottes und sprach: Siehe, ich sehe den Him-

50. Stephanus.

mel offen und des Menschen Sohn zur Rechten Gottes stehen. Sie schrien aber laut und hielten die Ohren zu und stürmten einmütiglich auf ihn ein, stießen ihn zur Stadt hinaus und steinigten ihn. Und die Zeugen legten ab ihre Kleider zu den Füßen eines Jünglings, der hieß *Saulus*. Und sie steinigten Stephanus, der anrief und sprach: Herr Jesu, nimm meinen Geist auf! Er kniete aber nieder und schrie laut: *"Herr, behalte ihnen diese Sünde nicht!"* Und als er das gesagt, entschlief er. Saulus aber hatte Wohlgefallen an seinem Tode. Gottesfürchtige Männer bestatteten Stephanum und hielten eine große Klage über ihn.

Röm. 8, 18: Ich halte es dafür, daß dieser Zeit Leiden der Herrlichkeit nicht wert sei, die an uns soll geoffenbart werden.

Röm. 8, 38.39: Ich bin gewiß, daß weder Tod noch Leben, weder Engel noch Fürstentum, noch Gewalt, weder Gegenwärtiges noch Zukünftiges, weder Hohes noch Tiefes, noch keine andere Kreatur mag uns scheiden von der Liebe Gottes, die in Christo Jesu ist, unserm Herrn.

Schenk uns, gleich Stephanus, Frieden,
Mitten in der Angst der Welt,
Wenn das Los, das uns beschieden,
In den schwersten Kampf uns stellt.

In dem rasenden Getümmel
Schenk uns Glaubensheiterkeit,
Öffn im Sterben uns den Himmel,
Zeig uns Jesu Herrlichkeit.

Katechismusfrage.

122. Was heißt: "Sondern erlöse uns von dem Übel?" - Wir bitten in diesem Gebet, als in der Summa, daß uns der Vater im Himmel von allerlei Übel Leibes und der Seele erlöse, und zuletzt, wenn unser Stündlein kommt, uns ein seliges Ende beschere und mit Gnaden von diesem Jammertal zu sich nehme in den Himmel.

Fragen.

1. Wer war Stephanus? 2. Welches Zeugnis gibt ihm die Heilige Schrift? 3. Was tat er? 4. Auf welche Weise wurde er verleumdet? 5. Was sagte er in seiner Verteidigungsrede? 6. Welchen Eindruck machte diese Rede auf seine Richter? 7. Was sprach Stephanus, als er gen Himmel sah? 8. Was taten seine Feinde mit ihm? 9. Welches waren seine beiden letzten Worte? 10. Wer hatte Wohlgefallen an Stephanus Tode?

51. Der Kämmerer aus dem Mohrenland.
(Apostelgeschichte 8, 26-40.)

1. Es erhob sich aber zu der Zeit eine große Verfolgung über die Gemeine zu Jerusalem, und sie zerstreuten sich alle in die Länder Judäa und Samarien, außer den Aposteln. *Saulus* aber verstörte die Gemeine, ging hin und her in die Häuser und zog hervor Männer und Weiber und überantwortete sie ins Gefängnis. Die nun zerstreuet waren, gingen um und predigten das Wort. Aber der Engel des Herrn redete zu Philippus und sprach: Stehe auf und gehe gegen Mittag, auf die Straße, die von Jerusalem hinab nach Gaza geht, die da wüste ist. Und er stand auf und ging hin. Und siehe, ein Mann aus Mohrenland, ein Kämmerer und Gewaltiger der Königin *Kandace* in Mohrenland, welcher war über alle ihre Schatzkammern, der war nach Jerusalem gekommen, um anzubeten. Und er zog wieder heim und saß auf seinem Wagen und las den Propheten Jesaja.

2. Der Geist aber sprach zu Philippus: Gehe hinzu und halte dich zu diesem Wagen. Da lief Philippus hinzu und hörte, daß er den Propheten Jesaja las und sprach: Verstehest du auch, was du liesest? Er sprach: Wie kann ich, so mich nicht jemand anleitet? Und ermahnte Philippus, daß er aufträte und setzte sich zu ihm. Der Inhalt aber der Schrift, die er las, war dieser: "Er ist wie ein Schaf zur Schlachtung geführt, und still wie ein Lamm vor seinem Scherer, also hat er nicht aufgetan seinen Mund. In seiner Niedrigkeit ist sein Gericht aufgehoben. Wer wird aber seines Lebens Länge ausreden? Denn sein Leben ist von der Erde weggenommen." (Jes. 53). Da sprach der Kämmerer: Ich bitte dich, von wem redet der Prophet solches? Von ihm selber oder von jemand anders? Philippus aber tat seinen Mund auf und fing von dieser Schrift an und predigte ihm das Evangelium von Jesu.

3. Und als sie zogen der Straße nach,

51. Der Kämmerer aus dem Mohrenland.

kamen sie an ein Wasser. Und der Kämmerer sprach: Siehe, da ist Wasser, was hindert es, daß ich mich taufen lasse? Philippus aber sprach: Glaubest du von ganzem Herzen, so mag es wohl sein. Er antwortete und sprach: *Ich glaube, daß Jesus Christus Gottes Sohn ist.* Und er hieß den Wagen halten, und sie stiegen beide hinab in das Wasser, und Philippus taufte ihn. Da sie aber heraufstiegen aus dem Wasser, rückte der Geist des Herrn Philippus hinweg, und der Kämmerer sah ihn nicht mehr. Er zog aber seine Straße fröhlich.

Matth. 5, 6: Selig sind, die da hungert und dürstet nach der Gerechtigkeit, denn sie sollen satt werden.

Mark. 16, 16: Wer da glaubet und getauft wird, der wird selig werden.

Röm. 10, 17: So kommt der Glaube aus der Predigt, das Predigen aber durch das Wort Gottes.

Ich habe nun den Grund gefunden,
 Der meinen Anker ewig hält;
Wo anders, als in Jesu Wunden?
 Da lag er vor der Zeit der Welt,
Der Grund, der unbeweglich steht,
Wenn Erd und Himmel untergeht.

Katechismusfrage.

128. Wozu verpflichtet uns die heilige Taufe? - Daß wir durch tägliche Reue und Buße dem alten Menschen absterben und durch den Glauben auferstehen zu einem neuen Leben.

Fragen.

1. Wodurch wurde das Evangelium auch außerhalb Jerusalems bekannt? 2. Was wird uns von Saulus erzählt? 3. Welchen Befehl erteilte der Engel des Herrn dem Philippus? 4. Wen traf er dort? 5. Womit war der Kämmerer beschäftigt? 6. Was fragte ihn Philippus? 7. Was antwortete der Kämmerer darauf? 8. Welchen Schriftabschnitt las der Kämmerer? 9. Was fragte er den Philippus? 10. Was tat derselbe darauf? 11. Wohin kamen sie auf ihrem Weg? 12. Was wünschte da der Kämmerer? 13. Welche Frage legte ihm sein Begleiter vor? 14. Welches Bekenntnis legte der Kämmerer ab? 15. Was tat Philippus dann? 16. Was geschah mit ihm nach der Taufe? 17. Was aber wird uns von dem Kämmerer erzählt?

52. Pauli Bekehrung.
(Apostelgeschichte 9, 1-31.)

1. Saulus schnaubte noch mit Drohen und Morden wider die Jünger des Herrn und ging zum Hohenpriester und bat ihn um Briefe nach Damaskus an die Schulen, auf daß, so er etliche dieses Weges fände, er sie gebunden führte nach Jerusalem. Und da er auf dem Wege war und nahe bei Damaskus kam, umleuchtete ihn plötzlich ein Licht vom Himmel. Und er fiel auf die Erde und hörte eine Stimme, die sprach zu ihm: *Saul, Saul, was verfolgst du mich?* Er aber sprach: Herr, wer bist du? Der Herr sprach: *Ich bin Jesus, den du verfolgest. Es wird dir schwer werden, wider den Stachel zu löcken.* Saulus sprach mit Zittern und Zagen: Herr, was willst du, daß ich tun soll? Der Herr sprach: Stehe auf und gehe in die Stadt, da wird man dir sagen, was du tun sollst. Seine Gefährten waren erstarrt, denn sie hörten eine Stimme und sahen niemand. Saulus aber richtete sich auf von der Erde, und als er seine Augen auftat, sah er niemand. Sie nahmen ihn aber bei der Hand und führten ihn nach Damaskus. Und er war drei Tage nicht sehend, und aß nicht und trank nicht.

2. Es war aber ein Jünger zu Damaskus, mit Namen *Ananias*, zu dem sprach der Herr im Gesicht: Ananias, gehe hin in die Gasse, die da heißt die gerade, und frage in dem Hause des Judas nach einem namens Saul von Tarsen, *denn siehe, er betet!* Und er hat gesehen im Gesicht einen Mann, mit Namen Ananias, zu ihm hineinkommen und die Hand auf ihn legen, daß er wieder sehend werde. Ananias aber antwortete: Herr, ich habe von vielen gehört von diesem Mann, wieviel Übels er deinen Heiligen in Jerusalem getan hat. Und er hat allhier Macht, zu binden alle, die deinen Namen anrufen. Der Herr sprach zu ihm: Gehe hin! Denn dieser ist mir ein auserwähltes Rüstzeug, daß er meinen Namen trage

52. Pauli Bekehrung.

vor den Heiden und vor den Königen und vor den Kindern von Israel. Ich will ihm zeigen, wieviel er leiden muß um meines Namens willen. Und Ananias ging hin und kam in das Haus und legte die Hände auf ihn und sprach: Lieber Bruder Saul, der Herr hat mich gesandt, der dir auf dem Weg erschienen ist, daß du wieder sehend und mit dem Heiligen Geist erfüllet werdest. Und alsbald fiel es von seinen Augen wie Schuppen, und er ward wieder sehend und stand auf und ließ sich taufen und nahm Speise zu sich und stärkte sich.

3. Saulus aber war etliche Tage bei den Jüngern zu Damaskus. Und alsbald predigte er Christum in den Schulen, daß derselbe Gottes Sohn sei. Und nach vielen Tagen hielten die Juden einen Rat zusammen, daß sie ihn töteten. Aber es ward Saul kund getan, daß sie ihm nachstellten. Sie hüteten aber Tag und Nacht an den Toren. Da nahmen ihn die Jünger bei der Nacht und ließen ihn durch die Mauer in einem Korb hinab. Da aber Saulus nach Jerusalem kam, versuchte er, sich zu den Jüngern zu tun. Aber sie fürchteten sich alle vor ihm und glaubten nicht, daß er ein Jünger wäre. Barnabas aber nahm ihn zu sich und führte ihn zu den Aposteln und erzählte ihnen, wie er auf der Straße den Herrn gesehen und wie er zu Damaskus den Namen Jesu frei gepredigt hätte. Und er war bei

ihnen und ging aus und ein zu Jerusalem und predigte den Namen des Herrn Jesu frei. Aber sie stellten ihm auch hier nach, daß sie ihn töteten. Da das die Brüder erfuhren, geleiteten sie ihn nach Cäsarea und schickten ihn nach Tarsus. - So hatte nun die Gemeinde Frieden durch ganz Judäa und Galiläa und Samaria und baute sich, und wandelte in der Furcht des Herrn und ward erfüllet mit Trost des Heiligen Geistes.

Sprüche 16, 9: Des Menschen Herz schlägt seinen Weg an, aber der Herr allein gibt, daß er fortgehe.

Ps. 139, 23.24: Erforsche mich, Gott, und erfahre mein Herz, prüfe mich und erfahre, wie ich's meine. Und siehe, ob ich auf bösem Wege bin und leite mich auf ewigem Wege.

Das muß ich dir, mein Gott, bekennen,
Das rühm ich, wenn ein Mensch mich fragt;
Ich kann es nur Erbarmung nennen,
So ist mein ganzes Herz gesagt.
Ich beuge mich und bin erfreut
Und rühme die Barmherzigkeit.

Katechismusfrage.

92. Was ist die Berufung? - Es gibt eine allgemeine Berufung und eine besondere. Durch die allgemeine Berufung fordert der Heilige Geist die Menschen insgesamt auf, ins Reich Gottes einzugehen. Durch die besondere Berufung bringt der Heilige Geist die allgemeine Berufung so wirksam an den einzelnen Menschen, daß derselbe nicht anders kann, als sie entweder annehmen oder verwerfen.

Fragen.

1. Wie verhielt sich Saulus gegen die Christen? 2. Wohin wollte er zu diesem Zwecke gehen? 3. Was sah er in der Nähe von Damaskus? 4. Was fragte ihn eine Stimme? 5. Als wen gab sich der Herr kund? 6. Was fragte Saulus? 7. Welchen Bescheid gab ihm der Herr? 8. Wie verhielt er sich in den ersten Tagen zu Damaskus? 9. Wen schickte der Herr zu ihm? 10. Welchen Einwand erhob Ananias? 11. Was sagte da der Herr? 12. Was tat und sprach der Jünger bei Saulus? 13. Was tat Saul, als er wieder sehend war? 14. Wer stellte ihm nach? 15. Wie entrann er? 16. Wie verhielten sich anfangs die Jünger in Jerusalem gegen ihn? 17. Wer führte ihn in den Apostelkreis ein? 18. Warum mußte er auch Jerusalem wieder verlassen? 19. Wohin ging er dann?

53. Die Bekehrung des Hauptmanns Kornelius.
(Apostelgeschichte 10-11, 18.)

1. Es war aber ein Mann zu Cäsarea mit Namen *Kornelius*, ein römischer Hauptmann, gottselig und gottesfürchtig samt seinem ganzen Hause, und gab dem Volk viel Almosen und betete immer zu Gott. Der sah in einem Gesicht offenbarlich um die neunte Stunde am Tag einen Engel Gottes zu sich eingehen, der sprach zu ihm: Kornelius! Er aber sah ihn an, erschrak und sprach: Herr, was ist's? Er aber sprach zu ihm: Deine Gebete und deine Al-

53. Die Bekehrung des Hauptmanns Kornelius.

mosen sind hinaufgekommen in das Gedächtnis vor Gott. Und nun sende Männer nach *Joppe*, und laß fordern Simon, mit dem Zunamen Petrus, welcher ist zur Herberge bei einem Gerber Simon, des Haus am Meer liegt. Der wird dir sagen, was du tun sollst. Und da der Engel weggegangen war, rief Kornelius zwei seiner Hausknechte und einen gottesfürchtigen Kriegsknecht und sandte sie nach Joppe.

2. Des andern Tages, da diese nahe zur Stadt kamen, stieg Petrus hinauf auf den Söller zu beten, um die sechste Stunde. Und als er hungrig ward, wollte er essen. Da sie ihm aber zubereiteten, ward er entzückt und sah den Himmel aufgetan und herniederfahren zu ihm ein Gefäß, wie ein groß leinen Tuch, an vier Zipfeln gebunden, und ward niedergelassen auf die Erde. Darin waren allerlei vierfüßige Tiere der Erde und wilde Tiere und Gewürm und Vögel des Himmels. Und es geschah eine Stimme zu ihm: Stehe auf, Petrus, schlachte und iß! Petrus aber sprach: O nein, Herr, denn ich habe noch nie etwas Gemeines oder Unreines gegessen. Und die Stimme sprach zum andern Mal zu ihm: *Was Gott gereinigt hat, das mache du nicht gemein!* Das geschah dreimal, und das Gefäß ward wieder aufgenommen gen Himmel. Als aber Petrus sich in ihm selbst bekümmerte, was das Gesicht wäre, siehe, da standen die Männer, die Korne-

lius gesandt hatte, vor der Tür, riefen und forschten, ob Petrus da zur Herberge wäre. Der Geist aber sprach zu Petrus: Siehe, drei Männer suchen dich; aber stehe auf, steige hinab und ziehe mit ihnen und zweifle nichts, denn ich habe sie gesandt. Da stieg Petrus hinab zu den Männern und sprach: Siehe, ich bin es, den ihr suchet; was ist die Sache, darum ihr hier seid? Da erzählten sie ihm alles, und Petrus rief sie hinein und beherbergte sie.

3. Des andern Tages zog Petrus mit ihnen, und etliche Brüder von Joppe gingen mit ihm. Kornelius aber wartete auf sie und hatte zusammengerufen seine Verwandten und Freunde. Als Petrus hineinkam, ging ihm Kornelius entgegen und fiel zu seinen Füßen und betete ihn an. Petrus aber richtete ihn auf und sprach: Stehe auf, ich bin auch ein Mensch! Da erzählte ihm Kornelius, warum er ihn habe fordern lassen, und sprach: Nun sind wir alle hier gegenwärtig vor Gott, zu hören alles, was dir von Gott befohlen ist. Petrus aber tat seinen Mund auf und sprach: Nun erfahre ich in der Wahrheit, daß Gott die Person nicht ansieht, sondern in allerlei Volk, wer ihn fürchtet und recht tut, der ist ihm angenehm. Ihr wisset wohl von der Predigt, die Gott zu den Kindern Israels gesandt hat, und verkündigen lassen den Frieden durch Jesum Christum, welcher ist ein Herr über alles. Den haben sie getötet. Denselbigen hat Gott auferweckt. Und er hat uns geboten, zu predigen dem Volk, und zu zeugen, daß er ist verordnet von Gott ein Richter der Lebendigen und der Toten. *Von diesem zeugen alle Propheten, daß durch seinen Na-* *men alle, die an ihn glauben, Vergebung der Sünden empfangen sollen.* Da Petrus noch diese Worte redete, fiel der Heilige Geist auf alle, die dem Worte zuhörten. Und die Gläubigen, die mit Petrus gekommen waren, entsetzten sich, daß auch auf die Heiden die Gabe des Heiligen Geistes ausgegossen ward, denn sie hörten, daß sie mit Zungen redeten und Gott hoch priesen. Da sprach Petrus: Mag auch jemand das Wasser wehren, daß diese nicht getauft werden, die den Heiligen Geist empfangen haben, gleichwie auch wir? Und er befahl, sie zu taufen in dem Namen des Herrn. Da baten sie ihn, daß er etliche Tage dabliebe.

Joh. 10, 16: Ich habe noch andere Schafe, die sind nicht aus diesem Stall. Und dieselben muß ich herführen, und sie werden meine Stimme hören, und es wird eine Herde und ein Hirte werden.

Röm. 10, 17: So kommt der Glaube aus der Predigt, das Predigen aber durch das Wort Gottes.

O Jesu Christe, wahres Licht!
Erleuchte, die dich kennen nicht,
Und bringe sie zu deiner Herd,
Daß ihre Seel auch selig werd.

Katechismusfrage.

90. Wodurch wirkt der Heilige Geist? - Durch das Wort Gottes und die heiligen Sakramente, als die von Gott verordneten Gnadenmittel.

Fragen.

1. Wie hieß der Hauptmann von Cäsarea? 2. Was war das für ein Mann? 3. Wer erschien ihm? 4. Was sprach der Engel zu ihm? 5. Was sollte Kornelius tun? 6. Warum? 7. Durch welches Erlebnis wurde Petrus auf den Besuch der heidnischen Männer vor-

bereitet? 8. Warum war das für Petrus notwendig? 9. Was sprach Kornelius, als Petrus zu ihm kam? 10. Wen hatte der Hauptmann auch noch eingeladen? 11. Was predigte ihnen der Apostel? 12. Was war die Folge davon? 13. Wer entsetzte sich darüber, daß auch Heiden den Heiligen Geist empfingen? 14. Was sprach da Petrus? 15. Was befahl er?

54. Die Errettung des Petrus.
(Apostelgeschichte 12, 1-17.)

1. Um dieselbe Zeit legte der König Herodes zu Jerusalem die Hände an die Gemeinde, sie zu peinigen. Er tötete den *Jakobus*, den Bruder des Johannes, mit dem Schwert. Und da er sah, daß es den Juden gefiel, fuhr er fort und fing *Petrus* auch. Es waren aber eben die Tage der süßen Brote. Da er ihn nun griff, legte er ihn ins Gefängnis und überantwortete ihn vier Rotten, je von vier Kriegsknechten, ihn zu bewahren und gedachte, ihn nach Ostern dem Volk vorzustellen. Aber die Gemeinde betete ohne Aufhören für ihn zu Gott.

2. In der letzten Nacht schlief Petrus zwischen zwei Kriegsknechten, gebunden mit zwei Ketten, und die Hüter vor der Tür hüteten des Gefängnisses. Und siehe, der *Engel des Herrn* kam daher, und ein Licht schien in dem Gemach. Und er schlug Petrus an die Seite und weckte ihn und sprach: Stehe behende auf! Und die Ketten fielen ihm von seinen Händen. Und der Engel sprach: Gürte dich und tue deine Schuhe an! Und er tat also. Und der Engel sprach: Wirf deinen Mantel um dich und folge mir nach! Und er ging hinaus und folgte ihm und wußte nicht, daß ihm wahrhaftig solches geschähe durch den Engel, sondern es dünkte ihm, er sähe ein Gesicht. Sie gingen aber durch die erste und andere Hut und kamen zu der eisernen Tür, welche zur Stadt führt. Die tat sich ihnen von selber auf. Sie traten hinaus und gingen hin eine Gasse lang, und alsbald schied der Engel von ihm. Und da Petrus zu sich selber kam, sprach er: Nun weiß ich wahrhaftig, daß der Herr seinen Engel gesandt und mich errettet hat aus der Hand des Herodes und von allem Warten des jüdischen Volkes. Und als er sich besann, kam er vor das Haus Marias, der Mutter des Markus, wo viele beieinander waren und beteten. Als aber Petrus an dem Tor klopfte, trat hervor eine Magd, zu horchen, mit Namen *Rhode*. Und als sie Petrus Stimme erkannte, tat sie das Tor nicht auf vor Freuden, lief aber hinein und verkündigte es ihnen, Petrus stünde vor dem Tor. Sie aber sprachen zu ihr: Du bist unsinnig! Petrus aber klopfte weiter an. Da sie aber auftaten, sahen sie ihn und entsetzten sich. Er aber winkte ihnen mit der Hand, zu schweigen, und erzählte ihnen, wie ihn der Herr aus dem Gefängnis geführt hätte, und sprach: Verkündiget dies Jakobus und den Brüdern! Und er ging hinaus und zog an einen andern Ort.

Ps. 34, 8: Der Engel des Herrn lagert sich um die her, so ihn fürchten, und hilft ihnen aus.

Hebr. 1, 14: Die Engel sind allzumal dienstbare Geister, ausgesandt zum Dienst um derer willen, die ererben sollen die Seligkeit.

Deinen Engel zu mir sende,
Der des bösen Feindes Macht,
List und Anschlag von mir wende
Und mich halt in guter Acht,
Der mich endlich auch zur Ruh
Trage deinem Himmel zu.

Katechismusfrage.

46. Was heißt: Gott ist allweise? - Gott ordnet und leitet alles zu seiner Verherrlichung und zum Heile der Menschen.

Fragen.

1. Was wird uns von König Herodes erzählt? 2. Wen tötete er? 3. Wen ließ er auch gefangen nehmen? 4. Warum? 5. Was war seine Absicht? 6. Was tat die Gemeinde? 7. Durch wen und wie wurde Petrus aus dem Gefängnis befreit? 8. Was sprach Petrus, als er sich wieder allein sah? 9. An welches Haus kam er? 10. Wer erkannte Petrus an der Stimme? 11. Warum tat sie ihm die Tür nicht auf? 12. Was erzählte Petrus den Versammelten?

55. Erste Missionsreise des Apostels Paulus.
(Apostelgeschichte 13 und 14.)

1. Es waren aber zu *Antiochien*, woselbst die Jünger Jesu zuerst *Christen* genannt wurden, Propheten und Lehrer. Da sie aber dem Herrn dienten und fasteten, sprach der Heilige Geist: Sondert mir aus *Barnabas* und *Saulus* zu dem Werke, dazu ich sie berufen habe. Da fasteten sie und beteten und legten die Hände auf sie und ließen sie gehen. Und da sie die Insel Cypern durchzogen bis zur Stadt *Paphos*, fanden sie einen Zauberer und falschen Propheten, einen Juden, der hieß *Bar-Jesus*. Der war bei *Sergius Paulus*, dem Landvogt, einem verständigen Mann. Derselbe rief zu sich Barnabas und Saulus und begehrte das Wort Gottes zu hören. Da widerstand ihnen der Zauberer und trachtete, daß er den Landvogt vom Glauben wendete. Saulus aber, der auch *Paulus* heißt, voll Heiligen Geistes, sah ihn an und sprach: O du Kind des Teufels, voll aller List und Schalkheit, und Feind aller Gerechtigkeit, du hörest nicht auf abzuwenden die rechten Wege des Herrn. Und nun siehe, die Hand des Herrn kommt über dich, und du sollst blind sein und die Sonne eine Zeit lang nicht sehen! Und von Stund an fiel auf ihn Dunkelheit und Finsternis und ging umher und suchte Handleiter. Als der Landvogt die Geschichte sah, glaubte er und verwunderte sich der Lehre des Herrn.

2. Da aber Paulus, und die um ihn waren, von Paphos schifften, kamen sie nach *Perge* im Lande *Pamphylien* und von da nach *Antiochien* im Lande Pisidien. Daselbst predigte Paulus am Sabbat den Juden in der Schule das Evangelium von Jesu Christo. Da aber die Juden aus der Schule gingen, baten die *Heiden*, daß sie am nächsten Sabbat ihnen die Worte sagten. Am folgenden Sabbat aber kam zusammen

55. Erste Missionsreise des Apostels Paulus.

fast die ganze Stadt, das Wort Gottes zu hören. Da aber die Juden das Volk sahen, wurden sie voll Neides, und widersprachen dem, das von Paulus gesagt ward, widersprachen und lästerten. Paulus aber und Barnabas sprachen frei öffentlich: Euch mußte zuerst das Wort Gottes gesagt werden; nun ihr es aber von euch stoßet und achtet euch selbst nicht wert des ewigen Lebens, siehe, so wenden wir uns zu den Heiden. Da wurden die Heiden froh und wurden gläubig, wie viel ihrer zum ewigen Leben verordnet waren. Und das Wort des Herrn ward ausgebreitet durch die ganze Gegend. Aber die Juden erweckten eine Verfolgung über Paulus und Barnabas und stießen sie zu ihren Grenzen hinaus. Sie aber schüttelten den Staub von ihren Füßen über sie und kamen nach *Ikonien*.

3. In Ikonien hatten die Apostel ihr Wesen eine lange Zeit und lehrten frei im Herrn. Und der Herr bezeugte das Wort seiner Gnade und ließ Zeichen und Wunder durch ihre Hände geschehen. Die Menge der Stadt aber spaltete sich, etliche hielten es mit den Juden und etliche mit den Aposteln. Da sich aber ein Sturm erhob, sie zu schmähen und zu steinigen, entflohen sie nach *Lystra* und *Derbe* in Lykaonien und predigten daselbst das Evangelium. Und es war ein Mann zu Lystra, lahm von Mutterleibe, der noch nie gewan-

delt hatte, der hörte Paulus reden. Und als Paulus ihn ansah und merkte, daß er glaubte, ihm möchte geholfen werden, sprach er mit lauter Stimme: Stehe aufrecht auf deine Füße! Und er sprang auf und wandelte. Da aber das Volk sah, was Paulus getan hatte, riefen sie: Die Götter sind den Menschen gleich geworden und zu uns herniedergekommen! Und sie nannten Barnabas *Jupiter* und Paulus *Merkurius*, dieweil er das Wort führte. Die Priester Jupiters aber brachten Ochsen und Kränze und wollten opfern. Da zerrissen die Apostel ihre Kleider und sprachen: Ihr Männer, was macht ihr da? Wir sind auch sterbliche Menschen, gleich wie ihr, und predigen euch das Evangelium, daß ihr euch bekehren sollt von diesen falschen Göttern zu dem lebendigen Gott, welcher gemacht hat Himmel und Erde und das Meer und alles, was darinnen ist. Und zwar hat er sich selbst nicht unbezeugt gelassen, hat uns viel Gutes getan und vom Himmel Regen und fruchtbare Zeiten gegeben, unsere Herzen erfüllet mit Speise und Freude. Und da sie das sagten, stillten sie kaum das Volk, daß sie ihnen nicht opferten. Es kamen aber dahin Juden von Antiochien und Ikonien und überredeten das Volk und steinigten Paulus und schleiften ihn zur Stadt hinaus, meinten, er wäre gestorben. Da ihn aber die Jünger umringten, stand er auf und ging in die Stadt. Und am andern Tag ging er aus mit Barnabas nach Derbe und stärkte die Seelen der Jünger und ermahnte sie, daß sie im Glauben blieben, und daß wir durch viele Trübsale müssen in das Reich Gottes gehen. Und sie ordneten allenthalben Älteste in den Gemeinden. Darauf durchzogen sie Pisidien und Pamphylien und schifften wieder nach Antiochien (in Syrien).

Luk. 10, 16: Wer euch höret, der höret mich, und wer euch verachtet, der verachtet mich; wer aber mich verachtet, der verachtet den, der mich gesandt hat.

Wach auf, du Geist der ersten Zeugen,
Die auf der Maur als treue Wächter stehn,
Die Tag und Nächte nimmer schweigen,
Und die getrost dem Feind entgegengehn,
Ja, deren Schall die ganze Welt durchdringt
Und aller Völker Scharen zu dir bringt.

Katechismusfrage.

117. Was heißt: "Dein Reich komme?" - Gottes Reich ist zwar durch die Erlösung zustande gekommen; wir bitten aber in diesem Gebet, daß wir und alle Menschen mögen teilhaben an diesem Reich und daß dasselbe nach innen und außen, im großen und im kleinen vollendet werde.

Fragen.

1. Wo wurden die Jünger Jesu zuerst Christen genannt? 2. Wen sandte man von Antiochien als Missionare in ferne Länder? 3. Zu welcher Insel kamen sie zuerst? 4. Wer war Bar-Jesus? 5. Wie hieß der Landvogt? 6. Womit wurde Bar-Jesus bestraft? 7. Wohin begaben sich die Apostel dann? 8. Was wünschten die Heiden in Antiochien? 9. Was taten aber die Juden? 10. Warum? 11. Wo lehrten darauf die Apostel

lange Zeit? 12. Warum mußten sie auch aus Ikonien fliehen? 13. Wen heilte Paulus in Lystra? 14. Wofür hielten darum die Leute die Apostel? 15. Was wollten sie tun? 16. Aber was taten die Apostel? 17. Was sagte Paulus zu ihnen? 18. Aber was taten sie bald darauf mit Paulus? 19. Warum? 20. Nach welcher Stadt kamen die Apostel wieder zurück? 21. Was taten sie unterwegs?

56. Zweite Missionsreise des Apostels Paulus.

I. In Philippi.
(Apostelgeschichte 16.)

1. Paulus aber erwählte *Silas* und später auch *Lukas* zu Begleitern und zog durch Syrien und Zilizien und stärkte die Gemeinden. In *Lystra* nahm er noch den *Timotheus* mit sich. Und da sie gen Troas kamen, erschien Paulus ein Gesicht bei der Nacht, das war ein *Mann aus Mazedonien*, der bat ihn und sprach: Komm herüber nach Mazedonien und hilf uns! Alsobald waren sie gewiß, daß sie der Herr dahin berufen hätte. Und stracks Laufs schifften sie nach *Europa* und kamen nach *Philippi*, der Hauptstadt des Landes Mazedonien. Am Sabbat gingen sie vor die Stadt an das Wasser, wo man pflegte zu beten, und redeten zu denen, die da zusammen kamen. Und ein gottesfürchtiges Weib mit Namen *Lydia*, eine Purpurkrämerin, hörte zu. Dieser tat der Herr das Herz auf, daß sie auf das acht hatte, was von Paulus geredet ward, und sie wurde getauft und ihr Haus.

2. Es geschah aber, da die Apostel zu dem Gebet gingen, daß ihnen eine Magd begegnete, die hatte einen Wahrsagergeist und trug ihren Herren viel Gewinn zu mit Wahrsagen. Dieselbige folgte allenthalben den Aposteln nach und schrie: Diese Menschen sind Knechte Gottes, des Allerhöchsten, die euch den Weg der Seligkeit verkündigen. Paulus aber tat das wehe, wandte sich um und sprach zu dem Geist: Ich gebiete dir in dem Namen Jesu Christi, daß du von ihr ausfahrest! Und er fuhr aus zu derselbigen Stunde. Da aber ihre Herren sahen, daß die Hoffnung ihres Gewinns ausgefahren war, erregten sie das Volk wider die Apostel. Und die Hauptleute ließen ihnen die Kleider abreißen und hießen sie stäupen und warfen sie in das Gefängnis und geboten dem Kerkermeister, daß er sie wohl verwahrte. Der warf sie in das innerste Gefängnis und legte ihre Füße in den Stock. Um die Mitternacht aber beteten Paulus und Silas und lobten Gott. Und es hörten sie die Gefangenen. Schnell aber ward ein großes Erdbeben, also daß sich die Grundfesten des Gefängnisses bewegten. Und von Stund an wurden alle Türen aufgetan und aller Bande los. Als aber der Kerkermeister aus dem Schlafe fuhr und sah die Türen des

Gefängnisses aufgetan, zog er das Schwert aus und wollte sich selbst erwürgen, denn er meinte, die Gefangenen wären entflohen. Paulus aber rief laut und sprach: Tue dir nichts Übels, denn wir sind alle hier! Da forderte der Kerkermeister ein Licht, sprang zitternd hinein, fiel Paulus und Silas zu den Füßen, führte sie heraus und sprach: Liebe Herren, was soll ich tun, daß ich selig werde? Sie sprachen: *Glaube an den Herrn Jesum Christum, so wirst du und dein Haus selig.* Und er nahm sie zu sich in derselbigen Stunde der Nacht und wusch ihnen die Striemen ab. Und sie sagten ihm das Wort des Herrn und allen, die in seinem Hause waren. Und er ließ sich taufen und all die Seinen alsobald. Und er führte sie in sein Haus und setzte ihnen einen Tisch und freute sich mit seinem ganzen Hause, daß er an Gott gläubig geworden war.

2. Kor. 4, 8: Wir haben allenthalben Trübsal, aber wir ängsten uns nicht. Uns ist bange, aber wir verzagen nicht.
Mark. 16, 16: Wer da glaubet und getauft wird, der wird selig werden; wer aber nicht glaubt, der wird verdammt werden.

Such, wer da will, Ein ander Ziel,
Die Seligkeit zu finden;
Mein Herz allein Bedacht soll sein,
Auf Christum sich zu gründen.
Sein Wort ist wahr, Sein Werk ist klar,
Sein heilger Mund hat Kraft und Grund,
All Feind zu überwinden.

Katechismusfrage.

95. Was ist der Glaube? - Der Glaube ist die gewisse Zuversicht, mit welcher der Sünder die Gnade Gottes in Christo ergreift und sich zueignet.

Fragen.

1. Wie heißen die Begleiter des Apostels Paulus? 2. Wodurch wurden die Apostel veranlaßt, nach Europa zu gehen? 3. In welcher Stadt missionierten sie zuerst? 4. Wer wurde da zuerst für das Evangelium gewonnen? 5. Wie kam's, daß die Apostel ins Gefängnis geworfen wurden? 6. Was taten die Apostel im Gefängnis? 7. Was geschah darauf? 8. Was wollte der Kerkermeister tun? 9. Warum? 10. Was rief Paulus? 11. Welche Frage richtete darauf der Kerkermeister an die Apostel? 12. Welche Antwort gaben ihm die Apostel? 13. Was tat der Kerkermeister dann? 14. Worüber freute er sich?

II. In Athen.
(Apostelgeschichte 17.)

1. Von Philippi zogen die Apostel nach *Thessalonich.* Daselbst verkündigte Paulus in der Judenschule Jesum Christum aus der Schrift und tat sie ihnen auf. Und etliche unter ihnen fielen ihm zu, auch der gottesfürchtigen Heiden eine große Menge und nicht wenige der vornehmsten Weiber. Aber die halsstarrigen Juden machten einen Aufruhr. Da fertigten die Brüder den

II. In Athen.

Paulus und Silas bei der Nacht ab nach *Beröa*. Da sie dahin kamen, gingen sie in die Judenschule. Diese aber waren edler denn die zu Thessalonich. Sie nahmen das Wort auf ganz williglich und forschten täglich in der Schrift, ob sich's also verhielte. Als aber die Juden zu Thessalonich erfuhren, daß auch zu Beröa das Wort Gottes von Paulus verkündigt würde, kamen sie und bewegten auch allda das Volk. Da geleiteten die Brüder den Paulus nach *Athen*. Silas aber und Timotheus blieben zurück.

2. Da aber Paulus in Athen auf seine Begleiter wartete, ergrimmte sein Geist in ihm, da er die Stadt so gar abgöttisch sah. Und er redete zu den Juden und Gottesfürchtigen in der Schule, auch auf dem Markt alle Tage zu denen, die sich herzufanden. Etliche Philosophen stritten mit ihm und führten ihn auf den Gerichtsplatz und sprachen: Können wir auch erfahren, was das für eine neue Lehre sei, die du lehrest? Die Athener aber waren auf nichts anderes gerichtet, denn etwas Neues zu sagen oder zu hören. Paulus aber sprach: Ihr Männer von Athen, ich sehe, daß ihr in allen Stücken gar sehr die Götter fürchtet. Ich bin durch eure Stadt gegangen und habe eure Gottesdienste gesehen. Da fand ich einen Altar, darauf war geschrieben: *Dem unbekannten Gott.* Nun verkündige ich euch denselbigen, dem ihr

unwissend Gottesdienst tut. Gott, der die Welt gemacht hat und alles, was darinnen ist, er, der ein Herr ist Himmels und der Erde, wohnt nicht in Tempeln mit Händen gemacht. Und zwar ist er nicht ferne von einem jeglichen unter uns, denn in ihm leben, weben und sind wir, wie auch etliche Poeten bei euch gesagt haben: Wir sind seines Geschlechts. So wir denn göttliches Geschlechts sind, sollen wir nicht meinen, die Gottheit sei gleich den goldenen, silbernen und steinernen Bildern, durch menschliche Kunst und Gedanken gemacht. Und zwar hat Gott die Zeit der Unwissenheit übersehen; nun aber gebietet er allen Menschen Buße zu tun, darum, daß er einen Tag gesetzt hat, auf welchen er richten will den Kreis des Erdbodens mit Gerechtigkeit durch einen Mann, in welchem er's beschlossen hat, und jedermann vorhält den Glauben, nachdem er ihn hat von den Toten auferweckt. - Da sie hörten die Auferstehung der Toten, da hatten es etliche ihren Spott. Etliche sprachen: Wir wollen dich davon weiter hören. Also ging Paulus von ihnen. Etliche aber hingen ihm an und wurden gläubig. - Von Athen begab sich Paulus nach Korinth und blieb daselbst ein Jahr und sechs Monate und lehrte sie das Wort Gottes. Danach zog er wieder gen Antiochien.

Joh. 5, 39: Suchet in der Schrift, denn ihr meinet, ihr habt das ewige Leben darinnen, und sie ist's, die von mir zeuget.

Ps. 33, 13-15: Der Herr schauet vom Himmel und siehet aller Menschen Kinder. Von seinem festen Thron siehet er auf alle, die auf Erden wohnen. Er lenket ihnen allen das Herz, er merket auf alle ihre Werke.

Wie herrlich ist dein Ruhm,
O Gott, in allen Landen!
Die Himmel und ihr Heer
Sind durch dein Wort entstanden.

Du sprichst und es geschieht
Gebeutst, so steht es da,
Mit Allmacht bist du mir
Und auch mit Güte nah.

Katechismusfrage.

49. Was heißt: Gott ist gerecht? - Gott ist recht in seinem Wesen und in seinem Tun; er handelt mit einem jeglichen, wie er es bedarf; er belohnt alles Gute und bestraft alles Böse.

Fragen.

1. Welche Erfahrungen machte Paulus in Thessalonich? 2. Wohin ging er von da? 3. Was wird von den Leuten zu Beröa gerühmt? 4. Worin zeigte sich das? 5. Aber durch wen wurde Paulus auch von hier vertrieben? 6. Wohin ging er dann? 7. Worüber ergrimmte er? 8. Was tat Paulus dort? 9. Was wird von den Athenern gesagt? 10. Wohin führten sie ihn? 11. Zu welchem Zweck? 12. Was ist der Hauptinhalt der Predigt, die der Apostel dort gehalten hat? 13. Welches war der Erfolg seiner Predigt? 14. Wie lange hielt sich Paulus in Korinth auf? 15. Wohin ging er dann?

57. Dritte Missionsreise des Apostels Paulus.
(Apostelgeschichte 19 und 20.)

1. Als Paulus etliche Zeit in Antiochien verzogen hatte, reiste er weiter und durchwandelte das galatische Land und Phrygien und stärkte die Brüder. Und er kam nach *Ephesus* und lehrte daselbst zwei Jahre und drei Monate lang vom Reiche Gottes, also daß alle, die in Kleinasien wohnten, das Wort des Herrn Jesu hörten, Juden und Griechen. Und Gott wirkte nicht geringe Taten durch die Hände des Paulus, und das Wort des Herrn nahm überhand, und der Name des Herrn Jesu ward hochgelobet.

2. Um dieselbige Zeit erhob sich eine nicht kleine Bewegung über diesem Wege. Ein Goldschmied mit Namen *Demetrius* machte der Diana silberne Tempel und wandte denen vom Handwerk nicht geringen Gewinn zu. Dieselben versammelte er und die Beiarbeiter desselbigen Handwerks und sprach: Liebe Männer, ihr wisset, daß wir großen Gewinn von diesem Gewerbe haben. Und ihr sehet und höret, daß nicht allein zu Ephesus, sondern auch fast in ganz Asien dieser Paulus viel Volks abfällig macht, überredet und spricht: Es sind nicht Götter, welche von Händen gemacht sind. Aber es will nicht allein unser Handel dahin geraten, daß er nichts gelte, sondern auch der Tempel der großen Göttin Diana wird für nichts geachtet werden, welcher doch ganz Asien und der Weltkreis Gottesdienst erzeigt. - Da wurden sie voll Zorns, schrien und sprachen: Groß ist die Diana der Epheser! Und die ganze Stadt ward voll Getümmels. Sie stürmten aber einmütiglich zu dem Schauplatz und ergriffen Pauli Gefährten. Da aber Paulus unter das Volk gehen wollte, ließen's ihm die Jünger nicht zu. Auch etliche der Obersten, die des Paulus Freunde waren, sandten zu ihm und ermahnten ihn, daß er sich nicht auf den Schauplatz begäbe. Etliche schrien so, etliche ein anderes, und die Gemeinde war irre, und der größte Teil wußte nicht, warum sie zusammen gekommen waren, und schrien bei zwei Stunden: *Groß ist die Diana der Epheser!* Da aber der Kanzler das Volk gestillt hatte, ließ er die Gemeinde gehen.

3. Da nun die Empörung aufgehört hatte, rief Paulus die Jünger zu sich und segnete sie und reiste nach Macedonien. Und da er dieselbigen Länder durchzogen und die Gläubigen mit vielen Worten ermahnt hatte, kam er nach Griechenland und blieb dort drei Monate. Da ihm aber die Juden nachstellten, als er nach Syrien fahren wollte, kehrte er wieder um durch Macedonien und fuhr von Philippi hinüber nach Troas. Von dort fuhr er mit seinen Gefährten an der Küste von Kleinasien hin. Denn er hatte beschlossen, an Ephesus vorüber zu schiffen, weil er eilte, auf den Pfingsttag in Jerusalem zu sein, wenn es ihm möglich wäre. Als sie aber nach *Milet* kamen, sandte Paulus nach *Ephesus* und ließ die Ältesten der Gemeinde fordern. Zu denen sprach er: Ihr wisset, wie ich dem Herrn gedient habe mit aller Demut und vielen Anfechtungen, wie ich nichts verhalten habe, das da nützlich ist, daß ich's euch nicht verkündigt

57. Dritte Missionsreise des Apostels Paulus.

hätte und euch gelehret öffentlich und sonderlich. Und habe bezeugt beiden, den Juden und Griechen, die Buße zu Gott und den Glauben an unsern Herrn Jesum Christum. Und nun siehe, ich, im Geist gebunden, fahre hin nach Jerusalem, weiß nicht, was mir daselbst begegnen wird, nur daß der Heilige Geist in allen Städten bezeuget und spricht, Bande und Trübsale warten meiner daselbst. Aber ich achte der keines, ich halte mein Leben auch nicht selbst teuer, auf daß ich vollende meinen Lauf mit Freuden. Ich weiß, daß ihr mein Angesicht nicht mehr sehen werdet. Darum zeuge ich heute, daß ich rein bin von aller Blut. So habt nun acht auf euch selbst und auf die ganze Herde, unter welche euch der Heilige Geist zu Bischöfen gesetzt hat, zu weiden die Gemeine Gottes, welche er durch sein eigen Blut erworben hat. Denn das weiß ich, daß nach meinem Abschied greuliche Wölfe unter euch kommen werden, die der Herde nicht verschonen. Darum seid wacker und denket daran, daß ich nicht abgelassen habe, drei Jahre, Tag und Nacht, einen jeglichen mit Tränen zu vermahnen. Und nun, liebe Brüder, ich befehle euch Gott und dem Wort seiner Gnade, der da mächtig ist, euch zu erbauen, und das Erbe zu geben unter allen, die geheiligt werden. - Und da er das gesagt hatte, kniete er nieder und betete mit ihnen allen. Es war aber viel Weinens unter ihnen, und sie fielen ihm um den Hals und küßten ihn, am allermeisten betrübt über dem Wort, sie würden sein Angesicht nicht mehr sehen. - Und sie geleiteten ihn in das Schiff.

1. Sam. 12, 20.21: Dienet dem Herrn von ganzem Herzen und folget nicht dem Eiteln nach, denn es nützt nicht und kann nicht erretten, weil es ein eitel Ding ist.

2. Kor. 13, 13: Die Gnade unsers Herrn Jesu Christi und die Liebe Gottes und die Gemeinschaft des Heiligen Geistes sei mit euch allen! Amen.

Herz und Herz vereint zusammen,
Sucht in Gottes Herzen Ruh!
Lasset eure Liebesflammen
Lodern eurem Heiland zu!

Er das Haupt, wir seine Glieder,
Er das Licht und wir der Schein;
Er der Meister, wir die Brüder;
Er ist unser, wir sind sein.

Katechismusfrage.

108. Was ist zu verstehen unter der "Gemeinschaft der Heiligen?" - Daß alle Christen, als Glieder *eines* Leibes in der Liebe zusammenhangen, alle geistigen Güter gemein haben und einander Handreichung tun und fördern sollen zum völligen Wachstum in der Heiligung.

Fragen.

1. Wie lange hielt sich Paulus in Ephesus auf? 2. Welche Wirkung hatte seine Predigt daselbst? 3. Wodurch bekannte sich Gott zu ihm? 4. Wer erregte einen Aufruhr gegen ihn? 5. Warum? 6. Was schrie die Menge? 7. Wohin reiste Paulus von Ephesus aus? 8. Wo wollte er das Pfingstfest zubringen? 9. Wen ließ er in Milet zu sich rufen? 10. Welche Ansprache hielt er an sie?

58. Die Gefangennahme des Apostels Paulus.
(Apostelgeschichte 21, 17; Kap. 26.)

1. Als Paulus und seine Begleiter nach *Jerusalem* kamen, nahmen sie die Brüder gerne auf. Und Paulus erzählte den Jüngern, was Gott unter den Heiden durch sein Amt getan hatte. Da sie das hörten, lobten sie den Herrn. Als aber die Juden aus Asien Paulus im Tempel sahen, erregten sie das ganze Volk, legten die Hände an Paulus und schrien: Ihr Männer von Israel, helft! Dies ist der Mensch, der an allen Enden lehrt wider das Gesetz und wider diese Stätte! Und die ganze Stadt ward bewegt und ward ein Zulauf des Volks. Sie griffen aber Paulus und zogen ihn zum Tempel hinaus. Da sie ihn aber töten wollten, kam das Geschrei vor den obersten Hauptmann der Schar. Der nahm von Stund an die Kriegsknechte und Hauptleute zu sich und lief unter sie. Da hörten sie auf, Paulus zu schlagen. Der Hauptmann aber hieß ihn binden mit zwei Ketten und in das Lager führen. Aber Paulus bat den Hauptmann: Erlaube mir zu reden zu dem Volk! Da dieser es erlaubte, trat

58. Die Gefangennahme des Apostels Paulus.

Paulus auf die Stufen und winkte mit der Hand. Da ward eine große Stille. Paulus erzählte ihnen nun, wie ihm Jesus von Nazareth bei Damaskus erschienen war und ihn zu seinem Zeugen verordnet hatte. Dann fuhr er fort: Es geschah aber, als ich wieder nach Jerusalem kam und im Tempel betete, daß ich entzückt ward und sah den Herrn. Da sprach er zu mir: Eile und mache dich behende von Jerusalem hinaus, denn sie werden dein Zeugnis von mir nicht annehmen. Gehe hin, ich will dich ferne unter die Heiden senden. – Bis auf dieses Wort hörten sie zu, nun aber schrien sie, warfen ihre Kleider ab und warfen den Staub in die Luft. Da aber der Aufruhr groß ward, ließ der Hauptmann den Apostel in das Lager führen. In der Nacht aber stand der Herr bei ihm und sprach: Sei getrost Paulus! Denn wie du von mir zu Jerusalem gezeugt hast, also mußt du auch zu Rom zeugen.

2. Da es aber Tag ward, schlugen sich etliche Juden zusammen und verbannten sich, weder zu essen noch zu trinken, bis daß sie Paulus getötet hätten. Da des Paulus Schwester Sohn den Anschlag hörte, ging er ins Lager und sagte es dem Oberhauptmann. Der ließ Paulus noch in derselben Nacht durch 400 Kriegsknechte und 70 Reiter nach *Cäsarea* bringen zu Felix, dem Landpfleger. Die Kriegsknechte taten, wie ihnen befohlen war, nahmen Paulus und überantworteten ihn dem Landpfleger *Felix*. Nach etlichen Tagen kam Felix mit seinem Weib *Drusilla*, die eine Jüdin war, und forderte Paulus und hörte ihn von dem Glauben an Christum. Da aber Paulus redete von der Gerechtigkeit und von der Keuschheit und von dem zukünftigen Gericht, erschrak Felix und sprach: Gehe hin auf dies Mal; wenn ich gelegene Zeit habe, will ich dich herrufen lassen. Er hoffte aber, daß ihm von Paulus Geld gegeben werden sollte, daß er ihn losgäbe; darum er ihn auch oft fordern ließ und besprach sich mit ihm.

3. Da aber zwei Jahre um waren, kam *Festus* an Felix Statt. Felix aber wollte den Juden eine Gunst erzeigen und ließ Paulus hinter sich gefangen. Danach setzte sich Festus auf den Richtstuhl und ließ Paulus holen. Da traten umher die Juden, die von Jerusalem gekommen waren, und brachten viele und schwere Klagen wider Paulus auf, welche sie nicht beweisen konnten. Festus aber wollte den Juden eine Gunst erzeigen, und sprach zu Paulus: Willst du dich in Jerusalem über diesem von mir richten lassen? Paulus aber sprach: Ich stehe vor des Kaisers Gericht, da soll ich mich richten lassen. Den Juden habe ich kein Leid getan, wie auch du aufs beste weißt. Habe ich aber jemand Leid getan und des Todes wert gehandelt, so weigere ich mich nicht zu sterben. Ist aber der keins, des sie mich verklagen, so kann mich ihnen niemand übergeben. Ich berufe mich auf den Kaiser! Da sprach Festus: Auf den Kaiser hast du dich berufen, zum Kaiser sollst du ziehen.

Matth. 10, 16-18: *Siehe, ich sende euch wie Schafe mitten unter die Wölfe. Darum seid klug wie die Schlangen und ohne Falsch wie die Tauben. Hütet euch aber vor den Menschen, denn sie werden euch überantworten vor ihre Rathäuser und werden euch geißeln in ihren Schulen. Und man wird euch vor Fürsten und Könige führen um meinetwillen, zum Zeugnis über sie und über die Heiden.*

Unverzagt und ohne Grauen
Soll ein Christ, Wo er ist,
Stets sich lassen schauen;
Wollt ihn auch der Tod aufreiben,
Soll der Mut Dennoch gut
Und fein stille bleiben.

Katechismusfrage.

118. Was heißt: "Dein Wille geschehe auf Erden wie im Himmel?" - Gottes guter gnädiger Wille geschieht wohl ohne unser Gebet; wir bitten aber in diesem Gebet, daß er auch bei uns und allenthalben geschehe, und daß jeder Mensch auf der ganzen Erde den Willen Gottes ebenso freudig vollbringe, wie die heiligen Engel im Himmel.

Fragen.

1. Was taten Paulus und seine Begleiter, als sie nach Jerusalem kamen? 2. Wozu bewegte dieser Bericht die Jünger? 3. Was geschah, als Paulus im Tempel war? 4. Wer befreite ihn aus den Händen seiner erbitterten Gegner? 5. Was erzählte Paulus zu seiner Rechtfertigung? 6. Welchen Eindruck machte diese Rede auf das Volk? 7. Wohin ließ der Hauptmann den Apostel führen? 8. Wer tröstete Paulus in der Nacht und mit welchen Worten? 9. Was beschlossen etliche Juden? 10. Durch wen wurde der Anschlag verraten? 11. Der Hauptmann ließ deswegen Paulus wohin bringen? 12. Worüber predigte dort Paulus vor Felix und Drusilla? 13. Welchen Eindruck machte das auf Felix? 14. Was sagte er? 15. Wie lang war Paulus in Cäsarea gefangen? 16. Was brachten die Juden vor Festus gegen ihn vor? 17. Was fragte ihn Festus? 18. Was antwortete der Apostel? 19. Welche Entscheidung traf Festus?

59. Schiffbruch und Ankunft in Rom.
(Apostelgeschichte 27 und 28.)

1. Da es beschlossen war, daß Paulus nach Welschland (Italien) schiffen sollte, übergaben sie ihn und etliche andere Gefangene dem Unterhauptmann *Julius* von der kaiserlichen Schar. Der hielt sich freundlich gegen Paulus, und da sie nach *Sidon* kamen, erlaubte er ihm, zu seinen guten Freunden zu gehen und sich zu pflegen. Von da schifften sie unter *Cypern* hin und kamen nach *Kreta*. Da nun viele Zeit vergangen war, und es nunmehr gefährlich war zu schiffen, ermahnte sie Paulus zu wintern. Aber der Unterhauptmann glaubte dem Schiffsherrn mehr denn dem, was Paulus sagte, und die meisten bestanden darauf, von dannen zu fahren. Aber nicht lange darauf erhob sich eine Windsbraut. Und da das Schiff ergriffen ward und sich nicht wider den Wind richten konnte, gaben sie es dahin und

schwebten also auf dem Meer. Und da sie großes Ungewitter erlitten hatten, warfen sie die Gerätschaften aus dem Schiff. Da aber in vielen Tagen weder Sonne noch Gestirn erschien, und nicht ein kleines Ungewitter sie drängte, war alle Hoffnung ihres Lebens dahin. Und da man lange nicht gegessen hatte, trat Paulus unter sie und sprach: Liebe Männer, man sollte mir gehorcht haben und nicht von Kreta aufgebrochen sein und uns dieses Leidens und Schadens überhoben haben. Und nun ermahne ich euch, daß ihr unverzagt seid, denn *keines Leben wird umkommen, nur das Schiff.* Denn diese Nacht ist bei mir gestanden der Engel Gottes, des ich bin und dem ich diene, und sprach: Fürchte dich nicht, Paulus! Du mußt vor den Kaiser gestellt werden, und siehe, Gott hat dir geschenkt alle, die mit dir schiffen. Darum, liebe Männer, seid unverzagt, denn ich glaube Gott, es wird also geschehen, wie mir gesagt ist. Wir müssen aber anfahren an eine Insel. Es ist heute der vierzehnte Tag, daß ihr nichts gegessen habt. Darum ermahne ich euch, Speise zu nehmen und euch zu laben, denn es wird euer keinem ein Haar von dem Haupt fallen. Und da er das gesagt, nahm er das Brot, dankte vor ihnen allen und brach es und fing an zu essen. Da wurden sie alle gutes Muts und nahmen auch Speise. Ihrer waren aber alle zusammen im Schiff 276 Seelen. Und da sie an einen Ort fuhren, der auf beiden Seiten Meer hatte, stieß das Schiff an, und das Vorderteil blieb fest stehen unbeweglich, aber das Hinterteil zerbrach von der Gewalt der Wellen. Die Kriegsknechte aber hatten einen Rat, die Gefangenen zu töten, daß nicht jemand, so heraus schwömme, entflöhe. Aber der Unterhauptmann wollte Paulus erhalten und wehrte ihrem Vornehmen, und hieß, die da schwimmen könnten, sich zuerst in das Meer lassen und an das Land entrinnen; die andern aber etliche auf Brettern, etliche auf dem, das vom Schiff war. Und also geschah es, daß sie alle gerettet zu Lande kamen.

2. Die Insel aber, an der sie landeten, hieß *Melite* (Malta). Die Leutlein erzeigten ihnen nicht geringe Freundlichkeit, zündeten ein Feuer an und nahmen sie alle auf, um des Regens und der Kälte willen, die über sie gekommen waren. Da aber Paulus einen Haufen Reiser zusammenraffte und es aufs Feuer legte, kam eine Otter von der Hitze hervor und fuhr ihm an seine Hand. Da sprachen die Leute: Dieser Mensch muß ein Mörder sein, welchen die Rache nicht leben läßt, ob er gleich dem Meer entgangen ist. Er aber schlenkerte das Tier ins Feuer und ihm widerfuhr nichts Übels. Sie aber warteten, wenn er schwellen oder tot niederfallen würde. Da sie aber lange warteten und sahen, daß ihm nichts Ungeheures widerfuhr, sprachen sie, er wäre ein Gott. Der Oberste der Insel hieß *Publius*. Der nahm sie auf und beherbergte sie drei Tage freundlich. Als dessen Vater am Fieber und an der Ruhr krank lag, legte Paulus die Hand auf ihn und betete und machte ihn gesund. Da ließen sich auch viele andere Kranke gesund machen. Nach drei Monaten fuhren sie in einem Schiff über Syrakus nach *Puteoli*. Und sie taten ihnen große Ehre, da sie auszogen, und luden ihnen auf, was ihnen not war. In Puteoli fanden sie Brüder

59. Schiffbruch und Ankunft in Rom.

und wurden von ihnen gebeten, daß sie sieben Tage dablieben. *Und also kamen sie nach Rom*, von wo ihnen die Brüder entgegengegangen waren. Da Paulus die sah, dankte er Gott und gewann eine Zuversicht. Der Unterhauptmann überantwortete die Gefangenen dem obersten Hauptmann. Aber Paulus ward erlaubt, zu bleiben, wo er wollte, mit einem Kriegsknecht, der seiner hütete. Paulus aber blieb zwei Jahre in seinem eigenen Gedinge und nahm auf alle, die zu ihm einkamen, predigte das Reich Gottes und lehrte von dem Herrn Jesu *mit aller Freudigkeit unverboten*.

Spr. Sal. 3, 5.6: Verlaß dich auf den Herrn von ganzem Herzen und verlaß dich nicht auf deinen Verstand, sondern gedenke an ihn in allen deinen Wegen, so wird er dich recht führen.

2. Tim. 4, 18: Der Herr wird mich erlösen von allem Übel und aushelfen zu seinem himmlischen Reich, welchem sei Ehre von Ewigkeit zu Ewigkeit! Amen.

2. Tim 2, 9: Gottes Wort ist nicht gebunden.

Ach sei mit deiner Gnade
Bei uns, Herr Jesu Christ,
Auf daß uns nimmer schade
Des bösen Feindes List!

Ach sei mit deiner Liebe,
Gott Vater, um uns her!
Wenn diese uns nicht bliebe,
Fiel uns die Welt zu schwer.

Ach, Heilger Geist, behalte
Gemeinschaft allezeit
Mit unserm Geist, und walte
Nun und in Ewigkeit!

Katechismusfrage.

122. Was heißt: "Sondern erlöse uns von dem Übel?" - Wir bitten in diesem Gebet, als in der Summa, daß uns der Vater im Himmel von allerlei Übels Leibes und der Seele erlöse, und zuletzt, wenn unser Stündlein kommt, uns ein seliges Ende beschere und mit Gnaden von diesem Jammertal zu sich nehme in den Himmel.

Fragen.

1. Wem wurde Paulus zur Reise nach Rom übergeben? 2. Wie stellte der sich zu Paulus? 3. Wodurch bewies er das? 4. Wozu ermahnte sie Paulus nach einiger Zeit? 5. Warum? 6. Warum befolgten sie seinen Rat nicht? 7. Was war die Folge davon? 8. Wie schlimm wurde das Unwetter? 9. Womit tröstete der Apostel die Passagiere? 10. Wozu ermahnte er sie? 11. Wieviele Menschen waren auf dem Schiff? 12. Wie erging es schließlich dem Schiff? 13. Was wollten da die Kriegsknechte mit den Gefangenen tun? 14. Wer verhinderte das? 15. Wie kamen sie alle ans Land? 16. Wie hieß die Insel? 17. Was widerfuhr Paulus? 18. Warum änderten die Bewohner ihre anfängliche Gesinnung gegen Paulus? 19. Welches Wunder verrichtete er dort? 20. Wie lange dauerte des Apostels Aufenthalt in Rom? 21. Wie war seine äußere Lage? 22. Was tat Paulus während seiner Gefangenschaft in Rom?

Anhang I.

Verzeichnis der Bücher der Heiligen Schrift.

a. Altes Testament.

1. *Die Geschichtsbücher.*
Die fünf Bücher Mose.
Das Buch Josua.
Das Buch der Richter.
Das Buch Ruth.
Die zwei Bücher Samuelis.
Die zwei Bücher der Könige.
Die zwei Bücher der Chronika.
Das Buch Esra.
Das Buch Nehemia.
Das Buch Esther.
2. *Die Lehrbücher.*
Hiob.
Psalter.
Sprüche Salomos.
Prediger.
Hohelied.

3. *Die großen Propheten.*
Jesaja.
Jeremia.
Klagelieder Jeremias.
Hesekiel.
Daniel.
4. *Die kleinen Propheten.*
Hosea.
Joel.
Amos.
Obadja.
Jona.
Micha.
Nahum.
Habakuk.
Zephanja.
Haggai.
Sacharja.
Maleachi.

b. Neues Testament.

1. *Die Geschichtsbücher.*
Das Evangelium Matthäus.
Das Evangelium Markus.
Das Evangelium Lukas.
Das Evangelium Johannes.
Die Apostelgeschichte.
2. *Die Lehrbücher.*
(Briefe der Apostel).
Römer.
Zwei Korinther.
Galater.
Epheser.
Philipper.

Kolosser.
Zwei Thessalonicher.
Zwei Timotheus.
Titus.
Philemon.
Zwei Petri.
Drei Johannes.
Hebräer.
Jakobi.
Judä.
3. *Das prophetische Buch.*
Die Offenbarung Johannes.

In poetischer Form zum leichteren Behalten:

In des alten Bundes Schriften
Merke an der ersten Stell:
Mose, Josua und *Richter*,
Ruth und zwei von *Samuel*;
Zwei der *König, Chronik, Esra*,
Nehemia, Esther mit;
Hiob, Psalter, dann die *Sprüche*,
Prediger und *Hohes Lied*.
Jesaja, Jeremia,
Hesekiel, Daniel,
Dann *Hosea, Joel, Amos*,
Obadja und *Jonas* Fehl;
Micha, dem dann *Nahum* folgt,
Habakuk, Zephanja,
Nebst *Haggai, Sacharja*
Und zuletzt *Malachia*.

In dem Neuen stehn *Matthäus*,
Markus, Lukas und *Johann*,
Samt den Taten der *Apostel*
unter allen vornen an.
Dann die *Römer*, zwei *Korinther*,
Galater und *Epheser*,
Die *Philipper* und *Kolosser*
Beide *Thessalonicher*.
Zwei *Timotheus* und *Titus*,
Philemon und *Petrus* zwei,
Drei *Johannes*, die *Hebräer*,
Jakobi, Judas Brief dabei.
Endlich schließt die *Offenbarung*
Das gesamte Bibelbuch:
Mensch, gebrauche, was du liesest,
Dir zum Segen, nicht zum Fluch!

Anhang II.
Biblische Münzen, Maße und Gewichte.
- ungefähre Angaben -

1. *Römisches Geld.*

1 Scherflein (= 1 Lepton) .... 8 Pfennig
2 Scherflein (= 1 Heller) (Matth. 5, 26;10, 29; Mark. 12, 42) .... 16 Pfennig
1 Groschen (= 1 As) (Matth. 22, 19).. 63 Pfennig
100 Groschen (Matth. 18, 28)...63 DM

2. *Griechisches Geld.*

1 Stater (Matth. 17, 24)..40 DM
1 Groschen (Luk. 15, 8.9) ....20 DM

3. *Jüdisches Geld.*

1 Gera ....2 DM
10 Gera = 1 Beka ....20 DM
1 Sekel oder Silberling ....40 DM
50 Sekel = 1 Mine (Geld) .... 2000 DM
60 Minen = 1 Talent
   (Pfund: Matth. 18, 24; Zentner: Matth. 25, 15) .... 120.000 DM

4. *Jüdisches Gewicht. (Troy Gewicht).*

1 Gera ....0,5 g
1 Beka = 1/2 Sekel ....5,5 g
1 Sekel .... 11 g
1 Mine = 60 Sekel ....500 g
1 Talent = 60 Minen ....30 kg

5. *Längenmaße.*

1 Fingerbreite ....1,9 cm
4 Fingerbreiten = 1 Handbreite ....7,6 cm
3 Handbreiten = 1 Spanne ....22,9 cm
2 Spannen = 1 Elle ....45,8 cm

6. Entfernungsmaße.

1 Stadium oder Feldweg	185 - 200 m
5 Feldwege = 1 Sabbaterweg	1 - 1,2 km
2 Sabbaterwege = 1 morgenländische Meile	2 - 2,4 km
1 Tagereise (Jona 3, 3)	7 - 8 Stunden Fußweg ca. 37 km

7. Flüssigkeitsmaße.

1 Log	0,3 Liter
12 Logs = 1 Hin	3,66 Liter
6 Hin = 1 Bath	22 Liter
10 Bath = 1 Kor oder Homer	220 Liter

8. Trockenmaße.

1 Kab	1,2 Liter
1 Gomer	2,2 Liter
1 Seah	7,3 Liter
3 Seah = 1 Epha	22 Liter
10 Epha = 1 Kor oder Homer (Malter: Luk. 16, 7)	220 Liter

9. Zeiteinteilung.

Die Juden rechneten den Tag vom Sonnenuntergang des einen bis Sonnenuntergang des folgenden Tages. Die Nacht wurde früher in drei, später (im Neuen Testament) in vier Nachtwachen eingeteilt:

Erste Nachtwache von 6 bis 9 Uhr abends.

Zweite oder mittlere Wache von 9 bis 12 Uhr abends.

Dritte Wache oder Hahnenschrei, (Mark. 13, 35), von 12 bis 3 Uhr morgens.

Vierte Wache von 3 bis 6 Uhr morgens.

Die Stunden des Tages wurden von 6 Uhr morgens an gezählt, also bedeutet:

Die dritte Stunde 9 Uhr morgens.

Die sechste Stunde 12 Uhr mittags.

Die neunte Stunde 3 Uhr nachmittags.

Die zwölfte Stunde 6 Uhr abends.

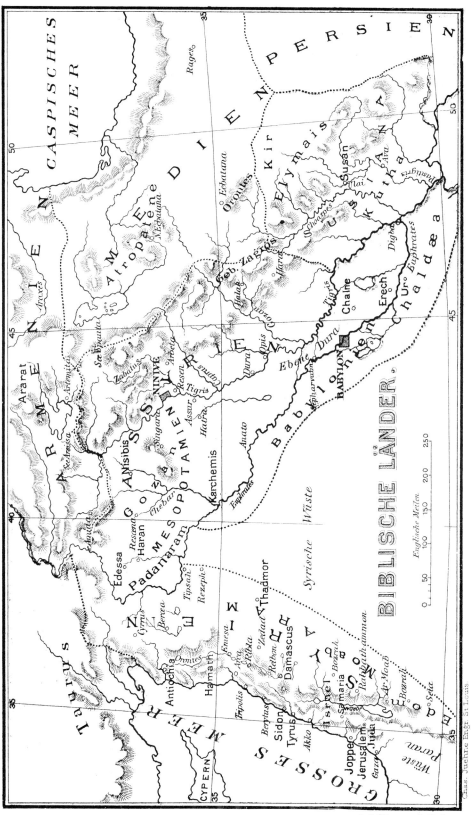

1 Mile = 1,6 km

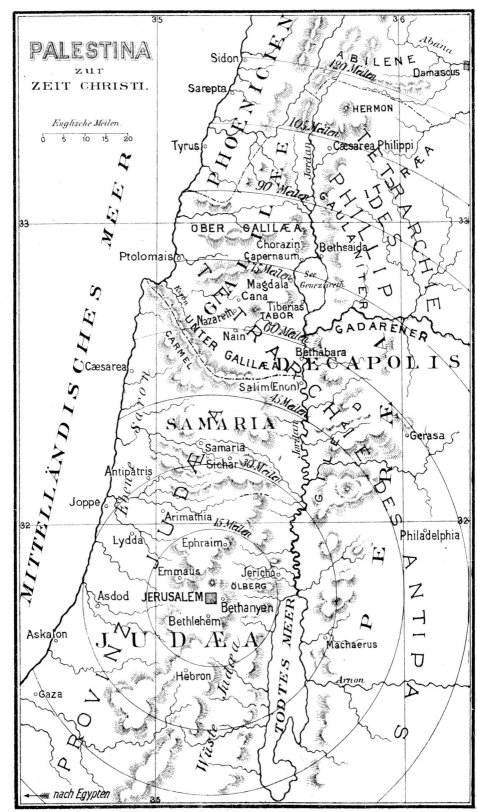

1 Mile = 1,6 km

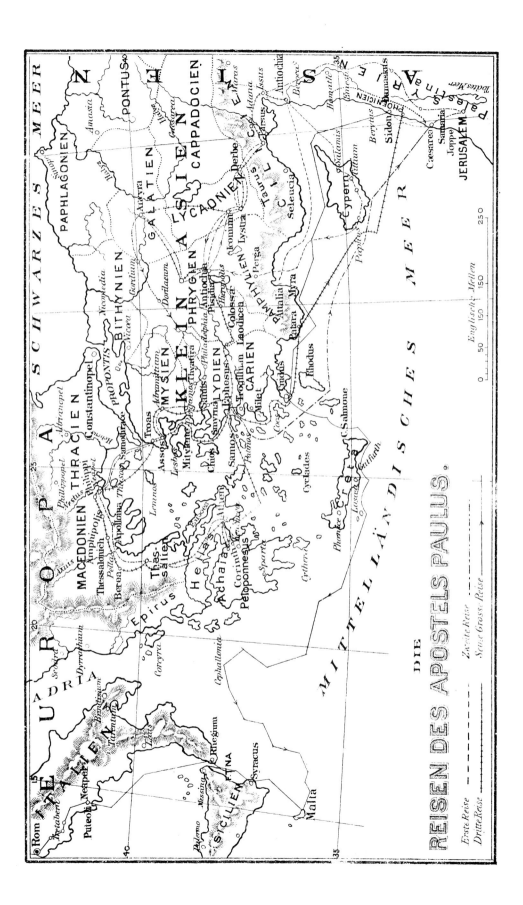

Inhaltsverzeichnis
Altes Testament

I. Die Urzeit.
1. Die Schöpfung der Welt. 3
2. Im Paradies. 4
3. Der Sündenfall 5
4. Kain und Abel. 8
5. Die Sintflut. 10
6. Der Bund Gottes mit Noah. 12
7. Noahs Söhne und der Turmbau zu Babel. 14

II. Die Erzväter oder Patriarchen
Abrams Berufung. 16
9. Abrams Glaube. 19
10. Sodom und Gomorra. 21
11. Isaaks Opferung. 24
12. Isaaks Heirat. 26
13. Isaak und seine Söhne. 30
14. Isaaks Segen. 31
15. Jakobs Flucht und Dienst. 34
16. Jakobs Heimkehr. 37
17. Jakobs Kampf. 40
18. Joseph wird verkauft. 43
19. Joseph im Gefängnis. 45
20. Joseph vor Pharao. 47
21. Erste Reise der Brüder Josephs nach Ägypten. 51
22. Zweite Reise der Brüder Josephs nach Ägypten. 53
23. Joseph gibt sich zu erkennen 55
24. Jakob zieht nach Ägypten. 57
25. Jakobs Segen und Tod. 59
26. Hiob. 61

III. Mose, der Mittler des Alten Bundes
27. Moses Geburt und Flucht. 65
28. Moses Berufung. 68
29. Mose vor Pharao und die Plagen. ...71
30. Das Osterlamm. 73
31. Der Auszug aus Ägypten. 75
32. Israels Murren und Hilfe. 78
33. Die Gesetzgebung auf dem Berge Sinai. 81
34. Das goldene Kalb. 84
35. Die Kundschafter. 87
36. Aufruhr der Rotte Korahs. 90
37. Das Haderwasser und die eherne Schlange. 92
38. Bileam. 94
39. Moses Abschied und Tod. 97

IV. Josua und die Richter.
40. Einzug der Kinder Israels in Kanaan. 100
41. Josuas letzte Tage und Tod. 104
42. Gideon. 106
43. Simson. 109
44. Ruth. 113
45. Eli und Samuel. 116

V. Die drei ersten Könige Israels.
46. Saul, der erste König über Israel. ...121
47. Samuel salbt David zum Könige. ...125
48. David und Goliath. 127
49. David und Jonathan. 129
50. David wird von Saul verfolgt. 132
51. Sauls und Jonathans Tod. 135
52. Davids Regierungsantritt. 138
53. Davids Sünde und Buße. 140
54. Absaloms Empörung. 143
55. Davids letzte Jahre und sein Ende. 146
56. Der König Salomo. 149
57. Der Tempelbau und Salomos Ende. 151

VI. Von der Teilung des Reiches bis zur babylonischen Gefangenschaft.
58. Die Teilung des Reiches. 156
59. Der Prophet Elia. 158

60. Elia auf Karmel und auf Horeb. 160
61. Naboths Weinberg. 164
62. Elias Himmelfahrt. 166
63. Der Prophet Elisa. 168
64. Der Prophet Jona. 170
65. Untergang der Reiche Israels und Judas. 172

VII. In der babylonischen Gefangenschaft.
66. Der Prophet Daniel. 176
67. Belsazers Mahl. 178
68. Daniel in der Löwengrube. 180

VIII. Nach der babylonischen Gefangenschaft.
69. Die Rückkehr aus der Gefangenschaft. 182

Anhang zum Alten Testament.
I. Etliche Psalmen. 185
Psalm 1. 185
Psalm 23. 186
Psalm 51. 186
Psalm 90. 188
Psalm 103. 189
II. Die Verkündigungen der Propheten vom kommenden Erlöser. 190
III. Kurzer Überblick über die Geschichte des Volkes Israels 192

Neues Testament

I. Die Jugendgeschichte des Herrn Jesu Christi.
1. Die Verkündigung der Geburt Johannes des Täufers. 197
2. Die Verkündigung der Geburt Jesu Christi. 199
3. Die Geburt Johannis des Täufers...201
4. Die Geburt Jesu Christi. 203
5. Die Darstellung Jesu im Tempel....207
6. Die Weisen aus dem Morgenlande.208
7. Die Flucht nach Ägypten. Der Kindermord. 210
8. Der zwölfjährige Jesus im Tempel.213
9. Johannes lehrt und tauft. 214

II. Das öffentliche Wirken des Herrn Jesu Christi.
10. Jesus wird getauft und versucht...216
11. Die ersten Jünger Jesu. 219
12. Die Hochzeit zu Kana. 221
13. Jesus und Nikodemus. 223
14. Jesus und die Samariterin. 224
15. Der Königische. Jesus in Nazareth. 227
16. Die Bergpredigt. 229
17. Der Aussätzige. Der Hauptmann zu Kapernaum. 232
18. Der Jüngling zu Nain. Die große Sünderin. 234
19. Jesus am Teiche Bethesda. 237
20. Jairus Töchterlein. Die kranke Frau. 239
21. Das Ende Johannes des Täufers. .241
22. Die Speisung der 5000. Jesus auf dem Meer. 243
23. Das kananäische Weib und die Heilung des Taubstummen. 245
24. Die Gleichnisreden des Herrn Jesu Christi. 246
I. Vom vierfachen Ackerfeld. 246
II. Vom Unkraut unter dem Weizen...247
III. Vom Senfkorn und vom Sauerteig. 248
IV. Vom Schatz und von der Perle. 248
V. Vom großen Abendmahl. 248
VI. Vom hochzeitlichen Kleid. 249
VII. Vom verlorenen Schaf und Groschen. 250
VIII. Vom verlorenen Sohn. 250
IX. Vom guten Hirten. 252

X. Die Arbeiter im Weinberg. 252
XI. Der unfruchtbare Feigenbaum. 253
XII. Die zwei ungleichen Söhne. 254
XIII. Vom ungerechten Richter. 254
XIV. Vom Pharisäer und Zöllner. 255
XV. Der Schalksknecht. 256
XVI. Der barmherzige Samariter. 257
XVII. Der reiche Mann und der arme Lazarus. 258
XVIII. Der reiche Tor. 259
XIX. Die bösen Weingärtner. 260
XX. Die zehn Jungfrauen. 260
XXI. Von den anvertrauten Zentnern. 261
XXII. Vom jüngsten Gericht. 262
25. Maria und Martha. 263
26. Der Blindgeborne. 264
27. Petri Bekenntnis. Leidensverkündigung. Christi Verklärung. 266
28. Die 10 Aussätzigen. Jesus und die Kinder. Der reiche Jüngling. 268
29. Die Auferweckung des Lazarus. ...270
30. Jesu letzte Reise nach Jerusalem. Der Blinde. Zachäus. 272
31. Vom Zinsgroschen, größten Gebot und Scherflein der Witwe. 274

III. Das Leiden und Sterben unsers Herrn Jesu Christi.
32. Die Salbung Jesu. Sein Einzug in Jerusalem. 275
33. Das Osterlamm, die Fußwaschung 278
34. Jesus in Gethsemane. 281
35. Die Gefangennehmung Jesu. 283
36. Jesus vor dem Hohen Rat. Petrus Verleugnung. Judas Ende. 285
37. Jesus vor Pilatus und Herodes. 289
38. Verurteilung Jesu zum Tod. 290
39. Der Kreuzestod Jesu. 293
40. Das Begräbnis Jesu. 297

IV. Die Herrlichkeitsgeschichte unseres Herrn Jesu Christi.
41. Die Auferstehung Jesu. 299
42. Jesus erscheint der Maria und den andern Frauen. 301
43. Jesus erscheint zwei Jüngern auf dem Wege nach Emmaus. 304
44. Jesus erscheint den andern Jüngern. Thomas. 306
45. Der Auferstandene in Galiläa. 308
46. Die Himmelfahrt Christi. 310

V. Die Gründung der christlichen Kirche.
47. Die Ausgießung des Heiligen Geistes. 312
48. Die Heilung des Lahmen an der Tempeltür. 314
49. Ananias und Saphira. 317
50. Stephanus. 318
51. Der Kämmerer aus dem Mohrenland. 320
52. Pauli Bekehrung. 322
53. Die Bekehrung des Hauptmanns Kornelius. 324
54. Die Errettung des Petrus. 327
55. Erste Missionsreise des Apostels Paulus. 328
56. Zweite Missionsreise des Apostels Paulus. 331
I. In Philippi. 331
II. In Athen. 332
57. Dritte Missionsreise des Apostels Paulus. 335
58. Die Gefangennahme des Apostels Paulus. 337
59. Schiffbruch und Ankunft in Rom. 339

Verzeichnis der Bücher der Heiligen Schrift.
a. Altes Testament. 343
b. Neues Testament. 343
In poetischer Form zum leichteren Behalten: 344
Biblische Münzen, Maße und Gewichte. 345